Rudolf Lorenzen bietet in diesem Buch eine unterhaltsame Tanzgeschichte in Tanzgeschichten. Der Walzer, der Tango, die Polka und sogar der Marsch werden besprochen, ihre Entwicklung wird nachgezeichnet, ebenso wie die Reaktion der Leute auf die neuen Tänze und Musikstücke. So werden Lieder Mode: »Ernst Decsey entdeckt im Walzer eine Philosophie. Sie ist kurz und besteht nur aus drei Wörtern: ›Heut' ist heut'‹! Der Walzer ist zur Kürze verurteilt. Theodor Fontane schreibt: ›Etwas Hübsches, diese Walzer, sie machen ein Dutzend Menschen für eine Stunde glücklich.‹ Und doch: In die Kürze seines flüchtigen Lebens legt der Walzer auch einen Hauch von Weltschmerz. So wandert er durch Europa. Oft verweilt er und nennt sich Valse mélancolique, sentimentale, élégiaque und oubliée – vergessener Walzer.« Die Geschichte unserer Hörgewohnheiten wird neu aufgerollt, und es zeigt sich: schon 1890 gab es eine aufgeregte Popmusikwelt! Lorenzen, der schon etliche Hörstücke und Filme zum Thema verfasst hat, erweist sich in seinem ersten Buch hierzu erneut als Kenner der Materie.

Rudolf Lorenzen wurde 1922 in Lübeck geboren und wuchs in Bremen auf. Seit 1955 lebt er als freier Schriftsteller in Berlin. Er veröffentlichte bislang vier Romane und zahlreiche Arbeiten für Zeitschriften, Rundfunk und Fernsehen. Im Verbrecher Verlag erscheint seit 2007 eine Werkschau von Rudolf Lorenzen. Bisher erschienen: »Alles andere als ein Held«, Roman (2007), »Die Beutelschneider«, Roman (2007), »Bad Walden«, Roman (2008) und »Kein Soll mehr und kein Haben«, Erzählungen (2007), »Paradies zwischen den Fronten«, Reportagen und Glossen (2009).

RUDOLF LORENZEN

RHYTHMEN, DIE DIE WELT BEWEGTEN

**Geschichten zur Tanz- und Unterhaltungsmusik
1800 bis 1950**

VERBRECHER VERLAG

Erste Auflage
Verbrecher Verlag Berlin 2010
www.verbrecherei.de

© Verbrecher Verlag 2010
Einbandentwurf: Sarah Lamparter
Satz: Christian Walter

ISBN: 978-3-940426-28-4

Printed in Germany

Der Verlag dankt Doris Formanek und Rima Hussein.

Inhalt

Im Zweivierteltakt

Ein rasender Pferdetanz	9
Auf nach Amazonien	25
Oh schieb', so lang' du schieben kannst	53
Alle Welt foxt ... foxt ... foxt ...	75

Im Dreivierteltakt

Einst ein bacchantischer Wahnsinn	119
Ausbruch aus dem Einerlei	139
Hispanoiserien und vielerlei Kaprizen	167

Im Viervierteltakt

So leben wir alle Tage	193
Musik verdoppelt die Armee	209
Alles für das Renommee	245
Remmidemmi	269
Flott und frech	299
Wir werden siegen	321
Seltene Karrieren	341
Die Musik kommt	359

Im Tango-Takt

Ein erstes Tänzchen in der Pergola ...	367
Ein Tanz der traurigen Gedanken	377
Zwischen Gosse und Salon	395
In kleinen Cafés und Konditoreien	411
Denke nicht mehr an die Zeiten	431

Im Zweivierteltakt

Bayrische Polka, Bebob, Black Bottom, Blues Dance, Boogie Woogie, Bostang, Bullfrog Hop, Bunny Hug, Buzzard Lope, CakeWalk, Calypso, Camel Walk, Cancan, Castle Walk, Cat Step, Cha Cha Cha, Chacut, Charleston, Choro, Eagle Rock, Ecossaise, Fish Walk, Flamenco, flat progressive Charleston, Foxtrott, Galopp, Gigue, Go-to-hell, Grizzly Bear, Heebie Jeebie, Hiawatha, Hopser-Anglaise, Horse Trot, Itch, Jazz Dance, Jig, Jitterbug, Jive, Judy Dance, Kangaroo Dip, Krakowiak, Kreuzpolka, Lambeth Walk, Lindy Hop, Mambo, Maxixe, Meringue, Mootsie Pootsie, Onestep, Pane Top's Boogie Woogie, Peacock Glide, Polca brasileira, Polka, Polka sala, Polka-Mazurka, Preußische Polka, Quickstep, Rag Dance, Ragtime, Rheinländer, Robert-Macaire, Rock'n'Roll, Rutscher, Sächsische Polka, Samba, Sardana, Schieber, Seal Walk, Shimmy, Slowfox, Swing, Tap Dance, Turkey Trot, Twostep, Wackler

Ein rasender Pferdetanz

Polka morbus wandert westwärts

Dietrich ging das erste Mal
Froh vergnügt zu einem Maskenball.
Dietrich wurde feuerrot,
Wünschte sich herbei den Tod.
Traf dort sein Cousinchen,
's kleine nette Minchen.
Doch das Minchen lachte,
Sagte: Dietrich sachte!

»Ach mein lieber Dietrich!«
Musik & Text: Otto Teich
Leipziger Kreuz-Polka

Das Neunzehnte Jahrhundert ist in seiner Mitte. Die deutschen Länder werden von einem Hüpfen und Hopsen überschwemmt, einem Rauf und Runter, hoch und höher – und das schon seit anderthalb Jahrzehnten.

Im lokalen Kolorit von der Leipziger kaum unterschieden sind die Stettiner Kreuzpolka, die Sächsische, die Rheinische und die Bayrische Polka, die Österreichischen Dorfmusikanten, der Hallesche Stiefelknecht, der Alt-Hambacher …

Hannover präsentiert sich mit einer Freiheits-, und Nürnberg mit einer Magyaren-Polka. Sie alle behämmern einheitlich im Zweivierteltakt die Tanzböden, auch wenn sie sich zuweilen Galopp oder Rheinländer nennen. Bleibt der Titel unklar, setzt sein

Kompositeur der ersten Notenzeile zumindest ein ›ländlich, sittlich‹ und gelegentlich ein ›nicht zu schnell‹ voran.

Berlin hat für den Sonntag im Grünen seine Grunewalder-, seine Rixdorfer-, und für die Stadt seine Champagner-Polka im Repertoire.

Nicht lange wird es dauern, da beginnt das eben noch junge Deutsche Reich mit seiner kolonialen Expansion, und gleich schon wird die Jagd nach der Beute der Söldner und Schutztruppen, wie die der Handelsherren und Abenteurer musikalisch humorvoll von Notenverlagen und Musikalienhandlungen begleitet mit beliebten Couplets, wie: ›Auf nach Afrika! Für Piano zu zwei Händen mit Gesang ad libitum.‹

Victor Hollaender schreibt einen Marokko-Walzer, doch bietet sich für derlei Abenteuer die Polka flotter an: »Nur am Kongo lebt sich's frei, / Dort nur ist's famos ...«

Und ein Nikolaieff komponiert und textet: »Storch, rief das Paar, nu aber raus, / Trag alle Jören künftig 'naus / Nach Afrika, nach Kamerun ... / Dort hin, wo unser Weizen blüht, / Nach Afrika, nach Kamerun ...«

Gehört es zu den Anekdoten, oder ist es glaubhaft, daß 1853 für die Studie dreier Zulu – einer stelzend, einer plumpsend, ein dritter sich kugelnd – im Kopf des Malers Adolph Menzel als Vorlage eine europäische Polka diente? Der Titel des Aquarells: »Niemand wandelt ungestraft unter Palmen.« Doch verbreiten sich daheim derlei Ekstasen nicht allein auf dörflichen Festen, auch erfassen sie die Wirtshäuser und Ballsäle in den Städten – hier für ein weniger plumpes Publikum gelegentlich mit schlichten Figuren angereichert: Ein Schritt auswärts ... einer seitlich ... ein dritter nach innen ... dazu die Drehung auf vier Takten ... so wandert der

Zweivierteltakt aus den Metropolen der Doppelmonarchie hinaus westwärts: Vom Roten Hahn in Wien, doch auch von den Berliner Etablissements Tivoli und Elysium, in München vom Kindl und den Blumensälen ... Chronisten berichten, daß manchenorts bis zu 10 000 Tänzer das Parkett füllten.

1840. In China tobt der Opiumkrieg, in Kabul wieder mal ein Aufstand, fern am Rande des Pazifiks verlieren die Maori ihre Freiheit. Die Gebeine Napoléons, endlich dem britischen Atlantik entlassen, erhalten ihren Platz im Invalidendom. Doch für die Vergnügungssucht ist dieses Datum populärer: 1840.

Die Polka überschreitet den Rhein. Ihr fernes Ziel ist zunächst das Alcazar in Paris. Am Ende womöglich die Anerkennung durch die Académie royale de musique? Doch zuvor versperren erst einmal die Vogesen den Weg, und hier entstehen gleich schon und in den folgenden Zeiten – mal deutsch, mal französisch tituliert – Honneur à Dachstein, Elsässer Tröpfel, auch Crus d'Alsace genannt, und die Zirkuspolka. Authentisch an den Sound erinnernd, spielt zum Anfang der Siebziger Jahre des 20. Jahrhunderts La Fischer Kapell diese Tänze nach, hier und da mit den bald neuen modischen Namen Scottish oder Écossais: Pauline ... Saute petite Marie ... Que notre Alsace est belle ...

Diese waren aus älterer historischer Sicht west-östlichen Grenzländer schon um 1500 eine Region der Tanzbesessenheit. Nach den Quellen des Musiksoziologen Walter Haas zogen Männer wie Frauen tanzend, tanzend, und nichts als tanzend aus dem Hennegau südwärts – wohin sie der Tanz auch führte ...

»... da klagten sie über Brustschmerzen und mußten mit Tüchern abgerieben werden und schrien dabei, als müßten sie sterben. Zu Lüttich endlich wurden sie durch Segenssprechung vom Übel der Tanzwut befreit ...«

Doch im elsässischen Volk grassiert von dieser Zeit an noch lange die travestierende Geißler-Polka: »Vielhundert fingen zu Straßburg an / Zu tanzen und zu springen ...«

Von nun an sind die Jahrhunderte voller Kritiken und Kapuzinaden gegen derlei sündiges Herumwirbeln. Bei Torgau droht am Ende des 16. Jahrhunderts die Obrigkeit: »Welcher Mann Frauen und Jungfrauen bei unzüchtigem Tanze verdrehen oder aufwerfen wird, der soll gefänglich eingezogen und um 20 Gulden bestraft werden.« Zu einer schärferen Verdammnis kommt 1677 der Theologe J. L. Hartmann: »Tanzen ist eine unflätige Bewegung und ein schändliches Schauspiel ... Tanzen ist Sünde ... Tanzen ist ein Haufen Unreinlichkeit ... Tanzen ist ein fauler Baum ... Tanzen ist eine böse Lust ... und ist Bosheit und eitel Finsternis ... Tanzen ist ein ehrloser Mißbrauch ... und ist schändlich ... Tanzen ist ein satanischer Aufzug.« So geht es weiter mit Tadel und Fluch, jedoch weniger gegen die grazilen, zierlich bewegten Schritt-Tänze der Oberschicht als vielmehr gegen die oft derben Reigen-Tänze der niederen Stände.

Doch nun bricht das 19. Jahrhundert mit den Vergnüglichkeiten eines seiner Klasse langsam bewußten Bürgertums an, mit dem Überschwang überbordender Lebenslust, es bricht an mit Walzern und Mazurken im ¾-, wenig später mit Rheinländern, Galoppaden und Polkas im ²⁄₄-Takt.

Oktober 1840 im Théâtre Odéon. War es wirklich allein der biedere Tanzlehrer Raab aus Prag, der noch nicht einmal auf dem Parkett, sondern anläßlich eines Gastspiels in Paris zunächst von der Bühne herab der Polka zur Popularität verhalf?

Der »Guide de Paris Mystérieux«, ein Reiseführer der Schwarzen Reihe, 1964 von Claude Tehou herausgebracht, verlegt die Premiere in die Rue de la Grande-Chaumière, in das Etablissement von Père Lahire, einem Treffpunkt von Studenten und Grisetten, zuerst getanzt von einem bekannten Original, dem Garde-Grenadier Barbes – heute vergessen – mit einer später weitaus berühmteren Dame: Lola Montez. Noch ist sie, geboren 1818 als Tochter eines schottischen Offiziers und einer Kreolin, eine unbekannte Abenteurerin. Gerade kommt sie aus Ostindien zurück, verläßt ihren Gatten und amüsiert sich – 22 Jahre alt geworden – erst einmal in Paris. Eben noch eine unauffällige Mrs. James, ist sie nun die spanische Tänzerin Lola Dolores Montez, bereist kreuz und quer Europa, wird als Anlaß zahlreicher Duelle in Rußland und Deutschland ausgewiesen und gelangt somit zu einem ›gewissen Ruf‹. Mit ihm gewinnt sie 1846 Gunst und Herz des Bayernkönigs Ludwig I. (1786–1868) doch nur kurz bis zur Revolution 1848. Zwar hat sie danach den Titel einer Gräfin von Landsfeld, hat zugleich noch einige Ehen und Lebensstationen in London und Kalifornien vor sich, stirbt dennoch – gerade einmal 42 Jahre alt – am Ende verarmt in New York.

Doch heut' ist heut'. Und sie tanzt bei Père Lahire in der Rue de la Grande-Chaumière in Paris. Von nun an poltern Polkas ununterbrochen in Music-Halls und Variétés, in Caf' Conc's und Cabarets. Begeistert schreiben die Pariser Tanzlehrer Perrot und Robert: »Um die Polka zu tanzen, müssen Männer und Frauen Herzen haben, die leidenschaftlich schlagen«, und 1845 bekennen sie sich exaltiert teutophil: »Die Polka gehört dem einen Land, das ein Recht darauf hat, sie zu beanspruchen, einem Land voll uralter Poesie – Deutschland.«

Aber nicht jeder – selbst in Fachkreisen – gerät in Verzückung. Den Musikschriftsteller Franz Magnus Böhme (1827–1898) reizt dieser Rhythmus zum Zynismus, und selbst Jahre später noch nennt er die Polka »einen rasenden Pferdetanz, aufgekommen zum Leidwesen der Menschheit – gesundheits-polizeiwidrig.«

Jedoch sollte dieser Zweivierteltakt, der 1840 aus dem Osten kommt, dem Franzosen nicht neu sein. Die Halb- oder Chassé-Schritte erreichten bereits früher schon über den Kanal den Kontinent. Als Hopser-Anglais ist dieser Import weniger bekannt denn als Ecossaise – auf deutsch: Schottisch. Französische Ballettmeister führten sie einst als behäbige Choreographie ein – zunächst einmal für die Bühne. Nun aber, im 19. Jahrhundert, will sich niemand mehr an diese Herkunft erinnern. Im Alter sieht Voltaire seiner Lieblingsnichte Marie-Louise Denis am liebsten zu, tanzt sie – wenn auch noch auf ballerine Weise des Ancien Régime – die Ecossaise. Nun, vierzig Jahre später, wird der Tanz zur Laune für das Parkett. Dabei erinnert an seine schottische Heimat allenfalls noch – bei über der Brust gekreuzten Armen – das Schütteln des Körpers. Das gegenwärtige Jahrzehnt fordert Tempo, und so geraten Ecossaise wie Polka schnell in den Galopp.

»Wenn die Galopp-Ronde erschmettert, dann erreicht der satanische Spektakel seine unsinnigste Höhe, und es ist dann, als müsse die Saaldecke platzen und die ganze Sippschaft sich plötzlich emporschwingen auf Besenstielen, Ofengabeln, Kochlöffeln – oben hinaus, nirgendwo an.« Heinrich Heine, ab 1840 Pariser Korrespondent der Augsburger Zeitung, entsetzt sich mit diesen Zeilen – später in seiner Lutezia – über derlei pöbelhafte Gebaren. Er steht nicht allein mit seiner Kritik. Esprit Victor Boniface, Graf von Castellane (1788–1862), einst Maréchal de France, spricht von der »Polka morbus« – von der Polka also als Krankheit. Nun, der General ist alt, am Ende der Juli-Monarchie bald sechzig, er will es nicht wahr haben, daß neben der Vergnügungssucht die Polka in diesen Zeiten zugleich auch zum Ausdruck politischer Gesinnung wird. Nicht nur erfaßt diese Juli-Revolution Frankreich und führt zum Sturz des letzten Bourbonenkönigs Karl X. Sie schwappt über, zurück in die östlichen Nachbarländer – nach Sachsen, Braunschweig, Kurhessen ...

Im Theater von Brüssel verherrlicht am 15. August 1830 Daniel F. E. Auber in seiner Oper ›Die Stumme von Portici‹ einen fiktiven neapolitanischen Aufstand, und gleich schon erheben sich die Belgier gegen den König der Niederlande, tauschen das Haus Oranien-Nassau aus mit dem Haus Sachsen-Coburg. Doch mehr noch schwärmen die liberalen Kreise Europas von den Unruhen in Mailand, Parma und Bologna für das unerlöste Italien, entflammen sich vor allem aber für die Revolution in Russisch-Polen gegen Zar Nikolaus I.

Es folgt ein Jahrzehnt, in dem Kostümbälle zum ›Mitleiden mit unterdrückten Nationen‹ Mode werden: Die Damen von monde und demi-monde verkleiden sich als Polin, Tschechin oder Lombardin, tragen nachempfundene Kreationen der Volkstrachten aus Venetien und Ligurien. Da will auch die Tanzmusik mit ihrem aufrüttelnden Zweiviertel-Takt nicht hintan bleiben. Doch die ersten Piècen aus Wien kommen nur schleppend, die Komponisten verstecken ihre Sympathien hinter Titeln wie ›Die schöne Ida‹, ›Launenhaft‹ oder nennen sie einfach nur ›Polka française‹. Viel später erst wird Johann Strauß den Polka-Titel ›Ligurianischer Seufzer‹ wagen. Mit all diesen Gefühlen – und sind sie auch nur Kaprizen – kann ein Castellane nichts anfangen. Doch dagegen ein Heinrich Heine? Er schreibt: »Wer von Robert-Macaire einen ungefähren Begriff hat, begreift jene unaussprechlichen Tänze, welche eine getanzte Persiflage, nicht bloß die geschlechtlichen Beziehungen verspotten, sondern auch die bürgerlichen, alles, was gut und schön ist: Begeisterung, Vaterlandsliebe, Treue, Glauben, Familiengefühle,

Heroismus, Gottheit. Mit unsäglicher Trauer erfüllt mich immer der Anblick des tanzenden Volkes an den öffentlichen Vergnügungsorten von Paris, besonders in den Tagen des Karneval, wo der tolle Mummenschanz die dämonische Lust zum Ungeheuerlichen steigert.«

Wenn man sich von Robert-Macaire, einem Tanz, der das Justemilieu des Bürgerkönigtums in Atem hält, packen lassen will, muß man zurück zum Etablissement von Père Lahire in der Rue de la Grande-Chaumière. Beliebt ist das Orchester Musard – so dokumentiert es Max von Boehn 1925: »Da springen die Paare auf, schreien und heulen, gebärden sich wie die Verrückten und werden bei den Schlußgaloppaden begleitet von Pistolenschüssen und dem Krachen zerbrechender Stühle.« Auf dem Bal Mabille dagegen findet sich die haute volée mitsamt ihren Kokotten ein, mit der Pompom und der Pomaré, mit Cora Pearl, die einst Emma Cruch hieß, mit der Païva, der Mätresse des Grafen Henckel von Donnersmarck, mit der Courtois ... der Leblanc ... der Deslions ... Doch bald ist der kurzlebige Robert Macaire abgelöst von einem langlebigen, ja fast endlos lebenden Tanz, dem Cancan.

Aus dem 1830 von den Franzosen gerade frisch okkupierten Algier schleppen Kolonialsoldaten eine Sittenlosigkeit ein, die sich zunächst Chahut nennt (Klamauk oder Radau), mit Touren, die zwar den alten Contretänzen nicht unähnlich sind, doch gleich schon als ›Negertänze‹ in die salles de danse der Metropole eingereiht werden. Der Chahut, zum Cancan verballhornt, übersteht das Cholerajahr 1832, die Juli-Monarchie von Louis Philippe, die 48er-Revolution, den Staatsstreich Napoléons III., dessen Diktatur, Beginn und Ende des II. Kaisertums und rettet sich in die Dritte Republik. Auf der Operettenbühne hält er sich bis heute, eingeführt hatte ihn einst Jacques Offenbach (1819–1889) im Théâtre de la Gaîté. Aber nur zuzuschauen ist dem Publikum zu wenig, es will selbst tanzen! Ein Paris-Besucher schreibt nach Haus: »Vergeblich versucht die kühnste Feder, das tobende Umherschleudern der Glieder zu beschreiben, das an die Verzückungen der Derwische erinnert. Die Bravour der leichtlebigen Damen macht jede Bewegung zur Orgie. Sie lachen, kreischen und jubeln, wenn ihre Tänzer mit verliebten Gesten die Spitzen ihrer Höschen grüßen.« Ein anderer berichtet: »Wenn der Galopp einsetzt, greifen alle Damen nach ihren fransenbesetzten jupes und dem Schwall ihrer Unterröcke. Am Ende steigert sich die Ekstase zur ›tour de force‹, der Saal taucht ein in Wolken von Dessous, und ein wildes Gekreische entfesselter Mänaden übertönt das Orchester.« Und ein dritter: »Es ist eine Wut der Beine, eine Vorstufe zur Hurerei.«

1867, als sich das Kaiserreich Napoléons III. langsam dem Ende zuneigt, zählt Paris 400 öffentliche Ball-Lokale, und längst war das Verb erfunden: cancaner – sich unanständig bewegen. Es erfaßt alle Kreise von den Vorstadtkaschemmen bis hinauf zum Opernball. Hier ist die stärkste Attraktion die Quadrille Clodoche, und Max von Boehn erwähnt sie in seinem Buch »Der Tanz«, Berlin 1925: »Die Herren waren als Leichenbesorger gekleidet und als Tänzer so begehrt, daß die Damen, die sie der Ehre würdigten, ihr Vis-à-vis zu sein, dafür zahlen mußten.«

Walter Haas sieht derlei lokale Entwicklung globaler. In seinem Schlagerbuch schreibt er 1957: »Die Lebewelt des Zweiten Kaiserreichs klatschte Beifall für die staubig heranwirbelnde ›neue Klasse‹. Stars wie La Goulou und Belle Abesse (die schöne Äbtissin) kassierten Höchstgagen: Nachthonorare von 18 Goldfranken. Charles Zigler zahlte sie, der ›Vater des Moulin Rouge‹, der eigentliche Schöpfer des europäischen Unterhaltungsgeschäfts, Wegbereiter für so große Show-Männer wie Ziegfeld, Charell, Guèrin oder Mike Todd. Der Cancan schlug ein und wurde zum Schlager einer ganzen Epoche. Aus den diskreten vis-à-vis-getanzten Etikette-Reigen des 19. Jahrhunderts wurde ein frontaler Angriff auf die Schaulust der am Tanz nicht Beteiligten, wurde eine wilde Attacke mit hochgerafften Röcken. Es gab plötzlich keine Bühne mehr, sondern nur noch eine ›demokratische Ebene‹; auch räumlich gesehen war der Niveau-Unterschied zwischen Vortragenden und Zuschauenden annulliert. Melodie und Rhythmus machten alles gleich! Die ›Floor-Show‹ der Amerikaner stand bereits am Horizont, der moderne Schlager hatte sein eigentliches Terrain gefunden.«

Es ist neben dem Walzer die Polka, die in allen ihren Varianten das Jahrhundert bestimmt – im tobenden Paris wie in der ländlichen Provinz. Die Schritte sind einfach: ein rascher Tanz im geraden Takt, charakteristisch mit dem Hopser – geradezu geschaffen für ein derbes bäuerliches Vergnügen: Hüpf rechts ... links ... rechts ... links ... / Hüpf links ... rechts ... links ... rechts! / Dazu die Drehung – genauer: drei Polka-Schritte nach rechts / einen Schritt rückwärts / drei Schritte links herum – und wieder einen Schritt zurück!

In den vergessenen Tälern der Dordogne, der früheren Provinz Guyenne im weit entlegenen Südwesten Frankreichs herrscht Armut. Das Getreide reicht nicht übers Jahr, gäbe es nicht Kastanien, herrschte Hunger. Aber man tanzt. So verwegen hopst und hüpft das Landvolk, daß der Bischof nicht nur die Polka, ja jegliches Tanzen überhaupt verbieten möchte. Dem erwidern in den Dörfern die Pfarrer: »Ebenso gut könnte man den Singvögeln das Singen verbieten.« In La Gonterie legt der Curé den Hirtenbrief auf seine Weise aus – so dokumentiert es Max von Boehn 1917 in seiner französischen Kulturgeschichte ›Vom Kaiserreich zur Republik‹ – und er belehrt seine Gemeinde, daß ein anständiges Tanzen natürlich nicht unter diese Bestimmung falle. »Wie wohl hätte«, fragt er seine Gemeinde, »die Heilige Jungfrau die Polka getanzt? Gewiß zur ›dondaine‹, dem Dudelsack, doch keinesfalls wie ein ›dondon‹, ein Trampel.« Dann hebt er mit spitzen Fingern den Saum seiner Soutane, dreht sich auf der Kanzel leichtfüßig im Kreise und singt:

La Bezi-Bezon,
La Bezon dondaine,
La Bezi-Bezon,
La Bezi dondon!

Zwischen den Volksgruppen

Wien, Frühkonzert Pfingsten 1839. Zu Gast das Musikkorps einer Scharfschützen-Abteilung aus Prag. Es dirigiert Musikmeister Pergler – ein Deutscher! Vorrangig füllen Märsche sein Programm, zwischendurch gelegentlich ein Walzer, dann aber hin und wieder eingestreut eine Pièce im auffälligen Zweiviertel-Takt.

Vier Jahre zuvor, 1835, vernimmt Pergler in seiner böhmischen Garnison diese Rhythmen und erwirbt die Noten in einer Prager Musikalienhandlung. Der Komponist ist František Hilmar. Erst später wird er über die Grenzen der Donaumonarchie hinaus mit seiner Esmeralda-Polka bekannt werden, und in den Zwanziger Jahren des kommenden Jahrhunderts in Prag von Supraphon für den Schallplattenmarkt – instrumental angereichert – herausgebracht. Anfänglich sind seine Polkas volkstümliche Musik, sie kommen vom Lande. Der Musiklehrer Josef Neruda bringt sie in die Stadt. Woher kommt Neruda? Für den H. P. Hofmann (›ABC der

Tanzmusik‹, 1971 Berlin) könnte dessen Heimat im östlichen Böhmen liegen, in Hradec Králové – damals Königgrätz. Der Wiener Kritiker Hans Weigel (1908–1991) dagegen sucht sie eher an den Abhängen des rechten Elbufers, im einstigen Elbeteinitz – dem späteren Týnice Labská – in der Bezirkshauptmannschaft Kolin.

Und schon gerät die Polka zwischen die Grenzen der Volksgruppen. Ist sie deutsch-böhmischen, ist sie tschechischen Ursprungs? Wie zum einen der Takt, so wird zum anderen mehr noch der Tanz zur Legende: Ein dörfliches Fest 1830. Mitten in einen Ländler mischen sich Chassé-Schritte ein, plötzlich fällt das böhmische Dienstmädchen Anna Slezak in die pulca – den Halbschritt. Nach anderer Überlieferung ist es das tschechische Bauernmädchen Anička Chadimová aus Kostelec. Für die Sympathisanten des Warschauer Aufstands vom November '30 dagegen bedeutet das Wort Polka nichts anderes als einfach nur eine Verherrlichung von Polnisch, allenfalls der schönen Polin.

Aber eine echte Erfindung wird diese Halbschritt-Hopserei, diese pulca, kaum gewesen sein, längst war die Ecossaise, sowohl im deutsch- wie auch tschechisch-sprachigen Böhmen bekannt. Dennoch wurden in der ehemaligen ČSR etliche Filme um die Polka herum gedreht: Boris Moravec mit der ländlich adretten Libuše Šafránková etwa, oder Juraj Herz im auch deutsch synchronisierten Film »Eine standesgemäße Ehe« mit dem gemischt sprachigen Lied ›Eine scheene Dame …‹

In eintönig anspruchslosen Aufnahmen werden seit den Fünfziger Jahren bis heute den Tschechien-Besuchern Polka-Platten als Souvenir angeboten, weil man dortzulande glaubt, die Deutschen mit dem Stammtischgegröhle von ›Rosamunde‹ seien besonders anfällig für diesen Sound. Dagegen bleibt eine Trouvaille die US-Adaption der einst böhmischen Vorlage von Jaromir Vejvoda: Die

›Beer barrel polka‹, gesungen von den Andrews Sisters: »Roll out the barrel ...«

In unterschiedlichen Tempi zeigt sich der Zweiviertel-Takt: Langsam und gemessen, mäßig bewegt in Schritt und Drehung, als Rheinländer oder auch – da er den süddeutschen Raum bevorzugt, als Bayrische Polka bekannt. Schneller dagegen wird das Tempo nördlich des Mains, in Hamburg zum Rutscher, länderübergreifend ganz allgemein aber zum Galopp. Den Namen hat er von der Gangart des Pferdes. Später gleicht er sich moderneren Verkehrsmitteln an, nennt sich Schnellzug-, am Ende Automobil- oder Feuerwehr-Galopp. Doch mit ihm sind wir schon in Berlin! Von ›Flick und Flocks Abenteuer‹, einem Ballett des Hofkomponisten Peter Ludwig Hertel kommt der Bühnen-Galopp herab auf den Tanzboden. Dazu findet der Berliner seinen Text:

Lampenputzer ist mein Vater
Im Berliner Stadttheater.
Meine Mutter wäscht Manschetten
Für Off'ziere und Kadetten.

...

Meine Schwester, die Gertrude
Steht in eener Selterbude.
Und mein Bruder, dieser Lümmel
Sammelt Zigarettenstümmel.

Immer mehr Tanzbetriebe im großen Stil etablieren sich in Berlin, 1905 berichtet Hans Ostwald, auf die zweite Hälfte des 19. Jahrhunderts zurückblickend: »Hatte man bisher Ballhäuser nur als Bordelle gekannt, zogen sie nun auch ein breiteres Publikum an, ohne dabei auf die Lockvögel des Lasters zu verzichten. Nach und nach entwickelten sich einige Säle zu regelrechten Vergnügungsstätten, in der Gründerzeit schließlich bestückt mit Glassalons, Lauben, Wintergärten, Logen, Nischen, Estraden, Pavillons, Springbrunnen, Aquarien und Parks. Dem pompösen Geschmack entsprechend herrschten in den Sälen auf allen Etagen meist rote und goldene Farbtöne vor.«

In den Siebziger Jahren gehört das Orpheum zu den ersten Häusern. Getanzt wird hier wie überall, neben Walzern selbstverständlich, der Rheinländer (»Im Grunewald, im Grunewald ist Holzauktion / Da kost die Fuhre Süßholz bloß 'n Thaler ...«), der Galopp (»Herr Schmidt, Herr Schmidt! / Wir haben eine Bitt', / Auf Freiersfüßen kommen wir, / Man sagt, es sind viel Töchter hier ...«) die sogenannte Russische Polka (»Mädel, putz dich, wasch dich, kämm dich schön, / Denn wir wolln zum Tanze gehn ...«) die Kreuz-Polka (»Siehste woll da kimmt er, / Jroße Schritte nimmt er; / Siehste woll, da kimmt er schon, / Dein verliebter Schwiegersohn ...«) – immer zu diesem Rhythmus, der sich am Ende die Preußische Polka nennen wird. Es breitet sich regelrecht eine ›Polka-Wuth‹ aus – ein Titel, den Lukas Richter in seiner Sammlung ›Der Berliner Gassenhauer‹ 1969 dokumentiert:

Alles soll sich Polka nennen,
Alles muß jetzt Polka sein,
Hier sind Polka-Pferderennen,
Dort ein Polka-Hutverein.

Alles brennt wohl nah und ferne,
wo man Bairisch Bier genießt,
Eine Polka-Gaslaterne,
Wenn auch Polka-Mondschein ist.

Könnt ihr Polka-Groschen zahlen,
So bedient euch in Berlin,
In den Polka-Bierlokalen
Eine Polka-Kellnerin.

Polka, o du tolle Mode,
Polka-Jacke, Polka-Hut,
Ach, schon büßte mit dem Tode
Mancher seine Polka-Wuth.

Doch der Mann im Polka-Glanze
Sich zu helfen wissen muß,
Führt die Frau zum Polka-Tanze,
Gibt ihr einen Polka-Kuß.

Der scharf akzentuierte Zweiviertel-Rhythmus reizt allseits zu lokalen Varianten, zum einen zur Hops-Anglaise, einen auf den Zweierschritt getrimmten Tripeltakt, zum anderen in Osteuropa zur Polka-Mazurka und zum Krakowiak. Die Bühnen hatte er sich längst erobert, in Paris die Operetten von Jacques Offenbach, in Wien die Konzerte von Joseph Lanner, von Johann Strauß, Vater und Sohn (Sperl- und Pizzikata-Polka), von Emil Waldteufel (Minuit und Bella Bocca), von Alois Strohmayer (Veilchen-Polka) und Johann Schrammel (Hallodri und im Galopp der Wiener Fiaker). Ernsthaft zum Vortrag kommt die Moll-Tonalität, und nach einem Arrangement von Fr. Diethe läßt sich die seinerzeit berühmte Opernsängerin Henriette Sonntag überreden, das Mollthema einer Polka auf der Bühne zu singen. Doch bereits 1859 gastiert František Hilmar aus Prag an der Mailänder Scala, und eine italienische Primaballerina brillierte auf den Brettern mit einem tschechischen Tanz. Viel später – am Anfang des 20. Jahrhunderts – verwenden in ihren Werken die synkopiert entwickelte Polka als Ragtime und CakeWalk Igor Strawinsky und Claude Debussy.

In den Zwanziger Jahren zeigt sich der bäuerlich abgeschmackte Rhythmus als unzeitgemäß und gibt sich modern als Foxtrott, Quickstep oder Slowfox. Erst das Dritte Reich entdeckt das Polka-Tanzen wieder als folkloristische Darbietung, und den Tanzschulen wird nahe gelegt, wenigstens am Rande die Polka ins Unterrichtsprogramm aufzunehmen. Aber die Swing-Jugend macht gleich daraus die Swing-Polka. Nach Ende des Krieges hat jedermann erst einmal die Polka satt, bis der Komponist und Texter Siegfried Ulbrich eine Parodie kreiert – heute vergessen, aber 1949 ein Hit. Vom RTB-Rundfunk-Orchester begleitet, singt Bully Buhlan:

Wir tanzen wieder Polka
Wie früher Tante Olga,
So mit Juchhei und Eins-zwei-drei
Und hoch das Bein!
Man bläst jetzt auf der Flöte
Statt in die Jazztrompete
So wunderbar, wie's früher war,
wird's wieder sein.

Im frühen Morgenwind weh'n destillierte Fahnen,
Zum zweiten Frühstück gibt es wie bei unsern Ahnen
Bananen,
Zum Schweineschnitzel Rüdesheimer Wein.

Wir tanzen wieder Polka!
Wir tanzen wieder Polka!
Denn Polka wird die große Mode sein!

Musik & Text: Siegfried Ulbrich

Auf nach Amazonien

Der Neue Kontinent entdeckt die Polka

Auf ihrem Zug in den Südwesten Europas kommt die Polka bis in die Gascogne, gerade noch ins äußerste Béarn, da versperren ihr die Pyrenäen den Weg. Auf der Iberischen Halbinsel verliert sie ihren europäischen Charme, die in den Boden gestampften Tänze Spaniens wollen selten gehüpft sein. Schon in den äußersten Zipfel Frankreichs – in das Roussillon – dringt das Katalanische aus dem Süden vor mit seinem Nationaltanz, der Sardana, die als folkloristischer Reigentanz gerade eben auf ein paar sanfte Hopser nicht verzichten will. Alles auf den Straßen und Plätzen Kataloniens tanzt das Jahr über im Kreis, faßt sich an, läßt sich los und hebt die Hände. Aber die Sardana mit ihren mal langen, mal kurzen Schritten mag sich dem Zweivierteltakt nicht mehr unterordnen. Sie wechselt immerfort ihren Rhythmus vom 2/4- zum 3/4- zum 6/8- und wieder zurück zum 3/4-Takt. Weiter im Süden verschärft sich die Abneigung gegen derlei Ordnung. Der Musik-Publizist Claus Schreiner nennt nur wenige Titel: die Farruca, die Zambra, den Taranto … In Andalusien endlich verwildert total die Einheit des Taktes in allen Formen des Flamenco. Schreiner zitiert in seinem Buch von 1985 über den gitano-andaluz: »Flamenco, das ist Anarchie«.

Doch die Abtrennung von europäischen Einflüssen vollziehen nur die iberischen Mutterländer Spanien und Portugal. Die einstigen Kolonien des lateinamerikanischen Kontinents, die sich seit Beginn des 19. Jahrhunderts nach und nach befreien, pflegen ihre Kontakte zur Alten Welt – doch weniger nach Madrid, Sevilla oder Lissabon, nein, eher nach Paris.

Es geht auf den Winter 1807. Napoléon wird Spanien bald erobert haben, aber erst einmal ist Portugal an der Reihe. Es ist der 11.09.1807, das königliche Haus Bragança flieht unter britischem Schutz in sein sicheres Territorium jenseits des Atlantik – nach Brasilien. Prinzregent João und sein Hof logieren sich in Rio de Janeiro ein. Noch ist dieses Rio Antigo, seit 45 Jahren gerade mal eben Hauptstadt der portugiesischen Kolonie Brazil, ein unwirtliches Domizil. Um so eiliger haben es die Emigranten, sich die neue Heimat wohnlicher zu gestalten und dabei auch das Amusement nicht zu vergessen. João läßt sich zum König krönen, sein Sohn Dom Pedro I. fünf Jahre später zum Kaiser.

Es ist der 01.12.1821. Vor knapp sieben Monaten starb Napoléon auf Sankt Helena zwischen der Alten und der Neuen Welt. Nun haben sich inzwischen Hofstaat, Adel und Bürger herrschaftlich etabliert. Schreiner beschreibt den beginnenden Aufstieg Rios: »Die wohlhabenden Leute wohnten in Salons, an deren Wänden schwere Gobelins hingen, in denen die Tischtücher aus feiner Damastseide waren, und wo alles nach neuestem europäischen Geschmack eingerichtet war. Sie wuschen sich in Bädern, gekachelt mit byzantinischen Mosaiken, und im Salon stand nicht selten ein Flügel oder Klavier. (...) Das geistige Zentrum war die Rua do Ouvidor mit ihren Cafés, Konditoreien und Zeitungsverlagen. Hier trafen sich die Literaten und Poeten. Die schwarzen Sklaven allerdings sah man seltener. Bei den Bällen erklang ausschließlich europäische Musik: Ab 1845 die Polka.«

Hatte zunächst der Walzer noch das Gefühl aristokratischer Würde verliehen, erfreute sich die Polka bald der Beliebtheit aller

Bevölkerungsgruppen. Plötzlich über Nacht im Theater, im Cassino Fluminense in der Rua do Cateta, bricht die Polka in die Gesellschaft ein – als Pausennummer. Gleich begleitet sie den Carnaval von Rio, den Entrudo, den Karneval der weißen Cariocas mit ihren Paraden und Konfettischlachten, mit ihren Maskenbällen in exklusivem Rahmen, während auf den Straßen die Negradas ihre Späße treiben mit den Limões-de-Cheiro, dem Werfen übel parfümierter Wachs-Apfelsinen auf die Passanten. Die Präfektur verbietet dies, aber wen kümmern in dieser Zeit Verbote? Die Polka begleitet ein neues, ungezwungenes Lebensgefühl in den Salons und auf der Straße. Mit dem Paso de Polca, deren Brasilianisierung sich alsbald auch in der neuen Schreibweise mit C dokumentiert, lassen sich die meisten Lied- und Tanzformen kombinieren: Polca-Lundus und Polca-Tangos wetteifern im Repertoire sowohl der Salon- als auch der volkstümlichen Orchester miteinander um die Gunst der weißen Oberschicht, der Cariocas. Doch schaffen es all diese Orchester nicht, die herrschende Vergnügungssucht zu befriedigen. So müssen Musiker aus der Cidade Nova, aus den Vierteln der sozialen Randgruppen, einspringen. Und sie sind es, die über die neuesten Modetänze am besten informiert sind, und so spielen sie diese nun auch in den Kneipen und Bordellen der Rua Senado. Was hier ausbricht, und was man für Jahrzehnte das Polca-Fieber nennen wird, ist nicht nur die Tanzbesessenheit im Zweivierteltakt, es ist ein junges ausgelassenes Lebensgefühl. In der Sprache des Landes entsteht ein neues Wort: polca – übermütig sein.

Als der Übermut der Cariocas die Viertel der Negradas erreicht, die Cidade Nova, begegnet der Rhythmus keiner unbekümmerten Welt. Da Silva Callado hält für die Polca den Choro bereit – abgeleitet von chorar (weinen oder klagen) – eine traurige Vorstadtmusik, wie sie zu gleichen Zeit in Buenos Aires der Porteño findet. Es ist die Zeit, in der in Trinidad der Calypso und im Delta des Mississipi der Rag entstehen. »Die Aristokraten der Música Popular Brasileira«, nennt Schreiner in seinem gleichnamigen Buch 1977 die Interpreten dieser typischen Choro-Musik. Die ersten Tonaufnahmen stammen vom Flötisten Pappapio Silva, der um 1902 die ersten Walzen des Phonographen in der Casa Edison von Rio bespielt. In den Vierziger und Fünfziger Jahren nimmt Jacob de Bandolim – ehemals Jacob Pick Bittencourt aus dem polnischen Łódz – seine Stücke, teilweise Evergreens, auf Schellackplatten auf, darunter die Polcas ›Pateck Cebola‹, ›Saracoteando‹ und die langsame Samba-Polca ›Heróica‹, sowie etliche Choros. Unter dem Titel ›Inéditos de Jacob do Bandolim‹ kommt später eine Langspielplatte auf den Markt.

1889. Wieder ist es November. Das Jahrhundert geht in seine letzten Dezennien, die Monarchie neigt sich dem Ende zu, den alten Kaiser Pedro II. wird man nach 56 Regierungsjahren auf ein Dampfschiff ins Exil schicken. Ein Jahr zuvor durfte er noch erleben, wie die Kronprinzeß Isabel als Regentin das ›Goldene Gesetz zur Befreiung der Sklaven‹ verkündete. Jetzt ziehen 750 000 befreite Sklaven – zunächst einmal, es werden mehr und mehr – in die großen Städte. Sie finden in der Industrie keine Arbeit, haben Zeit, reichlich Zeit für Tanz und Musik. Sie haben Muße, sich durch die Jahre zu hungern – zwischen 1870 und 1920 – die man später als ›Bela Época‹ verherrlichen wird.

Wo sind sie, die Zentren der schönen, der glücklichen Epoche? Da, wo Rio am reichsten ist, in den Etablissements Eldorado und Alcazar, wo sich die reiche Gesellschaft dem Vaudeville hingibt und die Operetten von Jacques Offenbach feiert und wo Rio am ärmsten ist: rund um die Bordellviertel der Rua do Senado.

Eine neue Variante fügt sich dem Rhythmus an: der ›Maxixe‹, eine lebhafte Polca, die Lundo und Habanera vereint. Er ist fröhlich, leicht synkopiert und fordert von den Tanzpaaren akrobatische Schritte und Figuren. Dieser Maxixe, so heißt es, soll nach einem Tänzer seinen Namen haben, einem Deutschen aus der Vereinigung der Estudantes do Heidelberg. Viel später wird er in Europa zum Modetanz unter neuer Schreibweise: Machiche, Mattchitsche oder in Deutschland als Polo-Marsch – ein Schieber, den die Polizei verbieten wird.

In den Vizekönigreichen Spaniens, wie auch in seinen späteren Restkolonien entwickelt sich die Entfremdung von der Tanzkultur des Mutterlandes ähnlich. In den Gouverneurssitzen, in den Villen der Kauf- und Handelsherren, sowie in den Palästen des hohen Militärs deckt sich die Gesellschaft mit Musikalien aus dem zivilisierten Europa ein – doch kaum aus der iberischen Heimat. So manches Generalkapitanat kann sich zwar die Noten, aber kein vollständiges Orchester leisten, und oft reicht es nur zu einem Spielwerk. In Berlin kann bei der Firma Cocci Bacigalupe & Graffigua das Orchestrion ›Fratihymnia‹ bestellt werden, bei Gavioli in Paris eine Grand Orgue mit einem Salon-Orchester von 28 Musikern, Hupfeld in Leipzig liefert das Polyphon ›Kaliston‹ mit Mandolinen-Register, dann natürlich bieten vor allem Holland und Belgien ein beträchtliche Auswahl an: ›de Hagenaar‹, ›Lekkerkerker‹ oder ›Minerva‹. Dazu auf Walzen oder Scheiben die Unterhaltungs- und Tanzmusik in allen Rhythmen: Walzer, Ecossaise, Marsch, Polka …

Manila. Es ist der 23.06.1869. Daheim im Mutterland wird die politische Lage bedrohlich. Unruhe in Andalusien und Barcelona. Republikaner wollen die Herrschaft des Hauses Bourbon nicht mehr. Aber die Islas Felipinas feiern unbeschwert den dreihundertsten Jahrestag der spanischen Gewalt. Zum großen Ball im Gouverneurspalast und zu den zahlreichen Fiestas reichen die

Musiker der Weißen nicht aus. Eingeborene werden herangezogen, sie philippinisieren die fremden Klänge aus der ihnen fremden Welt. Sie spielen die Polka ›Sala‹.

Neunzig Jahre später entdeckt der US-Konzertagent Saul Hurok in Manila eine einheimische Gruppe, nimmt sie als ›Bayanihan Philippine Dance Company‹ unter Vertrag und eröffnet am 13.10.1959 mit dieser Music-Show das ›Winter Garden Theater‹ am Broadway. Neben ein wenig einheimischer Folklore aus ihren 7000-Insel-Regionen spielen die Bayanihans Rhythmen in rein europäischem Takt: einige Walzer und Mazurken – Titel wie ›Cariñosa‹, ›Pucol‹ und ›Bagobo Festival Dance‹, – alsdann aber unter Beifall die Polka-Mazurka ›Baholana‹ und die Polka ›Sala‹. Der Dirigent Lucrecia R. Kasilag bekommt Applaus, bis vor kurzem war er noch kolonialer Untertan eines Territorium der Vereinigten Staaten. Nach knapp fünfzig Jahren der US-Herrschaft wurden die Philippinos erst 1946 in eine wenn auch halbherzige Freiheit entlassen. Nun repräsentieren sie trotz allem stolz ihre Republica Ñg Pilipinas. Im Winter des folgenden Jahres wird die Company zum Festival Cultural Artistica nach Acapulco eingeladen. Es folgen Gastspiele in London, Brüssel und in den Metropolen der Alten Welt.

Auf dem lateinamerikanischen Kontinent zeigt sich bereits seit Beginn des 19. Jahrhundert allenthalben das Ende der musikalischen und choreographischen Importe aus Spanien, und in die Städte ziehen mit den Modetänzen Europas neue Vorlagen für den Akkulturationsprozeß ein. Allseits entstehen im Rhythmus Mischformen, doch zeigt sich der Einfluß der Polka besonders in den Ländern stärkerer Einwanderung aus der Alten Welt: Neben Brasilien besonders Paraguay und Uruguay. Dazu schreiben Peter Czerny und Heinz P. Hofmann 1968 (›Der Schlager – ein Panorama der leichten Musik‹): »Anfänglich hielt jede Nationalität an den mitgebrachten Liedern, Tänzen, Sitten und Gebräuchen fest. Doch je mehr Emigranten Fuß faßten, desto schneller verloren sich diese ›Inseln‹ der Zusammengehörigkeit. In dem sich vollziehenden Prozeß der Vermischung erhielten sich die Tänze am längsten in ihrer ursprünglichen Gestalt. Hier erfolgt vorerst eine Aussortierung. Einige verschwanden, andere wurden bevorzugt. So zum Beispiel Marsch, Quadrille und Polka.«

Dieses Europa der Kriege, der Revolutionen und des Polizeiterrors in »wiederhergestellter Ordnung« treibt immer mehr Menschen in die Emigration. Mit Beginn des Zwanzigsten Jahrhunderts wächst in Rußland und Russisch-Polen die Welle der Verfolgungen, und in den Großstädten der USA dauert es nicht lange, bis die polnischen Kolonien oft auf 20 000 Mitglieder ansteigen.

1920. In New York gründen Wladyslaw Podoszek und in Chicago Bruno Rudzinski erste kleine Tanzorchester. Andere kommen hinzu, und bald lohnt es sich, die frühen Stücke von vierzehn Kapellen zu sammeln und unter dem Plattentitel ›Polish-American Dance Music‹ zu archivieren. Neben gelegentlich einem Krakowiak, einer Mazurka und einigen meist traurigen Walzern beherrscht die Polka das Repertoire. Fließen die rauhen Rhythmen des Square ein, werden sie zum idyllischem ›Grandmother's Dance‹. Mit der Polka ›Ciarly do Baksy‹ erzählt die Vokalistin Clare Madjette, die sich in ihrer neuen Heimat Klara nennt, eine Story: »Es ist die Geschichte eines alten Mannes. Noch immer nicht kann er von den kleinen Mädchen lassen. Wieder und wieder versucht er es, bis ihm eins der girls barsch gebietet, ›... to get back in your box‹. ›Charly, hau ab in deine Bude!‹« Die Polka ›Ciarly do Baksy‹ wird bald schon über die Grenzen der polnischen Kolonien hinaus in den Staaten zu einem Hit der Zwanziger Jahre.

75 Jahre zuvor kommt der Nordamerikanische Kontinent zum ersten Mal mit der Polka in Berührung. Sie kommt im frühen Original aus Böhmen, Österreich sowie den Staaten von Bayern bis Baden und Hessen. In der Zeit unmittelbar vor der Revolution von 1848/49 verschärft sich der Druck der Restaurationspolitik des Staatskanzlers Metternich – nicht zuletzt in Mainz, dem Sitz der ›Zentral-Untersuchungskommission zur Ermittlung demagogischer Umtriebe‹, und so steigt in den Ländern des Deutschen Bundes mit der Flucht vor Verfolgungen die Welle der Auswanderer. Einen neuen Lebensraum bietet eine frisch entdeckte Region auf dem nordamerikanischen Kontinent zwischen dem Red River und dem Rio Bravo – ein Krisen- und Kriegsgebiet zwischen Yankees und Mexikanern. Noch ist Sacramento nicht der magische und magnetische Ort der Diggers, der Goldrausch muß noch zwei bis drei Jahre warten. Und so gehen statt der Abenteurer erst einmal Bauern und Handwerker auf die Reise und suchen sich jenseits des Atlantik eine bessere Arbeit wie auch eine relativ freie Heimat. Doch die Auswanderung in solcher Größe sollte geplant sein. Gutgläubige aber unerfahrene Organisationen – noch sind es nicht die professionellen Schlepperbanden viel späterer Epochen – locken Tausende zur Überfahrt. Das Ziel ist ein Land, das zwischen den Fronten scheinbar Sicherheit bietet: Texas. 1840 von Mexiko losgesagt, aber erst im Laufe des Jahres 1845 von den USA annektiert und zum Bundesstaat proklamiert, etabliert sich in diesen kurzen Jahren Texas als eigenständige unabhängige Republik mit enormen Chancen. Die Storys dieser Zeit finden sich kaum in den Geschichtsbüchern, doch im Brockhaus Conversations-Lexikon von 1879 steht: »Ein besonderes Interesse hatte das Schicksal der deutschen Einwanderung erweckt. Der zu Mainz gestiftete ›Deutsche Adelsverein zur Auswanderung nach Texas‹ überließ die Leitung

dem zwar wohlmeinenden, aber unpraktischen Prinzen Karl von Solms-Braunfeld. Derselbe geriet aber nach der Gründung der ›Colonie Neubraunfeld‹ wegen örtlicher Schwierigkeiten und Geldmangels so ins Stocken, daß der Prinz Texas verließ. Herr von Meusebach, ein Preuße, der ihn ersetzte, kaufte den Indianern einen bedeutenden Landstrich ab, wo später ›Friedrichsburg‹ entstand. Nun kam ein neuer Zug von mehreren Tausend deutscher Auswanderer an, die jedoch bald schon in die traurigsten Verhältnisse geriethen. 1847 legte Meusebach seine Mission nieder, und ein Jahr später verabschiedete auch der Mainzer Verein alle seine Beamten und Agenten in Texas. Das Unternehmen war somit völlig gescheitert.«

Doch auf eine glückliche, wenn auch bescheidene Wendung ihres Schicksals brauchen die gebeutelten Staaten des Südens nicht zu warten: Noch eine kurze Weile, und es beginnt der Bau von Eisenbahnen, wenn auch noch nicht der der Transkontinentalen Pacific-Railroads, so doch ein erstes Schienennetz vom Delta des Mississippi in westliche Richtung. Die neuen Linien führen über San Antonio und Corpus Christi nach Laredo, und bald schon weiter über den Rio Grande del Norte ins einst spanische Nuevo Leon. So findet manch verarmter Siedler in Texas einen neuen Job als Streckenarbeiter. Unter ihnen sind auch Auswanderer aus Böhmen und Mähren. Von ihrem ersten Lohn kaufen sie sich Akkordeons, und nach der Arbeit zeigen sie den einheimischen Texas-Mexikanern, was das ist – eine Polka! Und wie man sie spielt, und wie man sie tanzt! Die Fronterizos übernehmen den Rhythmus, fügen dem Akkordeon die Guitarra hinzu, mischen einen kreolischen Drive ein, geben ihnen einheimische Titel: ›Atoto-nilco‹ und ›El Adolorido‹, ›Las Gallinitas‹ oder ›Oro blanco‹. Sie können es nicht verbergen: Der Drive ihrer Border Music ist im Ursprung böhmisch.

Rio de Janeiro, 1917. Die Bela Época neigt sich dem Ende zu, das Polka-Fieber gebiert ein Kind, den Samba, den Samba Carnevalesco, und mit ihm die Época de Oro – das Goldene Zeitalter des Samba.

Não havendo tal licença
Para o povo sambiar
O Sergento commandante
Mandou todos amarrar.

Weil das Volk keine Erlaubnis hatte,
Samba zu tanzen,
Ließ der kommandierende Sergeant
Alle anketten.

Ein Text von 1928, der auf eine Legende anzuspielen scheint. Unwahr jedoch ist, daß die trippelnden Schritte auf die an den Füßen gefesselten, tanzenden Sklaven des vergangenen Jahrhunderts zurückzuführen sind. Allerdings dokumentieren Helmut Günter und Helmut Schäfer den Einfluß von Bantu-Sklaven und ihrem Sinn für Pracht und anmutige Schönheit, und dazu kommt das Rauschhafte: »Man muß die Gesten, die ungezügelten heftigen Bewegungen der Neger gesehen haben, man muß sie in Schweiß gebadet gesehen haben, tanzend, tanzend, immerzu tanzend, um sich einen Begriff von der Gewalt zu machen, die der Samba ausübt. Statt schwächer zu werden, scheint der Tänzer sich immer mehr zu erregen ...« Es ist eine Mischform von Lundi, Batuque und anderer Tänze, die – ebenso wie der Samba – vermutlich nichts anderes bedeuten als eben nur ›Bewegung ... Fest ... Tanz‹, und doch im Grunde nichts weiter ist als eine tropikalisierte Form der alten böhmischen Polka. Seine Entwicklung läßt sich aus seiner Ursprungsregion, dem Amazonas, erklären, einem Strom, der sich aus vielen Nebenflüssen nährt, sich mit vielen Namen schmückt, bis er endlich in der Gegend von Manaus sein Flußbett findet, um über Sántarem nördlich von Bélem in einem breitgefächerten Delta zu enden. Es ist der alte bekannte Zweiviertel-Rhythmus, hier nun musikalisch beherrscht von Trommeln, Gesang und dem Klatschen der Hände. Claus Schreiner zitiert in ›Música Popular Brasileira‹ das Credo: »O Samba não tem dono, é nosso. – Der Samba hat keinen Herrn, er ist unser.« Der Samba prägt den Karneval, in der Stadt und auf dem Land. In den Städten wiederum gerät er zwischen die noch kolonialen Vereine der Oberschicht und die Sambistas der Ciudade Nova, die letztlich mit Beginn der ›Época do Ouro‹, der Goldenen Phase, siegt – aufgewertet durch professionelle Komponisten, Texter und Sänger aus ganz Brasilien.

Doch 1917 fängt es erst einmal ganz schlicht an: Der Sohn eines Telegrafenarbeiters, ein kleiner, schwarzer, fünfzehnjähriger Junge mit dem Spitznamen Pixin-guinha (Pinzinguim = der Schelm) spielt mit seiner Flöte in einem Kino an der Avenida Rio Branco auf. Sein Titel: ›Pelo Telefone‹. 1922 gibt er mit seiner Band ›Os oito Batutas‹ (›Die acht Tüchtigen‹) ein Gastspiel in Buenos Aires. Die Cariocas sind empört: »Unsere Kultur im Ausland vertreten von einer ›Negerkapelle‹ – welche Schande für Brasilien!« Das ist die erste Legende. Bald schon werden vereinzelt Schallplatten aufgenommen, und 1923 verbreitet die Roquette Pinto, die erste Radiostation von Rio, den Samba landesweit und somit auch wieder zurück an den Ursprung – nach Amazonien.

Es kommt zur zweiten Legende: Mit einer Gruppe der Sambistas aus dem Viertel Vila Isabel beginnt Noël Rosa seine Karriere, ein Philosoph des Samba, ein Chronist seiner Epoche, als schöpferisches Genie verehrt. Liebevoll nennen ihn die Cariocas ihren ›Poeta da Vila‹ Er hinterläßt 212 Kompositionen.

Wenn ich mal sterbe,
Will ich kein Geheule und keine Kerze.
Ich will ein gelbes Band,
Bedruckt mit meinem Namen.

Wenn es keine Seele gibt,
Wenn es keine Inkarnation gibt,
Dann möchte ich, daß die Mulattin
Auf meinem Sarg steppt.

Ich will keine Blumen
Und keine Dornenkrone.
Ich will einen Choro mit Flöte,
Guitarre und Cavaquinho.

Noël Rosa stirbt 1937 mit 27 Jahren. Noch vierzig Jahre später gibt es einen Personenkult um ihn, mit Kirchenmessen, Ausstellungen und seinem Kopf auf einer Briefmarke.

Und gleich kommt schon die dritte, die große Brasilianische Legende: Sie rankt sich um den ersten weiblichen Star Brasiliens, der zu Weltruhm kommt: Carmen Miranda. Eine zierliche Frau mit Vorliebe für eigenwillige Kleider und Hüte, die Lippen großflächig geschminkt, die Augenbrauen scharf nachgezogen. Die Entwürfe der Roben sind noch heute ausgestellt im ›Museu Carmen Miranda‹ an der Bucht von Botafago in Rio. In Portugal 1909 geboren, kommt sie als Kind nach Brasilien. Als Schülerin der Escola Santa Tereza in Rio darf sie beim Besuch des Königs der Belgier ein Gedicht aufsagen. Der Verkauf von Krawatten und das Fertigen von Hüten hält sie nicht lange, 1929 entdecken Radio und Schallplatte sie auf einem Song-Festival. Zwischen 1930 und 1939 wird sie zur Rainha, zur Königin. Nun kommt der Tonfilm, ihre Freundin Sonja Henie vermittelt sie nach Hollywood. Sie spielt mit Groucho Marx, Elisabeth Taylor, Dean Martin, Jerry Lewis, insgesamt in 14

Filmen. 1940 ist sie wieder daheim. Aber Brasilien wirft ihr vor, entfremdet zu sein. Darauf schreiben ihr Vicente Piava und Luiz Peixoto als Antwort einen Samba:

> Sie haben gesagt, daß ich amerikanisiert sei
> Mit dem Goldesel,
> Daß ich sehr reich sei,
> Daß ich den ›break‹ den pandeiro nicht mehr aushalte,
> Daß ich keinen Pfeffer mehr im Blut habe, keinen Rhythmus,
> Und von den Halsketten sind auch schon keine mehr übrig.
>
> Warum so viel Gift über mich?
> Ich, die mit dem Samba geboren bin, in der Abenddämmerung lebe
> Im Kreis der Halbwelt, den ich vorziehe,
> Ich sage immer noch ›eu te amo‹ und nicht ›I love you‹,
> Solange es ein Brasilien gibt.
> In der Stunde des Essens
> Gehöre ich zum Krabbenragout mit Chouchou.

Dennoch kehrt sie nach Hollywood zurück und steht 1951 auf dem Höhepunkt ihrer Karriere. Doch sie ist bereits krank. Einer Reporterin gesteht sie: »Ich habe nie aufgehört, Brasilianerin zu sein. Schaut euch meine grünen Augen an, sie sind immer noch dieselben.« Im Sommer 1955 stirbt sie in Beverly Hills, 46 Jahre alt. Eine Woche später trifft ihr Leichnam in Rio ein, dreizehn Stunden lang halten 60 000 Cariocas die Totenwache. Am Tag darauf steigt die Zahl der Trauergäste auf eine halbe Million. Es ist das größte Begräbnis Brasiliens und vergleichbar mit dem des Tango-Königs Carlos Gardel in Buenos Aires, zwanzig Jahre zuvor – gleichfalls im Sommer. Eine Hysterie entfesselt die Stadt. Die Hospitäler registrieren 182 Notaufnahmen.

Nach Europa verirrt sich der Samba in den Zwanziger Jahre nur einmal kurz und findet sich während seines Gastspiels in der Saison 1924/1925 sogar in einem flüchtigen Turnierprogramm. Dann aber ist er schnell wieder vergessen. Erst 1948/49 entdeckt die Alte Welt den Samba als wirklich neuen umwerfenden Rhythmus, und gleich schon ist er der Modetanz! Aus diesen Anfängen in Paris gibt es eine Plattenaufname des Orchesters Jo Bouillon. Es singt Josephine Baker: ›Boneca de Pixe‹. Doch was von jetzt an in den folgenden Jahren hierzulande getanzt wird – zunächst ganz simpel mit nichts als einem Tip-Schritt – hat mit dem Original kaum Ähnlichkeit. Helmut Günther und Helmut Schäfer nennen ihn den »Volkssamba« und bedauern diese Entwürdigung bei der Aufarbeitung – selbst noch in den Fünfziger Jahren: »Der echte Samba – heute noch immer nicht über die Spezialisten hinausgedrungen – ist ein wunderbarer Tanz von Leichtigkeit, aber schwer zu lernen. Geschmeidig wie eine Schlange, anmutig wie eine Gazelle, ist der Samba von einer berückenden Eleganz. Er gleicht einem Meer, das von einer leichten Brise gestreichelt wird. Ein Auf und Ab, ein leichtes tändelndes Wiegen, ein unendliches Spiel – fröhlich und heiter …« Doch schon sind Samba-Schlager auf dem Markt. Für dem Film ›Die tolle Miss‹ schreiben Paul Misraki und Kurt Feltz: »Ay, ay, ay Maria, / Maria aus Bahia …« Und 1951 dichtet und komponiert Heinz Gaze eine Samba-Polka:

Hab'n Sie nicht, hab'n Sie nicht,
hab'n Sie nicht 'ne Braut für mich?
Ja, ja, ja,
wir hab'n Verschied'nes da!

Eine, die mir gefällt,
mit 'nem großen Haufen Geld?
Ja, ja, ja,
das hab'n wir alles da!

Es dauert nicht lange, und der Samba findet sich im Standard-Programm der Lateinamerikanischen Tänze. Im raschen Tempo von 50 bis 54 Takten in der Minute werden die kleinen Schritte – quick ... quick ... slow ... – fast als Piétiné am Platz getanzt und mehr geglitten als gesetzt. Dazu kommt eine laufende Wellenbewegung, ein graziöses Wiegen – ein leichtes Tief ... ein leichtes Hoch ... und wieder Tief ... – und dazu die gleitende Hüftbewegung: Die »Samba-Rolle«. Später wird er wieder zu einer Art Volks-Samba, angeboten in Fern- und Fernsehkursen. 1989 warnt in seinem Buch ›Wir lernen tanzen‹ Ernst Fenn: »Warum ist Samba so schwer? Dieser Tanz wird in vielen Figuren mit starker Körperbewegung getanzt, wobei sich das Becken am meisten bewegt. Sie können sich also vorstellen, daß man leicht eine unschöne Figur abgibt, wenn man Samba nicht lange genug geübt hat.« Doch um 1950 ist er noch ein Joke auf dem Parkett. Und wissen die Tänzer keinen Text, dichten sie – was Monika Sperr in ihrem ›Großen Schlagerbuch‹ 1978 ausgegraben hat:

Ei ei ei Sanella,
Sanella auf dem Teller.
Wenn Sanella ranzig wird,
Dann wird sie's immer schneller.
Einmal hab ich sie probiert,
Auf das Butterbrot geschmiert.
Da bin ich explodiert.

Es ist eine Renaissance von Crazy-Schlagern der Zwanziger Jahre. Und in diesem Stil singt Evelyn Künneke mit dem wahnwitzigen Text von Kurt Schwabach und der Musik von Michael Jary in vier Strophen eine Ballade von einem Ort an der Eger, auf den sich Neger reimt. Und dieser ...

> ... lebte dort so viele Jahr'.
> Doch nur die Mädchen wissen,
> Die's eben wissen müssen,
> Daß der Neger doch kein Neger war.
>
> Allerdings, sprach die Sphinx.
> Rück das Dings mehr nach links,
> Und mit einmal da ging's!

Ein Beat erobert den Kontinent

Da ist der Mambo, ursprünglich ein ›Gespräch zwischen Trommeln und Göttern‹. Bei uns erst 1952 populär, wird er ein Kind gebären: den Cha Cha Cha – oftmals mit unsinnigen volkstümlichen Versen: »Brigitte Bardot, Bardot, / Brigitte, wieso, wieso / Machst du die ganze Welt verrückt / Mit deinem süßen Blick?« Da ist der Calypso, der sich auf die britische Emanzipations-Akte von 1838 zurückzuführen läßt, auf den Befreiungstag der Sklaven auf Trinidad, den legendären ›August Day‹. Im Tanz ist er – immer noch im Polka-Takt – eine Vereinigung des Hüftschwungs von Samba und Rumba. Harry Belafonte machte den Calypso weltweit berühmt mit seinem ›Banana Boat‹. Und dennoch wird in der britischen Kolonie auch einmal ein Song als stalinistisch verboten:

> That makes the same trip
> De Caribbean Man
> On the same ship
> De Caribbean Man.

Off for a better life in the region
For we women and we children
Dat must be the ambition of the Caribbean Man
De Caribbean Man ...

Von den Häfen der Antillen – von Port of Spain, Port-au-Prince und Fort-de-France, von Ciudad de Trujillo, Kingston, Habana und Santo Domingo – aus dieser spanisch-französisch-britisch bunten Inselwelt wandert der Rhythmus der Polka weiter nordwärts über den Golf von Mexiko auf den 30. Breitengrad der Neuen Welt. Die Stadt im sumpfigen Delta des Mississippi, nach 165 Kilometer vom Meer stromauf: New Orleans – getauft nach dem Herzog von Orléans, dem derzeitigen Regenten Frankreichs, vorher spanisch, später von den USA gekauft, bewohnt von 70000 Schwarzen. Der kleine Rest ist weiß. Es ist eine kreolische Stadt. Die Mauern aus Luftziegel, die Stuckfassaden kalkbeworfen, Gittertüren, Jalousien an den Fenstern, Alkaden, Balkone – das ganze eingebettet in Magnolien, Rosen und halbtropische Bäume, einst liebevoll ›Klein-Paris‹ genannt. Die Straßennamen spanisch, oft französisch, nur die Zentren amerikanisiert: Auf dem Lafayette Square das Denkmal Franklins, auf der St. Charles Avenue die Säulen-Statue Lees. Der Congo Park ist Tummelplatz der Schwarzen.

Es ist um 1890. Das Vergnügungsleben ist in das French Quarter verbannt, kurz in den ›District‹: Spielhöllen, Stehbars, Barrelhouses, Honkey-Tonks und Tanzdielen, ein dutzend Cabarets und 200 Bordelle. Und allenthalben ist zumindest ein Pianist engagiert, zuweilen spielen kleine Gruppen. Sie musizieren einen frühen Jazz im Marschtakt. Der kreolische Solist Jelly Roll Morton erinnert sich: »Lichter glitzerten in allen Farben, aus jedem Haus kam Musik auf die Straßen ...« Und später Louis Armstrong, wenn er an

Miss Lulu White denkt: »Das war vielleicht eine Frau, wie sie als Farbige ihr Haus Mahogany führte. Sie hatte die dicksten Brillanten, die kostbarsten Pelze, und es arbeiteten für sie die schönsten Kreolinnen.« Das überliefert James Graves in seiner ›Chronik des frühen Jazz‹ (1960), und er erzählt die Storys der ersten Solisten: Von Buddy Bolden, dem schwarzen Barbier, der auf den contestas mit seinem Cornet alle Wettkämpfe gewinnt, und vom Kreolen Jelly Roll Morton, der neun Jahre später am Labor Day Amok läuft und dann für immer in einem Irrenhaus verschwindet.

Noch läßt der hämmernde Rhythmus des Rag auf sich warten, aber von den Trauerzügen zuvor berichtet Graves: »Nachdem der Tote begraben war, zog die Kapelle nach vorn, spielte ein, zwei Straßen lang nur die kleine Trommel, dann aber nahm sie all die geistlichen Hymnen zusammen und spielte im Zweiviertel-Takt, damit jeder nun schneller stiefeln mußte.« Ihre Lieder und Tänze hatten die Schwarzen einst aus Westafrika mitgebracht, und so läßt sich der Weg ihrer Rhythmen von den Urwäldern in Dahomey aus verfolgen über die Karibik nach Louisiana und später weiter nach Chicago. Doch in Amerika angekommen, tanzen sie als Sklaven erst einmal für lange Zeit ihre Babouille und Conga, ihre Calinda und Chaca. Daraus entwickeln sie nach und nach amerikanisiert ihre ›Buck-and-Wing-‹, ihre ›Shuffles-‹, ›Sand-‹ und ›Stick-Tänze‹, am Ende den ›CakeWalk‹ – einen Plantagentanz, ein ungezwungenes Umhergehen, nichts als ein fröhliches walk around.

Alle Arbeit verrichten sie im tänzerischen Takt, dazu singen sie Lieder zum Baumwollpflücken und -reißen, Lieder zum Treiben der Ochsen und zum Schlagen des Zuckerrohrs, und nicht zuletzt Lieder in der Freizeit. Zunächst sind dieses Auf und Ab der Bewegungen Platztänze, sie werden erst später im CakeWalk zu Schritttänzen.

Lange zuvor – so graben es Eichstedt und Polster aus – standen
Reisende dem Tanz der Schwarzen teils hilflos, teils ergrimmt gegenüber. 75 Jahre nach Ankunft der ersten Sklaven in Virginia, 1619,
entsetzt sich der Pater Cavazzi: »... ihre langwährenden Tänze werden mit überflüssigem Unmaß ausgeübt. Sie verbringen ganze Tage
und Nächte damit und werden von diesen Übungen niemals satt,
bei denen sie, neben dem Verlust der Zeit auch ihre Gesundheit
ruinieren. Haufenweise führen Männer und Frauen dabei die
schändlichsten und unehrbarsten Gebärden aus und singen die unflätigsten Lieder.« Und immerhin 14 Jahre nach Aufhebung der
Sklaverei in den Südstaaten der USA fühlt sich der Geograph Gustav Adolf Fischer angewidert: »... auffallend tritt die tierische Haltung hervor, wenn man die Männer im Kreis herum tanzen sieht,
die Unterarme gehoben und im rechten Winkel zu den Oberarmen
gestellt, während die Hand im Gelenk schlaff herabhängt. Dies ist
genau die Stellung, wie wir sie bei den zum Tanzen abgerichteten
Tieren beobachten können.«

1865. Die Schwarzen in den Südstaaten sind frei und ziehen den
Mississippi aufwärts, durch Louisiana, Arkansas, Missouri ... und
weiter, hoffend in den industrialisierten Städten Arbeit zu finden.
Wie Peter Czerny und Heinz P. Hoffmann berichten: »Ringsum
drang in den öffentlichen Musikbetrieb die Vielfalt negerischer
Musik ein. Als wandernde Sänger, als Straßen-Evangelisten, als
Barrel-House-Pianisten spielten sie in Trinkhallen, Gaststätten und
Bordellen – entlang der staubigen Straße, auf endlosen RailroadStrecken und auf Flußbooten ...« 1886 berichtet der Journalist W.
Cable: »Es dröhnt und rasselt, schwirrt, stürzt und wälzt sich die
Bamboule – da plötzlich ändert sich die Musik. Die Rhythmen
werden aufgewühlter. Sie stecken die Menge an, die sie mit feurigen

Schlägen der nackten Fußsohlen auf dem Boden und der Hände auf den Schenkeln übernimmt. Langsam entwickelt sich aus der Bamboule die Conjaille. Es ist der gleiche coonjine-rag-Tanz, den die Arbeiter an den Kais, wie die Bootsleute entlang des Mississippi, Missouri und Ohio hinauf tanzen.«

Viele bleiben bei ihren Herren im Süden als mehr oder weniger freie Plantagen-Arbeiter. Wenn auch seit Jahren nicht mehr versklavt, verhalten sie sich dennoch möglichst unauffällig. Nur an Feiertagen erlauben sie sich einen Spaß. Stephan N. Edmonds, ein Schwarzer aus Tennessee, überliefert diesen ersten Schabernack, der um 1870 entsteht: »Gewöhnlich versammelte man sich an einem Sonntag. Alle, alt und jung, putzten sich mit abgelegten Sachen, vollführten dann stolz und gespreizt einen Rundgang. Dabei äfften sie die feinen Sitten ihrer weißen Herrschaft in dem ›großen Hause‹ nach.« Ihr Vorbild für diese Parodie finden sie in den lächerlichen Paraden und Polonaisen der weißen. Begleitet vom Banjo, wechseln sie den Rhythmus vom ¼- zum ¾-Takt, kostümieren sich mehr und mehr mit albernen Fummeln, Pompadours und Pleureusen, sie überspitzen ihre Kapriolen mit stolzierenden Schritten, hoch und hoch die Beine, steif in der Haltung, den Rücken weit nach hinten. Die Farmer amüsieren sich köstlich, sie lachen mehr noch als ihre »Nigger«, sie spüren nicht die Persiflage. Ja, sie stacheln ihre Narren noch zu Höchstleistungen an und setzen ihnen als Preis einen Kuchen aus. Aus dem Ulk, dem »Walking For Det Cake« wird der »CakeWalk«. Es kommt ringsum auf den Plantagen zu regelrechten Wettbewerben, und der Tanz breitet sich schnell über die Grenzen Louisianas hinaus bis in die nördlichsten Territorien – ja sogar bis Pennsylvania.

Mai 1876. Philadelphia feiert mit der Centennial der bislang 38 US-Bundesstaaten, den technischen Fortschritt. Mit 9,9 Millionen Besuchern schlagen die Vereinigten Staaten alle bisherigen Rekorde, überbieten die Exposition mondiale in Paris, 1867, und die Weltausstellung im Wiener Prater, 1873 – beide eröffnet vom Kaiser: Napoléon III. und Franz Joseph I. Hier nun in Philadelphia weiht US-Präsident Ulysses Simpson Grant das Ereignis ein und startet die schnellaufende Dampfmaschine von Georges Henry Corless. Die USA – ein Agrarland wird zur Industrienation. Was liegt näher als eine exotische Show? Zu einem bundesweiten Wettbewerb tanzen Schwarze, eben noch Sklaven, den Tanz aus Louisiana, Alabama und Mississippi, den »CakeWalk«, der von nun nicht mehr allein ein Tanz der Südstaaten ist. Für die Yankees im Norden gleichermaßen ein Joke, er nährt das Klischee von der ungeschliffenen, einfältigen, doch fröhlichen »schwarzen Rasse«. Jene wissen nicht, daß der CakeWalk, wenn auch synkopiert – also gegenüber der regulären Taktordnung rhythmisch verschoben – in seinem Ursprung noch immer die gute alte Polka ist.

Sadelia im Staat Missouri entwickelt sich vom bedeutungslosen Flecken zur aufstrebenden Kleinstadt, zum Knoten der Union Pacific Railroad auf der Strecke vom Atlantik nach Kansas City und weiter an die Küste des Westens. Rohe Saloons werden zu Honkey Tonks und Tanzhallen. In Will and Walkers's Maple Leaf Club (dem Ahornblatt-Club) sitzt am Piano ein Schwarzer, Mitte zwanzig, Sohn eines freigelassenen Sklaven: Scott Joplin (1868–1917). Immer wieder muß er einen seiner Hits herunterhämmern, eine eigene Komposition: den Maple Leaf Rag. Einige Jahre später, 1899, bietet er die Noten dem Musikalienhändler Joseph Stark an. Was der Verleger hier hört, ist motorischer, gleichmäßiger ⅔-Takt, gespielt mit der linken Hand, während die rechte in Synkopen die Melodie entwickelt. Das ist Rag. »Hit each note twice«, wird später der Jazz-Musiker Morton lehren, »schlage jede Note zweimal an.« Und so hinkt auf der synkopisch gesetzten Melodie die Harmonie auf unbetonter Taktzeit hinterher.

Joplin bringt in den Verlag einen kleinen Jungen mit, der zu den Rhythmen zu tanzen hat. Denn er will nicht mißverstanden sein: Rag ist Tanzmusik, ist Musik zum Tanzen. Und doch unterscheidet sich dies hier vom bisherigen Sound, den Jig-Märschen auf den Jig-Pianos, gespielt von Jig-Bands, von allem, und zu allem, was man Jig nennt, dieser Ableitung von Gigue – dem schnellen Satz einer Suite. Aber für das Parkett steckt in diesem neuen Drive einfach mehr Hektik, steckt ein härteres, ein reißenderes Tempo! Die alten New-Orleans-Passagen waren einfach zu lässig. Joseph Stark wird in den kommenden Jahren 100 000 Noten-Exemplare verkaufen – eine für damalige Zeiten unwahrscheinliche Auflage! Nun, Scott Joplin ist für seine Arbeit – es werden am Ende 600 Ragtimes sein – solide ausgebildet. Am George Smith College, einem von der Methodist Church für Schwarze geöffneten Institut, bringt ihm sein Lehrer aus Deutschland die klassische Gliederung der europäischen Pianomusik bei. Strenge, Härte, und auch Steifheit! Der Jazz-Experte Joachim Ernst Berendt wird später von Joplins Anschlag sagen: »Das ist weiße Musik, schwarz gespielt.« Wieder werden es die Streckenarbeiter der Schienenwege sein, die diese ›zerrissenen Rhythmen‹ über die Staaten säen. Und wo auch sie immer hinkommen, mischen sie sich mit den Schritten und Gesten des CakeWalk.

In der März-Ausgabe von ›Musica America‹ findet sich später, 1913, eine Definition: Der CakeWalk käme vom Lande, aber »Ragtime wurde in der Stadt geboren. Er preist den Lärm, den Hochbetrieb der Stadt, die Gewöhnlichkeit der Straße. Wie eine Kriminalgeschichte ist er voller heftiger Schläge und Explosionen, um die überreizten Sinne wachzurütteln.«

Joplin kommt zu bescheidenem Wohlstand, zieht 1903 nach Saint Louis, komponiert und komponiert, schlägt nachts seine Musik in die Tonwalzen des Phonographen. Doch die Konkurrenz lähmt seine Produktivität. Die Nachfrage steigt, Rag wird zur Mode. Alles will Rag nicht nur hören, nun auch selbst spielen. Bald gibt es in den Staaten mehr als 50 Schulen, sogar eine auf Hawaii. Sie bieten Kurse an: »Lernt Ragtime in 10 Stunden! ... Lernt Rag in 5 Stunden!« Für die Weltausstellung in Saint Louis, 1903, schreibt Scott Joplin eine Oper, aber die Exposition findet nicht statt, die Oper kommt nie auf die Bühne, die Noten gelten als vernichtet. Es geht mit ihm bergab.

Nun kommt auch noch ein gewisser Irving Berlin (1888–1989). Als Izzy Balin geboren, gelang es seinen Eltern, mit ihm, dem vierjährigen Kind, den zaristischen Pogromen zu entkommen. Musikunterricht erhält er nicht, und man sagt von ihm, er könne nicht einmal Noten lesen. 1910 läßt er sich von einem Coon inspirieren: ›Alexander, Don't Love Your Baby No More?‹ und bietet sein Werk an mit dem Titel: ›Alexander's Ragtime Band‹. Joplin findet das Stück scheußlich. »Das«, sagt er, »das ist kein Rag«. Doch Irving Berlin trifft den Nerv der Zeit! 1911: Premieren in New York und Chicago. Der Weg ist frei zum Welterfolg. Über Joplins Notenauflage von 100 000 kann er nur lachen, er bringt es in drei Monaten auf eine Million. Scott Joplin ist abgelöst und bald auch vergessen, zumindest für fünf Jahrzehnte kaum bekannt. ›King of Rag‹ ist von nun an Irving Berlin – mehr noch, er gilt als ›Vater des Ragtime‹. Joplin kommt damit nicht zurecht, wird krank und auch das Irrenhaus bleibt ihm nicht erspart. 1917 stirbt er und findet ein anonymes Grab auf einem Friedhof in Long Island. Später wird man meinen, es entdeckt zu haben und versuchen, glaubhaft zu machen, es läge unter einem Ahornbaum, und die Maple Leafs fielen auf einen frisch gesetzten Stein.

Eine einzige seiner selbst geschlagenen Phonograph-Walzen wird ein Antiquitätensammler bei einem Trödler in New York in fünfzig Jahren finden. Der Pianist Joshus Rifkin, Jahrgang 1944, wird sich in den Sechzigern das Repertoire Scott Joplins erarbeiten und als ›An Original Nonesuch Recording‹ herausbringen.

1918 kommt ›A Dog's Life‹, in die Kinos. Mit der Stummfilmmusik des Rag, in einer authentisch angeglichenen Komposition von Charles Chaplin. Und fünfzig Jahre später vermittelt das Oscar Klein Sextett im Film ›The Sting‹ (Der Clou) im Stil von einst die Stimmung von einst mit dem ›Sky Rag‹, dem ›Baton Rouge Rag‹ und mit ›Aunty Betty's Cake Walk‹. In den Achtziger Jahren zeigt das Royal Ballet London szenisch in einem Pas de deux eine künstlich-künstlerische Paraphrase. Doch derlei Hommagen bedürfen des zeitlichen Abstands einer Epoche. Erst einmal müssen Rag und CakeWalk – Musik und Tanz profan im Bühnengeschäft vereint – durch die Zehner Jahre des beginnenden 19. Jahrhunderts.

Und nun ins Show Business

Seit 1800 gibt es sie in den Staaten, die schwarzen ›Minstrels‹, die fahrenden Musikanten und Spielleute.

1843. Im Norden kommt es zum legendären ›Oregon Trail – dem Zug der 1.000 Siedler‹ in den äußersten Westen an den Pazifik. Im Süden rotten die Milizen der Yankees Frauen, Kinder und bis auf den letzten Mann die Seminolen aus, einen im Reservat zwischen Georgia und Florida friedlich angesiedelten Indianerstamm. In der Nähe zeigt sich schon der kommende Krieg gegen Mexiko, der Sezessionskrieg muß noch achtzehn Jahre warten. Aber in Virginia kommt es zur ersten Minstrel-Show, begleitet von Banjo und Violine, von Tamburin und Kastagnetten. Es sind Weiße, die den Schwarzen Applaus und Heiterkeitserfolg neiden. Sie graben aus vergangener Zeit ein Vorbild aus, einen deutschen Auswanderer, Gottfried Graupner, der, einst als »Negerboy« verkleidet und geschminkt, mit der Karikatur eines schwarzen Sklaven das Volk zum Lachen brachte. Das Gesicht schwarz gerußt, den Mund dick umpinselt, die Schuhe zu groß, bizarr die Gesten – so präsentieren sich nun die weißen Minstrels auf Bühne und Zirkus-Arenen. Das ist rassistisch und albern, und der Triumph kennt keine Grenzen. Nun wollen auch die Schwarzen von derlei Glückswurf ihren Part kassieren. Doch buht das Publikum sie aus – einfache Schwarze, sie sind wohl kaum zum Lachen! So schwärzen nun auch diese noch schwärzer ihre Haut, verbreitern noch gröber ihren Mund, verzerren noch grotesker Körper und Glieder. Das ist ein Jubel! Niemand im Parkett und auf den Rängen, niemand unter der Plane des Zirkus kann unterscheiden: Sind das nun weiße, sind das schwarze Spaßmacher? Viel später wird der Zirkus in Europa diese Figur übernehmen, den Dummen August als Partner des weißen Clown. Doch jetzt und hier in Amerika beginnen erst einmal die frühen Jahre des Neunzehnten Jahrhunderts. In Irland führt die Mißernte der Kartoffel zur Hungersnot, eine Million Menschen wandern aus. Im Deutschen Kaiserreich spüren drei Millionen, wenn auch nicht das Unheil des kommenden Weltkriegs, so doch zumindest das Unbehagen mit der reaktionären Politik. Hinzu kommen neun Millionen Juden, Slawen und Italiener. Sie alle wollen nach Amerika. Die Staaten von Nordamerika sind ihr Traum.

Den meisten von ihnen erfüllt er sich nicht. Auf dem Platten-Cover eines späteren Musicals findet sich der Ausruf eines Verlierers in lower Manhattan: »My people do not live in America. We all live underneath it.«

Andrew Carnegie (1835–1919), der Stahlmagnat aus Schottland, verdient pro Tag 44.000 $, die Kinderarbeit wird mit täglich 25 Cents entlohnt. Und Asa Candler, der Tycoon von Coca Cola, prägt den Satz: »The most beautiful sight we see anywhere is the child at labor«.

Es sind die Goldenen Jahre des amerikanischen Show Business. Schon seit den Siebziger Jahren konnten sich 100 000 Musikverlage etablieren. Nun wendet sich das Jahrhundert, und das Zentrum des Unterhaltungsgeschäfts, der Union Square wird von der Tin Pin Alley abgelöst, der Blechpfannenstraße in New York zwischen der 5. und 6. Avenue – bald schon das Symbol der US-Schnulzen-Industrie. Feist, Tilzer und Guis Eward – noch sind sie die größten publishers, doch nicht mehr lange. Harris, Harms und Witmark lösen sie ab. Sie liefern Titel, die der vergnügungssüchtigen Oberschicht angenehm in den Ohren klingen, und hört man in Tony Pastors Music Hall noch den einsamen Rag-Pianisten Ben Harney, so ist das schon Nostalgie. Es ist auch die Zeit der Bühnenstars. Eva Tanguay verdient pro Woche 2.500 $, aber im Börsen-Crash wird sie später alles wieder verlieren. Lillian Russell trägt ihre Diamant-Armbänder vom Handgelenk bis zum Ellbogen. Die große Lady der Branche ist Anna Held, einst im Pariser Music-Hall-Milieu zuhause, nun liiert mit Florenz Ziegfeld. Sie bewohnt Hotelsuiten mit 13 Räumen, vollgestopft mit täglich 1000 frischen Rosen, sie badet in Milch, wechselt permanent ihre Kleider, ihr Lover schenkt ihr einen privaten Pullman (ein Reisezugwagen mit luxuriöser Großraumeinrichtung) für ca. 22.000 $. Auf der Bühne steht

Thomas Empl *Ausbruch*
Erzählungen

978-3-947676-77-4
www.parasitenpresse.de

Thomas Empl *Ausbruch*
Erzählungen

parasitenpresse PARADIES

sie – ebenso wie so viele Choristinnen und Ballerinen mit geringer und geringster Gage – sie singt ›If I Were On The Stage‹ und sehr sinnig: ›The Maiden With The Dreamy Eyes‹.

Hoch gehandelt werden Walker & Williams – ein Markenname im Business. Astrid Eichstedt und Bernd Polster haben ihren Auftritt von damals recherchiert: »George Walker war der affige Spick- und Spanneger. Wenn er seine Brust nach vorn herausdrückte, glich er eher einem Pfau denn einem menschlichen Wesen. Bert Williams – das Gesicht geschwärzt – war eher der melancholische und komische Typ, der mit seinem shuffelnden Gang, seinen hängenden Schultern, seinem südlichen Negerdialekt voll und ganz den armen und unwissenden Neger verkörperte. Weil Walker vorwiegend seine Beine schmiß, war er als Tänzer anerkannt, während man Williams, der nur mit seinem Hintern wackelte, als Tolpatsch ansah.« Bereits vor der großen Ära, 1898, werden sie am Broadway gefeiert, wenig später winkt die Karriere jenseits des Atlantik.

Längst hat sich die Passagier-Schiffahrt zwischen der Neuen und Alten Welt zu einem ständigen Linienverkehr entwickelt. Zu den Dampfern kommen die Schnelldampfer. Von New York dauert die Überfahrt nach Southampton, Liverpool oder Le Havre achteinhalb, nach Bremerhaven oder Hamburg zehn Tage.

Oh schieb', so lang' du schieben kannst

Von der Proleten-Polka zum Gesellschaftstanz

Schorschl, ach fahr mit mir im Automobil,
's kost' ja nicht viel, von Hamburg nach Kiel.
Schorschl, ach fahr mit mir im Automobil,
schnell mit mir hin nach Kiel.
Glaube, im Auto, da fährt es sich fein,
sage nicht nein; komm, steige ein.
Schorschl, ach fahr mit mir im Automobil
von Hamburg bis nach Kiel!

The Brooklyn CakeWalk, 1905

Eben noch kreiert der Komiker Little Carlson seine humoristische Gesangs-Polka, und alles in Berlin singt mit: »Komm Karlinekin, komm Karlinekin komm, / wir woll'n nach Rixdorf gehn ...« Doch Jahre später – kurz nach 1900 – ist dies ein Titel von gestern, die neuen heißen: ›Jim und Mary's Negertanz‹ ... ›Molly, mein kleiner Nigger‹ ... ›Der Boxerboy‹ ... Von Walter Kollo kommt der Schlager ›Das kleine Negergirl‹, Rudolf Nelson textet 1904 ›Meine kleine Braune‹; da ist bereits aus dem Vorjahr ein Notenblatt von Paul Lincke auf dem Markt: ›Negers Geburtstag‹ – vom Apollo-Verlag dem deutschen Publikum mit exotischem Titel offeriert als ›Coon's Birthday – American Cakewalk für Kabarett-Revue‹.

Was eben noch Polka hieß, nennt sich von heute auf morgen

CakeWalk. Doch unterscheidet sich die eine von dem anderen allenfalls im Text, kaum im Rhythmus des Zweivierteltakts.

Der Schlagerwelle folgt die Bühne mit Konzerten, Shows und Revuen. Jetzt spürt Europa, was plötzlich von jenseits des Atlantik die Alte Welt erobern wird: John Philip Sousa, bislang nur bekannt als König des amerikanischen Marsches, spielt auf der Pariser Weltausstellung 1900 den ersten Ragtime auf dem hiesigen Kontinent, seine Tournee führt ihn nach Berlin in die Kroll-Oper. Auf dem Programm: »Lieder und Tänze aus den Baumwollfeldern«.

Madrid feiert die Premiere von ›El Cake Walk‹, und in London spielt sieben Monate lang vor ausverkauftem Haus das Musical ›In Dahomey‹ – ein sinnreicher Titel, benannt nach dem schmalen, sandigen Küstenstreifen Guineas, an dem einst die Sklaven, in Schiffsdecks gestapelt, nach Louisiana verfrachtet wurden – zusammen mit ihrer Musik von Rohrflöten, Tamtams, Kalebassen und mit ihren Rhythmen, die später den CakeWalk entfesseln werden. Und wieder sind hier in London dabei – schwarz bepinselt – George Walker und Bert Williams, die beiden Minstrel-Clowns vom Broadway.

Herbstsaison 1903. Zur selben Zeit tagt in London der Anarchistenkongreß, und es ist glaubhaft, daß auch Delegierte aus Rußland im Parkett als Zuschauer der Show applaudierten. Denn woher sonst käme von Roderick Kedway (›Die Anarchisten‹, London / Lausanne 1970) der Bericht, daß sich während des Matrosenaufstands auf dem ›Panzerkreuzer Fürst Potemkin‹ in den letzten Junitagen 1905 unterdessen an Land im aufrührerischen Odessa auf einem Tanzabend Revolutionäre, Bomben in den Händen, zum CakeWalk amüsierten?

Selbst das preußische Militär kann sich der Begeisterung für den CakeWalk nicht entziehen. Das Westfälische Pionier-Bataillons

No. 7, dessen Kapelle sich als ›German Band‹ etikettiert, arrangiert in zwar neuem, doch schon einstudiertem Rhythmus mit Blech und Trommeln das ›Negerständchen‹. So zieht sich die Mode durch das Jahrzehnt, und 1912 druckt die Fachzeitschrift ›Cabaret-Tanz-Revue‹ das Couplet:

> Sogar in unsern Kolonien
> die Tanzkunst sehr floriert.
> Ich hab mit eifrigem Bemühen
> den Cakewalk dort studiert.
> Ich hab gelernt, wie man sich biegt
> und zeig sogleich euch her,
> wie dort im Tanze sich gewiegt –
> mein ›Niggerboy‹ mit mir.

Denn längst schon verlangt ein übermütiges Tanzpublikum, derlei Tanzabenteuer nun auch selbst auf eigenem Parkett zu erproben. Sich diesen synkopierten Rhythmen anzupassen, ist gar nicht so einfach. Dennoch bleibt es nicht bei der bloßen Nachahmung der Bühnentänze. Und Beobachter finden Worte wie: »Schräg wie die Töne bogen sich gleichsam die Rümpfe und kippten die Hüften aus ihren Angeln – Körperteile also, die bislang beim Tanz nie bewußt bewegt worden waren.« Die Akademiker der Tanzkunst seien hierüber zwar entsetzt gewesen, kämen aber nicht mehr am CakeWalk vorbei. »Deshalb strichen sie einfach den ›schwarzen‹ Anteil weg, nämlich das Spielerische und die Beweglichkeit der Körpermitte.« Was übrig bleibt, ist ein gerade eben noch ein pantomimisch anmutender Salontanz, den 1905 der konservative Wiener Tanzlehrer W. K. von Jolizza in sieben Figuren zerlegt: »Bei den Geh- und Wiegeschritten kommt es kaum zu einer Berührung der Partner. Nur gelegentlich nähern sich beide mit den Fingerspitzen. In der 1. Figur rafft die Dame ihr Kleid etwas gewagt in die

Höhe und mustert den Herrn mit dem Lorgnon. Er blickt liebevoll zurück, biegt den Oberkörper rückwärts und hebt der Dame die Hände entgegen. Er fängt an zu ›werben‹. Seinen rollenden Bewegungen mit dem Handgelenk setzt die Dame mit dem Oberkörper kreisende und windende Bewegungen entgegen. In der 5. Figur endlich reicht sich das Paar die Hände, und es kommt in 8 Schritten zu einem ›tour de main‹, wobei die Dame die rechte Hand mit der Lorgnette wieder abwärts senkt. Die 7. und letzte Figur endlich bietet einen ›grotesken Anblick‹. Die Partner schreiten, die Beine hoch und hoch im Stelzschritt, den Rücken weit nach hinten gebogen, durch den Saal. Dabei hängt sich die Dame gewagt bei ihrem Herrn ein.«

Es ist eine sehr zahme pantomimische Spielerei auf dem Parkett, nicht mehr! Und doch sieht der ›Kunstwart‹ vom Münchener Callway-Verlag hierin eine »Zerstörung aller ästhetischen Werte«, und in Preußen empört sich Fedor von Zobeltitz: »Ekelhafte Fremdländerei!« Der Tanzpädagoge Franz Wolfgang Koebner findet das alles ein wenig spaßiger: »Von oben gesehen scheint es, als tanzten betrunkene Mikroben.«

Dennoch: Musik und Tanz, Ragtime und CakeWalk, sind eine Revolution im beginnenden Jahrhundert. Niemand kommt mehr um diese synkopischen Läufe herum, auch nicht in der Kunstmusik: Darius Milhaud, Maurice Ravel, Erik Satie, später wird Paul Hindemith folgen. 1906 schreibt Claude Debussy für seine kleine Tochter Claude-Emma, genannt Chouchou, eine Piano-Pièce: ›Children's Corner‹ mit dem letzten und sechsten Satz: ›Golliwogg's CakeWalk‹ – dazu die Widmung: »A ma chère petite Chouchou avec les tendres excuses de son pére pour ce qui va suivre«, des Vaters zärtlicher Entschuldigung also für das, was nun folgt. Igor Strawinsky bewegen die rhythmischen Strukturen des Jazz und ihrer ›synkopischen Verrenkungen‹, und 1919 komponiert er eine ›Piano-Ragtime Music‹, sechs Monate nach seinem ›Ragtime für elf Instrumente‹.

Es ist der 11.11.1918. In dem legendären Eisenbahnwagen im Wald von Compiègne diktiert Frankreichs Maréchal Ferdinand Foch, bald 70 Jahre alt, dem deutschen Zentrumspolitiker Matthias Erzberger – wenig später 45jährig von national-radikalem Offizierspack ermordet – die alliierten Bedingungen zum Ende der Kampfhandlungen. Paris feiert den Waffenstillstand und spielt zu diesem Tag der Freude Strawinskys ›Ragtime für elf Instrumente‹ – eine Hommage an den militärischen Sieg, aber auch an den Beginn eines neuen Zeitalters.

Das Deutsche Kaiserreich neigt sich dem Ende zu. Noch einmal wuchs die Reichshauptstadt in den zehn Jahren von 1900 bis 1910 um 1 Million auf 3,7 Millionen Einwohner. Paul Lincke dichtet in seiner ›Berliner Luft‹: »Die Häuser wachsen aus dem Sand, / es blühen die Finanzen. / Und hier gedeihen, wie weltbekannt, / die echt ›Berliner Pflanzen‹.«

Doch mehr noch gedeihen die Pflanzen der Lebewelt und ihre Privilegien. In den gut ein Dutzend Cabarets, den ungezählten Bars und Salons verdoppelt sich in dieser Zeit der Anteil der Tanznummern: Vampyr- und Opium-Tänze, die Texas-Dancers, die Yankee-Companies und die Vier Morning Stars mit ihrer Beinakrobatik in seidenen Shorts. Felix Philippi mokiert sich über das parvenu-mondäne Kleinbürgertum im Orpheum: »In den Cabinets particuliers fließt der Champagner erst in die Kehlen, dann ins Pianino. Dieses Berlin schlürft sein Leben aus – in hastigen fieberhaften Zügen …«

In exklusiven Londoner Clubs kommt der Tanztee in Mode.

›Vortänzer‹ werden engagiert, George Grossmith – später wird er einer der berühmten Tangotänzer sein – erinnert sich: »Um 1912 begann man, Tanzpaare in den Restaurants auftreten zu lassen. Ich glaube, ich war einer der ersten aus dem gewöhnlichen Zuschauervolk, der sich mit einer Dame erhob, um zwischen den Tischen zu tanzen. Andere folgten uns nach.«

David Ewen schreibt in seinem ›Panorama Of American Popular Music‹ vom Vergnügungsmilieu vor 1911: »Der ¾-Rhythmus des Rag hat das Tanzen zu einer einfachen Sache werden lassen. Jeder, der gehen kann, kann jetzt auch tanzen. Sogar ältere Leute können an diesem Spaß teilnehmen ... Zum ersten Mal wurde es eingeführt, in Restaurants und Hotels zwischen den Mahlzeiten zu tanzen. Bald gab es die ersten New Yorker Nachtclubs: Lee Shubert's Palais de Dance und William Morris' Jardin de Dance. Jedermann tanzte jetzt: Geschäftsleute abends zur Zerstreuung, Arbeiter in den Fabriken während der Mittagspause.«

Mehr und mehr beeinflußt Amerika das Leben in Europa, verbunden mit einem sprunghaften Musikexport. »Immer häufiger erscheinen Noten mit den Copyright-Vermerken New York und Boston«, stellen Czerny / Hofmann fest. »Parallel dazu prägen im Ablauf des ersten Jahrzehnts zunehmend amerikanische Sitten und Gebräuche das öffentliche Leben: Cutaway, Pyjama und Breeches werden modern; man luncht, verzehrt Sandwiches ...« Am Ende beeinflussen importierte Tänze die Kleidermode: Zum Tango etwa kommt das Tangokleid. Doch zuvor schafft der Hosenrock Unmut und Erregung. Nach der Premiere dieser Création von Poiret auf der Rennbahn von Auteuil in Paris, findet er – fast verfrüht – seinen Weg nach Berlin. Und gleich schon ist (von Gustav Mayer / Carl Fischer) der Schlager auf dem Markt:

Hosenröcke, neu'ste Mode,
hört man heute überall,
es schafft diese Modeblüte
Frau'n und Männern große Qual.
Erst ist viel zu kurz die Hose,
dann zu eng und dann zu weit,
und der Mann kriegt nichts zu essen,
denn zum Kochen ist ka Zeit.

Endlich ist das Kunstwerk fertig,
und die Frau geht Arm in Arm
mit dem Gatten stolz spazieren,
und schon folgt ein ganzer Schwarm.
Raufen, stoßen, drängen, spotten,
schließlich kommt die Polizei,
und der Gatte kriegt die Prügel
bei der Hosenkeilerei.

Es ist der 17.11.1910. Eröffnet wird in der Potsdamer Straße der Berliner Sportpalast unter dem Protektorat der Kaiserin Auguste Viktoria. Die Show beginnt mit 200 Eiskunstläuferinnen im Reigen der Polarsterne. In den Blocks sind die Ränge und Galerien voll besetzt. Nun zieht die mondäne Welt in die goldverzierten Logen ein. Die Damen selbstbewußt im dernier cri – sie tragen Hosen - röcke. Es sind die ersten in Berlin, und gleich schon kommt oben von den Rängen lautstark Hohn und Spott. Das Volk mokiert, ja erregt und empört sich. Doch die haute volée in ihren Kabinetts fühlt sich nicht gefoppt. Was da oben auf dem Heuboden herumflachst, ist doch nur Proletariat. Soll es doch im Osten bleiben! Da gehört es hin, und nicht in den Vergnügungsbezirk Schöneberg!

Ja, der Berliner Osten! Hier entsteht ein Tanz, der zwar in Polka und CakeWalk seinen Ursprung hat, doch im Grunde typisch deutsch ist. Die Schritte zu der simplen, doch neuartigen Musik werden drittklassigen Schaudarstellungen abgeguckt: Einfache Gehschritte ohne Chassé, ja ohne Figuren überhaupt, ein Tanz also, um sich lediglich durch Wackeln und Schieben vorwärts zu bewegen. Dazu findet Walter Kollo die drei Zeilen: »Tanzen willst du? / Ach, du Lieber! / Ja, riskier'n wir einen Schieber!«

Bedingung für das simple Geradeaus-Tanzen ist das Verschmelzen des Paars. Fritz Böhme analysiert diese Entwicklung als Distanzvernichtung. Das Publikum findet Gefallen an der hautnahen Haltung, schon nennt man derlei Schieben und Wackeln den Proletentanz, und gleich auch wird der Schieber-Prolet zum Schlager-Helden: »Max, du hast das Schieben raus, / Schieben raus, Schieben raus. / Alles schreit Hurrah: / Schieber-Max ist da!« Gedränge gibt es in allen Lokalen, die oft nur geräumige Parterre-Wohnungen sind. Hans Ostwald schreibt in ›Berliner Tanzlokale‹: »Ein dichter Knäuel von Paaren wälzt sich um eine Säule herum, hüpft, schiebt, prustet, kreischt, stößt mit den Ellbogen um sich, lacht wieder, verwickelt sich, löst sich wieder auf, wiegt sich und zieht sich, glüht und wälzt sich rastlos herum.« Dazu kommt die Fülle von Schieber-Liedern: »Trittste mir, dann tret ick dir, / ja det jehört ja zum Pläsier!« Oder: »Hält man sich umklammert, so / poussiert sich's comme il faut.« Der Sittenforscher Eduard Fuchs beobachtet 1912 das Parkett: »Beim Tanz öffnet die Frau die Schenkel, erst leicht, dann immer mehr; in gleicher Weise drängt der Mann ein Bein zwischen die Schenkel seiner Partnerin. In derselben Steigerung pressen sich beider Leiber aneinander, wobei die Frau, um ihr Verlangen nach einer Begattung zu symbolisieren, ihrem Tänzer möglichst auffallend ihren Unterleib entgegendrängt ...«

In Rummelsburg, weit draußen im östlichsten Berlin werden derartige Tanzhaltungen unmißverständlich mit den Schlagerzeilen kommentiert: »In Rummel, Rammel, Rummelsburg!« Und als

Warnung spottet die Revue ›Nur nicht drängeln‹ 1913: »Oh schieb, solang du schieben kannst, / sonst kommt die Polizei!«

Und sie kommt wirklich! Eine Polizeiverordnung vom 31.05. 1913 regelt: »Tänzer, welche Schiebe-, Wackel- und sonstige Tänze aufführen, können mit Gefängnis bis zu zwei Jahren bestraft werden.« In Halle müssen die Beamten, um auch die Richtigen verfolgen zu können, erst einmal selbst die anstößigen Bewegungen erlernen. In Berlin kommt erst Ende 1913 die polizeiliche Verfolgung auf Drängen der Tanzlehrerschaft in Gang. Heinz Pollack findet das ganz richtig – wenn auch mehr von der ästhetischen Seite – denn dort, wo gewackelt wird, handle es sich nicht nur um proletarische, ja um allgemein populäre Auswüchse, denn nur schlechte Tänzer wackelten mit dem Oberkörper.

Um die Taille rum
und dann schieben, schieben, schieben
bis um sieben, sieben, sieben
und dann lieben, lieben, lieben
na und so!

Doch derlei Tanzvergnügen lassen sich nicht verbieten. Es geht weiter, gelegentlich zwar versteckt, dennoch offen angekündigt. 1911 bestätigt es Walter Turszinsky in ›Berlin, drüber weg und unten durch‹: »Tanz im Osten. ... Menschen verschwinden in dem schmalen finsteren Eingang, der nach der Seitenstraße zu mit schreiend gelben Plakaten ›Tanzsalon, heute große Soiree‹ tapeziert ist. Musiktöne dringen nun neben einem lauten Surren, Sausen, Summen deutlich hinter zwei sich von Zeit zu Zeit öffnenden Flügeltüren hervor. Und nach der Rixdorfer Melodie ›Ach sei doch nicht so ete ... / ... petete, / du Kröte ...‹ strömt wieder ein dichter Schwall Menschen herein: Soldaten, Mägde im Putz, neben ihnen ihre Kavaliere, die tagsüber in der Werkstatt wirken, dazwischen Ladenjünglinge.«

Doch fügen Eichstedt und Polster in ›Wie die Wilden‹ hinzu, daß sich in den Tanzkneipen die draufgängerischen Typen besonders hervortäten. Das im Schieber zutage tretende Gewaltverhältnis zwischen Mann und Frau käme in der Beziehung der Zuhälter zu ihren Prostituierten am klarsten zum Vorschein: »Gerade sie, die ihre breitbeinige Männlichkeit mit Halstuch, Schlägermütze, die sie auch beim Tanz nicht abnehmen, und der grell karierten Hose zur Schau tragen, steigern den Tanz oft zur Brutalität. Das abwechselnde Heranzerren, Herumschleudern und Wegstoßen enthüllt den ungleichen Kampf der Geschlechter. Charakteristisch ist eine besonders beliebte Form der gegenseitigen Annäherung: Der Mann packt sein Mädchen im Genick, duckt es auf die Erde und ergötzt sich an den Windungen der Gequälten.«

1912 drängt der Schieber nun auch in die preußischen Provinzen. Im Rheinland profiliert sich der ›Verband der Männervereine zur Bekämpfung der öffentlichen Unsittlichkeit‹ mit einer Eingabe an den Oberpräsidenten, das Schieben zu verbieten. Und gleich schon kommt es zu einem Runderlaß über die Landratsämter. In der Eifel wettern zudem die Pfarrer, weil zur Lüsternheit hier noch die ländliche Rohheit komme. Einzig der Oberbürgermeister von Düsseldorf widersetzt sich dem Verbot, gilt doch seine Stadt mit rund 130 Tanzlokalen als Hochburg des rheinischen Vergnügens. Vorbeugend greifen nun auch die Wirte zur Eigeninitiative, denn wer sich weigert, wird gezwungen, polizeilich gestempelte Warnschilder aufzuhängen. Vielerorts ist dies eine gute Gelegenheit, derlei sittengefährdende Verbote zu erweitern. Gleich schon wird hier und da Linksrum-Tanzen unter Strafe gestellt, wie auch ›Das Tanzen zweier Herren miteinander‹.

*All die Trots, Walks und Glides, die Dips und Lopes,
die Steps, Rocks, Hugs und Hops …*

Die Bourgeoisie, die bessere Gesellschaft ohnehin, widern diese zotigen und zügellosen Tänze von vornherein an, die bis zum Ekel verrohten Schieber, das nuttig frivole Wackeln. Doch nicht lange, da kommen diese Rhythmen, ähnlich grotesk und verschroben, mit geschmacklosen und plumpen Figuren aus den USA unter amerikanischen Namen. Sie nennen sich Tiertänze. Ihren Ursprung will nun niemand mehr wissen. An Ende des neunzehnten Jahrhunderts hatten die Südstaaten übertriebene pantomimische Varianten ihrer Walks und Trots entwickelt, und da hier die Heimat des Truthahns ist, haben die Schwarzen auch gleich den Namen für diese Kuriosität: Turkeytrot.

Der weiße Norden, zuweilen müde, sich zum Rag und Boston in ⅔ und ¾ Takten gemessen zu bewegen, verlangt es inzwischen nach etwas mehr Leichtlebigkeit, er guckt sich bei den Schwarzen die Verschrobenheiten ab und bringt ein wenig Liebenswürdigkeit hinein.

Als erstes begeistert sich das New Yorker Tanzehepaar Vernon und Irene Castle, zur Zeit führend in Tanz- und Modefragen, es tanzt am Broadway diesen Turkeytrott. Beim ersten, beim zweiten Mal wirkt es shocking, aber schon leistet sich jede Gesellschaft für ihre Partys zwei Tanzräume – einen für die konservativen, den anderen für die ins neue Amusement vernarrten Gäste. Zum Truthahn kommen bald schon Bär, Kamel, Känguruh und Pferd, kommen Katze und Kaninchen, dann der Pfau, Bussard und Adler. Die Mode gründet einen kleinen wahrhaftigen Tanz-Zoo, dazu die Robbe und aus dem Aquarium der Fisch. Auch eine Judy ist dabei, und kaum jemand erfährt: ist sie ein Einfaltspinsel oder ein Flittchen? Später wird der bis in die heutigen Tage lebendige Fox, der Fuchs hinzukommen. Dann sind 15 Tiere beisammen, mit ihnen kommt die Fauna über den Atlantik. Hier in der Alten Welt liebt man in diesen Jahren alles Fremdländische – Hauptsache, es kommt aus Amerika. Deutschland hat plötzlich einen wohlwollenden, ja verliebten Blick für all den Unfug, und bald schon, 1912, publiziert die ›Cabaret-Tanz-Revue‹:

Wie all die lieben,
feschen Typen toben,
man glaubt zu schieben,
und wird selbst geschoben.

Selbstverständlich kennt jeder hierzulande die Tanzvarianten nur unter den trans-ozeanischen Namen: Camel Walk ... Horse Trot ... Kangaroo Dip ... Bunny Hug ... Cat Step ... Bullfrog Hop ... Peacock Glide ... Buzzard Lope ... Eagle Rock ... Foxtrott ...

Viele von diesen Hops und Hugs, diesen Dips und Glides bleiben ohnehin zumeist Bühnentänze. Doch drei von ihnen werden derart populär, daß kein Tänzer sie auf dem Parkett missen möchte – nicht zuletzt der meist simpel-komischen Figuren wegen: Der ›Fish Walk‹ wird nach der Melodie ›Smocked Haddocks‹ (von Fred Collins) mehr gehüpft als getanzt – ein Ausdruck übermütigster Laune. In Abständen trennen sich die Partner, stehen mal vor-, mal neben-, mal hintereinander, wippen auf den Ballen und fassen sich über den Köpfen an den Händen. Beim ›Turkey Trot‹ – vom Berliner C. M. Roehr-Verlag zusätzlich mit ›Pas du dindon‹ angeboten – bewegen sich die Tänzer humpelnd voran, gehen in die Knie und kraulen sich am Kinn. 1911 beschreibt Alfred Döblin in der Erzählung ›Die Segelfahrt‹ eine Turkeytrot-Tänzerin: »Sie trug in die Ballsäle eine sonderbare Weise der Bewegung. Der Tanz war ersichtlich aus einer eigentümlichen Ungeschicklichkeit der Tänzerin entstanden. Sie stieß jede berührende Hand zurück, wiegte sich in den Hüften nach rechts und nach links, nur langsam wie ein Schiffer von einem Bein taumelnd auf das andere. Dann umging sie mit plumpen Füßen ihren Partner, und jetzt wiegten sich beide gemeinsam, Hüfte an Hüfte gefaßt. Nun sank sie über ihn hin und ließ sich von ihrem Partner halb tragen, wobei ihre Füße kaum über den Boden schleiften und sie die Augen schloß.«

Doch mißfällt der polizeilichen Aufsicht selbst derlei Einfalt. Überhaupt das Damenbein vor dem Großen Krieg! Der Vorwand für die meisten Verbote werden die immer kürzeren Röcke. Im Rag gehen die Damen tief auf den Boden hinunter, alsdann in die Knie. Im Tango muß sich die Dame viel zu rasch bewegen, im Boston sind die Schritte viel zu riesig, und beim ›Grizzly Bear‹ endlich, dem ›Bärentanz‹, werden die Beine weit nach hinten gestreckt. Das führt 1913 zu energischer Tat der Dresdner Polizei: »... gegen die Auswüchse Maßnahmen zu ergreifen und den folgenden Erlaß an den Vorstand des Vereins der Saalinhaber zu erlassen: Bei der Kgl. Polizei-Dir. sind Klage geführt worden, daß der Bärentanz das Sittlichkeitsgefühl verletze und bei Saalbesuchern Ärgernis errege. Es sind nämlich bei diesem Tanz nicht nur die üblichen plumpen und humpelnden Bewegungen ausgeführt worden, sondern vor allem hat die Tänzerin dabei häufig die Beine seitwärts so weit abgespreizt, daß man die Unterkleider, Strümpfe usw. dabei sah, oder sie hat beim Beugen des einen Beins nach vorwärts das andere so weit nach rückwärts am Boden entlanggestreckt, daß sich der Kleiderrock hochschob und nicht nur der mit dem Strumpf bekleidete Unterschenkel, sondern sogar ein

Stück des nackten Oberschenkels sichtbar wurde. Derartige Auswüchse kann die Kgl. Pol.-Dir. nicht dulden.«

Die Anleitung der Tanzlehrer dagegen sieht das alles viel schlichter: »Bald werden die Knie hochgeschleudert, bald geht man tief in die Hocke. Die Partner trennen sich und flirten im anmutigen Händespiel miteinander. Dann kommt ein Dos à Dos ohne Berührung, und schließlich tanzt jeder Partner allein den Bärenschritt. Es ist, wenn auch ein erotischer, so doch ein reiner regelrechter Werbetanz!«

Für den ›Simplicissimus‹ sind all diese Tiertänze gleich. Karl Arnold karikiert sie als ›Snob Trot‹.

Während diese Art von Auswüchsen Amerika und Europa zu überschwemmen scheinen, besinnt man sich andererseits einer ruhigeren Fortbewegung auf dem Parkett. 1909 kommt der Twostep auf den Markt – entstanden aus der ursprünglichen Polka, doch ohne den Polka-Hupf. Es bleibt schlicht beim Chassé vorwärts, seitwärts und rückwärts. Die DDR-Autoren Czerny und Hofmann betonen die gesellschaftspolitische Seite solcher Entwicklung: »Was den Twostep kennzeichnet, formte sich wie die dazugehörige Musik durch das schöpferische Zusammenwirken von Musikern und Tänzern aus den verschiedenen Schichten des Volkes, gewissermaßen durch das Tanzsaalkollektiv. Allerdings darf andererseits nicht übersehen werden, daß die Elemente, die dem Twostep das Gepräge geben, sehr bald von der Vergnügungsindustrie ausgeschlachtet wurden. Das führte dazu, daß die auf dem Twostep aufbauenden Varianten – zum Beispiel der Onestep – schon stärker den Einflüssen der begüterten Oberschicht der kapitalistischen Gesellschaft unterworfen waren und vieles von der ursprünglichen Vitalität und Ursprünglichkeit verlorenging.«

Die Autoren möchten erforschen, inwieweit diese zwei Schritte, die dem Twostep den Namen gaben, dieses Vorwärts, Seitwärts und Rückwärts, Ausdruck des Zeitalters der kapitalistischen Maschinenindustrie sind. Doch finden sie bei Walter Turszensky in dessen Buch ›Berlin, drüber weg und unten durch‹ eine besser passende Entlarvung der begüterten Oberschicht, eine Beobachtung im Palais de Dance von 1911: »Man könnte Schlüsse ziehen und sozial bitter werden! Aber da prickelt zugleich mit dem Schaum einer neuen Flasche im Orchester die schleifende Weise eines ›Twostep‹ auf, und man denkt nicht mehr an die Weltordnung und nicht mehr an andere höchst beschwerliche Angelegenheiten, sondern nur an die bestrickende, faszinierende Buntheit des Augenblicks. Wie Pfeffer brennt der schleifende Rhythmus im Blut dieser hundertköpfigen Menge, und man spürt den Rausch des großstädtischen Lebens heute nicht mehr auf den Pariser Boulevards, sondern am heißesten auf dem Boden der Berliner Behrenstraße und im Palais de Dance.«

Im Berliner Verlag R. Birnbaum erscheint 1913 in hohen Auflagen das Tanzalbum ›Clou‹, und neben den Twosteps ›Liebliche kleine Dingerchen‹ und ›In der Nacht, wenn die Liebe erwacht‹ findet sich auch ›Gibson Girl‹ mit den Untertitel, der auf einen neuen Rhythmus verweist: ›Original Twostep oder Onestep‹.

1910. Der Onestep – ein amerikanisches Attentat! So empfinden es die Tanzlehrer hierzulande, denn es schockiert sie die Vereinfachung der Tanzschritte nach der vorangegangenen ausgeklügelten Schritt- und Figurenkultur. Der ›Kunstwart‹ schreibt: »So ›brutal einfach‹, daß es dem Außenstehenden ›wie ein Spazierengehen‹ erscheint und auf die ›Entrechtung des Tanzbeins‹ hinausläuft.«

Es ist eine künstliche Schöpfung der in New York lebenden Engländerin Irene Castle – sie trug bereits vor 1910 das Haar zum Bubikopf gestutzt – und ihres Ehemanns Vernon, den man längst schon den »father of modern dancing« nennt, und der nun als

Zwischenstufe zum Onestep seinen Castle Walk kreiert. Aus den Baumwollfeldern des Südens bringt das Ehepaar diesen Rhythmus in die High Society der neuenglischen Staaten ein. Doch so ganz verzichten die Castles in der Eintönigkeit ihres Walks nicht auf ein paar amüsante Abwechslungen. Vernon vermerkt in seinem Tanzbrevier: »Der Herr steckt die Hand in die Hosentasche, während die Dame ihn umkreist. In den Ecken tanzt man den ›Spin‹, eine Drehung des Körpers, wobei der eine Fuß als Mittelpunkt am Boden bleibt. Der andere, der linke, variiert in kurzen Schritten um den feststehenden rechten Fuß.« Der Onestep ist zwar der simpelste aller Tänze in den Jahren vor dem Weltkrieg, dennoch findet Heinz Pollack in ›Die Revolution des Gesellschaftstanzes‹ von 1922 ein paar gute Worte: »Er scheint nur äußerlich einfach. ›Schreiten‹ heißt ja nicht ›Spazierengehen‹! Es kommt ja nicht so sehr auf die Füße an. Wesentlich sind die Gebärden des Körpers, das harmonische Spiel aller Glieder und die ungehemmte Elastizität der Muskeln. Auch Onestep kann nur von biegsamen, geschmeidigen Menschen rhythmisch erfaßt werden. Nur bei ihnen wird er ein ästhetischer Genuß sein.«

Das sehen die erwähnten DDR-Autoren anders: »Die Ursache der Ablösung des vitalen Twostep durch den ruhigeren Onestep ist zutiefst soziologischer Natur. Durch die Depression der amerikanischen kapitalistischen Wirtschaft 1908/09 treten Lebensüberdruß, Melancholie und überzüchteter Individualismus der herrschenden Klasse stärker denn je hervor. Dem kommt der Onestep entgegen.«

Andererseits beklagen viele, daß Tanzen mehr und mehr zur Arbeit, zum Sport wird, und daß sich nach und nach die gute alte Ballhaus-Romantik verliert. Bei derlei Anstrengungen kommt hinzu, daß es bei der Zersplitterung des Zweiviertel-Rhythmus in eine Vielzahl von Tänzen immerfort zu Verwechslungen der Schritte und Figuren kommt. So setzt sich eben der ruhige, fast melancholische Onestep mit seinen geringen Anforderungen besser durch, weil er sich viel leichter als etwa der komplizierte Tango über das Parkett schieben läßt. Und F. W. Koebner moniert 1913 gar, daß nach eindeutigen Twostep-Melodien der Onestep getanzt wird, doch: »... gute Tänzer werden immer zwischen beiden scharf unterscheiden können!«

Nun kommt auch noch der Rag hinzu, einst lediglich der begleitende Rhythmus zum CakeWalk. Im Lotus Club, London, wird er 1912 als eigenständiger Tanz kreiert, und gleich findet er seinen Weg auf den Kontinent. Auch hier gilt im Grunde die einfache Vorwärtsbewegung, teils langsam, teils schnell, wobei gern das letzte Viertel eines Takts verschluckt wird. Statt eines Schritts machen die Tänzer an dieser Stelle einen ›dip‹, sie dippen, sie tauchen ab – gehen also in die Knie. Pollack beschreibt den Rag »als Folge von langsamen und markant blitzschnellen Bewegungen, als Wechsel von gemächlichem, weit ausgreifendem Schreiten und kurzem, raschem Stakkato.« Im Verzeichnis der reichhaltigen Titel finden sich ›Texas Rag‹, ›The Mysterious Rag‹, ›The Dynamic Rag‹ ...

Zur Attraktion in den Cabarets der Großstädte wird der Rag – wie auch die anderen Steps und Walks – als Bühnentanz, wobei besonders eine abstruse Exotik ihr Publikum findet. Astrid Eichstedt und Bernd Polster zeichnen den einen oder anderen Höhepunkt auf: »Im Vergnügungspalast ›Groß-Essen‹ entzückt eine vollschlanke ›Mlle. Coquelin‹ ihr Publikum mit einer einmaligen Création, einem ›Altägyptischen Salométanz‹ in Verbindung mit dem ›slawischen Dolchtanz‹. Als Spitzenleistung gelten die Auftritte von Miss Saharat, dem ›weiblichen Tanzgummiball‹ aus Australien. Bei ihrem ›high-kick‹ hebt sie ihr rechtes Bein kerzengerade in die Höhe und beißt sich dann ins Strumpfband. Evelyn Delman läßt sich als

›That american Ragtime-Girl‹ feiern, und ›The Bostons‹ – zwei ›Neger-Excentrics‹ – sind stets auf ein Jahr im voraus ausgebucht.«

Tanzturniere, nach englischem Vorbild nun auch schon gern ›competitions‹ oder ›championships‹ genannt, versuchen bereits wenige Jahre nach der Jahrhundertwende, ein wenig Ordnung in das Wirrwarr der Rhythmen zu bringen. Doch 1909 legt man in Paris auf Stil noch wenig Wert, zugelassen ist nur, was neu ist: Boston, Grizzly Bear, Turkey Trot, Twostep … Erst 1912 steht im Admiralspalast – es ist das erste Turnier in Berlin – der Onestep auf dem Programm. Ein Jahr später ist er bereits wieder verschwunden. Nach dem Weltkrieg hält er sich gelegentlich, vielleicht auch versehentlich, und wird, da der Name in Vergessenheit geraten ist, mit dem Marsch verwechselt. Wohl der letzte Onestep der Zwanziger Jahre hat sich bis heute allenfalls als Crazy-Schlager in Text und Melodie erhalten:

Wer hat bloß den Käse zum Bahnhof gerollt?
Das ist 'ne Frechheit, wie kann man so was tun?
Denn er war noch nicht verzollt!
Die Polizei hat sich hineingelegt,
Jetzt ist sie böse sehr und grollt,
Weil man hat einen Käse zum Bahnhof gerollt.

Und wieder erscheint dieser harmlose Vers in der Interpretation von Czerny/Hofmann als politische Anklage: »Es spielt auf satirische Weise den verbissenen Kampf zwischen den Konzernen, der Polizei und den kleinen Warenhändlern an.«

1914, die ersten Tage im August. Was eine Woche zuvor begonnen hatte, mit dem Ultimatum der Doppelmonarchie an Serbien, setzt sich nun europaweit fort: Mobilmachungen, Truppenaufmärsche, Kriegserklärungen … Generalfeldmarschall Herzog Albrecht von Württemberg überschreitet im Westen Our, Sauer und Mosel, seine 4. Deutsche Armee besetzt Luxemburg. In Berlin billigt der Reichstag einstimmig den Kriegskredit von fünf Milliarden Mark. Für alle Länder des Reichs wird ein Verbot öffentlichen Tanzens erlassen … Frankreich folgt dem Vorbild, Großbritannien läßt sich noch Zeit. Philipp J. Richardson (›A History of English Ballroom Dancing‹) schreibt: »Zuerst gab es Zweifel darüber, ob Tanzen weiterhin erlaubt sein dürfe, doch dann findet man, daß ›a certain amount of relaxation‹ – ein gewisses Maß an Entspannung – im Krieg nötiger sei als im Frieden. Den Tanz, eins der volkstümlichsten Vergnügungen, kann man den jungen Männern, die von der Front auf Urlaub kommen, nicht verbieten.« Doch zur Vorkriegsstimmung kommt es dennoch nicht. Es fehlen eben die Männer, bis 1917 die ersten GIs von jenseits des Atlantik eintreffen, sie bringen Onestep und Rag mit, sowie den Jazz, der sich gern militant im Marschtakt zeigt. Neu im Repertoire der amerikanischen Bands sind Shimmy und Foxtrott. Boston und Walzer sind längst gestorben. Doch auch in Deutschland lockert man nach und nach das Tanzverbot. 1916 schreibt das ›Berliner Tageblatt‹: »Uns hat der Krieg die Tanzseuche gebracht, von der jüngere, wie auch ältere Damen besonders heftig befallen werden.«

Eichstedt / Polster über diese Kriegsjahre: »Diese Klage wird der Varietékultur gegolten haben, die auf Plakat und Anzeigen unverschämt verbreitet wurde. Vergnügungsbühnen und Konzertpodien nämlich dürfen ohne Beanstandung für Tanzdarbietungen genutzt werden. Und dem Palast-Theater am Zoo rät der Rezensent gar, den Kostümwechsel seiner Tänzerinnen zu beschleunigen, weil sonst die Leute einschlafen. ›Je länger der Krieg, desto kürzer die Röcke‹, heißt es, als der Saum 1917 knapp unter dem Knie endet. Und der Grund ist nicht die herrschende Stoffnot, denn zur gleichen Zeit kommt nämlich der ›Glockenschnitt‹ in Mode, der verschwenderisch Textilien fordert. In den letzten Kriegsjahren zeigt sich Extravaganz. Mehrfach werden allzu auffällig gekleidete Damen von der Straße weg verhaftet; und in München schleppt die Polizei eine Schmuckverkäuferin auf die Wache, wo man sie abschminkt und dann wieder laufen läßt. In der rheinischen Kreisstadt Opladen stellen mitten im Krieg acht Wirte ihre Räume zu Kaffee- und Weinwirtschaften um. Ihre Gäste sind die Arbeiter und Arbeiterinnen der Munitionsfabriken. Bereits im Sommer 1916 muß die Polizei in Berlin-Charlottenburg den ›Musik- und Caféschluß‹ auf Mitternacht vorverlegen, nur so kommt sie gegen den Lärm der Gaststätten bis in die frühen Morgenstunden an. Danach florieren die ›geheimen Nachtlokale‹ um so mehr. In den vier Kriegsjahren stieg der Sektkonsum um das vierfache. Am Ende des Jahres 1918 sind es 20 Millionen Flaschen! Selbst in der Etappe organisieren Offiziere Tanzabende – trotz Verbots und angeblicher Kriegszersetzung.«

Westfront 1915. In den Schützengräben sitzen die Landser und schreiben Feldpostbriefe und -karten. Manch einer schreibt auch mal ein Gedicht. Auch dem Gardefüsilier Hans Leip fallen ein paar Verse ein, es sind Abschiedszeilen an seine beiden Freundinnen Lili und Marleen:

> Vor der Kaserne,
> vor dem großen Tor
> stand eine Laterne
> und steht sie noch davor,
> so woll'n wir uns da wiedersehn,
> bei der Laterne woll'n wir stehn
> wie einst Lili Marleen.

Später wird Hans Leip (1893–1983) bekannt mit Romanen, Dramen und Gedichten. Seine ›Lili Marleen‹ erscheint 1937 im Band ›Die kleine Harfenorgel‹, wird im Jahr darauf von Norbert Schulze vertont und seit 1941 allabendlich – von Lale Andersen gesungen – über den Soldatensender Belgrad ausgestrahlt. Aber nicht nur die deutschen Soldaten begeistert der Schlager, auch die der Alliierten. Die Sunday Press kürt ihn zum ›Hit of the Allied Armies‹. John Steinbeck später nennt dieses Gedicht von Hans Leip das ›schönste Liebeslied aller Zeiten‹ und dem General Eisenhower wird der Satz zugeschrieben: »Dieser Poet ist der einzige Deutsche, der während des Krieges der ganzen Welt Freude gemacht hat.« Doch auf diesen Ruhm muß der Füsilier im Schützengraben von 1915 noch mehr als ein Vierteljahrhundert warten!

Da ist noch ein anderer Hit, der sich zwar nicht vom Ersten zum Zweiten Weltkrieg zieht und bis in die heutige Zeit, sondern nur den Ersten Weltkrieg kurzfristig überdauert. Gleich im ersten Friedensjahr 1919 kommt er auf den Schlagermarkt, ein Gesellschaftstanz im Zweivierteltakt von G. Urbach. Die Plattenfirma ›Favorite‹ produziert ihn mit ihrem eigenen anonymen ›Favorite-Orchester‹: Hiawatha.

Doch ist dieser Titel nur eine Neuauflage des Vorkriegsschlagers von 1910. Damals zeigt er sich auf dem Parkett in einem Rhythmus zwischen Two- und Onestep, oder auch angesiedelt zwischen all den modischen Walks und Trots der Zeit. Dennoch wird er zum eigenständigen solitären Tanz. Sein ungewöhnlicher Name führt tief in die Geschichte der nordamerikanischen Indianer zurück, in die Zeit vor den englisch/französischen Eroberungen. 1570 einigten sich etliche Stämme – angesiedelt beiderseits des Lorenzstroms und auf dem Terrain des heutigen Staates New York –, einen ›Bund der Fünf Nationen‹ zu gründen, ein mächtiges Reich mit stehendem Heer und einer eigenen Religion, mit Kultivierung des Ackerbaus und einem Bundesrat als Regierung. Fortan nannten sie sich die Irokesen und kürten als Obersten den Onondaga-Häuptling Hiawatha (übersetzt: ›Der Sucher des Wampumgürtels‹). Auf welchen Wegen dieser Indianer zum Schlagertitel wurde, ist nicht bekannt. Vielleicht entdeckte der Komponist Urbach bei einer Reise durch die letzten Irokesen-Reservate in Ontario oder Oklahoma diesen historischen Namen und fand ihn einfach nur exotisch. Oder er kannte das gleichnamige Helden-Epos des amerikanischen Dichters Henry Wadsworth Longfellow – zumindest in der deutschen Übersetzung von Ferdinand Freiligrath 1855. Die Texte dagegen entbehren jeder historischen Exotik, sie ordnen sich einfach nur ein in die Reihe der crazyness der Jahre vor und nach dem Weltkrieg. Überliefert sind sie in zwei Fassungen. 1919 vermutlich, in den Tagen der Revolten, Putsche und Straßenkämpfe singt man:

Licht aus! Messer raus!
Haut ihn, daß die Fetzen fliegen!
Straße frei, Fenster zu!
Runter vom Balkon!

Während die Persiflage auf die grassierende Tanzeuphorie mit Sicherheit in das Jahr 1910 fallen dürfte:

Heute ist was los
in allen Tanzlokalen,
denn wir sind ja
alle noch verdreht!
Anna, Emma, Frieda und Marie
tanzen wie noch nie
und schlottern mit die Knie.

Alle Welt foxt ... foxt ... foxt ...

Einstmals Polka, heute Nummer Eins im Standard

Gestern schob man hin und her
wie der Fisch, der Fuchs, der Bär.
Heut' jedoch tanzt jung und alt
wie der Aff' im Dattelwald.
Jetzt hopst man, da's die Mode will,
wie im Urwald der Mandrill.

»Affentrott«, 1920
Musik: Leo Fall; Text: Rudolf Schanzer

Silvester 1918. In Deutschland ist erstmalig wieder – jetzt offiziell – das totale Tanzverbot aufgehoben, und das Berliner Tageblatt schreibt in der Neujahrsausgabe 1919: »Wie ein Rudel hungriger Wölfe stürzt sich das Volk auf die langentbehrte Lust. Noch nie ist in Berlin so viel, so rasend getanzt worden.« Aber noch immer herrscht die Grippewelle, seit September fordert sie 176 000 Tote. An den Litfaßsäulen warnt das Plakat ›Berlin, halt ein! Besinne Dich. Dein Tänzer ist der Tod.‹ Dennoch schießen überall Tanzdielen aus dem Boden, wieder heißen sie wie einst Continental oder City, und sind sie exklusiv, nennen sie sich Domino-Diele für die Dame, und Pan-Diele für den Herrn. Astrid Eichstedt und Bernd Polster (›Wie die Wilden‹, 1985) listen die ersten Nachkriegsjahre auf: »Das Klangbild der Tanzkapellen begann sich radikal zu wandeln. Hatte bis dahin ein aus Streichern, Harmonium und Klavier zusammengestelltes Ensemble vorgeherrscht, zeichnet 1919 bereits die ebenso unbedarft wie munter daherscheppernde ›Yankee Jazz Band‹ des Deutschen Eric Borchard einen gänzlich anderen Weg vor.« Und Heinz Pollack schreibt in seiner ›Revolution des Gesellschaftstanzes‹ 1922: »Tanzmusiker verbrannten verschämt ihre alten Noten, besorgten sich rote Fräcke, färbten sich ihre Gesichter schwarz, zogen sich gelbe Strümpfe, gelbe Schuhe an, kauften sich Kindertrompeten, Kuhglocken, Gitarren wie Zündplättchenpistolen und ließen sich frohgemut als ›Original-Jazz-‹ oder als ›Shimmy-Band‹ engagieren.«

Man tanzt in schlecht gelüfteten, engen Cafés in einer jedem Anstandsgefühl spottenden Weise, man tanzt in Kaufhausbuffets, Bahnhofskneipen und Hotelbars, man tanzt an allen Ecken, in Restaurants zwischen den Tischen, vor den Mahlzeiten, tanzt zwischendurch und überall. Man strömt schon vormittags auf das Parkett und tanzt beim Fünfuhr-Tee zum Schlager: ›Komm mein Schatz, wir trinken ein Likörchen‹. Aber auch in den Nachbarländern ruft der Schatten des Kriegswahnsinns wieder das Tanzfieber aus. Die Befreiung muß ›aktiv, dynamisch und elektrisch‹ sein, und die Daily Mail berichtet im November 1919 aus Frankreich: »Keine Wohnung, keine Kohlen, kein Geld. Jeder Mensch in Paris stöhnt, klagt und murrt. Aber alle tanzen!« In deutschen Kreisen, die am verlorenen Krieg leiden, fehlt es nicht an Kritik. Der Reichsveteranenverband des Ruhrgebiets kann die Amüsierfreude des gewonnenen Friedens nicht verstehen und fordert im Volkswart: »Schluß mit solchen unwürdigen Lustbarkeiten! Die Heimat tanzt auf den Schädeln ihrer Toten.« Und die Badische Tanzlehrerzeitung zitiert 1919: »Am deutschen Wesen soll die Welt genesen, so hieß es früher. Jetzt scheint die Welt an den halbwilden Tänzen der Indianer und Wildwestafrikaner genesen zu wollen. Daß gerade die bessere Damenwelt Geschmack daran findet, zeugt vom

Tiefstand ihrer Bildung und ihrer Verständnislosigkeit für unsere Zeit. Oder wollen sich diese Damen vielleicht üben, bis die Schwarzen und Marokkaner kommen?«

Und schon werden wieder die ersten nationalen Turniere ausgeschrieben. Max von Boehn beklagt: »Eben ist der Donner der Geschütze verstummt, Deutschland besiegt, verarmt, vom Haß zerrissen, da ringen schon wieder die ›Edelsten der Nation‹ auf Tanzturnieren um die Ehre des Vaterlands. Und die Bilderpresse beeilt sich, ihre Namen und Porträts zu verbreiten, ein Ruhmestitel, den kein anständiger Mensch diesen Damen und Herren neiden wird.«

Fast neu im Repertoire: Der Foxtrott

Als letzter in der Welle der Tiertänze hält er sich 1914 – zum Schritttanz gezähmt – auf dem Inselkönigreich und kommt dann 1919/20 – wild und ungezähmt – auf den Kontinent, gerade noch rechtzeitig als lang entbehrte Nahrung für die ausgehungerten Beinmuskeln. Und wieder heißt es bei Pollack 1922: »Mit Geschrei stürzte man sich auf ihn, und was damals produziert wurde, dessen erinnert man sich heute – nach drei Jahren – nur noch mit Schaudern. Es war eine Karikatur, dieses sich um jeden Preis austoben, diese Orgien der Gliederverrenkung.« Jeden Tag wird ein neuer Pas verkündet. Galt gestern ein Luftsprung als dernier cri, war man am nächsten Tag unmöglich, wenn man nicht unausgesetzt Kniebeugen produzierte. Auf dem Parkett rutscht ein Paar aus und plumpst auf den Boden. Alles lacht. Es stürzt ein zweites Mal. Alles kreischt. Fortan ist Hinfallen eine neue Tanzfigur. Günther / Schäfer erzählen in ›Vom Schamanentanz zur Rumba‹ von Familientragödien, die sich abspielen, weil Großmutter, Mutter, Tochter und Enkel jeweils bei einem anderen Tanzlehrer Unterricht haben und daheim nun in handgreiflichen Streit geraten. Die Vossische Zeitung Berlin berichtet von einem Brand zu Silvester 1919. Der Dachstuhl des Böhmischen Brauhauses in der Memeler Straße fängt Feuer, es dehnt sich aus, ergreift eine Etage nach der anderen. Die Gäste im Saal des Erdgeschosses lassen sich nicht stören. Sie tanzen weiter. Die Flammen ergreifen das Treppenhaus. Die Gesellschaft tanzt und tanzt. Die Feuerwehr rückt an, sie lärmt, doch drinnen spielt die Musik um so lauter. Der Radau der Löscharbeiten steigert sich, die Kapelle hält kurz inne. Die Gäste beschweren sich, sie rufen: »Musik! Musik!« und tanzen weiter. Zum Hit des Jahres 1920 wird ›Foxfieber‹ von Rudolf Nelson und Fritz Grünbaum:

> Das Foxfieber kommt, und da nützt's dir nix.
> Das Foxfieber kommt, du foxst mit und fix.
> Erst wiegst du dich ganz leis,
> dann wirst du langsam heiß.
> Das Foxfieber kommt aus der großen Zeh'
> und steigt dir wie Quecksilber in die Höh'.
> Ob Karten du zockst, studierst oder boxt,
> du foxst … foxst … foxst …

Weiterhin immerfort Turniere! Schon 1920 gibt es eine deutsche Meisterschaft im Marmorsaal des Berliner Zoo. Doch nach und nach verrohen derlei Veranstaltungen. »Verkommene Jünglinge pumpen sich einen Frack, mieten einen Saal und annoncieren ein Turnier. Erster Preis: ein Automobil, zweiter Preis: zwei echte Pinscher, dritter Preis: ein Smoking nach neuestem Schnitt.« Ein Journalist des Neue Tanzbreviers schreit 1920 nach Abhilfe: »Nein, es geht nicht mehr! Vor meinem geistigen Auge ziehen in wilder Reihenfolge vorbei: ein tobendes Publikum, verweinte Frauen, erregte Dispute, fauchende Tänzer. Die Turniere haben sich überlebt!«

Dem Chaos ein Ende zu bereiten, dieser allgemeinen Verwirrung, diesem Mißbrauch der Tanzfreiheit, schickt sich der britische Tanzlehrer Philipp J. Richardson an und lädt 200 Kollegen zu einer ersten Konferenz nach London ein. Nicht Sarajewo, nicht Versailles zäsieren die Perioden der Kultur auf dem Parkett. Es ist der 12.05.1920 – eben diese Tanzlehrer-Konferenz. Und es ist der Foxtrott, der zur Trade-Mark der neuen Ordnung wird. Im selben Jahr wird eine Philosophie des Foxtrott entdeckt: »Er ist Bewegung aus Freude an der Bewegung!«

Paul Krebs schreibt 1951 in einem seiner Aufsatze: »Der Engländer betritt ein Lokal und sucht sich nicht, wie in Deutschland üblich, einen schönen Tisch aus, wartet auf den Kellner, bestellt zu essen und zu trinken, hört sich die Musik an, um dann einmal auf das Parkett zu treten ... Nein, der Engländer kommt in das Lokal, wechselt seine Schuhe, betritt den Saal – und tanzt und tanzt und tanzt ... Selten setzt er zwischendurch aus. Wozu auch? Immer spielen zwei Kapellen, es gibt also keine Pausen. Und wenn die Musik spielt, muß er tanzen und tanzen. Dazu ist er schließlich gekommen.«

Rückblickend betrachtet ein Chronist 1927 diese Jahre als eine Revolution. »Man begann zu begreifen, daß Tanz eine körperliche Anstrengung sei, und daß auch die gymnastische Seite des Tanzes wieder zu ihrem Recht kam.« Heinz Pollack bestätigt dies schon 1922: »Die modernen Tänze waren so atemberaubend neu, daß sie eine völlige Umstellung des inneren und äußeren Menschen forderten. Als erstes verlangten sie, daß es nur gut gewachsenen Menschen möglich sei zu tanzen. Alsdann forderten sie ein Training, das so ernst und sportlich ausgeführt werden muß wie Ski oder Tennis. Nirgends noch hat irgend etwas grausamer die Hilflosigkeit und Ungeschicklichkeit der eigenen Glieder offenbart, als diese neuen Tänze, die allen Menschen beweisen, wie sehr sie durch jahrhundertelange falsche Erziehung verkrüppelt und verkümmert waren. Daß die neuen Namen französisch oder englisch sind oder gar Niggerdialekten entstammen, gibt gerade in Deutschland schlecht gewachsenen Barden Gelegenheit, sie in den Höllenpfuhl zu verdammen und statt dessen das Hohelied vom deutschen Reigen auf blumiger Heide mit Jungmädchen-Schneckenfrisur und Laubgewinde anzustimmen.«

In den Jahren bis 1923 verändert sich der Charakter des Foxtrotts ständig. Eine glatte fließende Bewegung tritt an die Stelle des harten, gestelzten und marschartigen Tanzes der frühen Jahre. Um 1924 wird der Foxtrott mit 50 Takten in der Minute gespielt. Dieses Tempo verdrängt die langen, offenen Schritte eines Slowfox. So entsteht eine neue Art: Der Quickstep. Von nun an herrschen zwei Versionen in zwei Tempi das Parkett: Zum einen der alte Foxtrott. »Er drängt sich nicht auf, er kennt keine raffinierten Tricks. Er ist vornehm und lässig wie ein englischer Gentleman«, heißt es bei Helmut Günther und Helmut Schäfer, »das Understatement, das Nicht-Auffallen gehört zu seiner Eigenart. Der Quickstep dagegen hat nichts von Würde an sich. Er ist leicht, behende, übermütig und voll prächtiger Laune.«

Jeder Tanz beginnt irgendwann einmal als Modetanz. Doch lange hält sich selten einer, und im Standard-Programm des ¾-Takts ist außer Fox, Quick und Slow keiner bis heute so recht am Leben geblieben. 1919 nennt sich ein Tanz schlicht nach der neuen Musik, nennt sich einfach nur Jazz. Eine der Figuren war nichts weiter als ein gekreuzter Vorwärtsschritt – genannt nach seinem

Erfinder: Die Morgan-Rolle. Im ersten Nachkriegsjahr ist dieser Jazz Dance äußerst beliebt – in England wie auch in Deutschland. Von Philip J. Richardson ist ein Text überliefert:

> Since Mother learnt the new Jazz Roll
> Our home is full of heaps of fun.
> Most evenings Dad must pianole
> While Mother shows us how it's done,
> And Grandma says: ›upon my soul‹,
> And Reggie cries: ›That takes the bun!‹

Aber nun erst der Blues! Als Gesang entdeckt ihn Europa gleich nach dem Weltkrieg, aber singen kann hierzulande niemand derlei Blues-Noten. So entsteht im schleppenden Tempo lediglich ein Tanz, der schlicht auf ausladende Schritte verzichtet. Bekannt ist über die weitere Entwicklung wenig, außer daß in London 1923 ein Blues-Ball arrangiert wird, und daß ihm die Konferenz von 1929 ein wenig Beachtung schenkt. Er ist so recht geeignet für überfüllte Säle und beliebt bei Tänzern, die den Slowfox nicht beherrschen. In den heutigen Tanzkursen findet er sich kaum, und auch in den Lehrbüchern ist er selten, gerade einmal bei Ernst Fenn ›Wir lernen tanzen‹, 1980: »Die Paare bleiben fast auf der Stelle stehen und wiegen sich nur von einem Bein auf das andere. So getanzt, kann der Blues zum langweiligsten aller Tänze werden – aber nur, weil niemand weiß, welche Schritte er für diesen Tanz anzuwenden hat …«

Daneben zeigen die frühen Jahre ausgefallenen Eintagsfliegen – mehr Schau- und Bühnen- als Gesellschaftstänze für das Parkett: Eine verschrobene Onestep-Version mit dem Namen Go-to-hell graben Eichstedt/Polster aus, oder den Bostang, einen selten getanzten Stilsalat. Ein Orientalischer Foxtrott von Arthur Rebner und Robert Stolz wird zum Hit von 1920:

> Salome – schönste Blume des Morgenlands.
> Salome – wirst zur Göttin der Lust am Tanz!
> Salome – reich den Mund mir wie Blut so rot.
> Salome – deine Küsse sind süßer Tod!

Plötzlich – fast von einem Tag auf den anderen – ist alles vorbei. Eine neue Mode überschwemmt den Kontinent: Der Shimmy.

Im Herbst 1921 spricht niemand mehr von Onestep und Foxtrott, nicht mehr von Hiawatha und Jazz Dance. Das alles ist Vergangenheit, all das war nichts als ein fader Impressionismus. Nun kommt das Heil, kommt die Rettung von den natürlich primitiven Bewegungen der »Negerkultur« ...

Dieses Heil ist der »Shimmy«! Und gleich schon ereifert sich Heinz Pollack: »Expressionismus ... Futurismus ... Kompressionismus ... Revolution ...! O diese jammervoll verplemperten Jahre, wo man Tango, Boston, Onestep und Foxtrott gestümpert hatte! Nun endlich ist der Kladderadatsch da: Shimmy ... Shimmy ...!«

Als Platztanz kommt er aus den Südstaaten der USA. Die Berichte über den Ursprung sind unterschiedlich: Die Zeitschrift Century will 1885 bei den Tänzern ein schrecklich wildes Entzücken beobachtet haben, eine Ekstase bis zum Wahnsinn, während The Nation 1867 zu zahmerer Betrachtung neigt, dennoch weniger von fließenden, als von ruckartigen Bewegungen berichtet: »Nach dem Gottesdienst beginnen die Burschen und Mädchen im Kreis herum zu marschieren. Ihr Gang wird allmählich scharrend und schlurfend. Schließlich werden die Beine nicht mehr vom Boden gehoben, und die Fortbewegung geschieht nur noch ruckartig und humpelnd, während Schultern und Oberkörper in starke Bewegung geraten. Bald fließen Ströme von Schweiß.«

New Orleans 1917. Gerade zum Kriegshafen erklärt und von ausschweifendem Laster gesäubert, treibt es so manche Band zum Exodus aus der einst fröhlichen Stadt. Die Musiker nehmen mit ihren Instrumenten auch einen ihrer neuen Rhythmen mit, dazu den Song: ›Shim-Ma-Sha-Wobble‹.

Mae West (1893–1980), Broadway-Star und Sexidol – gerade 24 Jahre alt – gefällt die Nummer und sie übernimmt sie in ihr Programm. Doch die Adaption schwarzer Musik bringt ihr Haß und Verachtung ein, andererseits auch Bewunderung – insbesondere bei den GIs, die gerade in die Schiffe verladen und auf die Schlachtfelder Europas geschickt werden.

Es ist im April 1917. Gerade hatten die USA dem Deutschen Reich den Krieg erklärt. Doch bevor sie nach Flandern müssen, gönnen sich die amerikanischen Soldaten noch zwei vergnügliche Monate in England. Den Frauen und Mädchen, deren Männer längst in den Schützengräben liegen, bringen sie aus der Neuen Welt dieses ausgelassene Abenteuer mit, diesen Shimmy. Er wird in den letzten anderthalb Kriegsjahren zum Tanz der Etappe.

Präsident Wilson erhöht den Kriegsetat und beordert endlich im Juni 1917 bei Saint-Nazaire US-Truppen auf das Festland. Im November geraten die ersten GIs am Marne-Kanal in deutsche Gefangenschaft. Wer entkommt, zudem auch noch bei Arras, Ypern und Cambrai überlebt, wird mit ein paar schönen Tagen Fronturlaub in England belohnt. Die von derlei Glück Begünstigten lernen jenseits des Kanals, daß Shimmy mehr ist als ein rascher energischer Foxtrott, sie lassen sich von ihren schwarzen Kameraden zeigen, wie man dazu Hüften und Hinterbacken bewegt. »If you shimmy inside, you wobble outside«, erklären sie, »wenn du innen zitterst, wackelst du außen.«

Nach der Legende soll ein »schmutziges Negerweib« den Tanz erfunden haben. Ein Farmer will sie beobachtet haben: zu faul ist sie, ihr Hemd zu waschen, und statt dessen beginnt sie, Schultern und Bauch so heftig zu schütteln, bis ihr der Schmutz vom Hemd fällt, und ringsum erzählt der Farmer diese Geschichte von »Shimmy-shrived«, der Frauenhemdzitterin.

1920 überfällt die Shimmy-Ekstase Deutschland, und gleich sind die ersten Notenhefte auf dem Markt: ›Electric Girl‹, ›Murder-Shimmy‹ und der Schlager: »Bei jedem Shimmy, jedem Blues / trittst du den Damen auf den Fuß ...« In einem Duett der Revue ›Wien tanzt Shimmy‹ wird gesungen:

Längst dahingeschwunden
sind die frohen Stunden
der Gemütlichkeit.

Durch die Tanzlokale
jagt das wild brutale
Spiegelbild der Zeit.

Die ganze Welt zuckt heut im Shimmyfieber.
Es tanzt der Gent, Kokottchen und der Schieber.
Ob die Kurse steigen,
ob der Dollar fällt,
Shimmy, Shimmy, Shimmy tanzt die ganze Welt.

1921 warnt die Weltbühne, wer Angst habe, sich lächerlich zu machen, dürfe Shimmy nicht tanzen. Jeden Ansatz von Würde, von korrekter Haltung und Stehkragen schlüge er in Grund und Boden. Doch Max Brod schwärmt, er schätze am Shimmy seine Schönheit: »Sie liegt nicht in irgendeinem Schmuck, sondern in der exakten brennendheiß-nützlichen Konstruktion.« Paul Hindemith, 27jährig, schreibt 1922 eine Suite mit den Sätzen ›Marsch, Shimmy, Nachtstück, Boston, Ragtime‹. Niemand kommt um die neuen Rhythmen herum, wer für Kabarett und Operette arbeitet, ohnehin nicht. Rudolph Nelson findet für seinen ›Harem auf Reisen‹ den Vers: »Wenn du meine Tante siehst, / ich laß' sie grüßen. / Heute komme ich / nicht mehr nach Haus.« Und Emmerich Kálmán komponiert 1921 nach dem Text von Julius Brammer und Alfred Grünbaum:

Will man heutzutage schick und modern sein,
will man einer von den bessren Herrn sein,
muß man tanzen können, alles was mondän,
heißt es schieben, wackeln, wedeln oder drehn.

Ob er häßlich oder ein Adonis,
ob es Müller, ob es Wright oder Kohn ist,
heutzutage legt die Dame nur Gewicht auf einen Mann,
wenn im Ballsaal er galant ihr sagen kann:
Fräulein, bitte woll'n Sie Shimmy tanzen?
Shimmy, Shimmy ist der Clou vom Ganzen,
Shimmy, Shimmy ist der Schlager dieser Ballsaison!
Shimmy ist heut' im Salon sehr nötig,
Shimmy ist der Gipfel der Ästhetik,
Shimmy, Shimmy ist die allerletzte Creation

Früher einmal machten es die Wilden,
jetzt gehört's dazu, um sich zu bilden,
früher war es shocking,
jetzt gehört's zum guten Ton.
Früher tanzten es die Botokuden,
jetzt sieht man es bei den feinsten Leuten,
Shimmy, Shimmy ist die große Mode,
Shimmy ist die Sensation!

In den westlichen Ländern Europas hält sich die Welle des Fiebers nur kurz, erstaunlich lange dagegen in Deutschland – bis Mitte der Zwanziger Jahre! 1922 bereits erklärt die Berliner Zeitschrift Elegante Welt die Mode für gesellschaftsfähig. Und sie meint damit nicht nur Tanz und Musik, sie findet insgesamt in Lebenshaltung, und -stil, in Bekleidung und Geschmack den Chic der Zeit als dernier cri. Shimmy ist Trumpf! Shimmy ist Dada!

Um den Schütteltanz sichtbar zu betonen, ist das Damenkleid mit Schichten von Fransen übersät, den Rocksaum – längst eine knappe Handbreit über das Knie verrutscht – ziert ein Affenpelz. Der Duft der Saison nennt sich Shimmy-Parfum. Kaum einen Jüngling gibt es, der nicht Shimmy-Schuhe trägt – schnabelförmig spitz und glänzend. Ein saloppes Shimmy-Jackett läßt als Tanzjacke reichlich Spielraum für das Kreisen von Oberkörper, Hüfte und Schulter. Das Haar trägt der Herr lang und glatt nach hinten gestriegelt. Die Dame dagegen befreit sich von den Vorbildern vergangener Jahrzehnte, sie opfert die volle Büste, die üppige Hüfte, das lange Kleid ... Doch vorrangig opfert sie erst einmal ihr langes Haar.

Lange zuvor bereits begeistert sich Paul Verlaine für die hermaphroditischen Formen, nun endlich sei die knabenhafte Frau Wirklichkeit. »Sie stilisiert«, wie Curt Moreck in ›Das weibliche Schönheitsideal im Wandel der Zeiten‹ von 1925 schreibt: »ihre Erscheinung auf die strenge Geradlinigkeit des Epheben.« Und Gertrude Aretz blickt 1929 zurück: »Bubikopf und kurzer Rock dominieren, weil sie einerseits der Frau die Jugend geben, andererseits praktisch, kleidsam, hygienisch, kokett und elegant zugleich sein können«, doch sähen Moralisten und Mucker im kurzen Rock, im seidenbestrumpften Bein und im kecken Bubikopf etwas Anstößiges ... Und gleich schon kommt dazu der Schlager auf den

Markt: Für den anonymen Texter Wauwau schreiben Hermann Leopoldi und Robert Katscher die Noten:

> Jede Gnädige, jede Ledige
> trägt den Bubikopf so gern,
> denn es ist heut' hoch modern,
> man läßt die Haare hinten scher'n.
> Onduliert, schamponiert
> und ein bißchen wegrasiert;
> um die Ohr'n kurzgeschor'n
> und die Ponylocken vorn.
>
> Jede Gnädige, jede Ledige
> trägt den Bubikopf so gern,
> weil's bequem, angenehm und modern.

»Hemdkleider nennt man wohl diese Mode. Ich nenne das Lendenschurz«, schreibt 1925 ein Reporter in der Hannoverschen Landeszeitung, der über das ›Dritte Nationale Tanzturnier‹ berichten muß, doch regt er sich außer über die Mode der kurzen Röcke auch über die »geistlosen und seelenlosen Automatenschritte der Fidji-Insulaner« auf, und fragt nicht zuletzt, worin eigentlich das Nationale des Nationalturniers bestünde? »Alles stand im Zeichen der USA, ganz zu schweigen von den Reminiszenzen der Hottentottenkrals und anderer afrikanischer Institutionen. 32 Musikstücke verzeichnete das Programm, deren keines einen deutschen Titel führte.«

Plötzlich – fast über Nacht – kommt der Shimmy außer Mode. Es ist 1925, kein gutes Jahr für die deutsche Republik. Im Januar stirbt Reichspräsident Friedrich Ebert, 54 Jahre alt, und mit ihm eine halbwegs vergnügliche Epoche. Im April wählt mit Mehrheit ein rechter Block unter Einschluß der NSDAP einen alter Pulverkopf zum Repräsentanten des Reichs: Paul von Beneckendorff und von Hindenburg, 78 Jahre alt, der vorrangig vorzuweisen hat, daß er unter seinem einstigen Rang als Generaloberst im August 1914 an der Ostfront als »Sieger von Tannenberg« einen schnellen Ruhm eingeheimst hatte – wenn auch nur mit Hilfe seines zwielichtigen Generalstabschefs Erich Ludendorff. Doch Hindenburg wird zur Symbolfigur des Siegers, und die Zeitung Temps in Frankreich schreibt: »Mit dieser Wahl will das Deutsche Volk seine Niederlage im Weltkrieg leugnen.« Es beginnt die Zeit der Restauration.

Die Zwanziger am Wendepunkt

Die Entrüstungen werden lauter, und 1925 zitiert Max von Boehn Stimmen völkisch verbohrter Philister, der Tanz der Zukunft müsse wieder zu einer neuen Bewegung werden: »Die Tanzschule soll die ideale weibliche Gestalt entwickeln. Sie muß gleichsam ein Museum der lebendigen Schönheit ihrer Epoche sein ... eine Entwicklung des weiblichen Geschlechts, und die Rückkehr zur ursprünglichen Kraft und zu natürlichen Bewegungen. Es handelt sich um die Erzeugung vollkommener Mütter und die Geburt schöner und gesunder Kinder ...«

Tanz also, der mit der Hygiene kokettiert! Fanatiker finden, der schlechte Einfluß komme von der Bühne, und so schießen sie sich vorrangig auf die Tänzerin Isadora Duncan (1878–1927) ein: »Sie hopste herum mit Arm und Handbewegungen, als finge sie Fliegen, aber mochte zehnmal jede Nuance einer alten Vase abgesehen sein, es war zusammen doch kein Ganzes.« Und Rudolf von Laban sucht nach ethischen Werten – selbst im Tingeltangel!

Der Freistaat Bayern, bereits 1921 durch rüde Verordnungen

über Tanzlustbarkeiten in Verruf gekommen, legt 1926 überdies
– mit dem ›Ernst der Zeit‹ drohend – einen weiter verschärften
Verbotskatalog vor. Doch derlei orthodoxe Intoleranz überschreitet nicht den Main. Dieses Bayern liegt weit entfernt von Berlin,
noch weiter von Hamburg, wo mit dem Trocadero, der Fledermaus, dem Trichter, der Zauberflöte und der Faundiele fünf exklusive Ballsäle florieren – alle mit uneingeschränkter Tanzerlaubnis. Und so überschwemmt in diesem politisch unheilvollen Jahr
1925 ausgerechnet von Hamburg ausgehend der heute noch berühmte und meist zitierte Modetanz die Weimarer Republik. Er
kommt von den Brettern des Thalia-Theaters, da gastiert eine
schwarze Showtruppe, die ›Chocolate Kiddies‹ aus dem Broadway-Musical ›Running Wild‹ mit einer neuen Jazz-Melodie: Das
ist der Charleston.

Für Walter Mehring ist Charleston »Schlachtmusik«. Und gleich
findet Artur Rebner den deutschen Text für den amerikanischen
Schlager von Cecil Mack und Jimmy Johnson:

In dem Staate Karolina
lebt ein Nigger, kraus von Haar;
Isaak Charleston, Tempeldiener
bei den Mormonen er war.
Diesem trat Jack Dempsey mal auf den Fuß,
ihn verwandelnd in Pflaumenmus,

und als Charleston herumhüpft, blaß vor Schreck,
schrien die Neger gleich, vor Wonne weg:
Charleston, Charleston, das ist doch was Neues!
Kein Jazz, kein Fox, kein Blues hat so was Freies
wie der Charleston, Charleston –
der Modetanz sei es.

Froh und munter laß ohne Unterlaß
uns im Tanze dreh'n und aufs Ganze geh'n!
Essen, trinken, was kann uns das nützen?
Aber Charleston, mein Kind, Charleston,
kann dich vor'm Altwerden schützen.
Nimmer liegst du im Zimmer,
tanz bloß mal Charleston,
und du bist wieder jung.

Mit einem zweiten Vers leistet Artur Rebner noch eine Hommage an die eigene Heimat:

In dem Staate Karolina
ward der neue Tanz lanciert,
doch die Wiener und Berliner,
die haben ihn adoptiert.

In der Hasenheide, im Grunewald
tanzt ausschließlich man Charleston bald,
und der Reichswehrsoldat sagt zur Kathrin:
So was gibt's doch nur in Groß-Berlin!

Nun, der Tanz kommt wirklich aus dem South Carolina des 19. Jahrhunderts, nur ist Charleston nicht der Name eines Schwarzen, sondern ein Sammelbegriff für lokale Tanzfiguren. Mit Wanderarbeitern kommt er nach New York, Eichstedt/Polster erzählen dazu eine hübsche Story: »1923 suchte das New Yorker Colonial Theater eine Zugnummer und schickte seinen Impresario nach Harlem. Dieser stieß an einer Straßenecke auf drei Jungen, zwei Schwarze und einen Italiener, die Passanten gegen Geld den Charleston vortanzten. Schon am nächsten Tag stand das Trio auf der Bühne und leitete in jener spektakulären ›Running Wild‹-Aufführung die schwarze Periode des Broadway sowie die aufsehenerregendste Tanzwelle der Zwanziger Jahre ein.«

1925 erreicht der Tanz die Alte Welt, und ein Jahr später ist ganz Europa charlestonverrückt. Nach einer Legende soll in den Figuren der Kicks ein Versuch sein, die Beine von Schlamm und Erdkrumen zu reinigen. Doch sind diese Kicks nicht anderes als eine exzentrische Bewegung zur Auslösung einer rauschhaften Ekstase. Eine Tanzbeschreibung von 1925 lehrt: »Der Torso zittert, also Hüften, Schenkel und Hinterbacken. Dazu kommen die abwechselnden X- und O-Beine, und damit verbunden die nach außen und innen gedrehten Knie und Füße.«

Die Jazz-Band bringt mit Jagen und Hetzen den Tanz – statt der üblichen 80 Takte in der Minute – auf 148! Dadurch werde, so klagt der Kölner Stadtanzeiger, der Tanz verdorben. Doch die Mediziner antworten auf die Frage, was beim Charleston geschehe: »Der Körper macht eine Menge von schnellen Bewegungen, die Kraft und Geschicklichkeit gleichzeitig erfordern, und zwar in so vielen Muskelgruppen, wie sonst kaum ein anderer Tanz.« Dauertanz-Konkurrenzen kommen in Mode, sie erstrecken sich über Tage und treiben die Teilnehmer in eine physische und psychische Erschöpfung. In einem Artikel der Rheinischen Zeitung heißt es 1927: »Es tut wehe, wenn man sonntags die kleinen Mädchen sieht, wie sie sich in ihren billigen Kleidchen quälen, die Beine zu werfen. Sie machen Gesichter, als seien sie gezwungen, die schwerste Aufgabe ihres Lebens zu lösen. Diese Mädchen wie auch die Jünglinge in Geschäften, Kontors und Fabriken sollten Kämpfer sein für eine neue Gesellschaft, aber man hat ihnen gesagt, es sei wichtiger, Charleston zu lernen.«

Die Popularität des Charleston führt zum Boom der Schallplatten-Industrie. Seit gerade einem Jahr gib es statt des mechanischen das elektrische Produktionsverfahren, also statt des Trichters mit der Schalldose nun das Mikrophon, das – frei im Studio aufgestellt –

die Aufnahme auch größerer Orchester in einem Raum zugleich möglich macht.

1925 wurden in den drei branchenführenden Industriestaaten USA, Großbritannien und Deutschland bereits 500 000 Sprechmaschinen hergestellt und bald unter dem Namen Grammophon auf den Markt gebracht. Dazu werden allein in Deutschland vier Millionen Schallplatten verkauft. 1929 werden es 30 Millionen sein – und das bei einem für die Mitte des Jahrzehnts unwahrscheinlich hohem Preis von 3,50 Mark für gerade zwei Schlagertitel von je drei Minuten Länge. Und gleich schon 1925 hat Beda für die Musik von Hašler und Beneš einen Text verfaßt mit dem Refrain:

Ich hab' zu Haus ein Grammophon,
das macht so schön Trara, Trara.
Sie wissen schon, man steckt die Nadel rein,
gleich fängt es an zu schreien.
Die größte Sensation,
das ist mein Grammophon.

Zur weiteren Verbreitung von Unterhaltung und Tanzmusik kommt das Radio, das nach seiner ersten Eröffnungssendung am 29.10.1923 im Funkhaus Berlin bereits ein Jahr später anderthalb Millionen angemeldete Hörer registriert. Die ›Radio-Stunde‹ wird zur ›Funkstunde‹ mit dem Engagement des deutschen Orchesters Bernhard Etté, und der Moderator Walter Carlos erfindet die ›Funktanzstunde‹ – 1925 selbstverständlich zeitgemäß mit dem Kursus ›Lerne Charleston‹:

Wenn du'n kannst, dann kannst'n,
und wenn du'n kannst, dann tanzt'n
bis morgen früh.

Papa tanzt'n, Mama tanzt'n, Tante tanzt'n,
selbst in der Küche tanzt'n
schon die Marie.
Ich tanz Charleston, du tanzt Charleston, er tanzt Charleston,
wir alle tanzen Charleston.
Und was tun Sie?

Das schreibt Friedrich Hollaender 1926, doch im Jahr zuvor erreicht schon ein Hit die Platten-Verkaufserfolge: »Die schöne Adrienne / hat eine Hochantenne ...« mit den anzüglichen Zeilen: »Manche Maid, wenn schon Schlafenszeit, / steigt ins Bettchen empfangsbereit, / und sie genießt mit einem Ohr / ihren Lieblingstenor, / horizontal, ideal.«

Mitten in diesem Rummel betritt ein Star die Bühne, der für den Rest des Jahrhunderts – und sicher darüber hinaus – zur Repräsentantin des Charleston wird: Joséphine Baker.
Eine Tänzerin, 1906 in Saint Louis (Missouri) geboren, tritt 1923 in einer Music Hall in New York auf, kommt über Broadway-Erfolge zwei Jahre später nach Paris. Mit einer Revue, den ›Black Birds and Louis Douglas‹ wird sie zur Attraktion in den Folies-Bergères und im Casino de Paris, und gleich schon hat sie ihren eigenen Nachtclub Chez Joséphine. Jean Cocteau nennt sie »... dieses schöne Idol aus braunem Stahl, Ironie und Gold«. Im Gefolge des ›Jazz hot‹ gehört auch sie zu denen, die den Charleston in Europa einführen – kreiert als grotesken Tanz im Naturkostüm mit dem legendären Gürtel aus künstlichen Bananen. Sie, ein blaßbrauner Import aus Amerika, möchte in Frankreich keine Schwarze sein, und es kostet Mühe zu verhindern, daß sie sich weiß schminkt. Europa wäre enttäuscht gewesen, und in Paris schreibt die Zeitschrift Comedia in ihrer kritischen Betrachtung: »Das Gewackel

wird jäh unterbrochen, wenn Miss Baker die Arme in phallischer Beschwörung emporreckt, so evoziert diese Pose den ganzen Zauber der Negerskulpturen. Wir haben nicht mehr das drollige Dancing Girl vor uns, sondern die schwarze Venus.«

1926 eröffnet Joséphine Baker in Rudolf Nelsons Chat Noir die Saison, und als sie 1927 zum zweiten Mal nach Berlin kommt, wird sie bereits als Königin gefeiert. Als Wilde und Vamp zugleich wird sie überschüttet, ein tanzendes Wunderwesen, übergossen mit »brown sugar«. Und schon kommt »Les Petites Chocolatières« als Kosename für braungebrannte junge Frauen auf. Licht- und Luftbaden wird zur Massensucht, und auch die Bekleidungsmode betont die Schwarz/Weiß-Kontraste: das schwarze Kleid mit weißem Pikeekragen und mit weißen Manschetten. In Berlin etabliert sich die erste »Negerbar«, das Bigume. »Neger-Bälle« kommen in Mode, die Gäste – schwarz geschminkt – versuchen, in bunten Kleidern kostümiert, stilecht den Charleston zu imitieren. Ein Verb entsteht: Man geht auf diese Bälle, um »zu negern«. Eichstedt/Polster überliefern eine kuriose Story: »Eine Kunstbuchhandlung in der Tauentzienstraße veranstaltet zu ihrer Eröffnung einen ›Negerball‹, und es gelingt ihr wirklich, zur Krönung des Festes Joséphine Baker zu gewinnen – überdies als Jurorin eines Wettbewerbs, die schönste ›falsche Negerin‹ zu küren.«

Bald ist im arisch-besessenen Deutschland kein Platz mehr für sie, in den Jahren der Volksfront bekommt sie die französische Staatsbürgerschaft und wird für ihren Kampf in der Résistance mit dem Kreuz der Ehrenlegion dekoriert. Erst 1968 findet sie erstmals wieder ihren Weg nach Deutschland: In der DDR gibt sie ein kurzes Gastspiel im Berliner Friedrichstadt-Palast.

Die Baker nähert sich der 70. Noch einmal ein Auftritt in der Carnegie Hall in New York! Noch einmal Hamburg! Noch einmal

Paris! Hier erliegt sie einem Herzschlag, ihr Grab findet sie in Monaco, das ihr Fürst Rainier nach ihrer Verschuldung zuvor schon als letzte Heimat angeboten hatte.

1927. So sehr er auch seine Zeit repräsentiert, dieser Charleston, so schnell gerät er wieder aus der Mode. Nach einem Schlager von Ray Henderson finden Otto Stransky und Fritz Rotter den deutschen Text:

Der Shimmy modert längst im Mausoleum,
Tango sieht man nur noch im Museum,
und beim Charleston schläft man wundervoll ein.
Steht, o Mensch, dein Sinn nach was Feschem, Flottem,
setz dich hin und lern' Black Bottom.

1926 in Amerika entstanden, kommt er ein Jahr später nach Europa. Aber etwas umwerfend Neues ist dieser Black Bottom eigentlich nicht. Auch in seinen Figuren dominiert der Kicks, und es erhält sich die Charleston-Legende, mit diesem Kicks versuche der Tänzer, seine Beine von Schlamm zu befreien. Um seinen korrekten »anstößigen« Namen zu verschleiern, wird Black Bottom schlicht und einfach mit »Schwarzer Boden« übersetzt. So überliefern es Astrid Eichstedt und Bernd Polster, und sie graben den Artikel ›Vom Urwald ins Parkett‹ aus, der 1929 in der Zeitschrift Die Woche erschien: »Die Neger, die fette Tonerde rösten und verzehren, arbeiten in der Lehmgrube. Mit vorgelegtem Körpergewicht ziehen sie stets ruckartig den hinteren im Lehme festgehaltenen Fuß heraus – und fertig ist der ›Black-Bottom-Schritt‹.« Dabei wird übersehen, daß hierzulande der Tanz auf dem Parkett gezähmter wirkt als manche Auswüchse seiner Vorgänger Charleston und Shimmy, auch wenn er sich bei relativ kleinen, dem Schuhplattler ähnlichen volkstümlichen Schritten dennoch mit einer auffallenden Betonung der falschen Hüfte zeigt und damit das Becken mit heftigen Vor- und Rückschwüngen herausstellt. So kommt auch der unzweideutige Name Black Bottom zustande: Schwarzer Hintern, wobei nach jeweils einer halber Drehung des Herrn wie der Dame das Aneinanderstoßen beider Hinterteile zusätzlich zu einer anstößigen Attraktion wird.

Setzt eine schwarze Tänzerin ihren schwarzen Popo als Ausdrucksmittel ein – wie etwa der »schokoladenfarbige Griesflammerie Joséphine Baker« – so kann sie »mit Recht stolz sein auf diese Gabe ihrer Natur«. Anders bei einem weißen Popo! Als in einer Fotoserie Joan Crawford den Black Bottom populär macht, ist das hierzulande doch wahrhaftig shocking! Der Auftritt einer weißen Tänzerin – und sei es selbst in den Nacktrevuen des Herman Haller im Berliner Admiralspalast – muß zumindest in den Hüft-Bewegungen eine konfektionierte Makellosigkeit ausstrahlen.

Gertrude Aretz stellt in ihrer Sittenschilderung – ›Die Elegante Frau‹ 1929 – verständnisvoller die Verschiedenartigkeit im Ausdruck von Schwarz und Weiß an, und sie vergleicht die unerreichbare Joséphine Baker mit der schönen, wundervoll gestalteten, nicht nur weißen, sondern überdies auch deutschen Henriette Hiebl, einem beliebten deutschen Revuestar der Zeit – den sie allerdings nur mit dem Künstlernamen La Jana nennt. Die Letztere zeige ihrem Publikum den Black Bottom wesentlich »abgemilderter« als ihn eine schwarze Baker präsentiere.

Wie bei den Bühnenauftritten, so verniedlicht man gern auch die harmlose Tanzerei auf dem Parkett. Im Text des amerikanischen Schlagers: ›Do the Black Bottom with me‹ erzählt Arthur Rebner in einer deutschen Version die Geschichte vom ungeschickten

Bubi: »Sei doch nicht so schüchtern, / sei doch nicht so nüchtern, / ach, Bubi, mach', Bubi, / endlich den Black Bottom Schritt.«

Die Zwanziger neigen sich dem Ende zu, nur wenige Modetänze versuchen noch, diese letzten Jahre zu füllen – schwierige, meist artistische Leistungen. So etwa der ›Tap Dance‹, von dem einzig Friedemann Otterbach berichtet: »Es agieren als Hauptzentrum nur das isolierte Bein, der isolierte Unterschenkel oder auch nur der Fuß allein. Die Hauptzentren anderer Tänze – Kopf, Torso und Hinterteil – sind nur isolierte Nebenzentren.«

Noch schwieriger zu erlernen ist der ›Heebie-Jeebie‹ oder ›Itch‹ – zu deutsch grob übersetzt mit ›Krätze‹, oder gemäßigter mit ›brennendem Verlangen nach Sinnenkitzel‹. Hier werden die Arme wild herumgewirbelt, so daß die Hände den Körper an allen Stellen berühren, während die Füße auf der Stelle treten. Das verlangte, meinen Eichstedt/Polster, von einem hiesigen Publikum eine Lockerung, die wohl kaum jemand aufbringen könne. Ein historisches Unikum ist der ›Lindy Hop‹ – eine schnelle Reaktion der leichten Muse auf ein weltweit hochgespieltes Ereignis in den letzten Mai-Tagen des Jahres 1927: Der US-Postflieger Charles Augustus Lingbergh, gerade 25 Jahre alt, startet in seiner einmotorigen ›Spirit of St. Louis‹ zum erstmaligen Alleinflug über den Atlantik. Als er nach 33 ½ Stunden auf dem Militärflughafen von Le Bourget nordöstlich von Paris landet, feiert ihn die Weltpresse als ›Flying Fool‹ und die Welt des Schlagers mit dem ›Lindy Hop‹, dem ›Lindbergh-Aerohupf‹. Kreiert wird dieser Tanz mit etlichen den Flug imitierenden Einlagen im Haarlemer Savoy Ballroom. Ein paar Jahre später – zu Beginn der Dreißiger – wird er zum Vorläufer des Swing Dance. Nach all dieser schnellebigen Kurzweil bleibt der Black Bottom wohl der letzte Modetanz der Zwanziger Jahre, dem ein eigener Schlager gewidmet ist – im Original mit dem Text von G. B. de Sylva:

> They call it Black Bottom, a new twister;
> It's sure got'em, and oh, Sister,
> they clap their hands and do a raggedy trot,
> Hot!
>
> …
>
> Just like a worm!
> Black Bottom, a new rhythm,
> when you stot'em, you go with'em,
> and do that Black,
> Black Bottom all the day long!

Und in der deutschen Fassung von den bereits erwähnten Textern Stransky / Rotter mit dem Refrain:

> Das ist der Black Bottom, den liebt jeder,
> den Black Bottom, den schiebt jeder:
> nur alte Leute tanzen heute noch Foxtrott.
> Trotz Gattin, die sehr murrte,
> erlernt hat ihn beim Fünfuhr-Tee Herr Maier,
> und er kommt sich vor wie ein Gott.
>
> Manch süßes Mädi ruft begeistert völlig und ganz:
> Das ist ein Tanz!
> Und sie träumt im seid'nen Bettchen von Hans:
> Herrgott, der kann's!
> Black Bottom, den liebt jeder,
> nur Black Bottom, den schiebt jeder.
> Der letzte Clou,
> Black Bottom, bist nur du!

Den Briten ist seit der Mitte der Zwanziger Jahre das Aufkommen derlei chaotischen Tanzvergnügens ohnehin suspekt, es verdirbt ihnen den ›Englischen Stil‹, den sie sich seit 1919 in würdigen Konferenzen aufgebaut, in ihren exklusiven Dancing Clubs gepflegt und seit 1922 in gesitteten Meisterschafts-Turnieren weltführend vertreten hatten. Und doch: So ganz kommt auch das Inselkönigreich zumindest um den Charleston nicht herum. Aber die Engländer finden rechtzeitig eine ihnen halbwegs entsprechende Zwischenlösung, sie zähmen die gehüpften Figuren des Platztanzes, sie flachen die Schrittfolgen ab und verlängern sie. So gelangen sie zu ihrem eigenen Flat Progressive Charleston, ohne ihren ›Englischen Stil‹ zu verraten. Bereits 1924 entsteht hier aus dem Foxtrott der Quickstep, doch seine Weiterentwicklung wird durch die konfusen Modewellen des Kontinents gehemmt. Derart verzögert, wird erst das Jahr 1927 zum eigentlichen Geburtsdatum des Quickstep. Zwei Jahre später werden auf der ›Londoner Konferenz von 1929‹ die Schritte festgelegt: Natural Turn (die Rechtsdrehung), Reserve Turn (die Linksdrehung), Quarter Turns (die Vierteldrehungen). Hinzu kommen noch einige Variationen, etwa Zig-Zag und Cross-Chassé, und – wenn auch nur noch für eine kurze Zeit bis zum Jahresende – der alte Progressive Charleston Step. Allerdings werden die Knie nicht mehr gebeugt wie einst, sondern nur gelockert. Und selbstverständlich ist es vorbei mit dem Chic, die Beine zu werfen! Von nun an gelten im Bereich des ¾-Rhythmus präzise Abgrenzungen in Tempi, Schrittfolgen und Figuren für Quickstep, Foxtrott und Slowfox – Regelungen, die sich – kaum variiert – bis heute erhalten werden.

Mit Swing in eine neue Ära

Oktober 1929. An einem Mittwoch beginnt es, zwei Tage später, am 25. Oktober, kommt es dann zum Schwarzen Freitag, kommt mit dem legendären Börsensturz in New York die Weltwirtschaftskrise. An ihrem Ende werden die Gesamtverluste der ›sechs schwarzen Tage der Wallstreet‹ mit 50 Milliarden Dollar beziffert. Hinzu kommen die sozialen Auswirkungen. Auch sie greifen nach Europa über: Steigende Preise, fallende Löhne, Firmenpleiten, Massenarbeitslosigkeit. Im gesamten Gebiet des Deutschen Reichs steigt die Zahl der Arbeitslosen auf 1,7 Millionen, in einem knappen Jahr wird sie die Drei-Millionen-Grenze überschreiten.

Das wirkt sich auch auf das Vergnügungsleben aus, auf Tanz und Tanzmusik. Der Umsatz von Schallplatten sinkt rapide. Von den Tanzetablissements schließt eins nach dem anderen. Im November 1931 wird der Bayerische Musikerverband bekannt geben, von seinen 1700 organisierten Mitgliedern seien 1100 arbeitslos. Eben noch kommentiert Erich Kästner die Frivolität der Endzwanziger in den Amüsierkneipen Berlins, besucht 1929 den Blauen Engel:

Hier tanzen die Jünglinge selbstbewußt
im Abendkleid und mit Gummibrust
und sprechen höchst diskant.
Hier haben die Frauen Smoking an
und reden tief wie der Weihnachtsmann
und stecken Zigarren in Brand.

Doch für den Blauen Engel ist die Zeit ebenso vorbei wie für die legendären Tanzpaläste, allen voran das Palais de Dance. in der

Behrenstraße. Vorbei auch die Zeit der Synkope! Mit ihr begann in der Nachfolge des Rag der Jazzrausch der Zwanziger Jahre. Mit ihren Two-Beat-Rhythmen beherrschte sie Tanz- und Musik-Stil eines vollen Jahrzehnts, diktierte die verrückten Schritte und Figuren, prägte die crazy Schlager. Die harten, mechanisch geschlagenen Takte mit der Betonung auf ›1 und 3‹ oder ›2 und 4‹ führten in eine Ausgelassenheit, deretwillen man später – sich schwärmend erinnernd – von den ›gay twenties‹ sprechen wird.

1930. Die Ekstase verläßt das Parkett wie auch die Podien der Orchester. Eine gleichmäßige Betonung im Viererschlag weicht die einst harten Rhythmen auf, in Musik und Tanz des neuen Jahrzehnts gerät etwas Wiegendes, Fließendes, Schwingendes …Es beginnt die Ära des Swing.

Der Standard der ›Londoner Konferenz‹ läßt sich zwar nicht stören, und doch ist nicht zu vermeiden, daß Fox und Quick einen leichten touch von Swing annehmen. In diesem neuen Stil tanzt man hart und weich zugleich, beim Kreuzen ruckartig, in den Knien federnd und locker. Eigentlich hat der Swing etwas Langweiliges, aber er entspricht genau dem Empfinden der Zeit. Nach Amerika und England wird er auf dem Kontinent erst allmählich in den Jahren bis 1935 populär und gewinnt in Deutschland verspätet im Dritten Reich seine »legendär rebellische Bedeutung«. In den kurzen Jahren bis zur Machtübernahme vermittelt der Tonfilm den Deutschen noch ein wenig Internationalität:

> Amerika ist Trumpf der Trümpfe,
> Da nützt kein Lärm und kein Geschimpfe.
> Es singt und pfeift und grölt die Menge,
> wohin du kommst, die gleichen Klänge.

Das ist die Broadway-Melodie,
das ist das Lied vom Broadway.
Und wer sie hört, vergißt sie nie.
Bei jedem Takt ihr Rhythmus packt.

Im Kino hört man klingen sie,
die kleinen Mädchen singen sie,
die ganze Welt dreht sich spät und früh
nach der Broadway-Melodie.

Peter Kreuder, aus dem MGM-Film Broadway Melody 1941

Und doch zeigt sich bereits vor 1933 im deutschen Schlager der Beginn der Restauration: Auf das Ende der unsittlich kurzen Röcke: »Die Elisabeth, die süße, / hat ein neues langes Kleid, / und es schlenkert um die Füße / die seid'ne Herrlichkeit ...« Und 1932 auf das neue Lebensgefühl: »Man trägt wieder treue Augen, / so wie anno dazumal, / und Gemüt wie in einem vergessenen, / zärtlich romantischen Lied ...«

In den USA gehen die Jahre der Restriktion allmählich ihrem Ende entgegen. Wieder werden mehr Musikalien umgesetzt, nicht zuletzt durch den Einzug der Juke-Box in die Gaststätten, der mit je 50 Schallplatten gefüllten Musik-Box – in den Staaten auch Nickel-Odeon nach der Einwurf-Münze genannt, dem 5-Cents-Stück. Der Erfinder ist der Schwede J. P. Seeburg, ein Einwanderer der Jahrhundertwende, doch so recht verbreitet wird die Juke-Box erst 1932 durch einen aus Deutschland immigrierten Mister Wurlitzer, dem Gründer und Inhaber des Unternehmens Rudolph Wurlitzer & Co., dem Fabrikanten der nach ihm benannten Bühnen- und Kino-Orgel – einst besonders eingerichtet für die musikalische Begleitung des Stummfilms. Nun nimmt er – in Massenherstellung – die Juke-Box in sein Programm.

1936 ist das Nickel-Odeon derart über die Staaten verbreitet, daß schon zwei Jahre später 35 Millionen Schallplatten abgesetzt werden können; am Ausgang der Wirtschaftskrise – vor dem New Deal – war der Umsatz gerade mal eben 6 Millionen Stück. So wundert es nicht, daß das Geschäft mit diesen Saloon-Automaten überraschend schnell in die Kontrolle der Gangster-Syndikate gerät, bis das ›Crime Investigation Committee‹ der Korruption das Ende bereitet. Die Juke-Box wird im folgenden Jahrzehnt zum Exportartikel. Walter Haas dokumentiert in seinem ›Schlagerbuch 1957‹ die Zahlen: Von 8400 Boxen im Wert von 3 Millionen Dollar steigt in den Jahren zwischen 1951 und 1957 das Auslandsgeschäft auf 24 600 Boxen und bringt weit über 13 Millionen Dollar ins Land. Zu den fünf größten Absatzmärkten gehören neben Kanada und Mexiko in der Nachkriegszeit die Bundesrepublik Deutschland, die in den vier Jahren ab 1953 den Import von 1000 auf 14 000 Boxen erhöht.

Ein Jahrzehnt lang hält sich die Swing-Ära – nicht zuletzt durch die Popularität der Orchester Count Basie, Duke Ellington, Benny Goodman, Glen Miller ... Dennoch gilt die Epoche des Swing in der Geschichte der Tanzmusik als Zwischenspiel, sozusagen als Übergang zu einer neuen Mode von längerer Dauer: Jitterbug.

1940 entwickelt sich auf den Grundschritten von Blues und Swing – so berichten es Günther/Schäfer in ihrem Buch ›Vom Schamanentanz zur Rumba‹, in den schwarzen Quartieren von Harlem – vielleicht etwas genauer: auf dem legendären Harvest Moon Ball – eine überbordende Tanz-Euphorie mit Sprüngen, Kicks und Purzelbäumen, mit dem Heben der Partnerin ... kurz mit allem, was Laune und Freude macht.

Der Name kommt aus dem amerikanischen Slang und kann mit Zappel-Philipp wie auch mit Zitterwanze übersetzt werden. Die jungen Männer selbst nennen sich nach diesem Tanz die Jitterbugs und entwickelten eine Mode, wie sie Eichstedt/Polster dokumentierten: »Sie legen ein betont lässiges Benehmen an den Tag, wozu der modemachende schlotternde Anzug mit den wattierten Schultern gehört und die stets unbeteiligte kaugummikauende Miene. Wie beiläufig absolvieren sie dabei auf dem Parkett die gewagte Akrobatik.« Das konservative Bürgertum ist konsterniert, aber dieser Jitterbug ist ein Ausdruck der Zeit und nicht aufzuhalten. 1940 in Europa angekommen, ist Alex Moore über ihn entsetzt: »Eine ›All England Jitterbug Championship‹ – nicht anerkannt vom ›Official Board‹ – wurde kürzlich in London abgehalten. Ich muß gestehen, es war ziemlich das Abscheulichste, was ich in einem Ballsaal gesehen habe. Laubfrösche, Purzelbäume, kicking the ceiling (Fußstöße zur Decke) usw. waren nur einige der Figuren, die die Teilnehmer vorführten, um den Beifall des Publikums zu gewinnen. Trotzdem glaube ich, daß eine mildere Form des Jitterbug einen Platz ausfüllen kann.«

Diese mildere Form entsteht zur selben Zeit – 1940 – in England, nennt sich Jive und hält sich bis heute als Standard im Programm der Tanzschulen. Ernst Fern findet in seinem Buch ›Wir lernen tanzen‹ 1980, daß der Jive unter den modernen, seit 1968 ins Turnierprogramm aufgenommenen Tänzen deshalb so gut ankäme, weil er spritzig und voller Lebensfreude sei, und »weil man ihn ein wenig komisch darstellen kann«. Als beliebte Variationen nennt er die Kette, die Peitsche, den Amerikanischen Kreisel und die Figur Stop and Go.

Die derart tanztolle Akrobatik des Jitterburg fordert ihre besondere musikalische Begleitung, insbesondere einen Rhythmus in metallisch hartem Beat. Ihn gibt es bereits seit zwei Jahren. 1938 entwickelt er sich aus dem Blues: Der Boogie Woogie.

Helmut Günther und Helmut Schäfer nennen ihn einen ›reinen

Maschinenrhythmus‹, und Alfred Baresel beschreibt 1955 dessen Charakter: »Alle acht Schläge sind gleichförmig. Darauf beruht die stark motorische, pochende Wirkung des Boogie Woogie, die durch das dauernde Verweilen der linken Hand in der Baßlage dazu noch etwas Grollendes erhält. Ursprünglich eine Klavierbegleitung aufbegehrender Blues-Gesänge, ist der Boogie Woogie heute die bevorzugte Tanzmusik zum exaltierten Jitterbug.«

So sehr beherrscht dieser Rhythmus die Vierziger Jahre wie auch folgenden Jahrzehnte, daß Musik wie auch Tanz – den Jitterbug eingeschlossen – von nun an einheitlich zum Namen Boogie Woogie verschmelzen. Der Rhythmus wird schneller und härter, die Paare müssen hinter den Takten der Kapelle hinterher rasen, und das gleichbleibende Hämmern überträgt sich auf die unermüdlichen Füße. Eichstedt/Polster schildern dies anschaulich: »Man katapultiert sich gegenseitig in den Raum, um schon im nächsten Moment an unsichtbaren Gummibändern wieder aufeinander zuzuschnellen. Einmal richtig in Fahrt, lassen sich gute Tänzer zu halsbrecherischen Einlagen hinreißen. Die Partner rutschen unter den Beinen des anderen hindurch, lassen einander um die Hüfte fliegen, verhelfen sich gegenseitig zum Salto und schleudern sich in hohem Bogen durch die Luft.«

Der Boogie Woogie gebiert Varianten, zum einen 1945 den Bebop, doch dieser verzichtet auf klare Rhythmen und läßt sich kaum noch tanzen. Zum anderen in New York zu fast derselben Zeit den Mootsie Pootsie – ein Name aus dem Alemannischen: ›Meutschi, putz di‹ (Mädchen, putz' dich!), einst ein schweizerischer Volkstanz in offener Paarhaltung mit einer ländlichen Schlußfigur – dem Anheben der Dame. Zum Dritten wird sich auf der Grundlage von Bebop und Jitterbug der Rock'n'Roll entwickeln – doch das erst später zur Mitte der Fünfziger Jahre.

»Dem Boogie fehlt jegliche erotische Pantomimik, er ignoriert das Geschlecht, er ist nur rasende Bewegung, reiner Rhythmus um seiner selbst willen ... Der Tänzer ist völlig allein. Die Partnerin ist für ihn nur noch ein abstrakt-geometrischer Beziehungspunkt. Darum hat der Boogie auch jene typische Mischung von Kälte und Rausch, von Präzision und Ekstase ...« Und weiter in den Zitaten von Günther und Schäfer in ihrer ›Geschichte des Gesellschaftstanzes‹: »Beim Boogie kommt es nicht auf ›Figuren‹ an, sondern auf den ›Stil‹. Und ihm haftet bei aller Bewegung etwas Starres und Automatenhaftes an. Der gleichmäßige Schlag in der Musik mit seiner befeuernden und betäubenden Kraft bringt den Tänzer in einen Rausch – wohlgemerkt: in einen unerotischen Rausch ... Damit wird der Boogie-Tänzer zu einer Marionette, zum tanzenden Kolben einer Maschine, zum rasend bewegten Mechanismus ... Der Boogie ist der Tanz der Apparate.«

An Deutschland geht diese Entwicklung insgesamt vorbei. Es ist Krieg. Die letzten Versuche einiger Tanzlehrer, die internationalen Beziehungen zum Ausland nicht abbrechen zu lassen, finden bereits mit dem Herbst 1939 ihr Ende. Doch schon zuvor in den Jahren des Dritten Reichs gilt bereits der gemäßigte Swing als Überfremdung. Gefördert werden ›deutsche Tänze‹: Walzer, Langsamer Walzer, Polka und Rheinländer, geduldet ist gerade einmal der Foxtrott, alles andere ist undeutsch und somit entartet. 1935 definiert es der Stuttgarter NS Kurier: »Überall, so wir eine ›Verniggerung‹ der Melodik finden, die unseren Rassegefühlen zuwider läuft und unser Empfinden verletzt, sprechen wir von ›Jazz‹. Für Jazz und Jimmy also ist im deutschen Rundfunk kein Platz. An diese Stelle hat eine ›national-völkische‹ Musik zu treten und Texte wie etwa ›Ein Hitlermädel tanzt Polka‹.« Dennoch werden die Verbote gelegentlich durchlässig.: So werden der eben noch verfemte Jazzmusiker Jack Hylton und seine Band 1937 für den Berliner Presseball engagiert, im Sherbini Club am Kurfürstendamm in Berlin gastiert vor einem ausgewählten Publikum der schwarze Posaunist Herb Flemming. Der Schweizer Teddy Stauffer mit seinen ›Original Teddies‹ offeriert sich offen als ›Swing-Orchester‹. Corny Ostermann nimmt in sein Repertoire einen Schlager auf mit dem Titel: ›Ich tanz mit Fräulein Molly Swing ...‹, und clevere Tanzschulen lehren den Swing unter dem Namen ›schneller Foxtrott‹. So mancher importierte Schlager wird umgetitelt, so etwa ›Joseph, Joseph‹ in ›Sie will nicht Blumen, nicht Schokolade, / Sie will nur immer wieder mich‹, oder der ›Organ Grinders Swing‹ in ›Hofkonzert im Hinterhaus‹. Selbst deutsche Filmmusik mit fremdländischem Vers-Anfang, etwa Peter Kreuders ›Good bye, Jonny‹, glaubt man 1939 einem deutschen Publikum volksnäher zu verkaufen mit ›Auf Wiedersehen, Peter‹.

Daneben wächst eine Jugend heran, die sich der offiziellen Bewegung entzieht, im passiven Widerstand trägt sie – die Uniform verachtend – korrekte Anzüge und statt einer Untertan-Frisur lange Haare. Eichstedt/Polster graben ein Spottgedicht aus, veröffentlicht im HJ-Mitteilungsblatt:

Man möchte weinen,
sie liebt nur einen
mit Gummibeinen.
Swing.
Vor und zurück
mit blödem Blick.
Swing.
Wahnsinn in Noten,
Tanz der Idioten,
Nicht überboten.
Swing.

Einem letzten Modetanz Großbritanniens gelingt es dennoch, sich 1937 nach Deutschland einzuschleichen, wenn auch nur in Tanzclubs und Fortschrittskurse der Tanzschulen – der Lambeth Walk. In seinen Figuren ähnelt er der Polka: Nach zwei geschlossenen Drehungen gehen die Partner, sich an den Händen fassend, auseinander, und während sie sich wieder zusammenfinden, heben sie die Daumen und rufen – in gequetschtem Englisch – »Hei!«.

Das »Hei« ist das einzige, was diesen Tanz in die Reihen einer Auflehnung einreihen soll. Aber derlei Widerstand merkt niemand, nicht zuletzt seines schnell gefundenen deutschen Titel wegen: ›Kennen Sie Lamberts Nachtlokal …‹ So kann das britische Produkt hierzulande noch im Krieg die Tanzabende als Joke beschließen – ja selbst noch in den Luftschutzkellern der letzten Jahre.

Die deutschen Erfolgsschlager des Großdeutschen Reiches sind mehr und mehr zugleich die Schlager der Erfolgsfilme aus der UFA-Produktion in Potsdam-Babelsberg. Die Universum Film AG – bereits 1917 auf Veranlassung Ludendorffs gegründet, und 1936 durch Ankauf der Aktien durch die Regierung verstaatlicht – beliefert die Kinos mit einer seit Kriegsbeginn zunehmend simplen, wenn auch kostenaufwendigen Unterhaltung, die helfen soll, der Bevölkerung die schweren Stunden bis zum »Endsieg« zu versüßen.

Eine Euphorie überdacht die Jahre, die Schlagertitel verraten sie: ›Im Leben geht alles vorüber …‹ (1940), ›So schön wie heut‹, so muß es bleiben …‹ (1941), ›Mit Musik geht alles besser …‹ (1943), und kurz vor der Niederlage 1944: »Kauf dir einen bunten Luftballon, / nimm ihn fest in deine Hand; / stell dir vor, er fliegt mit dir davon / in ein fernes Märchenland …« und im zweiten Refrain: »… und mit etwas Phantasie / fliegst du in das Land der Illusion / und bist glücklich wie noch nie«.

Meist beschäftigt sind die Komponisten Werner Bochmann und Franz Grothe, Peter Kreuder und Theo Mackeben. Und natürlich Peter Igelhoff (1904–1978), Entertainer eigener Lieder und Schallplattenstar mit einer Gesamtproduktion von über 1000 Titeln. Er schreibt die Musik für etwa 50 Tonfilme vor und im Dritten Reich, später für 100 Fernsehproduktionen in der Bundesrepublik. Diese ehrt ihn 1969 mit dem Titel eines Professors.

Doch den Höhepunkt seiner Karriere feiert er bereits 27 Jahre zuvor. Es ist Oktober 1942. Die 6. Armee unter Generaloberst Friedrich Paulus startet – vor ihrem Untergang – den letzten Angriff auf Stalingrad. Die Damen tragen das Haar hochgesteckt zur sogenannten »Entwarnungsfrisur«. Am 6. Oktober steht Emil Jannings als Bismarck auf der Kinoleinwand. Zwei Tage später folgt die Premiere des Films ›Wir machen Musik‹. Den Text zu Igelhoffs Foxtrott schreibt Helmut Käutner. Es singt Ilse Werner:

> Was dir das Schicksal immer tut,
> ob's böse oder gut,
> ein Trost ist immer die Musik,
> sie macht dir neuen Mut.
>
> Wir machen Musik,
> da geht euch der Hut hoch.
> Wir machen Musik,
> da geht euch der Bart ab.
> Wir machen Musik,
> bis jeder beschwingt singt:
> Do-re-mi-fa-sol-la-si-do!

Ilse Werner, 1921 in Batavia geboren, kommt 1936 nach Deutschland, feiert in ihren Filmrollen zugleich mit Singen, Tanzen und Pfeifen große Erfolge. Einer ihrer Freunde aus Musikerkreisen nennt sie das ›pfeifende Ungeheuer‹, 1941 gilt sie für den Film-Kurier als ›der junge deutsche Mädchentyp von heute‹, als Pin-up-Girl hängt sie in den Soldatenspinden der Deutschen Wehrmacht. Im Alter von 23 ist ihre Blitzkarriere vorbei, nach 17 Filmen bekommt sie mit dem Vorwurf, an politischer Propaganda des NS-Regimes mitgewirkt zu haben, anderthalb Jahre Berufsverbot.

Nach kurzem Aufenthalt in den USA kehrt sie 1955 zurück, schlägt sich als Moderatorin und Talkmeisterin durch und erhält 1967 ihre erste Fernseh-Show. Zwanzig Jahre später ist ihre Kunst des Pfeifens noch immer gefragt, sie wird für eine Tournee engagiert, für einen »Bunten Abend« mit dem Titel ›Ein Abend mit Pfiff‹.

Evelyn Künneke als Tochter des Operettenkomponisten Eduard Künneke 1921 in Berlin geboren, schafft den Übergang müheloser: 1940 noch singt sie den Hit der Kriegsjahre ›Sing, Nachtigall, sing‹ von Michael Jary und nur wenig später – unter der alliierten Besatzung – schon die ersten Boogie Woogies: ›Bongo Boogie‹, ›Boogie im ¾-Takt‹, und 1952 – gleichfalls von Michael Jary – den ›Mäcki Boogie‹:

> Mäcki tanzte Boogie,
> und da wackelte die Wand.
> Mäcki tanzte Woogie,
> bis kein Fuß mehr stille stand.

Mai 1945. Aus dem Funkhaus in Hamburg an der Rothenbaumchaussee meldet sich das British Forces Network (BFN), der erste alliierte Soldatensender. Ihm folgen die US-Radio-Stationen, die AFN-Sender in Berlin, Bremen, Frankfurt, München und Stuttgart. Übertragen werden Jazz- und Swingkonzerte. Der Boogie Woogie wird populär, doch erst mit Tommy Dorsey's Swing-Orchester zum kommerziellen Erfolg. In Berlin eröffnen nach etwa fünfzig Kabaretts und Varietés nun die ersten Jazz-Keller: Badewanne, Eierschale und Kajüte – auf beschränktem Raum ständig überfüllt. Zu ›Dob's Boogie‹ des deutschen Jazz-Musikers Walter Dobschinsky überliefern Astrid Eichstedt und Bernd Polster einen volkstümlichen Text:

> Haste nasse Socken, haste nasse Socken,
> tanzte Boogie Woogie, sind se trocken.
> Haste dreck'je Beene, haste dreck'je Beene,
> tanzte Boogie Woogie, sind se reene.

Mit dem Jitterbug kommt 1946 auch der Bebop in die besetzten Westzonen, doch übernimmt die deutsche Jazzmusik ihn in einer eher unterhaltenden Variante, mit den legendären Titel dieser Zeit: ›Hello, Mr. Bebop‹ (Walter Dobschinsky), ›Mob Mob‹ (Helmut Zacharias) und ›Hey Ba Be Re Bop‹ (Kurt Widmann).

»Die Bop-Boys tragen das bunte Hemd lässig über der Nietenhose, die Bop-Bräute binden ihre Haare zum Pferdeschwanz. Auch sie tragen Hochwasserhosen mit Umschlag, unter denen Ringelsöckchen hervorgucken. Dazu den ›Pulli‹, der bald schon selbst in konservativen Tanzschulen Einzug finden wird.«

Als später 1954/55 der Rock'n'Roll die im Nachhinein zahme Tanzwelle ablösen wird, gerät die Bundesrepublik ›Außer Rand und Band‹ – so auch der Verleihtitel einer Kinofilmproduktion. Der jugendliche Übermut führt, noch bevor es zu Ausschreitungen kommt, schon jetzt zu gewalttätigen polizeilichen Reaktionen, zu vergeblicher Suche nach Rädelsführern und zur lächerlichen Fahndung nach ›kommunistischen Hintermännern aus der DDR‹.

Zum anderen aber auch zu sanften Ermahnungen der rockenden und randalierenden ›Halbstarken‹: »Diese Jugend sollte man anhalten, selbst zu musizieren«, rät der CDU-Innenminister Gerhard Schröder altväterlich, obgleich erst 46 Jahre alt, »... anhalten, mal ein gutes Buch zu lesen, aktiv Sport zu treiben, zu wandern und zu basteln, oder was es sonst an nützlicher und schöner Betätigung gibt.«

Doch eine massive Kritik gegen das Neue, das Ungewohnte beherrscht bereits knappe zehn Jahre zuvor die Jahre 1946/1947. Man möchte glauben, die mittelmäßig banale Tanzmusik des Dritten Reichs sei überwunden, doch das, was man einst das ›gesunde Volksempfinden‹ nannte, die Entrüstung gegen das Fremde, der Haß auf alles ›Undeutsche‹, lebt weiter fort. Die Fünfziger Jahre präsentieren sich nahtlos als Nachfolge der Dreißiger und Vierziger. Eine Flut von Hörerbriefen gegen derlei »Negermusik« überschwemmt die ›Abteilung Leichte Musik‹ des NWDR in Hamburg: »Stellvertretend für eine schweigende Mehrheit empöre ich mich gegen das Quaken und Jaulen, das nervtötende und widerliche Grunzen, vor allem aber gegen den perversen Refraingesang, den ich nur mit ordinärem Brunstgeschrei vergleichen kann.«

Die zuständige Redaktion des ›Mittwoch-Tanzabends‹ mit dem Rundfunk-Tanz-Orchester des NWDR erschrickt vor der Wut solcher Interpreten, glaubt wahrhaftig, diese sprächen im Namen einer schweigenden Mehrheit und ändert das Programm. In die Tanzabende zieht wieder die volksnahe Musik, zieht wieder das hinreichend Bekannte aus den Dreißiger und Vierziger Jahren, angereichert durch neue Komposition im sentimentalen Stil, wie sie zuhauf auf den Markt drängen – noch bevor ein neuer Schallplattentrend die Herrschaft übernimmt: ›Nach Regen scheint Sonne, / nach'm Weinen wird gelacht‹ ... ›O mein Papa war eine wunderbare Clown‹ ... ›Mädel, woll'n wir glücklich sein‹ ... und als Zuspruch für die vertriebenen Ostpreußen als ein erster Trumpf in der Welle der Heimatschlager: »Möwe, du fliegst in die Heimat, / grüß sie recht herzlich von mir. / All meine guten Gedanken / ziehen nach Hause mit dir«.

Auch der RIAS Berlin, der Rundfunk im Amerikanischen Sektor, ist nicht frei von der Anbiederung an seine Hörer, zumal er als ›Fenster des Westens‹ nicht nur politische Nachrichten, sondern auch Musik vornehmlich für ein Publikum in der sogenannten SBZ, der ›sowjetisch besetzten Zone‹ ausstrahlt. Für eine schweigende Mehrheit der Ostdeutschen glaubt ein marxistischer Geschichtsphilosoph sprechen zu müssen: 1933 emigriert, kehrt er nach Kriegsende zurück und erhält eine Professur in Leipzig – Ernst Bloch. 1947 reflektiert er und veröffentlicht es auch noch: »Gemeineres und Dümmeres ward noch nicht gesehen. Jitterbug, Boogie Woogie, das ist außer Rand und Band geratener Stumpfsinn mit einem ihm entsprechenden Gejaule, das die sozusagen tönende Begleitmusik macht. Solch amerikanische Bewegung erschüttert die westlichen Länder nicht als Tanz, sondern als Erbrechen.«

Während die Soldatensender des AFN weiterhin die Jugend der Westzonen mit aktuellen Rhythmen versorgen, geht an den Redakteuren des RIAS – besonders auch an den amerikanischen – eine gewisse Empfindung für die Sentimentalität dieser neu-deutschen Welle im biederen Stil von gestern nicht vorbei.

1949 setzt ein ehemaliger Sportredakteur, Eberhard Storch, im ¾-Takt des Foxtrotts einen Schlager in Noten:

Auf Wiedersehn, auf Wiedersehn,
Bleib nicht so lange fort,
Denn ohne dich ist's halb so schön,
Darauf hast du mein Wort.

Auf Wiedersehn, auf Wiedersehn,
Das eine glaube mir:
Nachher wird's noch mal so schön,
Das Wiedersehn mit dir!

Gleich gerät der Hit ins Repertoire der ›Schöneberger Sängerknaben‹ und feiert seine Premiere – natürlich im RIAS. Doch bevor Vera Lynn und Rudi Schuricke für den weiteren Siegeszug des Heulers sorgen, erfährt er eine Ehrung in den USA: Als einziger Titel eines ausländischen Komponisten – so berichtet es Hans Christoph Worbs in seinem Leitfaden ›Der Schlager‹ – nimmt ihn die Volksliederkartei der ›Library Of Congress‹ in Washington auf. Doch im Archiv verstaubt er nicht, gerade einmal ein halbes Jahr dauert es, und schon wird er gebraucht als Aktivposten in der Kriegspolitik.

Ende Juni 1950. Der Korea-Konflikt beginnt, US-Präsident Truman beordert Luft- und Seestreitkräfte, kurz darauf Bodentruppen in das Kriegsgebiet. Zum Abschied der Soldaten ertönt aus den Lautsprechern ringsum Musik. Es ist immer derselbe Schlager – Monat für Monat – bei jedem Transport:

Parting is such sweet sorrow,
each farewell kiss like a sigh.
So lonely my tomorrow
now that tonight we say good-bye.

Ende November 1950 beginnt in Korea das ›Desaster‹. Was von

den Truppen übrig ist, kehrt in die USA zurück. Der Krieg ist vorüber, doch ›Auf Wiedersehn‹ überlebt ihn als Evergreen. Für hundert Jahre – bis 2049 – wird er archiviert bleiben: Ein deutscher Schlager als amerikanisches Volkslied in den atomsicheren Safes des Library Of Congress in Washington.

> Auf Wiedersehn, auf Wiedersehn,
> we'll meet again, sweetheart.
> This lovely day has flown away,
> the time has come to part.
> We'll kiss again, like this again,
> don't let the teardrops start.
> With love that's true, I'll wait for you,
> Auf Wiedersehn, sweetheart.

Im Dreivierteltakt

Allemande, Boston, Cotillon, Cueca, Country dance,
Deutscher Dreher, English Waltz, Fandango, Fandanguillo,
Fandanguito, Figurenlandler, Heurigenlied, Java, Jota, Landler,
Ländler, Langsamer Walzer, Menuett, Mazurka, Musette, Ranchera,
Redova, Schleifer, Schnellwalzer, Tyrolienne, Vals, Valsa criolla,
Valse, Valse américaine, Valse hesitation, Valse lente, Valseado,
Valsecita, Walzer, Zögerwalzer

Einst ein bacchantischer Wahnsinn

Der Weg des Walzers von der Kirmes in den Salon

Ja, wenn Wienerisch amal a Weltsprach wird,
San die ganzen Wörterbüacheln ausradiert;
Weil man alles leicht versteht,
Wo das Wienerherz mitredt.
Und is aner schwach in unsrer schönen Sprach,
Na so helfen wir ihm mit der Musi nach:
Bei an echten Wienerlied hat's der Dümmste noch kapiert,
Ja, daß Wienerisch amal a Weltsprach wird.

Musik: Emmerich Zillner; Text: Hans Werner

Nun, eine Weltsprache ist es zwar nicht geworden, das Wienerische. Doch der Walzer dagegen? Er war schon da, lange bevor Wien ihn entdeckte. Er war schon da, lange bevor er Walzer hieß. In den letzten Dezennien des 18. Jahrhunderts kennt das Landvolk auf Tanzboden und Kirchweih bereits dieses Schleifen, dieses Drehen und »Walzen«, und es wird noch eine Weile dauern, bis der Dreivierteltakt zum Exportartikel der österreichischen Doppelmonarchie wird – des später klassischen Walzerkönigreichs. Es ist, ähnlich wie in England der Country dance, hierzulande der Ländler oder der Deutsche. Friedrich David Gräter beobachtet 1794 das Treiben im schwäbisch-fränkischen Raum und schildert es als eine Nachahmung einfacher Liebesgeschichten: »Das Drehen und Walzen soll wohl nichts anderes sein als das Ringen mit dem sich sträubenden Mädchen. Aus dieser Bestimmung ergeben sich Musik und Text, und man wird kein einziges Lied finden, das nicht entweder Werbung und Heirat auszudrücken versucht ... So sind auch alle Schleifer-Melodien lustig und fröhlich, die Texte sogar zuweilen sinnlich und frivol.« Helmut Günther und Helmut Schäfer ergänzen 1975 in ihrer ›Geschichte des Gesellschaftstanzes‹ diese Chronik und erheben den Schleifer zu einer urschwäbischen Rumba: »Bis auf das typische Hüftschwenken haben wir alle cubanischen Elemente zusammen: Die sinnlich-feurigen Texte, die sehnsüchtig erwartete Umarmung, die weitgehende Trennung der Partner.«

Draußen vor Linz, vor Salzburg, vor Wien spielen in den Gasthäusern Bierfiedler auf. In der Schenke zum Guten Hirten in der Leopoldstadt, Floßgasse 7, ist der Sohn eines Gastwirts beeindruckt von diesem Figurenlandler. Der Knabe ist noch klein; eines Tages wird er berühmt sein als Johann Strauß Vater. Karl Nagl wird später diese anonyme Pièce rekonstruieren und sie für eine Walze in der von ihm erbauten mechanischen Orgel, dem Wiener Werkel, arrangieren mit dem Titel ›Figurenlandler aus der Umgebung von Wien‹. Aus dem österreichischen und süddeutschen Raum wandert dieser Rhythmus weiter westwärts und nennt sich bereits schon im Elsaß Allemagne, oder lieber noch Tyrolienne, wie man gern jenseits des Rheins alles Deutsche mit dem Alpinen gleichsetzt. Goethe lernt die Allemande im unterelsäßischen Sesenheim kennen, wo er sich in die Pfarrerstochter Friederike Brion verliebt. Später wird er sich in ›Dichtung und Wahrheit‹ erinnern: »Auf den Dörfern weiß man den Deutschen sehr wohl zu tanzen: Das Walzen und Drehen war Anfang, Mitte und Ende. Alle waren in diesem Nationaltanz aufgewachsen; auch ich machte meinen geheimen Lehrmeisterinnen Ehre genug, und Friederike, welche tanzte, wie sie ging, sprang und lief, war sehr erfreut, an mir einen geübten Partner zu finden.« Doch später im Abstand von über sechzig Jahren betrachtet er den Ausdruck einstiger Lebenslust abgeklärter und nennt den Walzer einen »bacchantischen Wahnsinn«.

Noch 1886 spricht der Musikschriftsteller Franz Magnus Böhme, sechzigjährig, von einer »bacchantischen Tolljagd« und meint, der Walzer arte in wilde Wirbel aus, die die Tänzer aus ihrer »deutschen Ruhe« brächten. Es ist der Schnellwalzer, der ganz Europa nach und nach ins walzertolle Jahrhundert führen wird. Noch 1802 finden sich im Lexikon von Heinrich Christoph Koch weit nüchterne Worte: »Walzer. Ein bekannter Tanz, dessen Charakter hüpfende Freude ist. Die Melodie ist in den Tripeltakt gesetzt, hat eine muntere Bewegung und gemeiniglich zwey Reprisen von acht Takten.«

Zu dieser Zeit gilt das Menuett längst als gestorben. Der Nekrolog findet sich im Tanzkalender von 1801: »... dieses lächerliche Spiel der Füße, dieser bloße Mechanismus! Es wird Zeit, daß die Figuren wieder Charakter kriegen!«

Es ist die Manifestation bürgerlicher Musik und bürgerlicher Tänze. Eine aufstrebende Klasse wählt den Walzer als Zeichen des Aufbegehrens gegen die höfischen Schritt-Tänze. Bei Hofe bleiben die Rhythmen im Dreivierteltakt – außer zuweilen in Wien – weiterhin suspekt. Derlei soirées dansantes haben so etwas Bürgerlich-Revolutionäres, und noch in der Juli-Monarchie mokiert sich am Hof des Bürgerkönigs Louis Philippe 1835 die Patronne des cérémonies, Comtesse Genlis: »Stellen Sie sich vor, eine junge Person, leicht bekleidet, in den Armen eines jungen Mannes, welcher sie an die Brust drückt und fortreißt, daß sie mit Heftigkeit ihr Herz fühlt, und ihr alles im Kopfe herumwirbelt – so etwas nennt man

Walzer!« Mit Sicherheit gilt der Anstoß der Comtesse dem Fleckerl, der Linksdrehung auf dem Fleck, die der Fliehkraft wegen das Paar eng zusammenpresst. Diese Angst vor dem Fleckerl soll sich am kaiserlich-königlichen-preußischen Hof lange erhalten. Bis zum Ende der Monarchie – November 1918 – wird es in Berlin nicht erlaubt sein, links herum zu tanzen.

La valse – den Walzer – kennt Frankreich als Lehnswort aus dem Deutschen. 1790 taucht er zum erstenmal in einem französischen Liederbuch auf – im zweiten Jahr der Revolution. Zum Ausgang des 18. Jahrhunderts ist es hier leicht, diesen umwälzenden Dreivierteltakt zu verbreiten. In Stadt und Land ist man dem Fortschritt aufgeschlossen, ein höfisches Leben existiert vorerst nicht – zumindest für die folgenden anderthalb Dezennien. In Frankreich durchsteht der Walzer zwei Kaiserreiche, zwei Königreiche und fünf Republiken. In Ruhe kann er sich vom anstößigen zum angepaßten Tanz entwickeln.

Bei den östlichen Nachbarn herrscht immerfort die Furcht vor jeglichem Ausdruck, der womöglich den Schein des Umstürzlerischen zeigen könnte. Gleich schon bringt die Fürstin Radziwill in Berlin eine junge Prinzessin aus Mecklenburg-Strelitz zur Räson, weil sie auf einem Hofball Walzer tanzt – und das im Angesicht des Königs Friedrich Wilhelm II. Die junge Dame heißt Luise, wenig später wird sie Königin von Preußen sein. Für die gesamte Ära der Hohenzollern-Dynastie wird sie als die beliebteste Monarchin in die Geschichte eingehen. Es ist ein reaktionäres Jahrzehnt.

Nicht weniger ängstlich zeigt sich der Hof in Sankt Petersburg. Katharina II. verbietet schlechthin den Walzer, und erst der Mätresse des nachfolgenden Zaren Paul, Anna Lapuchin, gelingt es, diese unerhörte Mode durchzusetzen.

In Österreich jedoch beginnt nun das Jahrhundert, in der die

»Weaner G'mütlichkeit« zur Weltanschauung wird: »In allen Löchern stecken Musikanten, die den Leuten eins vorgeigen. Und in den Wirtshäusern schmeckt ihnen's Braterl nicht, wenn's keine Tafelmusik dabei haben.«

1808. Eröffnung des Apollo-Saals. »Johann Nepomuk Hummel spielt wahre Prachtstücke von Walzerkränzen – jede der Piècen fast eine halbe Stunde lang.« 1822 verzeichnet das Tanzalbum ›Ernst und Tändeley‹ 44 Konzertisten, und ein Jahr später kommen im Album ›Karneval 1823‹ allein zwölf weitere Komponisten hinzu – von Czerny über Pamer, Payer und Pensel bis Worzischek. Doch im Verlauf der Jahrzehnte gelangt der Walzer über den Apollo-Saal hinaus, die Darbietungen kommen von berühmteren Namen. »Ein Walzer von Ziehrer, ein Walzer von Strauß …« beginnt eine der Strophen in des Kronprinzen Rudolfs Lieblingslied: »Es weiß nur ein Wiener, ein wienerisches Blut, / was der Wiener Walzer dem Wiener alles tut.«

Im Neuen Wiener Tageblatt widmet der Feuilletonist Eduard Pötzl – seinerzeit ein Klassiker unter den Lokalhumoristen – seine Aufmerksamkeit einem gerade neuen Ensemble: »Du, in Nußdorf spüln a paar Neuche, di mußt Dir anhör'n, die verstehngan's … Was, die hast no net g'hört? Na, da laß Di hamgeigna!« Die Schrammeln machen keine gewöhnliche Heurigenmusik, nichts vom Bratlmusikantenhaften, sie sind die Klassiker der ›Weaner‹, die Virtuosen des Wiener Liedes, die Meistersinger auf der Winsel (Violine).

Die Gebrüder Schrammel, Joseph und Johann (Hanns), zwei Violinvirtuosen, ergänzen sich zum Terzett mit dem ›picksüßen Hölzl‹ – einer Miniaturklarinette, auf ›G‹ gestimmt – und später dann mit der Kontra-Gitarre. Nun als Quartett nennen sie sich ›Die Nußdorfer‹, doch bald spricht man ehrfurchtsvoll nur noch von ›den Schrammeln‹. Sie spielen auf beim Heurigen in Grinzing, Nußdorf, Heiligenstadt, in den Ballsälen außerhalb Wiens, bei den Waschermadln in Lichtental, auf dem Lumpen- und dem Fiakerball. Sie sind »das kleine Orchester der Wiener«. Sie spielen nicht an den Tischen, sie genießen das Privileg, angehört zu werden. Wenn sie dreimal mit dem Bogen auf die Geige klopfen, muß es still sein im Saal. Eine Lokalreportage im Illustrierten Wiener Extrablatt schildert die Stimmung eines Abends am 7. 10. 1883: »Der weite Saal ist bummsvoll. Wie ein Schleier liegt über den Köpfen eine weiße Wolke von Pfeifen- und Zigarrenrauch. Im Dunst erkennt keiner mehr seinen besten Freund. Ein Summen und Brummen geht durch den Raum. Kellner mit Batterien von Biergläsern, mit Türmen von Tellern drängen sich durch die Sesselreihen. ›Sauce, bitte ich! Sauce bitte ich!‹ tönen die Rufe, ›daher a Bier! – ›I hab a leer's Glas!‹ – ›Mir a Püls!‹ – ›A Lager mir!‹ – ›A Krügerl mir!‹ – ›Sie, Kellner, bin ich denn der Niemand?‹ Der Lärm wird immer größer. Da wird plötzlich mit dem Fiedelbogen auf dem Resonanzboden der Geige dreimal geklopft. Drei Zauberschläge. In einem Nu ist der Lärm verstummt, eine heilige Ruhe herrscht im Saal, aller Augen sind nach dem Podium gerichtet. Da sitzen die Schrammeln.«

Später schießen Musikanten nach Art der Schrammeln nur so aus dem Boden, und mit dem Beginn der Neunziger Jahre ersetzen sie die Klarinette meist mit der Knopfharmonika. Ein Jahrzehnt weiter, und es kommt für diese Nachfolgegruppen zu ersten Schallplatten-Aufnahmen. 1997 erstellt Roland Jos. Leop. Neuwirth auf CD eine Anthologie frühester Interpretation seit 1908; die meisten stammen aus den letzten Jahren vor dem Ersten Weltkrieg, wobei neben den Piècen des ›Lanner-Quartetts Trocadero‹ einige des ›Waldschnepfen-Terzetts‹ von 1912 und 1913 zu den Trouvaillen gehören, einem Ensemble, das sich nach den Brettern seines Auftritts nennt, dem Volkssänger-Lokal Zur Güldenen Waldschnepfe in Dornbach, dem späteren XVII. Gemeindebezirk von Wien.

Wann i von Wean wegga geh,
Da tuat ma mei Herzerl so weh.
Wia ich zum Stadttor kumm,
Schau i mi no mal um.
Siech i a Maderl dort stehn,
Als wia a brauns Nagerl so schön.

›Liederweiber‹ heißen sie, die vor den Toren Wiens Verse und Melodien verkaufen und den Küchenmägden, Waschfrauen wie Strickerinnen das Gesinge beibringen. Aufgezeichnet wurden diese anonymen Weisen in meist langsamem Walzertakt seit Beginn der Vierziger Jahre im 19. Jahrhundert: ›Drunt in Lichtenthal‹, ›O teures Erbsien‹ und eben diese Volksweise ›Wann i von Wean wegga geh‹, dessen Liedertext sich teilweise 1921 in Alban Bergs Oper ›Wozzek‹ wiederfindet. Die Tradition der fahrenden Liedermacher, die – mit der Harfe, später der Gitarre begleitet – in den Gasthöfen Wiens und den Dörfern ringsum – den Heurigenzentren – musizierten, setzt heute der Volkssänger Eberhard Kummer authentisch fort. Wenn auch im Stil einer späteren Zeit nach dem Erdrücken des freiheitlichen Geistes 1849/50, als im Vergnügungsbetrieb beschworen wird, in Wien, dem besten Ort zu leben, möge »für immer alles so bleiben, wie es ist«.

Früher, im Österreich des Kaisers Franz, amüsierte sich das Volk auf dem Lande übermütiger und unbekümmerter, ja derart lustvoll, daß die Pfarrer von den Kanzeln wetterten über: »... solch schändliches Schwingen und Verdrehen und Werfen in solcher Höhe, wie der Bauer die Dreschflegel schwingt, daß bisweilen den

Jungfrauen die Kleider bis über den Kopf fliegen! ...Und selbst Mütterlein rühmen sich derlei Tanzteufelswerks!« Doch schon im Ausgang des 18. Jahrhunderts gehört in den alpinen wie nordalpinen Regionen das Verfluchen des Walzers zum allsonntäglichen Repertoire der Pfaffen. Die Bischöfe von Würzburg und Fulda verbieten schlechthin Walzen in volkstümlicher Form. Da will auch die staatliche Ordnungsmacht nicht hintan stehen, und Polizeiverordnungen regeln, wie das Volk in Züchten zu walzen habe, untersagen es beispielsweise, Mittänzer zu Fall zu bringen oder gar die eigene Dame umzuwerfen, selbst wenn dies mit Behendigkeit geschehe. Und in Montreux empört sich der Pfarrer und Anthropologe Alexandre César Chavannes: »La valse n'a point de rapport avec la bonne danse«, mit »gutem Tanz« also hätte dies nichts zu tun. Doch auch Tanzlehrer wollen beweisen, daß das »Walzen eine Hauptquelle der Schwächen von Körper und Geist dieser Generation« sei, und führen warnend an, daß sich bei derlei Tanz schon »manch junges Mädchen die Schwindsucht, die Auszehrung und gar den schnellen Tod zugezogen habe.«

Anders dagegen sieht es Ernst Moritz Arndt. Er schreibt in sein Reisetagebuch: »Man liebt diese Walzer oder eigentliche Schleifer leidenschaftlich, sie wechseln regelmäßig mit den Quadrillen, und noch jetzt können die Augen und Herzen nicht satt davon werden. ... ›Une valse! Encore une valse!‹ hört man alle Augenblicke.« Arndt ist in Paris. Gerade geht die Zeit des Directoire zuende, diese legendären vier Jahre extremer Vergnügungssucht nach der Époque de la Terreur. Das folgende Erste Kaiserreich wird mit seinen permanenten Kriegen die Euphorie wieder dämpfen. Dann, mit dem Ende der napoléonischen Zeit erwacht Wien im neuen Walzerglanz. Aus Paris kommt Auguste de la Garde zum Wiener Kongreß, voller Begeisterung berichtet er vom musikalischen Blut und vom elektrischen Fluidum der Gesellschaft, vom süßen Zauber und von den Verwirrungen, die diese Rhythmen auslösen. »Deutschland«, ruft er aus, »ist das Vaterland des Walzers!«

Was für eine eigentümliche Weise ist doch dieser Walzer, für Franz Magnus Böhme der deutsche Nationaltanz. Er steht im Tripel-, also im Dreivierteltakt. Auffällig ist die Betonung des ersten Taktteils, und Hans Weigel scheint es, als fehle dem vollen Takt ein Viertel, und als trauerten die verbleibenden drei Viertel diesem einen, diesem ihnen fehlenden Takt nach: »Drum ist nichts schmerzlicher und widersinniger als, daß ein Walzer zuende ist. Nur Stücke im Zweiviertel- oder Vierviertakt vermögen zu enden. Der Walzer dagegen kann kein Ende finden, der Kreis kann sich nicht schließen.« Und das erfülle ihn mit Traurigkeit. Darüber täuschten auch Piècen wie ›Lustige Brüder‹, ›Freut euch des Lebens‹ oder ›Mein Lebenslauf ist Lieb und Lust‹ nicht hinweg. Dies seien nur Titel.

Auf dem Weg in die Tristesse

»Da dehnen sich des Nordlands düst're Wälder
Uralt-geheimnisvoll in wilden Träumen,
In ihnen wohnt der Wälder großer Gott,
Waldgeister weben heimlich in dem Dunkel.«

(Sibelius)

Der Finne Jean Sibelius, ein Komponist schwermütiger Einförmigkeit in Melodik und Harmonie nennt 1899 sein Opus 44 zwar ehrlich und direkt ›Valse triste‹, doch Hans Weigel mokiert sich über diese Art von ›Konzertwalzern‹, sie seien nur »... lahme Versuche im Dreivierteltakt. Sie wollen ernst genommen werden in der ernsten Musik. Aber sie bleiben nichts als nur ›Zitate des Walzers‹.« Zeitgenossen schwärmen von Musik und Tanz »zwischen süßem Träumen und schmachtendem Wiegen, zwischen Koketterie und Leidenschaft, zwischen Tändeln und Seufzen ...«

»Ein Pathos der Liebe – poetisch, zärtlich, lieblich!«

Dem setzt Hans Weigel entgegen, im Konzert, im Lied wie auch im Tanz sei der Walzer nie fröhlich; gelegentlich nur sei er festlich und ausnahmsweise einmal heiter. Immer aber sei er nachdenklich, elegisch und einsam. So passe er in seiner Tristesse so recht als Begleitmusik zur untergehenden Donaumonarchie unter dem Doppeladler. Der Grazer Musikschriftsteller Ernst Décsey (1870–1941) verlegt diese Melancholie bereits an den Anfang des Jahrhunderts: »Auf dem Wiener Kongreß tanzt Europa über frischen Gräbern.«

Im Jahr 1679 wütet in Wien die Pest. Karl Augustin, Gastwirtssohn und Volkssänger, gerät lebend in die Totengrube. Dies wird später um 1800 zur Legende, die im elegischen wie scheinbar heiteren Eins-Zwei-Drei ihren Rhythmus findet.

Ein Jahrhundert später erzählt in seinem Buch ›Wunderbahrer Adlers-Schwung‹ der schlesische Rechtskandidat Johann Konstantin Feigius diese Anekdote aus dem Wiener Pestjahr 1679: »Zu Wienn aber hörte man nunmehr kein ander Lied singen, als diesser ist gestorben, diesser stirbt, vnd jener wird bald sterben. In der Stadt waren schon allbereit 300 Häuser gesperret, vnnd ob in beyden Lazareten schon täglich eine große Menge Leuthe begraben worden, so wuchse doch die Zahl der Inficirten darinnen so groß, daß sie sich zuweilen auf die 3.000 Personhen hinauß erstreckte. So waren auch vmb die gantze Stadt herumb fast alle Lust- vnnd Wein-Gärten, Gässen vnnd Straßen mit Toten vnnd Kranken Leuten angefüllet, ja sogar, daß man nicht Leuth genug haben kunte, die Todten vnter die Erden zu bringen, vnnd es bisweilen geschahe, daß die mit dem Tode allbereit Ringende mit einander in die hierzu gemachte Gruben geworffen worden, ... als wie einem Nahmens Augustin, der ein Sack-Pfeiffer gewesen, welcher zwischen der Kays. Burg und St. Ulrich auff selbigem Weg wegen eines starken Rausches gelegen, vnnd geschlaffen hat. Dieser Mensch ist von denen Siechknechten auf den Wagen, in Ansehung, daß Er die böse Krankheit hätte, vnnd in Todts-Zügen allbereit begriffen, geladen, nebenst anderen Todten in eine Gruben gewroffen worden ...«

Ei, du lieber Augustin,
's Geld is hin, 's Mensch is hin,
Ei, du lieber Augustin,
Alles is hin!

Wollt' noch vom Geld nix sag'n,
Hätt' i nur 's Mensch beim Krag'n,
Ei, du lieber Augustin,
Alles is hin.

»... nachdem besagter Mensch die gantze Nacht vnter den Toten ohne Aufhören geschlafen, erwacht, hat auß der Gruben hervorsteigen wollen, solches aber wegen der Tieffen nicht zuweg bringen können, weßwegen Er dann überaus sehr geflucht, gescholten vnnd gesagt hat: wer Teufel ihn dahin mußte gebracht haben, bis endlich mit anbrechendem Sonnenschein die Siechknechte sich eingefunden, vnnd ihm herauß geholffen haben. So hat ihm dieses Nacht-Lager auch nicht das wenigste geschadet.«

Das Augustin-Lied, zwei Jahre nach seinem Auftreten, 1802, von einem jungen Russen als Ouvertüre eines Krippenspiels entdeckt und noch als Gassenhauer verspottet, findet sich in der nächsten Wiener Saison schon als Opernarie auf der Bühne – in ›Ariadne auf Naxos‹ von Jochim Perinet:

O, du lieber, alter Bue,
Gibst noch kein' Ruh?
D' Lieb hätt ja noch kein End',
Wenn ich's mitnehmen könnt',
Mir geht's wie Augustin –
's Mensch ist halt hin.

Wenn ich nur kein Held nit wär'
G'freuets mich sehr.
Ich tät' schon laufen eh,
Aber hint' steht d' Armee –
O, du zweiter Augustin,
Alles ist hin.

›Der liebe Augustin‹ wird lange vor der Zeit zum Requiem auf den Walzer: »Alles ist hin, und nun zum Abschied ein leises Servus!« Es dauert nicht mehr lange, und der Walzer verkommt im 20. Jahrhundert zwischen Schunkel- und Schlager-Rührseligkeit im Tonfilm: ›Königswalzer‹, ›Walzerkönig‹, ›Burgtheater‹, ›Operette‹, ›Der Kongreß tanzt‹ – Titel, als lebten Walzerseligkeit und -romantik für alle Zeiten weiter. Und selbst über die Mitte des 20. Jahrhunderts hinaus wird weiterhin vornehmlich der Walzer verstanden, als gäbe es nur eine Interpretation dieses Musikgenres, die des legendären Walzerkönigreichs von Lanner und Strauß. So sucht man sich mit immer wieder denselben Melodien zwischen dem ›Kaiserwalzer‹ und der ›Schönen blauen Donau‹ zurückzufinden ins Zauberreich einer Sisi-Monarchie, die stellvertretend die Rolle des Neunzehnten Jahrhunderts in unserer Geschichte zu spielen hat.

In der sterbenden Märchenstadt pocht das Wiener Herz, in der Zauberstadt ertönt das Wiener Lied mit seinen Wiener Madeln, Fiakern und Praterfeen. Willy Forst singt ›Erst wenn's aus wird sein …‹ und 1938 im Tonfilm ›Burgtheater‹ ein Walzerlied von Peter Kreuder – zwei Namen, die dem Tobis-Verleih in den Kinos des Großdeutschen Reichs einen Verkaufserfolg sichern.

> Sag' beim Abschied leise ›Servus‹,
> Nicht ›Lebwohl‹ und nicht ›Adieu‹,
> Diese Worte tun nur weh.
> Doch das kleine Wörterl ›Servus‹
> Ist ein lieber letzter Gruß,
> Wenn man Abschied nehmen muß,
> 's gibt jahraus, jahrein
> An neuen Wein
> Und neue Liebelein.

Doch noch ist das Neunzehnte Jahrhundert in seiner Mitte, sind der Tonfilm, überhaupt der Film, ja ist selbst die aufwendige Operette noch fern.

Und das Wiener Lied? Nun, das Wiener Lied ist nicht etwa ein betexteter Walzer, sondern eher umgekehrt: ein gelegentlich im Dreivierteltakt vertonter Text. Der Walzer ist Lyrik an sich, er braucht außer dem Tanz nichts, was sich ihm beiordnet, keine Gegenstimme, vor allem keinen Text.

Aus den ärmlichen Melodien von einst, die nichts als »in die Beine fahren sollten – dem Auffassungsvermögen der niederen Stände angepasst«, sind längst kunstvolle Gebilde geworden. In Walzerketten oder Walzerkränzen werden mehrere kurze Tänze zu einer Pièce vereint. So entstehen auch die merkwürdigen Titel im Plural: Die Hofballtänze, die Faschingskinder, die Walzerträume, -blumen, -blätter, -wellen, -madln.

Ein Europa-Bummler besucht Wien, der französische Schriftsteller Victor Tissot (1844–1917). Er schrieb zuvor über das »Land der Zigeuner«, das mysteriöse Berlin und über Preußen ohnehin, sowie neben weiteren deutschkritischen Schriften: ›L'allemagne amoureuse‹. Nun aber im Jahre 1878 gerade aus der Donaumonarchie nach Paris zurückgekehrt, schwärmt er in ›Vienne et la vie viennoise‹ zum Erstaunen aller: »Eine Musik ist das, diese zarte Stickerei voll unterdrücktem und zugleich ausgelassenem Gelächter, gespickt mit kleinen Pirouetten und kurgeschürzten Neckereien ... Eine Musik, wie sie frisch und sprunghaft vom Felsen fließt.«

Gerade ist der Zweierschritt in Mode gekommen, ein – so möchte man sagen – dem Walzer aufgezwungener Galopp, und Tissot schreibt: »Da kommen Stiefelchen und Holzschühchen in Bewegung! Alles zum heiteren Galopp macht dieses leichtlebige, tanzlustige Wienervölkchen!«

Bevor das Walzerkönigreich ausbricht, spielen die Wiener Kapellen noch in kleiner Besetzung. ›Die Tanzlustigen‹ komponiert Alois Strohmayer 1844 für zwei Violinen, Baß und einem Holzblasinstrument (Es-Klarinette oder Flöte). Michael Dittrich, Violonist im Wiener Ensemble ›Bella Musica‹ zählt Josef Lanner (1801–1843) zu den interessanten Persönlichkeiten der Musikszene seiner Zeit: »Zusammen mit Johann Strauß Vater gab er dem Wiener Walzer sein eigentliches Gepräge und erhob ihn zur Kunstgattung. Die Walzerketten entstanden oft in einem ›kollektiven Komponieren‹: Die beieinander sitzenden Musiker sangen sich gegenseitig Melodien vor und so erfand man in kürzester Zeit die Walzer.« Der Alt-Wiener Walzer sei der Überlieferung nach im Tempo ruhiger gewesen. Daß selbst Johann Strauß keine gehetzten Tempi nahm, beweise ein Bericht aus ›Dwight's Journal of Music‹ von 1872: »... he showed us what he did. We had been playing the waltzes too fast: at a tempo which did not allow for any refinement or nuances.« Auch bei den Zeitgenossen am Ende der ersten Jahrhunderthälfte, Anton Diabelli, Vinzens Stelzmüller und Johann Mayer, ist das Tempo teils gemächlicher. Doch keine fünfzig Jahre später, und die Tanzlustigen müssen statt zu sechzig zu hundert Takten in der Minute herumrasen. Dennoch schimpft Moritz Gottlieb Saphir, Hoftheater-Intendanturrat und Redakteur der Zeitschrift Der Humorist schon im Jahre 1845: »Es ist jetzt nicht mehr ein Tanzen, es ist ein Rasen, eine Arbeit, ein Frondienst, ein Gliederzappeln, eine systematische Epilepsie, eine Veitswut, eine galvanisch-musikalische Verzückung! Man hat früher auch getanzt, aber mit mehr Moderation als jetzt. Die Frauenzimmer blieben immer in den Schranken der Grazie, der weiblichen Decenz. Jetzt aber, da sie glauben zum Tanzen geboren zu sein, hören sie auf, zum schönen Geschlechte zu gehören. Kein Augenblick der Zwischenruhe, des Austanzens. Nebenbei toben sie, wirbeln wie die Windhosen, schleifen wie die Wettschlitten, hoppeln wie die Grasmücken, springen wie die Heuschrecken und galoppieren wie die Mecklenburger Renner!«

Die Entwicklung vom aristokratisch disziplinierten Tanz zum wilden Bewegungsrausch im Tripeltakt kennen bereits im 17. Jahrhundert die Polen. Leidenschaftlich hüpfen und hopsen sie umher, stampfen gar mit den Füßen den Rhythmus in den Tanzboden, so scharf, daß zuweilen die Betonung vom ersten Taktteil auch auf den zweiten und dritten überspringt. Dieser derbe Tanz kommt aus Masuren oder Masowien und heißt seitdem nach dieser später ostpreußischen Landschaft Mazurka.

Um 1750 macht August III., der ohnehin lieber in Dresden als in seinem Königreich Polen residiert, die Mazurka für die Fürstenhöfe Europas gesellschaftsfähig. Aber so recht populär wird sie erst, als nach dem heldenhaften Warschauer Aufstand 1830 das bürgerliche Europa seine Liebe für das Polnische entdeckt. Die

Mazurka wird geradezu zur Mode der Dreißiger und Vierziger Jahre. Sie beeindruckt die europäischen Länder mit einem neu erwachenden Slawentum. Nach Paris flüchten Männer, denen es gelingt, sich der zaristischen Unterdrückung zu entziehen: der Dichter Adam Mickiewicz, 32jährig, und der Komponist Fryderyk – später Frédéric Chopin, gerade einmal 20 Jahre alt. Chopin wird zum Liebling der Pariser Gesellschaft, und mit seinen Piècen erobert er die Salons des Bürgerkönigtums. Er schreibt 15 Walzer und 56 Mazurken. Doch bald wird die heimatliche Wildheit auf dem Pianoforte gebändigt. Chopins Mazurken ist – wie der Biograph Camille Bourniquel schreibt – die einstige Schwere genommen, sie sind der vertrauten ländlichen Atmosphäre entrückt. Die Tänze haben mit der nationalen Tragödie immer weniger zu tun.

Kein Komponist der ernsten Musik – die man später als E- von der U-Musik streng trennen wird – kann sich dem Rhythmus des Dreiviertel-Takts entziehen. Die Allemands gehen in die Kunstmusik ein. Beethoven schreibt 25, Haydn 35, Mozart 50 und Schubert 100 Deutsche Tänze, Carl Maria von Weber seine ›Aufforderung zum Tanz‹, Johannes Brahms den ›Liebeslieder-Walzer‹ und Franz Liszt ›Grande Valse di Bravura‹.

Franz Schubert sucht Geselligkeit, man trifft sich zu ›Schubertiaden‹ zu Haus bei Ludwig Mohn oder Joseph von Spaun, zuweilen auch im Gasthaus zur Ungarischen Krone. Die Freunde deklamieren und diskutieren, sie zeigen Taschenspiele und gymnastische Künste, steigern sich zuweilen zu kleinen improvisierten Clownerien. In diesen profanen Reigen streut Schubert seine Deutschen, seine Ländler und Walzer. Er spielt in heiterster Laune, oft auch zum Tanz. Dazu pokuliert man und ißt Würstchen. Der Lustspieldichter Eduard von Bauernfeld schreibt in sein Tagebuch: »18. Jänner 1826. Vorgestern Würstchenball bei Schober. Schubert mußte

Walzer spielen.« Bekannte Stücke sind der ›Wiener Damenländler‹, der ›Sehnsuchtswalzer‹ und – mit widersprüchlichem Titel – ›Wiener-Deutscher‹. Robert Schumann (1810–1856) versucht als Redakteur der Neuen Zeitschrift für Musik, Franz Schuberts poetisches Opus 33 mit launigen Schlagworten inhaltlich zu beschreiben: »Nr. 1. A-dur-Gedränge von Masken, Pauken, Trompeten, Lichtdampf. Perückenmann: ›Es scheint sich alles sehr gut zu machen.‹ – Nr. 2. Komische Figur, sich hinter den Ohren kratzend und immer ›pst, pst‹ rufend. Verschwindet. – Nr. 3. Harlekin, die Arme in die Hüfte gestemmt. Kopfüber zur Tür hinaus. – Nr. 4. Zwei steife, vornehme Masken, tanzend, wenig miteinander redend. – Nr. 5. Schlanker Ritter, eine Maske verfolgend: ›Habe ich dich endlich, schöne Zitherspielerin!‹ – ›Laßt mich los!‹. Entflieht. – Nr. 6. Straffer Husar mit Federstutz und Säbeltasche.– Nr. 7. Schnitter und Schnitterin, selig miteinander walzend. Er leise: ›Bist du es?‹. Sie erkennen sich. – Nr. 8. Die Türflügel gehen weit auf. Ein prächtiger Zug von Rittern und Edeldamen. – Nr. 10. Spanier zu einer Ursulinerin: ›Sprecht wenigstens, daß ihr nicht lieben dürft.‹ – Sie: ›Dürft' ich lieber nicht reden, um verstanden zu sein.‹«

Sommers geht es hinaus zum Schlößchen Atzenbrugg, einem stillen Ort dreißig Kilometer vor Wien, wo die ›Atzenbrugger Deutschen‹ entstehen – sechs intime Piècen für das Klavier. Hier in der Ebene des Tullner Feldes, nicht weit von der oberen Donau, dauern die Feste oft drei Tage und drei Nächte. Man ißt, man trinkt, stellt Lebende Bilder. Schubert phantasiert vor sich hin. Gefällt ihm eine Melodie, spielt er sie so lange, bis sie sich ihm einprägt. Später schreibt er sie auf. Doch die Freunde berichten, daß sich in dieser trunkenen Stimmung wahrlich nicht alles erhalten konnte. Vieles erklang nur ein einziges Mal und war dann für immer verloren. Der Schubert-Biograph, Redakteur des Neuen Wiener

Tageblatts und Autor der Musiker-Anekdoten ›Die Spieldose, 1828‹, Ernst Decsey, entdeckt im Walzer eine Philosophie. Sie ist kurz und besteht nur aus drei Wörtern: »Heut' ist heut'!«

Der Walzer ist zur Kürze verurteilt, und Theodor Fontane schreibt: »Etwas Hübsches, diese Walzer, sie machen ein Dutzend Menschen für eine Stunde glücklich.« Und doch: In die Kürze seines flüchtigen Lebens legt der Walzer auch einen Hauch von Weltschmerz. So wandert er durch Europa. Oft verweilt er und nennt sich Valse mélancolique, sentimentale, élégiaque und oubliée – vergessener Walzer. Fröhlich ist er eigentlich nur selten, oft nur festlich und ausnahmsweise ein wenig heiter. Immer aber nachdenklich und einsam. So begleitet der Walzer die bürgerlichen Epochen, begleitet auch die Revolutionen, wenn auch nicht als Kampflied – diesem bleibt der Viervierteltakt vorbehalten – so doch als Ausdruck emanzipierten Bürgertums.

Juli 1830. Revolution in Paris. Aufstände auch in Brüssel und Warschau, in Mailand, Parma und Modena. In Wien unter Kaiser Franzl bleibt es relativ ruhig. Johann Nepomuk Nestroy sitzt an seinem ›Lumpacivagabundus‹, im vierten Jahr spielt man Ferdinand Raimunds ›Der Bauer als Millionär‹ – ein elegischer Sang aus dieser Bühnenposse verbreitet sich als Volksweise:

Brüderlein fein, Brüderlein fein,
Mußt mir ja nicht böse sein!
Brüderlein fein, mußt nicht böse sein.
Scheint die Sonne noch so schön,
Einmal muß sie untergeh'n.
Brüderlein fein, Brüderlein fein,
Zärtlich muß geschieden sein.

Brüderlein fein, Brüderlein fein,
Wirst mir wohl recht gram jetzt sein.
Hast für mich wohl keinen Sinn,
Wenn ich nicht mehr bei dir bin.
Brüderlein fein, Brüderlein fein,
Schlaf' zum Abschied ein.

Brüderlein fein, Brüderlein fein,
Sag' mir nur, was fällt dir ein.
Geld kann vieles auf der Welt,
Jugend kauft man nicht um's Geld.
Brüderlein fein, Brüderlein fein,
's muß geschieden sein.

Eine Zeit wird kommen, da wird man der Walzer müde werden, und dieses »Brüderlein fein, zärtlich muß geschieden sein« wird man deuten als einen der frühen, weitblickenden Nekrologe auf den Walzer. Doch noch ist das Jahrhundert in seiner Mitte. Polizeiterror und Zensur überall im Lande, Unruhen in den Kronländern und an allen Grenzen, Krisen im Balkan, Konflikte am Schwarzen Meer, Kriege in der Lombardei, in Böhmen und Venetien – dagegen in Wien gesellschaftlicher Glanz. »Österreich«, spöttelt man, »ist eine durch den Walzer gemäßigte Monarchie.« Auf den Hofbällen strahlt und funkelt es von Ordenssternen, Diamanten, Perlen und den schönen Augen der Komtessen. Modeaufwand nicht geringer als im Paris des II. Kaiserreichs: Reifröcke und Krinolinen kokett, tiefe Décolletés, weit ausladende Hüte mit Pleureusen. Uniformen in allen Farben: ungarisch, böhmisch, kroatisch. In farbigen Fräcken, dem Militär angeglichen, auch die Zivilisten. Walzertoll ist nicht nur Wien, ganz Europa ist ihm verfallen, so wird der Walzer zur Begleitmusik einer untergehenden Epoche.

»Die langsamen zärtlichen Walzer sind noch nicht lange auch unter den feineren Classen Mode geworden«, so beginnt das Neunzehnte Jahrhundert, und es endet mit Hans Weigels wehmütigem Rückblick: »Die ›Fledermaus-Welt‹ war schon am Abend der Premiere ein verlorenes Paradies. Die Seele Wiens: Flucht vor der Wirklichkeit, Flucht in den Walzer.«

> Kinder, weg'n mir braucht's ka Trauerg'wand
> Und a kan Flor auf'n Huat,
> Ich war beim Drahn immer fesch beinand,
> D'rum schlaf' ich sicher recht guat.
> Draht's ruhig weiter und macht's euch nix draus,
> Rennt's mir net alle am Friedhof hinaus,
> Nur am Geburtstag da tät es mich freu'n:
> Gießt's mir die Bloamerln mit heurigem Wein.

Musik: Hans v. Frankowski; Text: Karl Leibinger

Ausbruch aus dem Einerlei

Von Wien aus mit dem Walzer auf die Reise

Auf die Frage nach den Vätern des klassischen Walzers fallen erst einmal die Namen Joseph Lanner und Vater Strauß. Und auf die nach dem Geburtsort natürlich Wien. Doch bei einer kleinen Korrektur der Geschichte hätte er durchaus Prag sein können. Dort nämlich wirkte von 1813 bis 1816 ein Musikmeister, dessen erste Walzer-Komposition zwar noch nicht hier im Böhmischen, jedoch wenig später in Dresden seine Premiere feiern wird:

Aufforderung zum Tanze
RONDO BRILLANT
für das Piano Forte
componirt von
Carl Maria von Weber
65tes Werk

Carl Maria Weber – längst nennt er sich »Freiherr von ...« – ist der hinkende und hustende Hofkapellmeister an der Königlich Sächsischen Oper in Dresden.

Es ist das Jahr 1819. Im Juli/August reicht er einen Urlaub ein, fährt 20 Kilometer elbaufwärts in das Dorf Hosterwitz, wo er einige Piècen für Klavier, Violine und Flöte schreibt, unter anderem das ›Rondo Brillant‹, diese ›Aufforderung zum Tanz‹ – nein, er setzt es nicht, wie allgemein üblich, für das Orchester in Noten, sondern schlicht für das Piano-Forte. »Ein Tanz zwischen süßem Träumen und schmachtendem Wiegen, zwischen Koketterie und Leidenschaft, zwischen Tändeln und Seufzen«, schwärmen die Zeitgenossen, und in ihrem Zitatenschatz soll nicht »das Aufbrausen bacchantischer Lust« vergessen sein, und »der frischer Jubelton des Motivs.«

Das Motiv! Hat sich Weber für das Walzer-Motiv, für diesen ›Walzer in der Mitte‹, überhaupt interessiert? Dazu schreibt Hans Weigel: »... der Tanz ist für ihn gewiß wesentlich; aber fast ebenbürtig tritt die ›Aufforderung‹ in Erscheinung. Da ist ein breit angelegtes Vorspiel, das zum Tanz hinführt, da ist des Walzers Ende nicht Ende des Stücks.

Das eigentliche Tanzen ist eingefaßt in Anklang und Ausklang, in Vorwegnahme und Rückschau. Weber schreibt den Tanz nicht vor, er zeichnet ihn nach. Und dieses Abbild wird zum Vorbild für die Zukunft; der eine Tanz, den Weber für das Klavier träumt, wird die Form der Tänze im beginnenden Jahrhundert prägen.«

Was einst so bescheiden als Klaviervortrag auf kleineren oder auch größeren privaten Soiréen begann, arrangiert 1841, zwei Jahrzehnte, später Hector Berlioz (1803–1869) für das große wuchtige Orchester, diese ›Aufforderung zum Tanz‹, wenn auch nur als Balletteinlage in die Pariser ›Freischütz‹-Inszenierung. Der französische Komponist, 17 Jahre jünger als Weber, ist ein Bewunderer seines deutschen Kollegen: »Dieser neue Stil, gegen den meine intolerante und ausschließliche Verehrung der großen Klassiker mich zuerst voreingenommen hatte, überraschte und entzückte mich in hohem Maße. Dieser Partitur entströmte ein wildes Aroma, dessen köstliche Frische mich berauschte.« Im Februar 1826 weilt Weber in Paris. Nichts wünscht sich Berlioz sehnlicher, als den Meister aus Sachsen zu treffen. Doch der Versuch mißglückt. Traurig, doch nicht ohne Ironie, vermerkt Berlioz in seinem Tagebuch: »Ich trete in eine Musikalienhandlung ein. ›Wenn Sie wüßten, wer eben da saß!‹ – ›Wer denn?‹ – ›Weber!‹. Als ich in der Oper ankam, hörte ich die Leute sagen: ›Soeben ist Weber durch das Foyer gegangen.‹ Ich geriet in Verzweiflung. Es war alles umsonst, niemand konnte ihn mir zeigen. Im Gegensatz zu den Erscheinungen in Shakespeares Dichtungen blieb er allen Menschen sichtbar, unsichtbar nur einem einzigen! Ich war zu unbekannt.«

Siebzig Jahre später begegnet Frankreich noch einmal einem Ballett nach Webers Komposition in der orchestralen Fassung von Berlioz. Die Aufführung wird, im wahrsten Sinn des Titels, eine ›Aufforderung zum Tanz‹ für Waslaw Nijnsky. Es ist der 19.04.1911. Im Théâtre de Monte Carlo zeigt Diaghilews Ballet Russe die Choreographie mit einem Libretto von Vaudoyer – nach einem Stoff von Théophile Gautier. Der Titel ›Le spectre de rose‹.

In den knapp hundert Jahren zwischen 1819 und 1911 kommt der Walzer auf vielen Wegen von den östlichen Nachbarn nach Frankreich. In der Mitte des Jahrhunderts bieten sich allein in Paris vierhundert öffentliche Ball-Lokale an, und Joseph Alexander Graf Hübner, Österreichs Gesandter am Hof Napoléons III., schreibt entsetzt nach Haus – immerhin nach Wien in die Heimat des Walzers: »Alle Familienmütter tanzen wie die Besessenen – hierzulande wie aber auch in England.« Da wundert sich selbst Helmuth Graf von Moltke, Generalstabschef der Preußischen Armee, anläßlich eines Besuches in London, daß sogar Königin Victoria, Mutter von sechs Kindern, keinen Tanz ausließe. In Paris gehen die Vergnügungen des II. Kaiserreichs dem Ende entgegen. 1869, ein Jahr zuvor, schreibt Gustave Flaubert: »Es ist ein Treiben ohne Herkunft und Unterschied des Standes. Der Walzer beginnt, da erheben sich alle Frauen, und ihre Röcke, ihre Schärpen, ihr Kopfputz beginnen sich zu drehen ... ›Soll ich dir die Weiber zeigen? Du brauchst nur in die Alhambra zu gehen! Sieh die Musiker, wie die Affen hocken sie auf der Estrade, kratzen und blasen mit Ungestüm.‹ Vornehme Damen und Herren kostümieren sich mit Kleidern der unteren Gesellschaftsschicht und kokettieren mit ihr auf recht plumpe Weise. Gelöste Hutbänder fliegen gegen Krawatten, Stiefel schieben sich zwischen Unterröcke ...«

Clou eines jeden Balls ist der Cotillon – wörtlich der: Unterrock. Er kommt aus dem 18. Jahrhundert und entwickelt sich in Frankreich zu einem beliebten Gesellschaftstanz, orientiert am englischen ›Round‹. Die Aufforderung beginnt mit einer großen Ronde, dann folgt die große Quadrillentour – die chaînes en quatres croisées – beliebig weitere Touren schließen sich an, zum Ende einer jeden walzen alle Paare einmal im Saal herum.

»Ma commère, quand je danse, mon cotillon, va-t-il bien?« Aus diesem französischen Volkslied entstand einst der Name. »Gevatterin, steht mir beim Tanz mein Röckchen gut?« Während der Cotillon noch zu Zeiten Louis XIV. jeweils einen Ball eröffnete, bildet er nunmehr den Beschluß. Einen besonderen Reiz übt er aus mit vielerlei Freiheiten gegen die Reglements, hinzu kommen allerlei Neckereien und kleine Geschenke (Bouquets, Orden oder Attrappen), mit denen sich die Partner gegenseitig erfreuen, nicht zuletzt jedoch durch die Mannigfaltigkeit von Touren und Figuren, die jeweils den Tanzenden selbst oder den Tanzordnern überlassen bleibt. Im Neunzehnten Jahrhundert werden die einstigen Ketten von Quadrillen und Contredances nun zu Ketten von Walzern und Polkas. Auf der Höhe der Vergnügungssucht im II. Kaiserreich ist der Cotillon so beliebt, daß die Lebewelt oft nur seinetwegen zum Ball fährt – und sei es um drei Uhr in der Frühe. Das reicht den bons vivants durchaus. Denn während im bisherigen Verlauf nur der muntere Tripeltakt den Abend beherrschte, der die Paare schwerelos dahinschweben ließ, steigern sich jetzt zum Abschluß die Musikanten vom Staccato zum Glissando, aus dem die Tanzenden aus der Enge des Ballsaals weit hinaus ins beginnende Morgengrauen schwindelnd entgleiten.

Doch laufen die Jahrzehnte nicht nur in derlei Ausgelassenheit. Zu manchen Zeiten beherrscht der Walzer raumgreifend das Parkett, dann wieder verlangt es der Chic, im Tanz am Ort zu verharren und sich nur um die eigene Achse zu drehen. Zum dernier cri wird das Fleckerl. Perioden der Ekstase wechseln mit einer Etikette der Lethargie. Und aus dem Paris der vorausgegangenen Juli-Monarchie schreibt 1842 Heinrich Heine: »Die herrschende Mode verlangt, daß man nur zum Schein tanzt, die vorgeschriebenen Schritte nur gehend exekutiert, daß man gleichgültig, fast verdrießlich die Füße bewegt …«

Auf dem Lande entwickelt sich bereits seit dem späten 17. Jahrhundert, ähnlich den Mazurken und Menuetts, ein eigenständiger getragener Dreivierteltakt. Daraus wird in der Zeit Louis XIV. und Louis XV. ein pastoraler Gesellschaftstanz. Oft begleitet die Musik ein unter dem Arm geklemmter Blasebalg, eine schon 1610 entstandene Abart des Dudelsacks. Das ist französisch: die Musette. Im 19. Jahrhundert erobert dieser Dudelsack die ländlichen Feste in den Provinzen Frankreichs und kommt später mit der Landflucht in die Städte, besonders nach Paris. Hier nun nennt sich der rustikale Walzer ›Valse musette‹, wobei der quäkende Dudelsack nach und nach vom Akkordeon abgelöst wird. Bis heute gilt die

Musette für viele als die Stimmungsmusik des Pariser Vorstadtmilieus. Deutschland entdeckt sie nach Endes des Zweiten Weltkriegs in der Retrospektive erster französischer Tonfilme, wie ›Sous les toits de Paris‹ (1930), und denen aus der Zeit der Volksfront (1936–1938): ›Hôtel du Nord‹, ›Un carnet de bal‹, ›Pépé le Moko‹ oder ›Lumières de Paris‹. Viel später werden hierzulande die Akkordeonisten der Musette auf importierten Schallplatten bekannt: Edourd Duleu, besonders aber Aimable, der die klassischen Valses seit 1900 in Anthologien zusammenstellt.

Doch was im Sprachgebrauch als Musette eingegangen ist – vor allem verständlich für den Vergnügungstourismus rund um den Montmartre – trägt eigentlich den Namen Java. Dieser hat einen eigentümlichen Ursprung. Die Auvergnats, die ländlichen Zuwanderer aus dem Massif Central rund um die Städte Clermont-Ferrand, Le Puy und Moulins bilden eine bedeutende Kolonie in den ärmlichen Vororten der Metropole, verdingten sich meist als Kohlenhändler und verbreiteten rasch ihre regionale Musik aus der Auvergne. Sie erhalten sich ihre Mundart und begrüßen sich auch weiterhin nicht mit »ça va«, sondern in ihrem ländlichen Dialekt mit »tscha va«. Und bald schon breitet sich für das Genre ihrer Walzer-Mazurken stadtweit der Spottname »Java« aus. 1954 widmet Georges Brassens (1921–1981) – nach dem Krieg Mitglied der ›Fédération anarchiste‹ – ihnen eine traurige Valse:

›Chanson pour l'Auvergnat‹

Elle est à toi cette chanson
Toi l'Auvergnat qui sans façon
M'as donné quatre bouts de bois
Quand dans ma vie il faisait froid

Toi l'Auvergnat quand tu mourras
Quand le croqu'mort t'emportera
Qu'il te conduise à travers ciel
Au père éternel.

Es ist für dich dies Lied
Du der Kohlenhändler der du einfach so
Mir vier Scheite Holz geschenkt hast,
Als es kalt in meinem Leben war.

Du Kohlenhändler, wenn du sterben wirst,
Wenn der Leichenwagen dich holen wird,
Durch den Himmel hindurch soll er dich führen
Zum ewigen Vater.

Musik & Text: Georges Brassens

Die Popularität dieser ländlichen Walzer hat auch eine andere Quelle, sie stammt aus Tirol. Charles Pathé (1863–1957), noch ist er nicht der Konzernherr im Schallplatten- und Film-Geschäft, zieht lange vor 1900 von Jahrmarkt zu Jahrmarkt mit der Attraktion des Edison-Phonographen. Unter den drei Stanniolwalzen, die er zur Vorführung bringt, hat er in seinem Repertoire eine Tyrolienne. Doch bald schon verabschiedet er sich vom Zigeunerleben. Seßhaft geworden, beginnt für Charles und seinem Bruder Émile – bislang ein Bankrotteur im brasilianischen Papageienhandel – das Goldene Zeitalter. 1931 verfügt das Unternehmen Pathé Frères über ein Aktienkapital von 50 Millionen Francs. Als 1994 das Centre Georges Pompidou in Paris die hundert Jahre der Pionierarbeit feiert, kann es hundert Jahre Kulturgeschichte präsentieren. Denn fast lückenlos hat Pathé in Film und Ton auch die Unterhaltungsmusik archiviert, die Stars der Chansons in Revue, Music-Hall und Caf' conc' von Alibert, Joséphine Baker und Bourvil über Damia, Fernandel und Ketty bis Milton, Tino Rossi und

Charles Trenet. Und in jedem Programm findet sich die Valse Musette, findet sich die Java: Die Mistinguett singt ›Sous les becs de gaz‹, die Fréhel, eigentlich heißt sie Marguerite Boulc'h, ›Quand on a trop de cœur‹ (›Wenn man zu viel Herz hat‹), sowie ›La java bleue‹, Edith Piaf hat in ihrem Repertoire ›La java cezigue‹ und Georgius ›La plus bath des javas‹. Von Robert Burnier, Marie Dubas und Suzy Solidor kommen von den Brettern die Javas ›… du cinéma‹, ›… du crochet‹, ›… au clair de lune‹ …

Zu den ältesten Aufnahmen der Compagnie Générale des Machines Parlantes Pathé Frères gehören die von Aristide Bruant (1851–1925), dem Star der Cabarets Chat-Noir, Rue Pigalle No. 58, und Le Mirliton. Seine Ansprachen an das Publikum, dem »Haufen von Idioten«, waren rüde – »Na, ihr blöden Fressen …«, und seine Vortragsweise von vulgärem Charme:

Je cherche fortune
Tout au long du Chat Noir
Et au clair de la lune
À Montmartre le soir.

Im Genre der Music-Halls, Cafés concerts, -chantants und -téâtres, der Variétés, Casinos und Cabarets waren die Etablissements für den Paris-Bædeker vor dem Ersten Weltkrieg unübersehbar, und erst eine spätere Dokumentation von 1985 stellt neben 79 Vergnügungsstätten zweiten Ranges allein 85 ersten Ranges zusammen, unter ihnen: Alhambra, Olympia, Alcazar d'Été wie auch d'Hiver, Étoile, Bataclan, Cigale, Mayol, Bobino, Ambassadeurs, Casino de Paris, weiter dann die Folies … Bergère, … Belleville, … Parisiennes und so fort …

Von den berühmten Diseusen der frühen Jahre ist eine, nicht zuletzt durch die Kunstgeschichte, weltberühmt geblieben. 1867 geboren, debütierte sie im Casino de Lyon, gelangte über Eldorado und Eden-Concert, ins Moulin Rouge, später dann in die Etablissements Divan Japonais und Bodinière, am Ende in die Scala. Im Gedächtnis bleiben ihre schwarzen Handschuhe und ihr grünes Kleid, »ein grüner Fetzen und ein bißchen Leder«, wie sie in ihren Memoiren schreibt. Es ist Yvette Guilbert. Ihr Porträt existiert in 18 Lithographien, jeweils in der Auflage von 100 Exemplaren – im Jahre 1894 skizziert von Henri de Toulouse-Lautrec.

Ein Teil ihres Repertoires vom Beginn des Jahrhundert ist erhalten und liegt in originalen Nachschnitten vor. Die bekanntesten Chansons sind: ›Le fiacre‹, ›L'Hôtel du numero 3‹ und die Valse:

Madame Arthur est une femme
Qui fit parler d'elle longtemps,
Sans journaux, sans rien, sans réclame,
Elle eut une foule d'amants.
Chacun voulait être aimé d'elle,
Chacun la courtisait, pourquoi?
C'est que, sans être vraiment belle,
Elle avait un je ne sais quoi.
Madame Arthur.

Madame Arthur ist eine Dame,
Von der man seit langem spricht.
Ohne Presse, ohne irgendwas, ohne Reklame
Hat sie Massen von Galanen.
Jeder will von ihr geliebt sein
Und sie verführen ... – Warum?
Sie hat ... – obgleich sie wirklich ohne Schönheit ist –
Sie hat etwas – ich kann nicht sagen, was.
Madame Arthur.

In allen Strophen endet das Chanson mit »Elle avait un je ne sais quoi«.

»Ihre Worte, fallen mit hysterisch leidenschaftlichem Akzent in einem degoutierten, abgehackten Ton. ...« So beschreibt sie 1903 Erich Klossowsky in ›Die Maler von Montmartre‹: »Das blasse knochige Gesicht, in dem über den spitzen Backen nur die grauen harten Augen zu glühen scheinen, wie phosphoreszierend unter dem verblichenen Rot der welken strohigen Haare ...: Ein lebendig gewordenes Plakat! Ein Mannweib, halb verblühte Kokotte, halb englische Gouvernante ...«

Jahrein, jahraus schafft sich Yvette Guilbert Auftritt für Auftritt, und wenn es zuweilen auch nur vier, fünf Minuten sind, ihr eigenes Theater. Doch am Ende hat sie es satt, für die großen Damen in deren großen Salons Chansons zu singen, die sie in ihrem eigenen Salon nicht singen würde. »Ich muß meine Kraft in Tingeltangeln verbrauchen mit alten Kneipenwirten und Schnapsverkäufern (das Glas zu zwei Sous), mit Zirkusstallmeistern, Butterhändlern, Juwelenmaklern, Gerbern, Billettverkäufern, Geschirrabspülern, mit einem Schneider, einem Maurermeister, der die Nägel noch voll Gips hat und mir beim Auszahlen mit breitem zahnlosen Mund klagt: ›Tausend Francs für dreißig Minuten Gesang? Dafür könnte ich drei Quadratmeter Mauerwerk schaffen.‹ Ich habe es satt! Je m'en fou!«

Ihres Erfolgs ist sie überdrüssig. Der Applaus des Publikums läßt sie kalt, solange sie sich nicht selbst applaudieren kann. »Was hat mich berühmt gemacht?« fragt sich die Guilbert, »Mein Repertoire, die frivolen Texte? Oder nur mein Kleid, meine Handschuhe? Nicht meine Kunst? Nicht meine Gaben? ... Ich habe also kein Talent. Man hat mich getäuscht und betrogen!« Nach elf Jahren sagt sie diesem Genre Adieu, flieht in die Welt des Mittelalters – teils weit zurück bis in das 11. Jahrhundert – zur Tradition der Troubardours und Vaganten, zu den Liedern der Höfe wie der

Canaille, denen nach den Gesetzen einer Melodik auch damals der Dreivierteltakt entgegenkam. Noch heute ist das Genre als Cant e musica pòpulars beliebt. So spielt die Gruppe L'Escolo Mistralenco, 1968 aufgenommen mit Galoubets, einer Art Hirtenflöte, und Tambourins den Gesang begleitend, in einem langsamen betonten Tripeltakt – ›La Mazurka sous les pins‹ oder einige Menuets: ›… de la reine‹, ›… de la reine Jeanne‹, und ›… provençal‹.

Bis 1907 kämpft Yvette Guilbert um die Anerkennung ihrer zweiten Karriere – doch mit nur mäßigem Ruhm. Sie bleibt »für immer eingemauert in ihrem grünen Kleid, in ihren schwarzen Handschuhen, unter ihrem roten Haar.« So ist Paris!

Sie nimmt Abschied vom Leben der Großstadt und zieht sich im Süden auf das Land zurück. Sie wird 77 Jahre alt. Im Februar 1944 stirbt sie in Aix-en-Provence – ein halbes Jahr bevor die Alliierten ihre neu gewählte Heimat befreien.

Zum Walzer Weißbier und Spektakel

Im Sommer 1906 besucht der französische Reiseschriftsteller Jules Huret (›De Berlin à Strasbourg‹, ›Rhin et Westphalie‹) die preußische Residenz und Reichshauptstadt. Am Abend ist er in den ›Zelten‹ und findet Sänger und Sängerinnen mit einem Repertoire, das dem Ganzen einen Stempel von Tingeltangel im Genre der sommerlichen Alcazars und Ambassadeurs aufdrückt, »… nur eben sehr viel volkstümlicher. Ich habe Lieder gehört, wie zum Beispiel ›Ah! Ah! … Das macht stets Vergnügen …‹, doch nach französischem Muster für deutsche Ohren zurechtgestutzt. Und dieses ›Ah! Ah!‹ hat längst nicht den schelmischen, übermütigen Ton, den unsere Chanteusen ihm zu geben wissen.«

Und 1982 ergänzt der Hamburger Musikkritiker Felix Schmidt, das Chanson – ein Stück französischer Wirklichkeit, ein Stück Literatur im Volke – werde hierzulande allzu leicht mit dem Couplet, dem Kabarettlied und jenen französischen Schlagern à la Froufrou verwechselt, à la Joujou, ... Chérie ... und Dessous ...

Jules Huret hatte sicher damals vor dem Ersten Weltkrieg eins der gepflegteren Etablissements in den ›Zelten‹ gefunden. Denn überliefert ist, daß anderenorts nicht einmal mehr ›Ah! Ah!‹ gesungen wird, und selbst das läppischste Lied zu musiknachahmenden Lauten verkommt, etwa zu ›Tschingdara ... tschingdara ...‹ oder ›Täterä ... täteretä ...‹. Das Jahrhundert geht zu Ende. Ein Fremder erlebt Berlin. »Links und rechts, jenseits der breiten Alleen, steht Wirtshaus neben Wirtshaus. Und überall ertönen Geigen und Bässe, Trompeten und Clarinetten. Und alles, was nicht unter Gottes blauem Himmel spielt, tanzt unter Baumkronen oder den gläsernen Kronen der Ballhäuser seine Walzer und Galoppaden.«

Neben Marsch, Polka und Galopp kommt mehr und mehr der derbe Walzer ins Repertoire, der sich in Berlin gern im Dreivierteltakt mit dem Galopp zur Walzer-Galoppade vereint. Das Tempo dieses Vergnügens kündet der Ausrufer beim ›Stralauer Fischzug‹ an: »Lebende Bilder ... Tragikomische Szenen ... Großes deklamatorisches Tongemälde ... In der geschwindesten Geschwindigkeit ... Zusammengehetzt ... Zusammengenetzt ... ITEM! ... Für das Orchestrion gesetzt ... Jedem zu Gehör gebracht ... Für zehn Silbergroschen!«

Die Titel der Berliner Walzer zeigen ein Amüsement im lokalen Kolorit: ›Besaenftigungs-Walzer‹, ›Posematzkyscher Danzball-Walzer‹, ›Hampel-Walzer‹, ›Pflaumen-, Schnee- und Feen-Walzer‹, – und Melodien, die eben noch vom Tanzpodium, von der Revue oder vom Varieté kommen, oder wie hier vom Apollo-Theater:

Ist denn kein Stuhl da,
Stuhl da, Stuhl da,
Für meine Hulda,
Hulda, Hulda?
Seht Euch mal alle um,
Es wär' doch gar zu dumm,
Wenn hier kein Stuhl da
Für meine Hulda.

Sie werden gleich zum Gassenhauer umgetextet: »Ist denn kein Mann da / Für meine Wanda?« Oder der Heuler von 1886 aus der Operette ›Incognito‹ Von L. Waldmann: ›Fischerin, du kleine …‹ zur Parodie:

Fischerin, du jroße,
Fall nich in die Sooße,
Fall nich in den Mostrichtopp,
Sonst kriechst du'n Katzenkopp.

Das Jahr 1886 bringt diesen Schunkelwalzer als derbe Ausgelassenheit ins Berliner Belustigungsleben, die ›Fischerin‹ wird zum Schlager der Saison, sie war – wie Lukas Richter in seiner Abhandlung ›Der Berliner Gassenhauser‹ (Leipzig, 1969) herausfand – »ein höchst peinigender, fast unvertilgbar erscheinender Kobold, der Berlin regierte und von tausend und abertausend Lippen zugepfiffen und zugesungen wurde.« Saison folgt auf Saison, Hit auf Hit, Walzer auf Walzer, die meisten bald wieder vergessen, während sich »Pauline geht tanzen, / Hat man sowas schon gesehn?« einige Zeit halten wird, während einem alten Galopp-Walzer von 1830, dem ›Sanften-Heinrich-Walzer‹, bereits im Jahre 1830 eine längere Lebenszeit prophezeit werden konnte: »Wenn Ener wees, wie Enen iss, / Wenn Ener Enen nimmt, / Wenn wabblig En umt

Herze iss, / Denn wess ickt woll bestimmt.« Was von der Opernbühne kommt, kriegt mir nichts dir nichts auf der Straße seine neuen Texte, ›Oberon‹ und ›Freischütz‹, Flotows ›Martha‹ und Verdis ›Rigoletto‹. Da endet die Arie »Ach wie so trügerisch … sind Weiberherzen« mit den Zeilen: »Spielt auch ein Lächeln / Um ihre Fresse, / Alles ist Falschheit / Und Raffinesse.«

Anfang der Dreißiger Jahre gastiert Josephine Baker im Theater am Kurfürstendamm und kreiert ›La Petite Tonkinoise‹. Eben ist die Premiere vorbei, da hat der französische Refrain ›Je suis gobé d'une petite c'est une Anna – c'est une Anna, – une Annamite …‹ schon seinen Berliner Text: »Meine Frau, die ißt gern Sülze, / Wenn se keene hat und keene kricht, / Dann brüllt sie.« Oder in anderen Gegenden: »Mein liebes Fräulein Backhaus, / Sie sehen ja so spack aus …«

Ausländische Gastspiele nach Berlin zu holen, war schon immer ein besonderes Anliegen geschäftstüchtiger Unternehmer. 1844 reist Herr Kemper, Gastronom von Kemper's Hof nach Wien, der Metropole leichter musikalischer Muse, auf der Suche, seinem Publikum den wirklich echten Walzer präsentieren zu können. Doch was bringt er mit? Er kommt zurück mit einer Sensation!

»Eigentlich ist es ja nur eine Kapelle mittleren Genres«, schreibt der Schauspieler Emil Thomas in seinen Erinnerungen ›Ältestes, Allerältestes‹ 1904, »aber schon die Aufmachung, wie man zu sagen pflegt, war, weil neu und seltsam, für die Berliner, wie gesagt, etwas noch nie Dagewesenes. In steiermärkischem Kostüm, die Joppe, die Lederhose, die nackten Knie und der steierische Hut mit dem Gamsbart – das allein schon war eine Kusiosität. Nun noch die bärtigen, von der Sonne gebräunten Gesichter, dreißig an der Zahl, wie sie so dasaßen auf einem erhöhten Podium – das machte zusätzlichen Effekt!«

Sie spielen abwechselnd, neben Militär- und Bauernmärschen, vornehmlich Walzer und Landler, und vor allem haben sie Musikstücke, die in österreichischer Mundart unisono von der Kapelle gesungen werden mit einem Text, der in Kreischen, Jodeln und Hüteschwenken seine Pointe findet. Nach einer solchen Pièce kann man sich den Sturm und den Jubel nicht vorstellen. Mitunter sieht man es den Musikern auf ihren verblüfften Mienen an, daß dieser überströmende Beifall sie selbst überrascht, da doch in ihrer Heimat ein derartiges Musizieren alltäglich ist. Ganz Berlin ist auf den Beinen zu den Steiermärkern, und ganz Berlin jodelt. Kemper's Hof wird über Nacht zu dem Ausflugsziel – nicht nur für das zahlende Publikum, auch für die Unbemittelten. Sie stehen – Eintrittsgeld wie Verzehr sparend – an dem niedrigen Zaun, der die Tiergartenstraße vom Restaurantgarten trennt.

Vier Jahre bleiben die Steiermärker in Berlin. Doch da gibt es schon die neue Attraktion! Auch sie kommt aus Österreich: Es tritt auf bei Kemper, bald auch zugleich in Sommer's Local und Garten wenig entfernt in der Potsdamer Straße, der Blaskapellmeister Joseph Gungl aus Graz! Mit seinem Bruder Johann und den vierzig Mann seiner Musikbande versetzt er Berlin in das ›Gungl-Fieber‹. Denn in derartig militärisch dargebotener Disziplin ist den Berliner das sonst so einschmeichelnde Wiener Eins-Zwei-Drei neu. Zum Ende der Vierziger Jahre kommt auch der alte Johann Strauß mit einer echt Strauß'schen Kapelle nach Berlin. Auf dem Podium in der ersten Reihe sitzen zwei Sologeiger: Johann Strauß junior und Joseph Engel, von dem die Residenzstadt noch hören wird. Wird es dem Gastspiel gelingen, die Füße der Berliner und Berlinerinnen neu zu beflügeln? Nun, die Reaktion ist nicht gerade schlecht, aber doch nur eben mal so, mal so ...

Strauß gefällt es überhaupt nicht in dieser Stadt, und er meint selbst, daß die preußische Residenz sein Boden nicht sei, und daß die Verführungskünste seiner Walzer dem berlinischen Naturell wenig anhaben könnten. Nach zwanzig Konzerten verläßt er diesen Ort und geht auf Tournee nach London. Sein Geiger Engel dagegen bleibt in Berlin und beschließt, die Nachfolge eines Joseph Gungl anzutreten. Und dabei hatte man Johann Strauß senior für seinen Auftritt in Berlin die allererste Adresse geboten, das Kroll'sche Etablissement am Tiergarten zwischen Spreebogen und Königsplatz. Vor nur wenigen Jahren (1844) hatte der Unternehmer Josef Kroll auf Anraten seines Königs Friedrich Wilhelm IV. hier einen stattlichen Vergnügungspalast mit Winter- und Sommergarten eröffnet; einen Zauber, erhabener noch als es jegliche Vorstellung erlaubt. Doch der Schriftsteller Willibald Alexis, seiner episch breiten Romane aus der preußisch-brandenburgischen Geschichte wegen mit dem Ehrennamen ›Märkischer Scott‹ belegt, notiert vom Tag der Einweihung: »Für Berlin viel zu groß!«

Dagegen berichtet die lokale Presse: »Wie eine kleine Stadt überragt der Palast den Exerzierplatz. Die ganze Einrichtung ist majestätisch. Aber allgewaltig sind nicht nur das Bauwerk, die ungeheuren Säle und das Interieur, auch die Gartenrestauration weitet sich aus zu einem ›Wunderpark‹ – Abend für Abend von Tausenden und Abertausenden von Flammen illuminiert. Die elegante Welt prominiert in den breiten Gängen des Parks auf und ab, und eine Musik erfreut das zahlreiche Publikum, das unter den schattigen Bäumen scharenweise sein Domizil sucht.«

Doch Kroll muß sich anstrengen, in den kommenden Jahrzehnten das Interesse der Berliner weiter wachzuhalten. »Er muß«, wie der Publizist Ernst Dronke mahnt, »durch stets neue Vergnügungen die wetterwendige, schnell gesättigte und stets stärkeren Kitzel verlangende Sinnenlust des Publikums zu fesseln verstehen. Die vornehme Geldes- wie Geburtsaristrokatie, welche sich hier ebenso wie Müßiggänger aller Klassen einfindet, verlangt es nicht danach, täglich nur ein einförmiges Amüsement zu finden.« Kroll leistet alles Mögliche und überrascht seine Gäste mehr und mehr mit der Darbietung österreich-ungarisch geprägter Walzer, Ländler und Mazurken – kurz: mit ›Krollengel'scher Tanzmusik‹. Er selbst überwacht alle Proben und tritt selbst als Vorgeiger Strauß'scher und Lanner'scher Melodien auf. So entdeckt Berlin nach und nach die spezielle Tonfärbung dieser Kapellen aus dem Nachbarland: Der Klang der Trompete ist viel heller, ist weicher, im Trio fast klagend. Und dann ist da noch diese Perkussion aus dem so nahen Türkenland, die Tschinellen und diese Janitscharentrommel – alles viel origineller als hierzulande!

Kurz vor der Jahrhundertwende kommt Johann Strauß junior wieder nach Berlin. Vor fünfzig Jahren war er einst mit seinem Vater bei Kroll. Damals war er kaum mehr als zwanzig, heute ist er siebzig Jahre alt und berühmt als ›Walzerkönig‹. Inzwischen hatte sich der Publikumsgeschmack gewandelt, und Berlin goutiert nun wieder aus der schwärmerischen Gungl-Zeit die seelenvollen Melodien und Rhythmen des ›Wiener Bluts‹, der ›Blauen Donau‹ und sogar einer Operette, die sich ›Der lustige Krieg‹ nennt.

Ein Jahrzehnt zuvor hatten bereits die ›Wiener Schrammeln‹ die Empfänglichkeit der Berliner für dieses rührselige Eins-zwei-drei geweckt. Nach dem militärischen Sieg von 1866 suchte die neue Kaiserstadt an der Spree sich nun auch mit den Traditionen der Kultur aus der alten Kaiserstadt an der Donau zu bereichern. So gerieten unter anderen Gastspielen auch die Schrammeln in diese ›Achse Wien/Berlin‹.

November 1888. Die beiden Violinisten Joseph und Hanns Schrammel – mit der Klarinette, diesem picksüßem Hölzl, und der Kontragitarre zum Quartett erweitert – bereiten sich gut auf ihre Mission vor, üben in der Güldenen Waldschnepfe auf einem Abschiedsfest ein für Preußen beifälliges Programm und komponieren eigens eine neue Pièce mit dem Titel ›Wien-Berlin‹. Das Quartett spielt zunächst in privaten Salons. Als kleine kunstmusikalische Sensation werden sie von Soirée zu Soirée weitergereicht, und es heißt, in einem Zirkel hätten die Schrammeln sogar vor dem Deutschen Kaiser und dem Fürsten Bismarck gespielt. Doch das ist gewiß nur eine Anekdote aus den Gesellschaftsspalten der Lokalpresse, denn der ›Eiserne Kanzler‹ wird sich wohl kaum einen ganzen Abend lang einer derartigen Dudelei ausgesetzt haben. Für das öffentliche Konzert entdeckt Emil Thomann, Direktor des Central-Theaters das Ensemble, und am 20.11.1888 schreibt die Berliner Börsenzeitung: »Die berühmten Wiener Volksmusiker, die im Umkreis des Stefansdoms abgöttisch geliebten ›Schrammeln‹, fanden bei den Berlinern eine glänzende Aufnahme. Die zarte musikalische Empfindung, der gemütvolle innige Vortrag, der prächtige volkstümliche Charakter und die goldige Reinheit des Spieles übten eine bestrickende Wirkung aus. Sie blieben stets im Rahmen der Volksmusik, für welche der Gebildete ebenso empfänglich ist wie der schlichte Mann aus dem dritten Stande.«

Und die Berliner Staatsbürgerzeitung ergänzt drei Tage später: »Sie tragen den Wiener Walzer mit den gefühlvollen, fröhlichen und auch wehmütigen, bald herzig ausgelassenen, bald auffallend betrübten und dann wieder in sonnigster Lust aufschnellenden Weisen ganz reizvoll vor. Die ›Schrammeln‹ einmal gehört zu haben, dürfte für den Berliner nun der neueste Sport sein.«

Kaum aufzuzählen sind die kleine Ensembles, Gesangsgruppen und Solo-Interpreten, die von Matinée zu Matinée ziehen, von Soirée zu Soirée, von Salon zu Salon, um kleine wie größere Gesellschaften mit gefühlvollen Liedern – wenn überhaupt in einem Rhythmus, dann in dem des Walzers – zu unterhalten. Doch ihre Stunde kommt erst mit dem Beginn des 20. Jahrhunderts, zunächst durch die Schellackplatte, ab 1924 dann durch den Rundfunk. Die Sänger, meist Tenöre oder Baritons, werden am Tresen der Musikalien-Handlungen wie in den Hörerbriefen der ›Funkstunde‹ zu wieder und wieder verlangten Stars. In der 1991 von Berthold Leimbach veröffentlichten Sammlung ›Tondokumente der Kleinkunst und ihre Interpreten 1898–1945‹ ist der Name des Baritons Robert Koppel (1874–1966) allein mit über 350, und der des Tanzschlagersängers Luigi Bernauer (1899–1945) mit fast 1100 Schallplatten-Titeln verzeichnet.

Dem gediegen stimmungsvollen, oft moritatenhaften Vortrag bietet sich bevorzugt der Walzertakt an: ›Waldeslust‹, ›Der Wilddieb‹ oder ›Der Fremdenlegionär‹ (»Gefangen in maurischer Wüste / Liegt ein Krieger mit wehmüt'gem Blick. / Die Schwalben sind heimwärts gezogen, / Oh, wann kehren sie wieder zurück ...«). Dann werden ›Die alten Straßen noch, die alten Häuser noch, die alten Freunde aber sind nicht mehr ...‹ und die 1925 aufgezeichnete und noch immer bekannte Volksweise ›Alle Tage ist kein Sonntag‹ zu Hits, ebenso wie das von Otto Hohmann komponierte und heute völlig vergessene Walzerlied vom ›Bettelkind‹:

Die Sonn' steht auf und strahlt im Licht,
Nun heißt es wieder wandern.
Wohin, wohin? Ich weiß es nicht.
Von einem Ort zu andern.

Bin nur ein armes Bettelkind,
Trag' nichts als Leid und Weh,
Weiß nicht, wo heut' ich Ruhstatt find',
Wohin ich morgen geh'.

> Und manchesmal in tiefer Not,
> Wenn mir das Herz wollt' springen,
> Erwart' ich wohl den frühen Tod,
> Erlösung mir zu bringen.

Und kommt es wieder zum Refrain, gelingt es Luigi Bernauer, für einen winzigen Augenblick die Wanderschaft des armen Kindes anzuhalten, seinen mühevollen Schritt zu bremsen, den Takt des Walzers zu schleppen, um dann die verzauberten Gefühle des Auditors im Konzertsaal wie an Radio oder Grammophon gleichsam schwerelos weiter gleiten zu lassen:

> Bin nur ein armes Bettelkind,
> Trag' nichts ... als Leiheid ... und Weh,
> Weiß nicht, wo heut ... ich Ruhstatt find',
> Wohihin ich ... mohorgen geh'.

Thalia-Theater, 1910. Aus den Possenspielen sind die Bühnen Berlins längst heraus – spätestens seit Paul Lincke. Was vom Walzer übrig bleibt, beherrscht die Operette. Das Centralhallen-, später das Apollo-, am Ende das Thalia-Theater setzen auf die neue Zeit, engagieren den Wanderkomponisten und Zirkuskapellmeister Max Winterfeld und taufen ihn, denn eigentlich sucht Berlin einen internationalen Star, kurzerhand um in Jean Gilbert.

> Liebchen, laß' uns tanzen, tanzen wollen wir!
> Lebe, lache, liebe, freue dich mit mir!
> Hörst du nicht die Weisen erklingen so süß, so süß,
> Fühlst dich, wenn im Tanze wir schwingen, wie im Paradies!

In allen seinen Partituren zeigt Gilbert einen Mut zur Banalität, auffällig in diesem Walzerliedchen, herumwirbelnd getanzt von

Künstlerinnen, Anwältinnen und Ärztinnen – sie alle hyperemanzipiert in der Komödie ›Die moderne Eva‹ (1911). Drei Jahre produzieren, liefern, verkaufen und Gilbert wird zum König der modernen Operette, zum Souverän im Reich der Posse, zum Napoléon der Grammophon-Nadel! Noch nicht einmal geschrieben ist eine Melodie, da wird sie schon in der Branche gehandelt. In ganz Europa gibt es keine Bühne, die auf Gilbert verzichten kann.

Nun träume süß, lieb Mägdelein:
Das Glück, es stellt von selbst sich ein.
Bleib' stets geduldig, lieb und brav:
Der Herr, der gibt's den Seinen im Schlaf.

Dann macht man einen Jupplala,
Jupplala, trallala! Ah –
Wozu wär' denn das Leben da,
Gäb's keinen Jupplala!

Aus: »Kinokönigin«

Berlin nennt sie das Dreigestirn am Firmament der leichten Muse: Walter Kollo, Paul Lincke und Jean Gilbert. »Ich«, sagt dieser ein wenig arrogant von sich selbst, »schreibe Lieder für Höfe und Kaschemmen«, dagegen heißt es von Kollo, er »schreibe für die ›Gute Stube‹.« In seinem ›Operettenbuch‹ zeichnet Otto Schneidereit die Atmosphäre Gilbertscher Bühnenstücke nach: »Der hochgewölbten Kuppel des Raumes ist mit hunderten zu einem Ganzen vereinigter Kristallampen ein diamantenes Geschmeide eingesetzt. In seiner Mitte gleißt der Klumpen des Kohinoor, sein silbernes Licht ausstreuend über die Purpursessel und die Goldstühlchen; über den ganzen Spiegelscheibenbombast à la Versailles ... Unten, hinter der Balustrade, schleppen durch Zigarettendunst und Weinbrodem die Kellner Bündel, Stapel, Haufen von Sektflaschen ...

Zwischen den schwarzen Schultern der Frackträger lassen sich die geschniegelten Köpfe der Frauen sehen: unter den flachen Deckeln der Riesenhüte, den plumpen Pelzkappen, von denen die Reiherfeder in kühnsteiler Linie ansteigt: unter Venetianermützen aus klirrendem Perlengeflecht, unter breiten Turbanbändern, aus den die Lockenspirale wie ein kunstvoll ziselierter Turm aufragt ... Die Stilleben an den Tischen werden übrigens nicht allein von den Damen dirigiert, die man unter den Linden nicht grüßt, nicht von jenen Fräuleins, die ihren Zunamen vergessen haben wie ihr Portemonnaie. Nein, in dieser Haut-goût-Atmosphäre machen die Damen von Welt den Damen von Halbwelt das Leben schwer.«

Gilbert rettet in den letzten Jahren der Wilhelminischen Epoche, in denen die tonangebenden ¼- und ¾-Takte an Terrain gewinnen, ein nicht unerhebliches Stück Walzerseligkeit und -zärtlichkeit.

> Frauen zu erringen, glückt dem Checkbuch nie allein,
> Stellt vor allen Dingen sich nicht auch die Liebe ein!
> Welches Glück, durch einen Blick
> So ganz einander zu versteh'n,
> Hand in Hand durch's Liebesland
> In seligem Vergessen geh'n.
>
> *Aus: »Puppchen«*

Er bringt die Welt der monde und demi-monde auf die Bühne. Doch er selbst ist auch ein Stück seiner Operettenwelt: Ein Grandseigneur, halb Bohémien, halb Börsenjobber, immer ein wenig in obskure Geldgeschäfte verstrickt. Mit 60.000 Reichsmark schmiert er die Presse und bekommt dann auch die jubelnde Kritik, die er sich bestellt – 1912 für sein ›Autoliebchen‹:

Fräulein, könn'n Sie links 'rum tanzen,
Links 'rum tanzen, links 'rum tanzen?
Linksrum ist der Clou vom ganzen,
Linksrum muß man tanzen.

Links, links, nur linksrum, Schatz,
Denn linksrum kommt man schnell vom Platz.
Nur links, links, nur linksrum dreh'n,
Das geht ja wunderschön.

Gilbert spekuliert mit der Ware Melodie. Im letzten Jahr vor dem Ersten Weltkrieg hat er sechs Operettengesellschaften fest in seiner Hand, diese beherrschen mit ausschließlich seinen eigenen Stücken Bühnen, Revuen und Varietés im In- und Ausland, gebieten selbst in der Provinz über die Bretter der Wirtshaussäle. Kurzum: sie regieren das gesamte Unterhaltungstheater-Geschäft. Vom Ausland übernimmt er in seine Kompositionen zwar auch die neuen modischen Rhythmen, bevorzugt den Tango, aber er duldet nicht, daß sie den Marsch und den Walzer verdrängen. Die Wintersaison 1914 hat noch nicht begonnen, da bricht in den ersten Augusttagen der Krieg aus. Alles Welsche verschwindet ohnehin aus den Repertoires. Und Gilbert selbst? Jean Gilbert nennt sich wieder Max Winterfeld. Aber die Kriegspossen ziehen nicht mehr, auch nicht die Possen nach dem Krieg, als Winterfeld wieder Gilbert heißt.

1926. Für den Dezember bekommen die Musiker, Sänger und Tänzer keine Gage mehr, die Librettisten kein Honorar, die Garderobieren und Logendiener keinen Lohn. Der Gilbert-Konzern geht in den Konkurs. Eine Pleite von vielen in diesen Zeiten. Die Berliner werden sie vergessen, sie werden sich zu trösten wissen.

»Am Abend im Berliner Sportpalast«

Berlin-Schöneberg bei Nacht! Wer nach Berlin kommt, muß in diesen Nudeltopf an der Potsdamer Straße, wo ein immer härter gesottenes Publikum für sein Geld immer härtere Leistungen verlangt. Er muß hinein, zwischen Triumph und Rausch, in das Auf und Ab der Sensationen, hinein in diesen Bau, der sich Palast nennt, und doch für viele nur ein Schuppen ist: Boxen ... Eislauf ... Zille-Bälle ... Bockbierfeste ... und immer wieder Sechstage-Rennen! Die Halle für 7000 Zuschauer, 1910 eröffnet, wird in der Weimarer Zeit zur politischen Bühne, und verkauft sich in alle Richtungen: Großadmiral Tirpitz, Graf Westarp, Ernst Lemmer, Theodor Heuß, Willy Münzenberger, Ernst Thälmann, Wilhelm Pieck. Zwischen den Reden feiert der Gesamtverband deutscher Kapellmeister sein ›Strandfest an der Ostsee‹, alle Herren in Weiß, die Damen im Badekostüm. Man trinkt Sekt in Strandkörben.

Immer schneller wechseln im Programm Vergnügen, Sport und Politik. Oft steht der Sportpalast in den roten Zahlen – doch die NSDAP zahlt bald schon jede Miete: Hallensport ... Boxen ... Polizei ... Kundgebung Hitlerjugend ... Paul-Lincke-Abend ... Luftschutz ... Öffentlicher Eislauf ... Hockey ... Kraft durch Freude ... Silvesterball ...

Und schon spottet Berlin – anspielend auf den hinkenden Dr. Goebbels – über »Bumsbeens Bunte Bühne«. Anfang Februar 1933 spricht Adolf Hitler erstmalig als Führer und Reichskanzler: »Der Verfall unserer Kultur, diese Verpestung unseres geistigen, kulturellen Lebens, die Zersetzung unserer Literatur, die Vergiftung unseres Theaters, der Kinos – die ganze Kunst wurde so langsam vernarrt, Millionen unserer Volksgenossen nehmen gar keinen Anteil mehr, sie sagt ihnen nichts mehr, diese Kunst, die nicht aus unserem Volke geboren worden ist, sondern die uns fremd ist und bleiben wird, die nichts mit deutschem Wesen zu tun hat und nicht aus unserer Seele kam.«

Oben im Verwaltungstrakt über dem Saal sitzt Direktor Jakob Schapiro in seinem Büro. Er hat sich eingeschlossen, er kann dies alles noch nicht fassen. Freunde raten ihm zu fliehen, aber er zögert – da holt man ihn ab. Auf dem Transport, in letzter Minute, entkommt Schapiro. In Amerika fängt er wieder von vorne an.

Nicht rechtzeitig fliehen kann Siegfried Translateur, der Komponist einer bis heute weltweit bekannten Melodie, eines Walzers, genau: des typisch Berliner Walzers überhaupt! Der Komponist stirbt 1944 im Konzentrationslager Theresienstadt, sein Name steht in keiner Musikgeschichte, auch nicht in den Registern des leichteren Genres.

So beliebt ist das Stück, daß es während des Krieges in den Radio-Wunschkonzerten immer wieder verlangt wird, wobei sich Front wie Heimat wundern, daß es in keiner Sendung über den Äther kommt. Eben noch der Schlager aller Leierkästen, wird dies plötzlich 1933 zu einer Weise, die nicht aus deutscher Seele kommt! Es ist der ›Sportpalast-Walzer‹ – ein seltsamer Irrläufer in der Geschichte der Unterhaltungsmusik.

1922. Zu einem Sechstage-Rennen fällt unvermittelt der Dirigent des Blasorchesters aus. Schnell muß Ersatz herbeigeholt werden. Gleich nebenan im Café Pallasstraße wird Herr Gottschalk gefunden, ein Stehgeiger im roten Frack. Er bringt seine eigenen Noten mit und hat im Repertoire eine zarte Weise, den Walzer ›Wiener Praterleben‹ von Siegfried Translateur. Doch das ist keine Stimmungsmusik! Die Melodie ist dem Publikum nicht derb genug, und alles in den Logen und auf den Rängen des Sportpalastes gröhlt mit, findet aber so schnell keinen Text, und so bleiben – bis heute – gesungen nur diese wenigen Zeilen im Trio:

> Wenn du denkst, der Mond geht unter,
> Der geht nicht unter, das scheint nur so.
> Um die Erde rum kariolt er,
> Den Brennstoff holt er da unten wo.
> Schnell eins auf die Lampe gießt er
> Und langsam schießt er
> Nach oben wieder froh.

Doch zum berühmten Schlager wird der Walzer erst durch vier mal vier gellende Pfiffe jeweils im Refrain. Sie kommen aus der obersten Reihe des Parketts, dem Heuboden, Block K. Da sitzt ein Invalide, Reinhold Franz Habisch – genannt ›Krücke‹ – ein seltsames Stück Inventar in diesem Schuppen. Er pfeift durchdringend auf zwei Fingern und reiht mit seinen gellenden Tönen die Pièce erst ein in die Subkulturgeschichte. Krücke wird berühmt, während man Translateur – für seine Komposition gerade eben vor der Inflation mit zwanzig Reichsmark abgegolten – vergessen wird. Reinhold Franz Habisch, der Invalide auf seinem Ehrenplatz in der letzten Reihe des Heubodens steht mit der großen Welt des Sports und der Unterhaltung auf du und du, von Sonja Henie ins Herz geschlossen, von Max Schmeling verwöhnt ... Auf seiner Hochzeit, Boxmeister Hanne Breitensträter ist Trauzeuge, feiern 84 Prominente 55 Stunden lang.

1936. Die Olympischen Spiele Berlin stehen vor der Tür. Und wieder treffen sich die Stars von einst im Sportpalast: Karli Schäfer, Maxie Herber und Ernst Baier, Gustav Jaenecke, Sonja Henie.

Sonja Henie, vor zehn Jahren noch ein Kind, ein Pausenfüller zwischen Hockeyspielen, von Krücke aber bereits zärtlich ›Häseken‹ genannt, wirft heute Kußhändchen. Acht Jahre nach dem Krieg wird sie zurückkehren, Millionärin nun, ihren Pelz wirft sie hinter sich, 41 Jahre zählt sie, ein wenig bange ist ihr vor Berlin. Aber es geht alles gut. In ihre Garderobe darf niemand. Nur ein alter Mann, er hinkt herbei: Krücke im alten Sportpullover, damit läuft er Reklame für Wurzelpeter. Er darf zu Häseken, er hält ihr die Hand, beide schweigen ... Was auch hätte man sich zu sagen nach all diesen Jahren?

Berlin feiert 50 Jahre Sportpalast, von überall kommen Glückwünsche, auch noch zum Sechzigsten kurz vor dem Abriß, als sei dies ein Stück Berlin für immer. Noch sitzt wie ehedem Reinhold Franz Habisch auf dem Heuboden, Block K, pfeift aber nicht mehr wie früher und meint dazu: »... dat et sick bei mir ausjefiffen hat, denn für det richtje Effeh beis Feiffen fehln ma nu leida Jottes vorn die Beißerchen.«

Dann kommt ein Tag, da ist Krücke nicht mehr. Reinhold Franz Habisch – er wäre am nächsten Tag 75 geworden – wird man auf dem St.-Thomas-Friedhof in Neukölln beisetzen. Nur ein einziger Glückwunsch erreicht ihn noch, einen Tag zu früh, ein Telegramm aus Los Angeles: »harzliche gratulire on 75 jahre geburtstag häseken.«

Hispanoiserien und vielerlei Kaprizen

Mit dem Walzer auf Kreuzfahrt

Lyons-la-Forêt, 100 Kilometer hinter Paris, 1919. Der Weltkrieg ist zuende. Maurice Ravel (1875–1937), französischer Komponist aus dem Pays basque, hatte sich seit 1914 eine Zeitlang vergeblich bemüht, seinem Vaterland als Soldat zu dienen. Schließlich traut eine Trainkolonne ihm zu, bis an die Stellungen von Verdun einen Lastwagen zu lenken. Doch selbst dafür reicht seine Gesundheit nicht aus. 1917 wird er demobilisiert. Eben in Zivil, besucht ihn der Impresario Serge Diaghilew und bestellt bei ihm ein Ballett mit dem Thema ›Wien und seine Walzer‹. Diaghilew weiß, daß er bei Ravel an der richtigen Adresse ist, bereits 1911 hatte dieser die ›Valses nobles et sentimentales‹ komponiert, von denen der Musikhistoriker Vladimir Jankélévitch meint, sie hätten etwas Klares und Säuerliches an sich, etwas Durchsichtiges und Eckiges, das auf die Zeit der ›Poèmes de Mallarmé‹ hinweise. Allgemein schreibt der Biograph: »Ravels Musik, die uns in vierzig Jahren von Palästina nach Madagaskar, von Persien nach Spanien geführt hat, gleicht einer schönen Kreuzfahrt voll wunderbarer Abenteuer und entzückender Begegnungen ... Eine ›Exotik ohne Lokalfärbung‹ nannte sie Roland-Manuel. Ravel verstand es, mehr Spanier zu sein als Manuel de Falla, er war, wenn er hebräisch sprach, ebenso Jude wie Darius Milhaud, und wenn er den Zigeunerwagen bestieg, noch zigeunerhafter als Franz Liszt ... Er war einer jener Reisenden, von denen man, wie von Jules Verne sagen könnte: Er ist niemals weggefahren ...« Und weiter auf den Spuren wie falschen Spuren rät Jankélévitch, Ravels Osten zu beachten, das Vagabundentum der Sinti und Roma, seine afrikanische Epoche wie auch die Wiener Klänge in ›La Valse‹ ...

1919. Maurice Ravel sitzt an seiner Hommage an Wien und schreibt zunächst der Partitur voran: »Kaiserlicher Hof 1855. Herumwirbelnde Wolken geben bisweilen den Blick frei für walzertanzende Paare. Im riesigen Saal bricht der Schein der Kronleuchter in ein Fortissimo aus ...« Er nennt sein Poème chorégraphique ›La Valse – einen phantatischen schicksalhaft-unabwendbaren Wirbel‹. Im darauffolgenden Winter zieht er in die Cevennen nahe der Rhône. Es ist kalt und ungemütlich. Ravel lebt wie ein Einsiedler. In einem Brief schreibt er »Je valse frénétiquement!« Doch ist es ihm nach diesem Weltkrieg unmöglich in der veränderten Zeit den unveränderten Walzer zu spielen. Seine Huldigung an Wien wird zum Nekrolog. Am 12.12.1920 kommt das Stück zur Erstaufführung in den ›Concerts Lamoureux‹. Es dirigiert Camille Chevillard, nachdem Diaghilew es abgelehnt hatte, das Werk als Ballett zu inszenieren. Jean Cocteau schwärmt: »Musik ohne Sauce ... keine Schleier! Die Nacktheit der Rhythmen, die Trockenheit der Linie, die Kraft des Einsatzes!« Und die anderen Freunde jubeln: »La grande kermesse! Ein gewaltiges trunkenes Jahrmarktsfest!«

Der Biograph Jankélévitch hebt hervor, dass in diesem einzig rein symphonischen Werk der Nachkriegszeit (der spätere ›Bolero‹ von 1928 einmal ausgenommen) im gewaltigen Crescendo ein Element der Angst enthalten ist. »Die Melodie des Walzers entsteigt dem Nebel, sie steigert sich nach und nach bis zur Raserei, stößt hintereinander alle Tonarten ab, die sie berührt ...«, und erreiche am Ende eine Unruhe und Härte, die mit Wildheit zur keuchenden

Schlußwendung führe. Ein abgedanktes Jahrhundert tanzt ins Grab. In Schemen tanzt noch einmal dieses wirbelnde Wien, Ravel beschließt die Epoche des Walzers: Abschied! Ende! Tod des Walzertänzers!

Hans Weigel sieht in der seltsamen Manier von ›La Valse‹ auch ein Doppelgesicht: Nicht nur als Nekrolog könnte das Poème verstanden werden, ebenso gut auch als Apotheose des Wiener Walzers in der musikalischen Sprache des 20. Jahrhunderts: »Der Sinn der Tondichtung Ravels könnte ebensowohl sein: ›Der Walzer ist tot‹ wie ›Es lebe der Walzer‹.« Auch der Komponist kann sich nicht von diesem Thema befreien, später schreibt er in einem Brief: »Manchmal denke ich an ein wunderbares Kloster in Spanien. Aber ohne Glauben wäre das idiotisch, und es würde nur dazu führen, Wiener Walzer zu komponieren.«

Spanien dringt europaweit in die Konzerte und Salons, auf die Bühnen und die Bretter des Balletts. In erster Reihe stehen drei Komponisten, mit ihnen kommt neben alten und neuen iberischen Tanzrhythmen nun besonders in Frankreich der Spanische Walzer in Mode: Da sind zunächst Manuel Maria de Falla y Matheau aus Cádiz (1876–1946), ein Freund Ravels, und der Pianist Isaac Albéniz (1860–1909) aus Katalonien. Dann als Dritter, gleichfalls Katalane, Enrique Granados y Campiña (1867–1916) aus Lérida. In seiner Liebe zur spanischen Geschichte, insbesondere zu den Freiheitskämpfen seines Volkes in der napoléonischen Epoche, komponiert er 1911 im Dreivierteltakt das Intermezzo ›Goyescas‹. Granados gründet ein Konservatorium, führt ein ruhiges Leben und kommt über Barcelona kaum hinaus. Fast fünfzig Jahre alt, entschließt er sich doch noch zu einer ersten Reise, folgt der Einladung der Metropolitan Opera und feiert mit seinen dramatisierten ›Goyescas‹ in New York einen ungeahnten Triumph. Es ist sein letzter. Die Heimreise über London bucht er auf dem britischen Dampfer ›Sussex‹. Es ist Krieg. Ein deutsches Unterseeboot torpediert das Schiff. Am 24.03.1916 ertrinkt Granados im Ärmelkanal. In seiner Biographie steht schlicht: »Er starb auf hoher See.«

Der Violincellist Pablo Casals (1876–1973), auch er Katalane, spielt später für ein dankbares Konzertpublikum die ›Goyescas‹ als Salon-Pièce, als ein den Schrecken des Krieges, den ›Desastres de la guerra‹ und den ›Caprichos‹ eher harmlos nachempfundenes Intermezzo.

Aber die spanischen Farben, mit denen Granados sein Tongemälde pinselt, sind authentisch. Sie kommen aus dem kargen Boden der Volksmusik vergessener Pyrenäenkönigreiche. Verbreitet ist hier die Jota, ein ehemals galanter Tanz in dreiteiligem Takt, und es heißt, ein Araber mit dem Namen Abd Jot habe im 12. Jahrhundert diesen Rhythmus erfunden. Von seinem Ursprung in Aragón – ›Jota de San Lorenzo‹ (Huesa), ›Jota de Calanda‹ (Teruel) – tritt er die Reise nach Navarra an und weiter nach Kastilien – ›Jota del Carrascal‹ (Burgos). Zur eigentlichen historischen Heimat wird die Jota später in der Region zwischen dem Mittellauf des Ebro und den Südhängen der Pyrenäen verortet. Die ›Folklore Navarro‹, eine ›Antologia de la Gaita y de la Jota‹, wurde in den Sechziger Jahren von der Gruppe ›Gaiteros de Estrella y Rondalla Santamaria‹ gesammelt und von der ›Columbia, San Sebastián‹ produziert. Die Weisen führen in schnellem bewegtem Tripeltakt zum paarweisen Tanz, musikalisch oftmals begleitet von Tamburinen, Triangeln und Kastagnetten.

Als die Könige von Spanien noch die westindische Welt zwischen Florida und Rio de la Plata beherrschten, nahmen die Kolonisatoren mit den iberischen Rhythmen auch die Jota aus ihrer Alten in die Neue Welt mit. Von dem kubanischen Sklaven Montejo gibt es eine Überlieferung. Claus Schreiner erzählt sie in ›Musica Latina – Musikfolklore zwischen Kuba und Feuerland‹: »Die Jota war ausschließlich für die Spanier. Sie brachten sie nach Kuba und ließen nicht zu, daß jemand anders sie tanzte. Die Wahrheit ist, daß die Jota hübsch war wegen der Kostüme, die die Gesellschaft zum Tanzen anzog, hübsch auch wegen des Klanges der Kastagnetten. Die Paare tanzten mit kräftigen Schritten, dabei hoben sie die Arme und lachten wie die Verrückten.«

In ihrem originalen Charakter kommt die Folklore aus Navarra nur schwerlich über die Pässe der Pyrenäen in die Länder Europas. ›Si me llevan que me llevan‹ … ›Cojo la vara y mi carro‹ … ›Es el mas lindo querer‹ … – allein schon mit derlei Titeln findet die Jota nicht einmal ihre Freunde beim Nachbarn Frankreich. Dort weiß man eher die iberischen Launen zu schätzen, die Kaprizen, eben die ›Hispanoiserien‹.

Zu einem ungeahnten Erfolg, besonders in der Schallplatten-Industrie, werden die ›Jeux interdits‹, wird die Romanze ›Verbotene Spiele‹. Narciso Yepes, 1927 im andalusisch benachbarten Lorca geboren, komponiert diesen süßlich schleppenden Vals und stellt ihn 1947 als Gitarrenspiel in Madrid vor.

Yepes ist erst zwanzig Jahre alt und wird mit dieser einen Pièce so populär, daß fünf Jahre später der französische Regisseur René Clément die sentimentale Weise ›Les jeux interdits‹ zum Leitmotiv seines gleichnamigen Films wählt, mit ihm 1952 die Goldene Palme in Venedig und gleich darauf in Hollywood auch einen Oscar gewinnt. Doch die Liebe der Franzosen zu den Hispanoiserien ist schon älter. Aufgefrischt wird die Erinnerung von der hierzulande wenig bekannten spanischen Chansonière Conchita Piquer, die sich bereits 1957 von der Bühne trennen wird. In ihrer hinterlassenen

›Antologia de la Cancion Española‹ präsentiert sie einen ungewöhnlichen Titel, den Vals ›Eugenia de Montijo‹ ...

Es ist der 29.01.1853. In der Kathedrale Notre Dame in Paris heiratet Napoléon III., Kaiser der Franzosen, die 26jährige Eugenie Marie de Guzman. Die nicht mehr allzu junge Dame kommt aus Granada und ist die Tochter des Herzogs von Peñaranda, des Grafen von Montijo und Teba. Und gleich schon heißt in Paris die Modefarbe der Saison »Teba«, sie verdrängt »Glimmersteingelb« und »Maikäferbraun«. Die weltstädtischen Damen tragen den Sonnenschirm, fransen- und spitzenbesetzt. Unerläßlich sind Fächer und Taschentuch. Ein Hauch von Andalusien kommt in die vergnügungssüchtige Metropole. Auch bringt Eugénie aus ihrer Heimat die Vorliebe mit für die ballos de pallilos, die Kastagnetten. Und bald gibt es kein Ball-Orchester, das im Repertoire nicht einen Spanischen Tanz hat – oder was die Franzosen dafür halten.

Von derlei rein improvisiertem Vergnügen gibt es kaum originale Zeugnisse. Da entdeckt 1970 eine kleine lokale Schallplattenproduktion, die Édition Agorila in Bayonne das ›Orchestre Jean Bentaberry‹ und bringt ein paar Alben für einen begrenzten Kreis von Liebhabern auf den Markt: ›Bal Champêtre 1900‹. Bentaberry spielt im Stil einer Militärkapelle der Jahrhundertwende zum Ball im Freien vor allem Walzer: ›Fête militaire‹ ... ›Le pas des patineurs‹ ... Auch arrangiert er Polkas und Schottisch, Mazurken, Quadrillen und streut in sein Repertoire immer wieder die Valses espagnoles ein, die er zuweilen exotisch verfremdet mit »Arin-Arin« ankündigt. Die Titel der Stücke erinnern in ihrer Schlichtheit an die einst so beliebte Mode des II. Kaiserreichs: Angelita ... Micaelita ... Señorita ...

Auch die aus Navarra ausgeborgte Jota fehlt nicht, und auch

nicht der imitierte Fandango – gern mit exzentrischen Namen: Amatio ... Biriatou ... Ba Bi Birou ... Etcheverrico ... Der Fandango, der in seiner Heimat Spanien verbleibt, trägt die Züge seiner nordafrikanischen Herkunft, er ist mozarabisch und kommt aus dem Zusammenstoß christlicher und maurischer Kulturen. Der Fandango ist nicht identisch mit dem Flamenco, typisch sind jedoch auch hier die Pitos, das Schnipsen der Finger, die Palmas, das Klatschen der Hände, die Taconeos, das Stampfen der Hacken, und die Jaleos, die gegenseitigen Zurufe. Der Musikautor Claus Schreiner definiert derlei polyrhythmische Strukturen und schreibt, der Tänzer wolle kein äußeres Bild abgeben, er tanze für sich allein und wechsle somit auch nach Belieben den Rhythmus, falle also vom Dreiviertel- oder Dreiachtel- in den Zwei- oder Vierviertaktakt.

In den Epochen der spanischen Weltherrschaft kommt der Fandango in die westindischen Vizekönigreiche. Hier wird er zum Fandanguito oder Fandanguillo. Der Tanzstil ist oft anstößig, und es liegt nahe, daß er von Kirche, Staat und besserer Gesellschaft geächtet wird. Im 18. Jahrhundert kommt es im Generalkapitanat Chile zum Verbot durch die Chancilerilla, dem Obergerichtshof in Santiago. Doch die Bevölkerung hat für ihren Tanz – unverändert im Tripeltakt – bald schon einen neuen Namen und nennt ihn Cueca. Eugenio Pereia Salas, Autor chilenischer Folklore beschreibt das Paar, nachdem Gitarre oder Harfe das Vorspiel begonnen haben: »Der Kavalier beginnt die Eroberung der Dame mit einem Walzerschritt, den er mit Aufstoßen von Fußspitze, Hacken und Sporen begleitet. Indem er den Körper über der Hüfte einkrümmt, gibt er sich in den verführerischsten Stellungen. Dann täuscht er einen Angriff auf die Dame vor, die so tut, als ob sie darauf eingehe, mit gesenkten Augen wartet und die Fußarbeit des Mannes wiederholt. Zum Schluß wechseln beide ihre Stellung, die sie für einen Moment Schulter an Schulter bringt ... Die Menge schreit: ›Tu es! Tu es!‹ in die Pausen des Sängers hinein, und dieser vollendet seinen Refrain: ›Ich mach' es euch, ich werd's euch schon zeigen!‹ Beim zweiten Schritt übertönen die Zuschauer mit Applaus den Rhythmus und feuern die Tänzer mit zweideutigen Zurufen an: ›Fang' sie, bevor sie ausreißt!‹ ... ›Ich geh jetzt ran!‹ ... ›Biet' dich zum Fressen an!‹ ... Im dritten Pas zeigt ein jedes Paar immer, was es an Virtuosität zu bieten hat, und so endet die Cueca mit einer Umarmung oder mit akrobatischen Pirouetten des Mannes, der dann – mit beiden Beinen auf dem Boden – seiner Dame das ›Tuch seiner Hacienda‹ überreicht.«

Die Besetzung des spanischen Mutterlandes durch die napoleonischen Truppen nutzend, kommt es auf dem lateinamerikanischen Subkontinent zum Aufstand gegen die Kolonialherrschaft. Mit Beginn, spätestens in den Zwanziger Jahren des 19. Jahrhunderts gründet sich zwischen Mexiko im Norden wie Argentinien und Chile im Süden eine Republik nach der anderen. In dieser neuen Ordnung der Neuen Welt gleichen die Bälle und Feste, die Tänze und ihre Rhythmen der Entwicklung im europäischen Jahrhundert. Nur eben, was sich jenseits des Atlantik im Dreiertakt dreht, nennt sich dort nun ›Valseado‹, ›Valsecito‹ oder ›Valsa criolla‹, und in den Orchestern verdrängt nach und nach das Akkordeon die Geige. Zuweilen betrachten Reisende aus der Alten Welt staunend die gesittete Art der Wilden und ihre zahmen Tänze, die so ganz anders sind als die zuweilen ungezügelte Tanzwut in den Metropolen daheim. In seinem mexikanischen Reisetagebuch trägt der britische Marineleutnant R. W. H. Hardy unter dem 10.12.1825 ein: »Dies ist eine Zeit allgemeiner Festesfreude, in der die ganze Provinz Valladolid eines Sinnes zu sein scheint ... Die Plaza Grande ist erfüllt von Sängern, deren Lieder – begleitet von Gitarren – die

Schönheit der weiblichen Tänzerinnen feiert ... Die Füße befinden sich ständig in äußerst schneller Bewegung, und nicht selten auch die Hände. Und einige tanzen mit außerordentlicher Grazie ... Einzigartig in dieser Darbietung ist der Wunsch nach Bewegung, die man ringsum in den Füßen der jungen Damen entdeckt, die scheinbar regungslos zuschauen, wie die männlichen Tänzer Kapriolen in einem gedachten Kreis vollführen.«

In den Aufzeichnungen des kubanischen Sklaven Montejo findet sich die Beobachtung, diese Tänze hierzulande seien nicht so unanständig wie die afrikanischen. Er schreibt: »Zum Tanz kleiden sich die Frauen in sehr feines holländisches Leinen und stecken sich Blumensträuße ins Haar ... Die Männer binden sich Tücher um und setzen Strohhüte auf. Nun stellen sich die Frauen vor die Männer und fangen an, mit den Hacken zu klappern und dabei die Röcke etwas zu schürzen. Die Männer sehen sie an, sie lachen und gehen um sie herum mit den Händen auf dem Rücken. Manchmal nimmt auch die Frau den Hut des Mannes vom Boden und setzt ihn sich keck auf.«

Zu ihren rustikalen Festen schaffen sich die Farmer und Viehhirten von den Pampas bis hinauf nach Colorado und California ihren eigenen Stil in Musik und Tanz. Nach der Ranch, der Farm bekommt dieser seinen Namen: Die Ranchera. In ihrem ¾- oder ⅝-Rhythmus hat sie als Ursprung die Mazurka, vermischt mit dem andalusischen Flamenco. Einst von Harfe und Marimba, dem afrikanisch-spanischen Xylophon, begleitet, sind es heute Akkordeon, Geige, Gitarre und Perkussion, wobei das Akkordeon mehr und mehr die anderen Instrumente verdrängt. Dennoch bleibt die Ranchera im Grunde eine kreolische Mazurka.

In Paraguay kommen Maultiertreiber herab aus der Kälte der Berge. Frauen haben sie nicht, und sie tanzen statt mit einer

Partnerin mit einem Besenstiel. Dazu singen sie: »Die Sorgen gehören uns, / Die Freuden den anderen.«

Im Norden sprengen die latinischen Rhythmen die heutige Grenze des Rio Grande del Norte, gern auch noch Rio Bravo del Norte genannt. Mexiko hat sich von den spanischen Vizekönigen befreit, beherrscht doch weiterhin in seinem kurzen 1. Kaiserreich unter Agustin I. Iturbide und in der folgenden Republik ab 1824 die Provinzen Utah und Texas, wie auch Nevada, Arizona und die kalifornische Küste über Los Angeles bis hinauf nach San Francisco – Städte, die noch heute ihre spanischen Namen tragen. Es bedarf erst der US-Eroberungskriege der Dreißiger und Vierziger Jahre, um die letzten Reste einstiger spanischer Kolonialpolitik zu amerikanisieren. Doch die Ranchera bleibt ein Stück alter wie neuer Tanz- und Musikkultur. Das Norteño Accordion begleitet die Volksfeste über die Grenze hinweg – an einem Ufer des Rio als ›Música de la frontera‹ und am anderen als ›Sound of San Antonio‹.

1948 in El Cerrito/California. Ein kleines Schallplatten-Unternehmen, die ›Arhoolie Records‹, beginnt, ringsum in den Regionen Folk-Gruppen der Texas-Mexican Border Music zu produzieren und kann bald schon 200 Alben offerieren von den Hermanos Cardenas bis Agapito Zuniga. Mit Beginn der Achtziger Jahre findet der Solist Flaco Jimenez über Amerika hinaus seine Verbreitung. Sie alle haben in ihrem Repertoire neben Polka und Bolero vorrangig den Dreiertakt mit der Ranchera, der Redova oder der Vals Bajito.

Sportlich in die neue Zeit

In den sechs Neuenglischen Staaten von Maine bis Rhode Island und Connecticut, im Nordostzipfel der USA, entwickeln sich die Tänze im Dreiertakt gesitteter. Die überbordenden Rhythmen des Valseado und der Valsa criolla, der Ranchera und Randova aus den entlegenen Südstaaten kommen nicht bis hierher. Die puritanische Gesellschaft im Norden, für die die angrenzend siedelnden Niederländer den Namen Jankins finden, eben die ›Yankees‹, übernimmt in den letzten Dezennien des 19. Jahrhunderts den Walzer aus direkter Quelle, aus dem Walzerkönigreich. Doch in Wien ist inzwischen der Geschwindwalzer in Mode, für den tugendhaften Yankee schon Ekstase, und so flüchtet er in die ›Valse américaine‹, schleppfüßig, mit zögernden Schritten, träge dahingleitend, ein sentimentales Pendant zu leidenschaftlicherem Vergnügen. Seinen Namen bekommt der Tanz nach dem zentralen Ort dieser Region, der Hauptstadt von Massachusetts, dem Zentrum der Bibliotheken und des Buchhandels, der Theater und der Wohltätigkeit, der Künste, Colleges und Kirchen, aber auch der Handelshäuser und des reichen Bürgertums – noch in den Zwanziger Jahren unseres Jahrhunderts beträgt unter der Bevölkerung der Anteil der Schwarzen knapp zwei Prozent. Benjamin Franklin wird 1706 hier geboren, und zweihundert Jahre später gleicht die Stadt noch immer eher einer europäischen Duodez-Residenz, denn einer amerikanischen Konstruktion: Boston.

Im Jahr 1880, so heißt es, entsteht die Valse-Boston, auch wenn Besucher der Weltausstellung in Philadelphia glauben, sie bereits 1876 entdeckt zu haben. Doch erscheint dies fragwürdig, denn der Tanz ist unauffällig in den Schrittfolgen, geschweige in Figuren.

Erst um 1900 fügen sich in die Linksdrehung offene und geschlossene Wechselschritte ein – mal schlicht vorwärts, mal schlicht rückwärts. Doch endlich kommt mit der Überfahrt nach Europa Bewegung in dieses Walzen! 1903 stellt sich der Boston in London und Paris der Gesellschaft und feiert – da alles, was frisch aus der Neuen Welt kommt, zum dernier cri wird – seinen Sieg. So beliebt wird er selbst in Kreisen ehrwürdiger Tanzkultur, daß sich die englische Keen Dancer's Society gleich schon einen neuen Namen gibt: ›Boston Club‹. Ab 1905 reiht sich der Boston in das Repertoire der Ballsäle ein und verändert in der Vergnügungssucht des Jahrhundertbeginns seine Geschwindigkeit. Die europäische Gesellschaft tanzt den Boston forscher, dennoch fest umrissen im verschärften Rhythmus: Drehungen werden von geraden Schritten abgelöst, was gleitend beginnt, muß nicht gleitend enden. Eben wird noch das Körpergewicht verlagert, dann kommt es zum Élevé, gleich danach geht das Paar in die Knie … Kurz: Man wird sportlich!

Wenig später, 1909, findet in Paris die ›1. Weltmeisterschaft des modernen Tanzes‹ statt. Gerade überschwemmt die Tango-Welle Europa, und so gilt dieses Turnier, das die Zeitung Excelsior ausschreibt, vorrangig dem Tango. Hinzu kommt nach dem Twostep neu der Onestep in Mode, aber auch schon dabei ist der Boston. Turnier-Sieger wird Frankreich mit dem Paar Camille de Rhynal und Mado Mity.

1912 ist der Boston im Zenith. Nun entstehen auch die ersten deutschen Boston-Clubs in Berlin, Hamburg und Düsseldorf. Heinz Pollack wird später, 1923, in ›Revolution des Gesellschaftstanzes‹ rückblickend schreiben: »Welch ein Unterschied zwischen Boston und Walzer! Statt eines Karussells eine ruhig sich windende Straße. Falsch also zu behaupten, daß Boston nur eine Variation des Walzers sei.«

»Zu dieser Zeit gibt es …« – wie Günther und Schäfer dokumentieren – »… für die jungen Tänzer nur noch Boston. Denn dieser Tanz entsprach dem neuen Lebensgefühl, der Freude an der Vorwärtsbewegung, der Lust an der freien Figurenverbindung«, und weiter, ›Koebners Tanzbrevier‹ zitierend: »… Wir können uns unmöglich heute noch mit der mechanischen Tanzweise, mit dem etwas banalen Rhythmus befreunden. Er interessiert uns nicht mehr! Wir haben den Boston komplizierter gemacht … wir tanzen künstlerischer! Und wie hat sich gleicherweise unsere Auffassung von Grazie verändert! Das gefühlvolle Sich-Wiegen, das Tänzeln und das Absolut-Graziös-Sein-Müssen wirken auf uns unendlich komisch, lächerlich provinziell.«

Und ein Jahr später schreibt R. L. Leonhard (er gilt später als legendärer Tango-Tänzer Berlins): »Ich besinne mich noch ganz genau auf die nur wenige Jahre zurückliegende Zeit, da man als Matador der Tanzkunst galt, wenn man Walzer links herum tanzte. Aber der richtige alte Walzer, wie ihn unsere Väter tanzten, der ist in der Tat erledigt. Und noch vollständiger wie er auch seine Begleitung: Mazurka, Rheinländer oder Tyrolienne – diese neckischen, harmlosen Rundtänze! Es muß einmal ausgesprochen werden: Der Walzer ist tot! Friede seiner Asche!«

Doch nicht nur auf dem Parkett der Ballsäle, auch auf dem Musikalienmarkt der Tanzmusik – in Noten und Schallplatten – dringt der Boston vor. 1913, zur Blütezeit, sind die Titel kaum noch übersehbar. Schellacksammler haben allenfalls in ihrem Archiv: ›Tatjana‹ … ›Sphinx‹ … ›Bettgeflüster‹ … ›Druidengebet‹ … ›Baiser du printemps‹ … ›Joly fleur d'amour‹ … ›Fascination‹ … ›Traumland‹ … ›Royal Boston‹ … ›Hesitation Waltz‹ …Und auch nur diesen Sammlern sind gerade noch die Produzenten der Schellack-Platten bekannt: Kallíope … Derby … Beka … Phønix Record …

Adler Electro ... Vielfach bleiben auch die Komponisten der Piècen unerwähnt, in fast allen Fällen jedoch die Kapellen. Gerade eben stehen auf den Etiketten: Streichorchester ... Streichmusik ... Instrumental-Quartett ... oder auch nur Tanzorchester oder Original-Orchester ...

Eigentlich überleben nur drei Titel die folgenden Jahrzehnte: ›Mimi d'amour‹ von J. Vercolier und ›Destiny‹ von Sydney Baynes Vor allem aber – damals der Hit und bis heute bekannt: von R. Drigo ›Les millions d'Arlequin‹ – ›Die Millionen des Harlekin‹.

Zwar können sich in diesen letzten Jahren vor dem Weltkrieg noch immer nicht alle Tanzlehrer mit dem Boston anfreunden, doch in den Verbänden – besonders in den britischen – sind die Liebhaber in der Mehrzahl. Sie erfinden weitere Figuren. Neu sind der run, der lunge (Ausfall) und die Pose im Double Boston. Für den Clou halten Günther / Schäfer die Schere, die sie auch Segeln oder Kentern nennen: Das eine Bein füllt dabei einen ganzen Takt mit einem Luftkreis aus und wird dann scherenartig über das andere geführt. Doch auch die Haltung des Paares ändert sich: In seinen neuen Varianten »zeigt der Boston weiche und gleitende Linien«, beschreibt ihn Koebner in seinem ›Tanzbrevier‹, »so muß auch die Haltung der Hände und des Körpers diese Linien unterstützen. Der linke Arm des Tänzers wird ausgestreckt und die Handfläche nach oben gekehrt«, hierauf legt nun die Dame ihre Hand, weich und leicht. Es ist die Valse lente – la valse hesitation. Ihre augenfällige Besonderheit ist der Zögerschritt: Leonhard schildert die einfachste der Figuren so: »Hesitation besteht darin, daß man den letzten Taktteil verschluckt, d. h. das Schwergewicht auf dem Fuß ruhen läßt, der den Takt begonnen hat.« Diese letzten Feinheiten in der Entwicklung des Boston finden vor dem Weltkrieg keine Zeit mehr für einen Weg von den britischen Inseln auf den Kontinent. Nach Deutschland kommt der Zögerwalzer erst 1920. Hierzulande machen es sich die Tänzer einfach und ersetzen die komplizierte Kunstfigur durch einen simplen Balancé- oder Zweierschritt.

Wenn auch in den Zwanziger Jahren der Boston außer Mode kommt, so hält er sich doch noch für eine kurze Spanne und gerät gerade eben noch in einen frühen deutschen UFA-Film: ›Die Frau im Mond‹ von Fritz Lang. Es spielen Willy Fritsch, Fritz Rasp und Tilla Durieux. Das Buch schreibt Thea von Harbou, und den Text zum Boston-Schlager ›Heimlich singt für uns die Liebe‹ steuert Fritz Rotter bei.

Es ist das Jahr 1929. Rotter gehört zu den viel beschäftigten deutschen Textdichtern, er versteht sich mit dem Komponisten Walter Jurrmann, und zusammen machen sie ihren ersten Schlager, der zugleich der letzte Boston sein wird:

Was weißt denn du, was ahnst denn du, wie ich verliebt bin,
Was weißt denn du, was ahnst denn du, wie ich betrübt bin.
Bin ich bei dir, dann schweig' ist still,
Ich weiß ja selbst nicht, was ich will,
Bin ich allein, dann möcht' ich stets bei dir nur sein.

Was weißt denn du, was ahnst denn du, wie ich mich sehne
Nach deinem Blick, nach deinem Mund, nach deiner Träne.
Ich tu' dir weh, doch ich vergeh',
Wenn du mich einmal vergißt.
Was weißt denn du, was ahnst denn du, was du mir bist.

Walter Jurrmann (1903–1971) schreibt Schlager für Jan Kiepura, Hans Albers und Tino Rossi. 1930 entsteht ›Veronika, der Lenz ist da‹. Doch nun sitzt er 1929 in der Eden-Bar, Berlin, als Alleinunterhalter am Klavier und kreiert eben dieses ›Was weißt denn du, wie ich verliebt bin‹. Richard Tauber singt es auf einer Odeon-

Platte, und gleich schon wird der Schlager zum Dauererfolg. Jurrmann ist berühmt.

Ein Vierteljahrhundert hält sich der Boston im Tanz- und Unterhaltungsrepertoire Europas – mal mehr, mal weniger beliebt, zuweilen auch vergessen, dann wieder in höchster Gunst. Doch steht bereits am Anfang dieser Rhythmus auch in der Kritik. 1907 schreibt der Tanzlehrer Desrat in der Zeitschrift Le Professeur de dance: »Der Boston-Américain ist nichts weiter als eine schlechte Übertragung des schönen Walzers. Es ist eine Art eingeschlafenen und einschlafenden Walzers, bei welchem man sich begnügt, trois pas en avant und trois pas en arrière zu gehen – man geht vor, man geht zurück und dreht sich bisweilen ein wenig. Die guten Walzertänzer nennen den Boston den Walzer der Dummen, aller derer, die nicht tanzen können ...«

London, 12.08.1914. Großbritannien erklärt Österreich-Ungarn den Krieg. Die letzten Musiker der Original Wiener Kapellen verlassen das Land. Bis zum letzten Tag waren sie mit ihrem echten Walzer feeling auf den Bällen und Redouten der britischen upper ten unentbehrlich. Von heute auf morgen werden sie zu feindlichen Ausländern erklärt und ausgewiesen. Sie werden später nicht mehr zurückkommen. Die Zeit des romantisch-deutschen Walzers ist ohnehin vorbei, wie auch die des amerikanischen Boston. Seit 1919 hat England sein neues, sein eigenes Waltz-Feeling. Von seinem Vorgänger übernimmt es zum einen die Drehung, zum anderen die Schrittfolgen: »Natural Turn (die Rechtsdrehung) ... Reserve Turn (die Linksdrehung) ... Quarter Turns (die Vierteldrehungen) ... Cross Chassé (das Kreuz-Chassé) ... Zig-Zag (Zick-Zack) ... Festgelegt im Tempo von 36 bis 38 Takten in der Minute«.

Doch zu derlei Standardisierung kommt es erst viel später. Vorerst heißt es in weitausholenden Schritten einfach nur: »Step – step – feet together!« In dieser schlichten, jedoch bereits raumgreifenden Variante will der Tänzer den Raum nicht erobern, sondern im Raum der Unendlichkeit versinken. Es ist die Geburt des ›English Waltz‹, des ›Langsamen Walzers‹.

Von nun an wird dieser neue Rhythmus in den folgenden Jahrzehnten nicht nur das Parkett, er wird auch die Podien der Orchester, den Schallplattenmarkt wie die Party-Sendungen im Rundfunk beherrschen. Doch zu weltweit populären Schlagern gedeihen die Titel erst mit den Tonfilmen.

1929 beginnt bei MGM die Serie der Broadway-Melodien. Für ›Broadway Gondolier‹ schreiben Al Dubin und Harry Warren einen Titel, der für lange Zeit den Tanzschulen als rhythmisch vorbildlich in Unterricht wie Turniertraining gelten wird:

In her eyes there was moonlight
And a rose in her hair.
In my arms there was no one,
So I was just for her there.

On her lips was a promise,
In my heart was a pair,
When I finally went,
I went home with the scent
Of the rose in her hair.

Doch bereits ein Jahrzehnt zuvor, als in London und Birmingham die ersten Palais de dance ihre Säle eröffnen, ist für das Tanzvergnügen die strenge viktorianische Epoche vorüber. Wer nun noch vom Walzer spricht, meint nur noch diesen Waltz, diesen room covering dance, den Bewegungstanz im nüchternen englischen Stil einer veränderten Zeit nach dem Weltkrieg. Zwar gingen die Revolutionen des 20. Jahrhunderts an den konservativen Briten vorbei, doch leisteten sie einen eigenen, ihren einzigen Beitrag zur Revolution: Auf dem Parkett! Das ist der Zeitpunkt, an dem England zur führenden Weltmacht in der Kultur des Gesellschaftstanzes wird. Erfunden ist der Englische Stil!

Was ist das: ›der Englische Stil‹? Der Tanzlehrer Alex Moore schreibt in seinem Lehrbuch ›Ballroom Dancing‹, der moderne Tanz sei kein Sturzbach, sondern ein ruhiger Strom, er sei, fährt er pathetisch fort: »... Bewegung und Linie ... Leben und Form ... Rausch und Gestalt ... Fluß und Ruhe ... Leidenschaft und Stil zugleich« ...

Er sei: »... Spannung und Lässigkeit ... Härte und Elastizität ...«, eben: »... Disziplin und Anmut ...« Der Körper soll Flügel bekommen und doch auf der Erde verbleiben!« Dieser Weg geht über die Körperschulung.

Ab 1920 legen Konferenzen fest, was einerseits museal sei, und was andererseits fortan die öffentlichen Ballsäle zu beherrschen habe, die Clubs, die Festivals, die Turniere ... Kurz: den Tanzsport für eine lange Zukunft! Die Historiker und Tanzlehrer Helmut Günther und Helmut Schäfer fassen die Zwanziger Jahre in einer Chronologie zusammen: »Dreimal in der Nachkriegszeit hielt Rhynal in London die Weltmeisterschaften ab. 1922 siegte der junge Victor Silvester mit Phyllis Clarke, 1924 und 1925 triumphierte Maxwell Stewart mit Barbara Miles. Seit dieser Zeit führen die Engländer auf allen großen Weltmeisterschaften. Nur 1932 bis 1936 stellte Frankreich das Siegerpaar mit Chapoul aus Paris. Der erste englische Weltmeister aber, der 1900 geborene Pfarrerssohn Victor Silvester beherrschte auch die Theorie des Gesellschaftstanzes: 1928 erschien sein Buch ›Modern Ballroom Dancing‹, verbreitet in 750.000 Exemplaren – die Übersetzungen nicht einmal gerechnet. Silvester ist aber nicht nur der Vater des Englischen Stils, er hat auch die erste Tanzmusik nur für Tänzer gemacht, so daß seine Bedeutung heute eher noch auf dem musikalischen als auf dem rein tänzerischen Gebiete liegt.«

Schon 1922 stellte die Zeitschrift ›Dancing Times‹ fest, daß der moderne Walzer dem alten zwar ähnlich sei, doch »der große Unterschied ist der, daß der moderne Waltz bei der Drehung weit mehr Fläche braucht.« Um derlei progressive Bewegung nicht zu bremsen, setzt der Tänzer vorwärts nicht mehr mit dem Ballen, sondern mit der Ferse auf. Doch schon ein Jahr zuvor hatte sich die Zeitung ›Dayle Sketch‹ über die Unsitte mokiert, im Walzer Foxtrott-Schritte zu tanzen.

1925. In die Turniere ziehen nun auch Samba und Paso Doble ein, auch der Blues steht gelegentlich noch im Programm, allerdings nirgends mehr der Walzer. Der deutsche Tanzlehrer R. Sommer bemerkt: »Wenn wir in den Wintermeisterschaften 25/26 bei den Senioren einen Walzer sahen, so konnte es sich nur um einen Mißgriff handeln. Die Herren über 40 wollen beweisen, daß auch sie modern tanzen können!«

1929 legt die internationale Great Conference – eine Vertretung der Tanzlehrerverbände etlicher Nationen – eine Resolution vor, die 21 Punkte umfaßt. Unter den Standardtänzen werden für den English Waltz die Grundschritte festgelegt. Friedemann Otterbach faßt sie in seiner ›Geschichte der europäischen Tanzmusik‹ kurz formuliert zusammen: »Wechselschritt mit 3 passing steps oder geschlossener Wechsel mit Seitwärtsschritt. Das Schließen beim 3. Schritt entspricht dem Prinzip des alten Walzers. Außerdem sind Rechts- und Linksdrehungen auszuführen sowie einfache Zögerbewegungen.«

Mit dem Ende der Zwanziger Jahre stirbt die Epoche des Stummfilms. Damit die Kinobesucher nicht ausbleiben, werden für die bereits abgedrehten letzten Stummfilme in aller Eile Tonspuren angefertigt. Noch vor der Sprache und dem Geräusch kommt die Musik! Und gleich gibt es eine Reihe von Titeln, die – rund um die Welt – Evergreens werden: 1926 ›Charmaine‹ im Film ›What Price Glory‹, 1927 ›Diane ›in ›Seventh Heaven‹ und in der Saison 27/28 ›Ramona‹.

Für das gleichnamige Indianer-Spektakel in der Epoche des Umbruchs vom Stumm- zum Tonfilm komponiert der Dorfschullehrer Mabel Wayne den gleich wohl berühmtesten English Waltz. ›Ramona‹ wird zum Welterfolg in allen Sprachen – erst einmal mit dem englischen Text von L. Wolfe Gilbert: »Ramona, I hear the mission bells above, / Ramona, they're ringing out our song of love …« Den französischen Text schreibt er zusammen mit A. Willemetz, und für die deutsche Version versucht sich Fred Barny anzugleichen:

Ramona, hörst du der fernen Glocken Klang?
Ramona, so tönt auch meiner Liebe Sang.
Ich träumte die Weise, die leise dir mein Sehnen klagt,
Den duftenden Rosen hab' ich manch liebes Wort gesagt.

Ramona, gedenke doch der sel'gen Stund',
Ramona, noch einmal küsse meinen Mund.
Mein ganzes Herz, Ramona, nahmst du grausam mir,
Ramona, ich seh'n mich nach dir!

In diese kurze Phase des Übergangs gehört auch der Komponist Joe Young. Eben noch schrieb er Melodien für ›The Jazz Singer‹, jetzt kommt er zu Weltruhm mit dem English Waltz ›Sweetheart‹ für das Kinostück ›Maytime‹: »Will You Remember?« Später singt es sogar Richard Tauber.

Deutschland steht kurz vor der NS-Machtübernahme, gerade noch findet Friedrich Hollaender die Gelegenheit, mit dem Texter Robert Liebmann für das Kabarett der Komiker, Berlin, einen Schlager zu komponieren. Später übernimmt Marlene Dietrich ihn in ihr Repertoire:

> Ich weiß nicht, zu wem ich gehöre,
> Ich bin doch zu schade für einen allein –
> Wenn ich jetzt grad' dir Treue schwöre,
> Wird wieder ein andrer ganz unglücklich sein.
>
> Ja, soll denn etwas so Schönes nur einem gefallen?
> Die Sonne, die Sterne gehörn doch auch allen ...
> Ich weiß nicht, zu wem ich gehöre,
> Ich glaub, ich gehöre nur mir ganz allein.

1936. Fortführend entwickelt Alex Moore in England für den Tanzsport weiterfassende Vorschriften: »... ein vollkommenes System ...«, so beschreiben es Günther/Schäfer, »... dient einzig dem Prinzip der künstlerisch vollendeten natürlichen Vorwärtsbewegung«. Nicht die Figuren und Techniken auswendig zu lernen, gelte es, sondern den Sinn zu begreifen, die Schritte nicht nur zu kennen, sondern sie auch zu verstehen »Der ganze Körper tanzt; die Beine sind nur Träger des Körpers, sind Motor der Bewegung. Doch darf die weiträumige Bewegung durch den Raum nicht als Bewegung sichtbar werden. Sie muß vielmehr glatt, fließend, ›unbewegt‹ erscheinen.«

Trotz des Verbots undeutscher Tänze in den Jahren nach 1933, wobei sich die NS-Kulturwarte vorrangig auf den Swing stürzen oder das, was sie Jazz nennen, kommen diese Lehren auch in etliche deutsche Tanzschulen und Tanzclubs. Franz Büchler, ab 1934

Präsident des Reichsverbands zur Pflege des Gesellschaftstanzes (RPG), bemüht sich, die ausländischen Kontakte des sonst kulturell isolierten Deutschland weitestgehend zu erhalten. Moore's ›Ballroom Dancing‹ wird hierzulande in diesen Kreisen auch auf Englisch verstanden, und besonders die norddeutschen Großstädter, die am wenigsten an Sprachschwierigkeiten leiden, lernen die Figuren leicht nach dem Original-Text: »Foot position ... amount of turning ... contrary body movement (die Gegenbewegung) ... body away (die Körperneigung) ...«

In den Schlagern und Schlagertexten dagegen verschwindet nicht erst nach und nach, sondern gleich schon Anfang 1933 alles, was undeutsch ist. Das Repertoire im Dritten Reich wird provinziell. Den English Waltz – nun heißt er ausschließlich Langsamer Walzer – repräsentieren der Komponist Friedrich Schröder und sein Texter Hans Fritz Beckmann 1937 mit einem Titel, ohne den für lange Zeit das Tanzvergnügen in Deutschland nicht auskommen wird: »Ich tanze mit dir in den Himmel hinein / In den siebenten Himmel der Liebe ...« – erstmalig gesungen in der deutschen Filmkomödie ›Sieben Ohrfeigen‹ von Lilian Harvey und Willy Fritsch.

Doch nun ist erst einmal Krieg! Im Dezember 1941 bekommt die Ostfront die Härte des Winters zu spüren, und als nun auch der Krieg mit den USA beginnt, bemerkt Propagandaminister Goebbels: »Die gute Laune muß erhalten bleiben. Ein Krieg von solchem Ausmaß kann nur mit Optimismus gewonnen werden«, und er bestellt bei der Prominenz der reichsdeutschen Komponisten eine Hoffnung erweckende Unterhaltung. Der Komponist Michael Jary, dem Auftrag folgend, nutzt die Gelegenheit, seinen Texter Bruno Balz aus der Gestapo-Haft zu holen, und beide schreiben den Überlebensschlager »Davon geht die Welt nicht unter, / Sieht man sie manchmal auch grau. / Einmal wird sie wieder bunter, /

Einmal wird sie wieder himmelblau …« Die Bühnen-Premiere wird zum Triumph im ›Künstlerklub‹, Berlin, Unter den Linden. Es singt – im Rhythmus des in diesem NS-Deutschland nun wieder protegierten schnellen Wiener Walzers – Zarah Leander.

So groß ist der Erfolg, daß UFA-Regisseur Rolf Hansen das Lied und seine Interpretin sogleich für seinen aufwendigen Tonfilm ›Die große Liebe‹ übernimmt. Es wird eine teures Unternehmen, am Ende werden 3,2 Millionen Reichsmark verbraucht sein. Der Stoff ist nichtssagend – eine sentimentale Liebesgeschichte, an der Heimatfront des dritten Kriegsjahrs schicksalsschwer angesiedelt, jedoch hoch besetzt mit der Schauspieler-Prominenz der Dreißiger Jahre: Paul Bildt, Paul Hörbiger, Victor Janson, Wolfgang Preiss, Viktor Staal, Grethe Weiser …

Sie alle gruppiert um den Star! Für Zarah Leander, 1907 in Schweden geboren, begann ihr großer Aufstieg 1936 in Deutschland. Von nun an begleitet die einstige skandinavische Provinz-Diseuse das Dritte Reich bis kurz vor dem Untergang. Gerade rechtzeitig löst sie ihren Vertrag mit der UFA, kann aber, zurück in der Heimat, ein erstes Auftrittsverbot nicht verhindern. Doch schon 1949 startet sie ihre Nachkriegs-Karriere quer durch Europa und Amerika in Film, Operette und Musical. 1978 tritt sie ein letztes Mal auf. Wieder ist sie in Stockholm. 1981 stirbt sie.

12.06.1942. Zwei Tage zuvor vernichtet die Elite der deutschen Soldateska den tschechischen Ort Lidice und ermordet die Einwohner. Zwei Tage zuvor werden im Großdeutschen Reich die letzten jüdischen Schulen geschlossen …

Heute glanzvolle Premiere im Marmorhaus Berlin. Der Film ›Die große Liebe‹ erhält die Prädikate ›Staatspolitisch und künstlerisch wertvoll‹, sowie ›Volkstümlich wertvoll‹. Er wird zum Kinokassen-Schlager, in 70 Tagen sehen ihn 370 000 Besucher. Bis zum

Ende des Krieges sind es 28 Millionen. Es ist die erfolgreichste UFA-Produktion des Dritten Reichs. 9,2 Millionen Reichsmark werden eingespielt. Doch neben Michael Jarys Walzer ›Davon geht die Welt nicht unter‹ wird ein Langsamer Walzer zum eigentlichen Treffer in den letzten Kriegsjahren und später bis heute ein Heuler der Zarah-Leander-Imitatoren:

> Ich weiß, es wird einmal ein Wunder geschehn,
> Und dann werden tausend Märchen wahr.
> Ich weiß, so schnell kann keine Liebe vergehn,
> Die so groß ist und so wunderbar.
> Wir haben beide denselben Stern,
> Und dein Schicksal ist auch meins.
> Du bist mir fern und doch nicht fern,
> Denn unsere Seelen sind eins.
> Und darum wird einmal ein Wunder geschehn –
> Und ich weiß, daß wir uns wiedersehn!
>
> *Musik: Michael Jary; Text: Bruno Balz*

Im Viervierteltakt

Armeemarsch, Aufzugsmusik, bal champetre, Ballade, Bänkelsang, Beguine, Cabaret, Carioca, Choral, Corrida, Defiliermarsch, Fanfarenmarsch, Farandola, Festival, Flaggenlied, Flevo, Flottenmarsch, Galoppmarsch, Gassenhauer, Geißlermarsch, Geschwindmarsch, Großes Wecken, Heeresmarsch, höfische Musik, Intrada, Jägermarsch, Janitscharen, Jig, Kampflied, Karneval, Kommerslied, Konzertmuschel, Küchenlied, Leierkasten, Marcia fubebre, Marinemarsch, Marschcouplet, Marschfox, Marseillaise, Maxixe, Militärmarsch, Musical, Nationalhymne, Operette, Opernmarsch, Parademarsch, Paso Doble, Perkussion, Pilgermarsch, Platzkonzert, Polomarsch, Posaunenmarsch, Präsentiermarsch, Preismarsch, Rancho, Reitermarsch, Retraite, Reveille, Revolutionslied, Revue, Rumba, Schalmeyer, Schlachtengemälde, Schützenmarsch, Shanty, Signale, Soldatenlied, Soldaten-Litanei, Spiel, Spielmannszug, Spottvers, Stadtpfeifer, Tambours, Tatoo, Tonfilmmarsch, Trabmarsch, Trauermarsch, Triumphmarsch, Türkenmarsch, Turmbläser, Turquoiserie, Wachparade, Wanderlieder, Wecken, Wunschkonzert, Zapfenstreich, Zirkusmarsch

So leben wir alle Tage

Der Marsch im Alltag des Soldaten

Der Soldate, der Soldate
Ist der schönste Mann bei uns im Staate.
Darum schwärmen auch die Mädchen sehr
Für das liebe, liebe, liebe Militär.

Marschlied aus dem Volksstück »Immer feste druff«, 1914
Musik Walter Kollo; Text: H. Haller

Ach, du kleiner Pralinésoldat,
Das Süße ist dein Faible.
Ei, um dich ist's jammerschad,
Wozu hast du den Säbel!
Ach, du keiner Pralinésoldat,
Du wirst's ertragen müssen,
Du bist so süß, du schmeckst so fad,
Ich möchte dich nicht küssen.

Marschlied aus der Operette »Der Tapfere Soldat«
Musik: Oscar Straus; Text: Bernauer / Jacobson

Es sind die Dezennien der europäischen Kriege und Revolutionen. Doch unbeirrt schreibt der Chronist Friedrich Sass an seinem Buch ›Berlin in seiner neuesten Zeit und Entwicklung‹. 1846 sitzt er in einem Biergarten vor der Orchestermuschel. Es ist Sommer. »Da rückt die Infanterie an mit dumpfem Trommelschlag, die Cavallerie fällt mit fröhlichem Trompetengeschmetter in die Flanken, und die Artillerie entscheidet mit schwerem Geschütze ...«

Als lärmende, als militärtolle Zeit lastet es fortan auf den Erinnerungen – dieses Neunzehnte Jahrhundert.

Es beginnt mit Geschwindmärschen und geschwinden Siegen der napoléonischen Armee, der es nicht eilig genug geht, eine neue, ein große Epoche auszutrompeten. Und es endet an den Fronten des Ersten Weltkriegs im Stellungskrieg: Herbst 1914. Die Schlacht an der Marne ist geschlagen. Bei Ypern wird noch ein wenig Gelände gewonnen, verloren und wieder gewonnen. Es lohnt nicht. Diese rastlosen Bewegungen und diese Unruhe, mit denen im Juni 1800 bei Marengo in der Lombardei die Epoche begann – nun sind sie sinnlos geworden. Die Eile ist aufgebraucht. Der Soldat gräbt sich ein, und mit sich begräbt er sein farbenprächtiges, sein lärmendes Jahrhundert. Zugleich gerät aus dem Takt und aus dem Tritt, was einst die Epochen glorifizierte: Der Marsch.

Mit ihm trüben sich auch die Farben ein. Das Feldgrau verdrängt den »Bunten Rock« und verbannt das vielfarbige Tuch in die Schausäle der Armee-Museen. Und auf die Geschichten der vergangenen Zeit legt sich der Staub der Archive und Antiquariate, auf die Geschichten vom Glanz der Höfe wie vom Los der Soldaten, von des Soldaten Liebe und seiner verlorenen Liebe, seiner Treue und verratenen Treue, vor allem seiner Taten, die heute vergessen sind.

Um Vergessenes oder auch nur verloren Geglaubtes wiederzubeleben und zu einem Porträt des Neunzehnten Jahrhunderts zusammenzufügen, bedarf es einer Musik, vornehmlich im Vierviertaltakt, die heroisch wie sentimental das heitere wie wehmütige Auf und Ab der Epoche begleitet, Vergnügliches wie Schmerzliches, Abschied und Heimkehr, Abschied ohne Heimkehr ...

Nach dem Ende der napoleonischen Kriege schleppen sich Dezennien eines reaktionären Friedens dahin – zumindest in den Ländern des Deutschen Bundes. Für die Soldaten in den Kasernen beginnt der Tag, sommers um fünf, winters um sechs, mit dem Weckruf, der Reveille. Meist kommt die Melodie über ein schlichtes Trompetensignal nicht hinaus. Anders in den Garnisonen des Großherzogtums Sachsen-Weimar. Da reißt den gemeinen Mann eine fröhliche Weise aus dem Schlaf: Ein Volkslied von Martin Usteri und Hans Georg Nägeli wurde in halbwegs militärische Rhythmen gesetzt:

> Freut euch des Lebens, weil noch das Lämpchen glüht;
> Pflücket die Rose, eh sie verblüht.
>
> …
>
> Sie ist des Lebens schönstes Band,
> Gibt Brüdern traulich Hand um Hand!
> So wallt man froh, so wallt man leicht
> Ins bessre Vaterland.

Stehen dagegen hohe Feiertage an – etwa der Beginn des Neuen Jahres oder der Geburtstag des Souveräns, wird in fast allen Residenzen das morgendliche Wecken zum ›Großen Wecken‹, zur ›Fest-Reveille‹, zum Volksvergnügen für Militär wie Zivil. Der Militärmusik-Autor Joachim Toeche-Mittler beschreibt dieses Bild: »Manchmal noch in der Dunkelheit treten die Soldaten an, im Paradeanzug, im Helm, einst mit Haarbusch und natürlich mit Tambourstock und Schellenbaum. Langsamen, feierlichen Schritts – hier hat sich das alte Marschtempo 80 erhalten – setzt sich das ›Große Wecken‹ in Bewegung. Am Kasernentor tritt die Wache ins Gewehr. Nach dem Lied des Musikkorps setzen die Spielleute mit dem Weckmarsch für Trommeln und Pfeifen ein. Die Musik ist Hauptzweck. Nicht nur die Truppe wird heute geweckt, die ganze Bevölkerung wird mit Musik aus den Federn geholt. Aufstehen!

Der Feiertag hat begonnen! Habt Sonne im Herzen! Freut euch des Lebens!«

Gegen den Stumpfsinn des kasernierten Dienstes setzen sich für den Soldaten seine öffentlichen Präsentationen ab. Sie alle werden jahrein, jahraus mit einem Repertoire festgelegter Musik begleitet – dem Defiliermarsch, dem Avancier-, Präsentier- und Parademarsch – bei der Kavallerie noch in unterschiedlichen Tempi als Aufstellungs-, Schritt-, Trab- und Galoppmarsch.

In allen Kategorien haben die deutschen Länder ihre eigenen Weisen, wobei sich einer langen Lebensdauer der Bayerische Defiliermarsch, sowie in Preußen der Präsentiermarsch erfreuen, einer von Friedrich Wilhelm III. noch vor 1800 mit dem Untertitel ›Aus der Jugendzeit‹ komponierten Pièce. Auch wenn erst 1841 in die Armeemarsch-Sammlung aufgenommen, so ehrt sie doch die niedrigste Ordnungszahl: AM I, 1a.

Ihren viel zu geringen Sold demonstrierend, finden die Soldaten zur Melodie den Spottvers:

Seine Majestät, der König,
Zweiundzwanzig Pfennig sind zu wenig!
’nen Thaler woll’n wir hab’n,
Und den kriegen wir nicht,
Und für zweiundzwanzig Pfennig
Präsentieren wir nicht.

Zum Ende des Tages wird die Retraite geblasen, das Signal des Zapfenstreichs noch aus der Zeit der Söldner-Heere im Barock. Geht es auf die Nacht zu, winters um acht, sommers um neun oder zehn, schreitet als Vertreter des Profoß der Rumormeister durch das Lager und klopft mit dem Stab auf Bier- und Weinfässer. Er ›streicht den Zapfen‹, und Schluß ist es mit dem Ausschank!

Der ›Zapfen ist zu‹. Im schwedischen Heer ›Tap to‹, und noch heute bei den Briten ›Tattoo‹. In Grubers ›Kriegs-Disciplin‹ von 1702 heißt es: »Wenn eine Armee im Felde campiret, und es auf den Abend anfänge, etwas finster zu werden, und Tag und Nacht sich scheiden, pflegen alle Tambours ingleichen auch die Trompeter, vor ihren Regimentern zu erscheinen, und so bald die Parole gegeben, oder die Losung geschiehet, oder in dem Haupt-Quartiere die Retraite geblasen oder geschlagen wird, folgen alle anderen von Regimenter in behöriger Ordnung denselben nach, und marchiren die Tambours durch die Regiments-Gasse hindurch, und schläget eine jedwedere Nation ihren besonderen Zapffen-Streich. Wenn nun der Zapffenstreich geschlagen, müssen die Marquetänter keine Gäste mehr halten oder setzen, sondern es muß sich alles nach den Quartieren und Zeltern verfügen, und wird in den gemeinen Baraquen von denen Sergeanten und Corporalen Nachsuchung gethan, wer von den Compagnien mangelt.«

Mit der Zeit werden aus den simplen Signalen je nach Herkunft unterschiedliche, einfache Melodien, so etwa der ›Alte Österreichische‹, der sich bis in die Zeit der Doppelmonarchie erhalten wird, mit Querpfeiffen, Hautbois, Tambour und Clarinetten in C, oder der ›Sächsische‹ mit Krummhörnern, aus denen später einmal das Waldhorn hervorgehen soll.

Dazu entstehen simple Texte, etwa in Preußen:

Soldaten müssen schlafen gehn –
Zu Beeett ... zu Beeett ... zu Beeett!
Bleib' nicht zu lang bei Mädchen stehn;
Der Hauptmann hat's gesehn,

Oder gröber bei den Österreichern:

Geht's ham, geht's ham, ihr Lumpenhund,
Ihr freßt dem Kaiser's Brot umsunst!

Mai 1813. Die Schlacht von Groß-Görschen ist geschlagen, die Grande Armée besiegt. Es ist Abend. Die russischen Regimenter am rechten Flügel der Verbündeten rasten. Soeben treffen Friedrich Wilhelm von Preußen und Zar Alexander ein. Es ist Zeit für die Nachtruhe. Die Kosaken nehmen Aufstellung zum Zapfenstreich, sie entblößen das Haupt und singen, den Helm in den Händen, einen Choral. Sie singen ›Für dich sei ganz mein Herz und Leben‹, den vierten Vers von ›Ich bete an die Macht der Liebe‹, des deutschen Mystikers Gerhard Tersteegen (1697–1769), vertont von Dimitri Bortnianskij (1751–1825), dem Direktor der Petersburger Hofsänger-Kapelle.

Friedrich Wilhelm III. ist gerührt von so viel Gottesverehrung beim einfachen russischen Soldaten. Da sollen seine preußischen nicht zurückstehen, und am 10. August desselben Jahres erläßt er bei einer Truppenbesichtigung die Kabinettsordre an Generalleutnant Graf Tauentzien, derlei Sitte zu übernehmen, um dem so notwendigen religiösen Sinn unter den Mannschaften mehr Raum zu geben: »... so befehle ich hiermit, daß die Wachen von jetzt an, wenn Zapfenstreich geschlagen wird, ins Gewehr treten, sodann das Gewehr präsentieren, wieder schultern und abnehmen, hierauf den Czakot usw. mit der linken Hand abnehmen und ihn mit beiden Händen vor dem Gesicht haltend, ein stilles Gebet, etwa ein Vaterunser lang, verrichten sollen. In den Feldlagern sollen die versammelten Trompeter oder Hoboisten gleich nach beendigtem Zapfenstreich ein kurzes Abendlied blasen, nach welchem die vor den Fahnen oder Standarten ohne Gewehr in Jacken oder Mänteln angetretenen Eskadrons oder Kompanien zugleich mit den Wachen das Haupt zum Gebet entblößen, nach dessen Ende auf ein Signal mit der Trompete oder Trommel die Wachen aus dem Gewehr treten und die Kompanien usw. auseinandergehen. Ich trage Ihnen auf, diesen Befehl den unter Ihrem Kommando stehenden Truppen wörtlich bekannt zu machen und auf dessen Befolgung strenge zu halten.«

Zwar wird in Deutschland fortan dieser Zapfenstreich der ›Russische‹ genannt, doch für den Dichter Ferdinand Freiligrath (1810–1876) bleibt dieses patriotische Massenspektakel eine preußische Musikalie. Er schwärmt: »Dann Zapfenstreich, Querpfeifen, Trommelschlag, / zusammenflutend die Musik danach / von zweiundzwanzig Bataillonen.«

Der gemeine Mann im Glied jedoch kann sich nicht immer mit dem religiös verbrämten Brimborium anfreunden, an die Stelle befohlener Gebete treten weit verbreitet stille ›Soldaten-Litaneien‹ (gesammelt von Wolfgang Steinitz im Akademie-Verlag, Berlin-DDR, 1955):

> Im Himmel oben, da ist gut wohnen,
> Da leben wir unter höheren Regionen,
> Da brauchen wir auch nicht mehr zu exerzieren,
> Da tut uns keine Ronde revidieren.
> Ja, ich sag euch, im Himmel ist's schön,
> Da braucht man kein Posten zu stehn.
>
> *1862 gesungen von den kurhessischen Husaren in Kassel*

In einem um 1889 zu Hohenberg, Niederösterreich, verbreiteten Soldaten-Liederbuch heißt es: »Vater unser, der du bist in Wien. / Geheiliget werde dein Name. / Gib uns täglich 2 ½ Pfund Brot. / Auch bitten wir dich um Verbesserung der Minasche. / Führe uns nicht viel zum Exerzierplatz, / sondern erlöse uns von Inspeccionen und Manöfern. / Dein gehören wir mit Sack und Pack / bis wir einmal den heiligen Abschied bekommen. Amen.« Und in der Soldaten-Litanei für k. k. Landwehristen der deutsch-österreichischen Regimenter:

> Gott, erhöre uns alle und laß uns nicht zu Schanden werden.
> Beschütze uns vor dem schrecklichen Kriegsalarm.
> Von der zeitlichen Tagwache. Von dem zeitlichen Aufstehen.
> Vor dem schmerzhaften Antreten. Von dem gefährlichen Rapport.
> Vor den verfluchten Übungen. Vor den schrecklichen Patrouillen.
> Von dem peinlichen Salutieren. Vor dem schwarzen Kommisbrot.

Ist der Soldat außer Dienst und im Rentenalter, verklären sich, was einst Strapazen waren: Exerzieren und Defilieren, Manöver, Paraden und Wachaufzug. In den ›Berliner Skizzen‹ zeichnet Ludwig Lenz (1813–1896) ein Bild der preußischen Residenz von 1840: »Die Wachtparade ist das tägliche Brot für alte Pensionäre und die zahlreiche Schar der kleinen Rentiers, deren geringes Einkommen ihnen den Genuß kostspieliger Vergnügen verbietet. Ihnen ist die Wachtparade so unentbehrlich wie Luft und Licht, und sie halten den Tag für verloren, an dem sie ihr nicht beigewohnt. Wenn sie die Königsstraße erreicht hat, gewinnt die Wachtparade an Wichtigkeit und Bedeutung. Sie entwickelt alle Künste der Verführung, und durch die einschmeichelnden Melodien Rossinis, Bellinis und Donizettis, durch Paukenmärsche aus Cortez und Alcidor, durch Liedchen von Proch und Symphonien von Berlioz reißt sie im strengsten Wortsinn alles mit sich fort.«

Texte werden Gassenhauer

Die Regimentsmusiker wagen sich an das schwierigste Marsch-Repertoire aus Opern und Balletts heran, natürlich als Ergänzung der klassischen Märsche – dem ›Mollwitzer‹ und ›Rheinströmer‹, dem ›Torgauer‹ und ›Coburger‹, den Märschen des Herzogs von Braunschweig und des Yorckschen Korps. Wieder und wieder kommen Souvenirs hinzu und Geschenke befreundeter Häuser aus Wien, Turin und Den Haag, aus Prag, Neapel und Sankt Petersburg. Neben den Einheiten der Linie haben die der Garde ihre besonderen Piècen – solche der Garde-Grenadier-, Füsilier-, Artillerie- und Infanterie-Regimenter, der Pionier- und Jäger-Bataillone.

Februar 1817. König Friedrich Wilhelm III. verfügt in einer Kabinettsorder das Sammeln und Katalogisieren preußischer Militärmärsche. Er folgt damit dem Vorbild benachbarter Souveräne, den Kaisern von Österreich und Rußland. August II. der Starke von Polen und Sachsen (1729), Louis XIV. von Frankreich, vor allem aber Ludwig IX., Landgraf von Hessen-Darmstadt (1719–1790) hatten bereits erhebliche Bestände in ihren Noten-Archiven, da will nun auch Preußen nicht hintan stehen: »Um den Regimentern in der Armee in der Wahl guter Militairmusik zu Hilfe zu kommen, habe ich eine Auswahl bewährter Musikstücke zusammenstellen lassen und jedem Regiment eine Sammlung davon bestimmt. Da die Truppen auf diese Weise in Besitz guter Musikalien gelangen werden, so will es mein Wille, daß bei allen feierlichen Veranlassungen, großen Paraden und Revuen, und besonders, wenn ich denselben beiwohne, keine anderen Märsche gespielt werden.«

Die Armeemarsch-Sammlung wächst im Laufe der Zeit zu einer Art Köchelverzeichnis der Militärmusik heran. Sie erlebt mit den drei preußischen Kriegen und in den darauf folgenden knapp vier Dezennien des Kaiserreichs einen wahren Boom: Alte Stücke werden neu aufgenommen, neue Kompositionen kommen hinzu, in den Zwanziger Jahren unseres Jahrhunderts sogar Stummfilm-Musik.

Der Erste Weltkrieg ist verloren, aber verloren gehen darf nicht das deutsche Nationalgefühl. Vier Jahre später – 1922 – eröffnet der ungarische Regissseur Arzen von Czerépy eine lange Reihe von ›Preußen-Filmen‹ für die UFA mit einem ersten vierteiligen ›Fridericus Rex‹ – in der Titelrolle Otto Gebühr, dem von nun an klassischen Darsteller Friedrichs des Großen. Das Kino-Orchester im UFA-Palast am Kurfürstendamm zelebriert zu Fuß der Leinwand den ›Parademarsch der Langen Kerls‹ von Marc Roland – später nachgespielt von Musikkorps der Reichswehr und katalogisiert im Verzeichnis als Armeemarsch No. I, 106.

Es folgen noch 29 Titel, dann treten 1933 im Vokabular einer neuen Zeit an die Stelle der Armee- die Heeres-Märsche. 1999 sind es insgesamt 668 Titel.

Märsche sind Instrumentalmusik, sie haben im Allgemeinen keine Texte. Um sich bei einem derart umfangreichen Repertoire die wichtigsten Melodien merken zu können, erfinden Soldaten wie Zivilisten Spottverse und rücken ihre Lieblingsstücke in die Nähe von Gassenhauern. Dem Ulmer Stabshoboisten Carl Ludwig Unrath fallen eines Tages die schief getretenen Schuhe seiner Frau auf, er summt zwei Zeilen vor sich hin, setzt sie in Noten und widmet die Komposition seinem beliebten König von Württemberg als ›König Karl-Marsch‹ (1868) AM II, 212:

Und sie lief, und sie lief,
Und sie lief die Absätz' schief ...

Seit 1851 schreibt der Hof-Musicalienhändler Gustav Bock Preismarsch-Konkurrenzen aus. Im sechsten Jahr heißt der Sieger Stabshoboist Friedrich Lübbert vom Füsilier-Regiments No. 35, und er verehrt die Schöpfung der Gattin seines Regimentskommandeurs Helene von Hülsen mit dem ›Helenen-Marsch‹ (1857), AM II, 173:

> Das ist die ... das ist die ...
> Die versoff'ne Infant'rie!
> Das ist die ... das ist die ...
> Die versoff'ne Artill'rie!

1887 begeht in Wien Erzherzog Albrecht seinen 70. Geburtstag, und der Kapellmeister des k.u.k. Infanterie Regiments 44, Karl Komzák, widmet ihm sein Opus 136. Gleich schon importiert Preußen die Melodie, und als Musikdirigent Reinhard Lehmann von den Leib-Husaren No. 1, Danzig, mit seinem Trompeterkorps am 31.05.1892 auf dem Rittergut Prökelwitz in Ostpreußen zur Tafelmusik aufspielen muß, bekommt die melodisch österreichische Weise vom deutschen Kaiser höchstes Lob und zugleich von den Soldaten einen Text. ›Erzherzog Albrecht-Marsch‹ (1887), AM II, 263:

> Warum küßt du die Wangen deiner Braut?
> Küß sie auf den Aaaa-harm, das ist dieselbe Haut.

Kurz nach der Kaiserproklamation 1871 muß sich der zur Tafelmusik in der Präfektur zu Versailles kommandierte Musikdirektor Goldschmidt vom 73jährigen Monarchen berichtigen lassen: »Mein lieber Goldschmidt. Sie haben da Seine Majestät den Großen König als Komponisten des Torgauer Marsches aufgeführt. Das ist ein Irrtum, den Marsch hat mein gottseliger Vater 1817 aus Torgau mitgebracht. Er soll von einem Lehrer namens Scholz sein.«

Obgleich von einem Zivilisten komponiert, gehört der Reitermarsch fortan zum Lieblingsrepertoire des greisen Wilhelm I. und zum Paradebestand jedes vierten Husaren-Regiments. Der Text dazu entstammt einem Gassenhauer, der das Berliner Original Fritz Weber verspottet. ›Der Torgauer Parademarsch‹, Joachim Scholz (1817), AM III, 69:

Fritze Weber
Hat 'nen Käber
An de Zunge,
An de Lunge,
An de Leber.

Der preußische Stabshoboist und später zum Musikmeister beförderte Richard Henrion, im märkischen Prenzlau stationiert, schreibt 1893 in einem einzigen Jahr gleich vier Fanfarenmärsche. Dazu treibt ihn eine sonderbare Liebe zur Kavallerie, obgleich er als Flötist und Violinist, dazu auch noch bei der Infanterie dienend, nie etwas mit Pferden zu tun hatte: ›Unter'm Sparrenschild‹, ›Hie guet Brandenburg alleweg‹, und für die ostpreußischen Kürassiere in Königsberg den ›Fehrbelliner Reitermarsch‹, AM III, 1:

Wir wollen unseren alten Kaiser Wilhelm wiederh'm,
Aber den mit n' Bart ... aber den mit n' Bart,

Und zuletzt einen Titel, zu dem der Spottvers einen Sanitätsgefreiten Neumann verherrlicht, dessen Erfindung eine neue Behandlung des Trippers zugeschrieben wird ›Kreuzritter-Fanfare‹, AM III, 113:

Ein dreifach Hoch, ein dreifach Hoch
Dem Sanitätsgefreiten Neumann!
Früher mußte man sich plagen,
Mußt' ein Suspensorium tragen,
Heute wendet jeder Mann
Neumanns graue Salbe an.

Dem Komponisten Martin Schröder ist es nicht vergönnt, mit dem doch recht melodiösen Trio seines Opus in die Armeemarsch-Sammlung aufgenommen zu werden, doch dafür überlebt er mit dessen Text, ist ›Deutschlands Ruhm‹, ohne AM-No.:

Ich hab' noch nie ein Weib geküßt,
Ich weiß noch nicht, was Liebe ist.

Dagegen schmücken sich viele in der offiziellen Sammlung katalogisierten und somit höchst anerkannten Geschwindmärsche mit zahmen wie obszönen Texten aus dem Volke, so der ›Alexandermarsch‹, Andreas Leonhardt (1853), AM II, 161:

Die Katze pupt, der Esel scheißt,
Es lebt der alte Zwölfer-Geist.

Oder ›Der Königgrätzer‹, Gottfried Piefke (1866), AM II, 195:

Piefke lief, Piefke lief,
Piefke lief die Stiebeln schief.

Und in einer späteren Fassung:

Wir ham den Kanal, wir ham den Kanal,
Wir ham den Kanal noch lange nicht voll.

›Fridericus Rex-Grenadiermarsch‹, Ferdinand Radeck (1838), AM II, 198:

> Nun ade, Luise, wisch ab dein Gesicht,
> Eine jede Kugel die trifft ja nicht.

›Trabmarsch aus der Operette Fatinitza‹, Franz von Suppé, HM (Heeresmarsch) III B 78:

> Du bist verrückt mein Kind,
> Du mußt nach Berlin,
> Wo die Verrückten sind,
> Da gehörst du hin.

›Pariser Einzugsmarsch‹, Johann Heinrich Walch (1814), (von Zeitgenossen gern, aber irrtümlich, Beethoven zugeschrieben), AM II, 38:

> Die Kuh scheißt lauter als die Nachtigall,
> Das hört man schon am Widerhall,
> Doch lauter scheißt der Bulle,
> Das geht auf keine Stulle.

Lukas Richter setzt in ›Der Berliner Gassenhauer‹ die Reihe der Texte beliebig fort – so für die Reveille: »Zu Betlehem is unsere Bucht! / Det Uffstehn is'ne Luderzucht! / Jeduld ... Jeduld ... Jeduld!« Für den Zapfenstreich: »De Landwehr steht am Kupfernjraben, / Se woll'n ihr Traktemente haben. / Traktemente aber giebt es nicht. / Ju'n Nacht ... ju'n Nacht ... ju'n Nacht.« Und für die Parade: »Rietz, Mutter, de Landwehr kommt, / Kommt de Olle mit de Zippelmütze, / Haut'n Mann mit de Feuerspritze. / Rietz, Mutter, de Landwehr kommt!«

Während alle diese Texte im Verlauf des 19. Jahrhunderts entstehen, hat der wohl bekannteste aller volkstümlichen Verse eine lange Geschichte.

August 1705. Der Spanische Erbfolgekrieg verlagert sich in die Lombardei. In Cassano d'Adda, einem Dorf östlich von Mailand, ziehen Reichstruppen unter Prinz Eugen, dem Herzog von Savoyen (1663–1736), ein. An der Tête der preußischen Détachements der erst neunundzwanzigjährige Fürst Leopold I. von Anhalt-Dessau (1676–1747). Später wird er unter Friedrich II. Feldmarschall und fortan als »Der Alte Dessauer« die Geschichte Preußens begleiten.

Die lombardischen Mädchen bereiten dem jungen General nebst seinen 8000 Offizieren wie Soldaten ein Fest und tanzen zu einer anmutigen Volksweise. Doch nicht lange, da bereiten am 16. August die Franzosen unter dem Kommando von Louis Joseph Vendôme den Reichstruppen eine Niederlage. Diese retirieren, ihnen voran der Fürst und mit ihm in seinem Kopf diese Melodie. Als er ein Jahr später an Savoyens Seite siegreich durch die Wälle Turins paradiert, zeigt sich das Tanzlied bereits im Rhythmus des Marsches. Doch die lombardische Campagne ist noch nicht zu Ende, es folgen Feldzüge in den Niederlanden, in Flandern, es folgen Schlachten um Arras und Stralsund. Und immer dabei Leopold von Dessaus Marsch!

Aus Angst, ihn aus dem Sinn zu verlieren, läßt sich der Fürst die Melodie als Walze in seine Spieluhr einbauen, denn oft passiert es ihm, mit diesem Ohrwurm in Luthers Lied ›Eine feste Burg‹ hinein zu geraten, das er ›Unseres Herrgotts Dragonermarsch‹ nennt. So berichtet es nach historischen Quellen Walter Transfeldt 1959. Mit dem Ersten und Zweiten Schlesischen Krieg neigen sich des Fürsten Triumphe wie Défaiten dem Ende zu. Doch mit seinem letzten

Sieg bei Kesselsdorf 1745 ist der nun Siebzigjährige längst der legendäre »Alte Dessauer«. Darüberhinaus lebt sein Marsch weiter. 1828 befiehlt Friedrich Wilhelm III., ihn mit der zweitniedrigsten Ordnungszahl in die Armeemarsch-Sammlung aufzunehmen. Das Infanterie-Regiment Fürst Leopold von Anhalt Dessau No. 26, Magdeburg, bekommt als erste Einheit die Pièce als offiziellen Präsentiermarsch zugewiesen, ihr folgen die Leibgrenadiere in Frankfurt/Oder, die Infanterie-Regimenter in Dessau, Meiningen, Mainz und Halle, auch später noch bei der Reichswehr in Allenstein. Wo und wann auch immer, der Text hierzu ist längst im Umlauf, es ist ›Der Dessauer‹, trad. (1705), später arrangiert von Gustav Roßberg, AM I, I b, später auch AM I, 66:

So leben wir, so leben wir,
So leben wir alle Tage
Bei der allerschönsten Saufkompanie!
Des Morgens schon beim Branntewein,
Des Mittags bei dem Bier,
Des Abends bei den Mägdelein
Im Nachtquartier!

Musik verdoppelt die Armee

Mit dem Marsch tanzt der Soldat in die Schlacht

Die Fahnen wehen, frisch auf zur Schlacht!
Schlagt mutig drein!
Es klingt Musik, die uns fröhlich macht,
Ins Herz hinein:
Die Pfeifen und Trommeln mit süßem Klang
Das Feld entlang.
In die Schlacht, in die Schlacht hinein!

Text: Ernst Moritz Arndt (1807); Musik: Preßler

Drum beschwör ich euch, ihr Söhne,
Folgt nicht dem Trommelton,
Folgt nicht Trompetentönen,
Ihr bekommt sonst euren Lohn.

Handschriftliches Soldaten-Liederbuch, Thüringer Wald, 1840, nach Chr. F. Dan. Schubart, 1781 auf Festung Hohenasperg

Bevor das Militär den Marsch für seine friedlichen wie auch kriegerischen Zwecke entdeckt, verbringt dieser seine Kindheit in durchaus ziviler Familie. Auf dem Dorfplatz unter der Linde spielen Musikanten mit Fidel und Bomhart auf. Zunächst in Sätzen zu einem gleichförmigen Schritt-, danach zu schnellem Rundtanz. Bänkelsänger bringen die Melodien von Jahrmarkt zu Jahrmarkt. Dieses fahrende Volk, gern als die Unehrlichen beschimpft, gerät nicht selten in Streit mit den seßhaften Stadtpfeifern, den Ehrlichen. Das sind schon Klassenunterschiede!

Doch weit höher im Rang stehen die Hoftrompeter. Sie fühlen sich als Repräsentanten einer adligen Lebensform. In den Residenzen spielen sie zu Hoffesten, zu Tafel und Turnieren. Hans Schwenk beschreibt in seiner ›Marschmusik – Vom Kriegsruf zum Großen Zapfenstreich‹ diese »Karoliner«, die ihre Rechte eifersüchtig verteidigen: »Mit den Stadtpfeifern, die nur die armseligen Zinken spielen durften, gab es des öfteren teilweise handfeste Auseinandersetzungen. Das blieb so bis weit in das 18. Jahrhundert hinein. Die Trompeter spielten auf silbernen Instrumenten, an denen reichverzierte Wappenfahnen hingen, sie trugen Federhüte und bunte Röcke mit weiten Ärmeln.«

Zum Einzug ihres Fürsten intonieren sie die ›Aufzugmusik‹, die ›Intraden‹. Merkwürdigerweise gehören diese, wie auch die Entwicklung der Marschmusik allgemein, zu den Stiefkindern der Geschichtsforschung, und erst 1967 wird erstmals auf einer Langspielplatte eine Auswahl der ältesten bekannten Notendokumente im Vierviertaltakt – historisch besetzt – produziert: Oberst Johannes Schade arrangiert mit den Bläsern des Heereskorps 6 der Bundeswehr, Hamburg, die ›Marschmusik am Brandenburgisch-Preußischen Hofe‹ und beginnt seine Dokumentation mit zwei Aufzügen für 6 Trompeten von Daniel Speer aus dessen Sammlung ›Neugebackene Taffel-Schnitz‹ von 1685.

In seinen frühen Jahren zeigt sich die Entwicklung des Vierviertaktes nicht allein in feierlichen Märschen und gravitätischen Aufzügen, nicht nur zu Tanz und Repräsentation, längst schon begleitet er als Rhythmus das Marschieren. Den christlichen Prozessionsgesängen, den Wallfahrts- und Kreuzfahrerliedern gibt er den Takt an. So singen im 15. Jahrhundert die Jakobsbrüder auf ihrem camino, dem Pilgerpfad über Pamplona und Burgos nach Santiago de Compostela: »Wer das Elend bannen will, / Der mach sich auf und zieh dahin, / Wohl auf Sankt Jakobs Straßen.«

Und auch zu den Prozessionen religiöser Verzückung schlug der Marsch »im wahrsten Sinn des Wortes« den Takt. Hugo von Reutlingen berichtet (zitiert nach Heinrich Spitta, ›Musikalische Formen in historischen Reihen‹):

Es zogen in Haufen
Im Lande die Geißler umher auf Wegen und Stegen,
Peinigend grausam die Leiber sich selbst mit grausamen Schlägen,
Grausamer Knoten, die ein sie geknüpft in die Geißeln,
Quälten mit grausamen Streichen sie sich – und Hymnengesänge
Schallten darein im erstaunlichen Takt.

Der Marsch, schreibt J. Mattheson in einem ›Kurtzgefaßten Lexicon‹ von 1737, fände zwar auch in theatralischen Aufzügen und in Suiten statt, jedoch mehr noch »... ist Marche eine serieuse, doch dabey frische, ermunternde Melodie, welche ihren eygentlichen Platz vor der Troup auff der Parade hat.«

Doch ein geordnetes Marschieren – gemäß den zwei Beinen des Menschen im Wechsel zwischen links und rechts – zeigt sich erst mit dem Beginn des 18. Jahrhunderts. Noch ist ein »Tempo 114« in weiter Ferne. Die Landsknechte marschieren, besser noch: Sie wandeln in ihren gevierten Haufen mit 60 Schritten in der Minute dahin. Man müsse sich, schreibt Egon Friedell in seiner ›Kulturgeschichte der Neuzeit‹ den Krieger des Barock als aufgeputzte Marionette vorstellen, mit gemessenen und abgezirkelten Bewegungen.

Maximilian I. teilt den Fähnlein der Landsknechte Trommler und Pfeifer zu und gibt hierzu den Erlaß heraus: »Under einem jeden Fändin Knecht werden auch gehalten zum wenigsten zwey

Spil / das sind zwen Trommelschlager und zwen Pfeyffer / so Ir Ampt und Beuelch ist / das sie sich aolzeit bey dess Fändrichs Losament halten und finden sollen lassen / wo man jr bedarff. / Sie sollen geschickt / fromm unnd redlich seyen ...«

Die Trommel wird im Viertakt geschlagen, skandierend begleitet von den Landsknechten: »Wahr dich Baur / Ich kumm // Mach dich bald / Davunn« ... »Hauptmann, gieb / Uns Geld // Während wir / Im Feld« ...«Mädel rück / Heran / Schick dich zu / Der Kann«

Neben diesem ›Marschlied zur Trommel‹ finden sich nur wenige Lieder, die »auf dem Marsch« gesungen werden, etwa das der Schwarzen Bande Franz I. vor Pavia oder das um 1509 entstandene:

/: Wir zogen in das Feld, :/
Da hett wir wedder Seckl noch Geld.
/: Wir kamen für Sibentod, :/
Da hett wir weder Wein noch Brott.
/: Wir kamen in Friaul, :/
Da hett wir allesammt vol Maul.

Strampede mi
Al ami presente
Al nostra Signori.

Ab 1646 erhalten die brandenburgischen Regimenter des Großen Kurfürsten ihre ersten »Militärkapellen«, doch der Hans Schwenk setzt dieses Wort in Anführungszeichen, denn sie sind, recht bescheiden instrumentiert, nicht mehr als vierstimmige Schalmeien-

Korps. »Zudem«, schreibt Schwenk, »behandeln die Pfeifer das Instrument auf orientalische Art. So bleiben Klangfarbe und Tonstärke unverändert.« Das klingt schrill und derart schaurig, daß die Musikanten immer dreißig Schritt von der Truppe entfernt marschieren müssen, um die Soldaten nicht schon vor der Schlacht zu erschrecken. Als Erlösung von den ›Brandenburgischen Schallmeyern‹ kommt bald schon aus Frankreich als neues Instrument das »hohe Holz – Haut Bois«, die heutigen Oboe. Und seit 1726 nennen sich fortan in Deutschland die Militärmusiker Hoboisten.

Den martialischen Ton zur Schlachtenmusik lernen die europäischen Nationen erst in den »Türkenkriegen« vor Belgrad, Wien, Ofen, Peterwardein. Sie hören diese schrill kreischenden und faszinierenden Rasselgeräte der Janitscharen, der Gardekorps des Sultans, diese Pauken und Becken, diese kleinen und großen Trommeln, die Triangeln, Zimbeln und Tamtams. Mit ihnen legt sich ein ohrenbetäubender Lärm über das Schlachtfeld, die eigene Truppe wild anzufeuern und die gegnerische zu erschrecken.

Und inmitten des osmanischen Lärms erhebt sich hoch der ›Mond‹, im Abendland ›Mohammedfahne‹ genannt, diese Standarte der Beys, Beylerbeys und Paschas mit den Roßschweifen, den Rangabzeichen herrschaftlicher Würde. Ihn im Kampf zu erbeuten, gilt den christlichen Mächten als ruhmvolle Tat. Eingegliedert in die siegreiche Armee wird sie hierzulande zum ›Schellenbaum‹, nunmehr zum Schmuckstück des eigenen Musikkorps. Als sich die »Türkenkriege« dem Ende zuneigen, und derlei Raubgut rarer wird, müssen Schellenbäume, die man bislang nur erobern durfte, gestiftet werden. Denn sie zu kaufen, reicht den ruinierten abendländischen Nationen nicht der Militärmusik-Etat.

Neben dieser »Mohammedfahne« gelten auch die exotischen Instrumente als wertvolle Beutestücke. Mit ihnen gründen die christlichen Feinde der Osmanen bald schon ihre eigenen Janitscharenkorps. Doch derlei Lärm fasziniert in den eigenen Reihen nur vorübergehend, nach und nach nimmt die Janitscharenmusik zivilisierte Formen an, von den vielen Rasseln bleiben neben den Becken nur eine große und eine kleine Trommel. Veredelt als ›Turquoiserien‹ gelangen sie alsdann in die verfeinerte Kunstmusik ernsthafter Komponisten wie Haydn, Beethoven und Mozart – mit Namen wie ›Marches-‹ oder ›Rondo alla Turke‹, wenn nicht einfach nur als ›Türkischer Marsch‹.

Aleksandr Suwarow (1730–1800), der siegreiche russische Feldherr unter Katharina II., erkennt in den »Türkenkriegen« über den orientalischen Lärm hinaus die Musik im Schlachtgetümmel grundsätzlich als Teil des Waffenarsenals. Nach der Einnahme der Festung Ismaïl in Bessarabien am 21.12.1790 entgegnet er entrüstet einem Vorschlag, die Musikkorps zu verringern: »Nein, die Musik ist notwendig und von großem Nutzen. Obendrein muß sie sehr laut sein. Sie erfreut das Herz des Kriegers und mißt seinen Schritt, nach ihr tanzen wir selbst in der Schlacht. Mit froherem Mute geht der Greis dem Tode entgegen. Die Musik verdoppelt, verdreifacht die Armee. Mit dem Kreuz in der Hand des Priesters, mit wehenden Fahnen und mit schmetternder Musik nahm ich Ismaïl ein.«

Bald wird die Trompete blasen

Es beginnt mit dem Trommelschläger der Großen Oper Paris, M. Bécourt, er arrangiert den ›Carillon national‹, ein traditionelles Glockenspiel. Der Straßensänger Ladré hört die Melodie und findet dazu einen aktuellen Text: »Ah! Ça ira, / ça ira, / ça ira! / Les aristocrates à la lanterne!« Lafayette hört die Zeilen und vielleicht hat er sie selbst veranlaßt. Nun denn, die Revolution braucht ohnehin einen zündenden Schlachtruf! Das Jahr 1789 neigt sich dem Ende zu. Drei Jahre später trägt die patriotische Armee diesen Rhythmus in die Reihen der verbündeten Feinde über Valmy nach Worms, nach Mainz und Speyer. Und mit ihm die Märsche einer neuen Epoche: ›Pas de Manœvre, le chants du départ‹ und allen voran: die ›Marseillaise‹. Über sie schreibt die ›Chronique de Paris‹, am 20.08.1792: »Man hört, daß gegenwärtig überall das Lied ›Allons enfants de la Patrie‹ verlangt wird. Die Worte sind von Monsieur Rouget, Commandant beim Ingenieurkorps in der Garnison Höningen. Die Melodie ist zugleich ergreifend und kriegerisch. Die Kämpfer singen sie wirkungsvoll, und die Stelle, wo sie ihre Hüte und Säbel schwingen und im Chor rufen: ›Aux armes, Citoyens!‹ läßt einen wirklich erschauern. Auf diese Weise entfachen die neuen Barden vaterländische und kriegerische Gefühle.«

Im Verlauf der Geschichte vom Convent national über Directoire und Consulat bis in den Anfang des Empire eilen Jung und Alt freiwillig zu den Fahnen, um die Errungenschaften der Grande Révolution erst zu verteidigen, dann in ungestümem Tempo zu verbreiten. Gegen derlei »activité ... activité ... vitesse ... vitesse« haben die trägen Söldnerheere der alten Monarchien keine Chancen. Nach den Siegen bei Ulm und Austerlitz, bei Jena und Auerstedt zieht Napoléon, nunmehr als Kaiser der Franzosen, am 27.10.1806 in Berlin ein.

Jetzt muß sich nach und nach in Preußen einiges ändern. Aus der Depression erwachsen neue nationalistische Kräfte, Johann Gottlieb Fichte hält 1807 seine ›Reden an die deutsche Nation‹, zu den vaterländischen Liedern von Friedrich Schlegel, Ernst

Moritz Arndt und Heinrich von Kleist kommen die Kriegslieder. Ernst Moritz Arndt spielt in seinem ›Marsch‹ die Schlachtmusik ein:

Auf! Spielet, Kanonen, zum lustigen Tanz!
Auf! Blitzet, ihr Säbel, zum blinkenden Glanz!
Auf! Wirbelt, ihr Trommeln, im Saus und im Braus!
Auf! Wehet, ihr Fahnen, zum Himmel hinaus!

Doch über die napoleonische Zeit hinaus behält dagegen seine Aktualität für die nächsten zwei Jahrhunderte – zunächst! – ›Der gute Kamerad‹, 1809 von Ludwig Uhland in Tübingen geschrieben und 1825 vom romantischen Liederkomponisten Friedrich Silcher, gleichfalls in Tübingen, vertont:

Ich hatt einen Kameraden,
Einen bessern findst du nit.
Die Trommel schlug zum Streite,
Er ging an meiner Seite
In gleichem Schritt und Tritt.

Eine Kugel kam geflogen,
Gilt's mir oder gilt es dir?
Ihn hat es weggerissen,
Er liegt mir vor den Füßen,
Als wär's ein Stück von mir.

Will mir die Hand noch reichen,
Derweil ich eben lad.
Kann dir die Hand nicht geben,
Bleib du im ew'gen Leben
Mein guter Kamerad.

Der ›Gute Kamerad‹ wird fortan zum nationalen Trauerlied an Kriegsgräbern und Gräbern von Zivilisten. Und er ist weiterhin zu hören an Volkstrauertagen zum Gedenken an die Opfer zweier Weltkriege. »Richard von Weizsäcker traute dem ›Guten Kameraden‹ nicht«, berichtet in seinem Artikel ›Die heimliche deutsche Hymne‹ Kurt Oesterle im ›taz-Magazin‹ vom 10.11.2001: »In seiner Zeit als Bundespräsident ließ er im ›Volkslied-Archiv‹, in Freiburg, anfragen, welche Aufführungstradition das Lied habe. Welche Sorgen den Mann plagten, verrät die Notiz eines Archivars unter dem Briefkopf ›Neue Wache in Berlin – Einigungsvertrag – Wehrmachtstradition‹. Mit anderen Worten: Paßte das Lied noch in die Gedenkkultur des wiedervereinigten Deutschland? Die Antwort des Archivs war tröstlich: Seit 1918 bei staatlichen Totenfeiern aufgeführt worden. Selbst so erhabene Konkurrenz wie Beethovens ›Eroica‹, Wagners Parsival-Vorspiel oder Chopins ›Marche funèbre‹ hätten es nicht verdrängt. Im Alltagsleben des Durchschnittsmenschen gibt es einige musikalische Standardtypen, dazu gehören ›Stille Nacht‹, Mendelsohns Hochzeitsmarsch und das Lied vom ›Guten Kameraden‹. – Diese Standardtypen sind kaum durch etwas anderes zu ersetzen.«

1977 versucht in einer Schrift des ›Wiener Seminars für Melosophie‹ Victor Lazarski der Melodie das Geheimnis seiner Wirkung zu entreißen und glaubt, daß sich das Lied durch eine ihm selbst innewohnende Kraft aus der ›militärischen Enge‹ befreit und sich zum Abschiedslied der gesamten Menschheit gewandelt habe. Im Ersten Weltkrieg wurde der ›Gute Kamerad‹ zum meist gesungenen Soldatenlied an den Fronten, jedoch nicht wegen seiner ergreifenden, sondern wegen seiner begeisterten Wirkung – nun eingebettet in ein Potpourri patriotischer Kehrreime: »Gloria Gloria Gloria Viktoria; / Ja, mit Herz und Hand / Fürs Vaterland. / Die Vöglein im Walde, / die sangen all so wunderschön. / In der Heimat, in der Heimat, / Da gibt's ein Wiedersehn.«

Die Verteidiger dieses Kehrreims begrüßten das ›Gloria‹ als Ventilation unsagbarer Gefühle zwischen Heimweh und Todesfurcht, und Kurt Oesterle schreibt dazu: »Der Gute Kamerad scheint heimgekehrt ins Kaiserreich. Zum Gemüt hat er endlich Gesinnung erworben«.

Doch der Krieg dauert und dauert, und bald gerät der ›Gute Kamerad‹ zum Spottvers, 1916 in Anspielung auf die schlechte Versorgung: »Ich hatt einen Katzenbraten«, und bald in pazifistischer Variante:

Ich hatt einen Kameraden,
Einen schlechtern findst du nit.
Er schleicht mir von der Seite
Und sagt: »Ich tu nit mit«.

Der Autor dieser Dokumentation, Kurt Oesterle hatte einst während seiner Schulzeit das Lied vom ›Guten Kameraden‹ gehört und war seltsam berührt, was ihn nicht hinderte, zugleich an Heiner Müllers Drama ›Die Schlacht‹ (1974) zu denken: Darin gibt es eine Szene, in der die deutschen Soldaten des Zweiten Weltkriegs, vor Hunger dem Wahnsinn nahe, zu Silchers Klang und Uhlands Versen einen toten Kameraden verspeisen. »Das ist die äußerste Katastrophe, die den ›Guten Kameraden‹ ereilen kann. Im kannibalischen Irrsinn des totalen Kriegs findet die Tübinger Romantik ihr Ende.«

Zurück zu den Befreiungskriegen: Wenige Stunden vor seinem Tod am 26.08.1813 dichtet Theodor Körner: »Zur Brautnachts-Morgenröte / Ruft festlich die Trompete; / Wenn die Kanonen schrein, / Hol ich das Liebchen ein. / Hurra!« Und gute zehn Jahre später, sozusagen als Erinnerung an diesen Aufbruch, möchte

›Reiters Morgengesang‹ die Trompeten-Euphorie von einst noch einmal beleben:

Morgenrot,
Leuchtest mir zum frühen Tod?
Bald wird die Trompete blasen,
Dann muß ich mein Leben lassen,
Ich und mancher Kamerad!

Musik: schwäbische Volksweise; Text: Wilhelm Hauff

Einst war die Zeit der ersten Volksheere in Preußen, als »der König rief, und alle alle kamen!« Es war die Zeit der Erhebung, als »alle, alle« zuvor längst da waren, und zwar freiwillig nach dem Modell einer Grande Révolution, die einst ins Land als Reformer kam, jetzt einer Grande Nation, die als Feind blieb.

Den Aufruf des zaudernden Souveräns wartet kein Preuße ab. Alles strömt zu den Rekrutierungsbüros, die Älteren zur Landwehr, die Jüngeren zu den Jägern, am liebsten zu denen des Majors von Lützow (1782–1834) und seiner ›Schwarzen Schar‹, über die Theodor Körner später am 24.04.1813 auf dem Schneckenberge bei Leipzig seine Hymne singen wird – ein Jahr darauf vertont von Carl Maria von Weber:

Was glänzt dort vom Walde im Sonnenschein?
Hör's näher und näher brausen.
Es zieht sich herunter in düsteren Reihn
Und gellende Hörner schallen darein
Und erfüllen die Seele mit Grausen.

Und wenn ihr die schwarzen Gesellen fragt:
Das ist Lützows wilde verwegene Jagd.

Diese Jägercorps sind, nachdem nunmehr die preußische Infanterie abgewirtschaftet hat, eine neue zeitgemäße Strategie, mit kleinen wendigen Einheiten die Franzosen wenn auch nicht zu besiegen, so doch zumindest zu stören – wild und verwegen wie der Weidmann in Wald und Flur. Bedacht auf ihren elitären Stand präsentieren sich die Jäger in eigener gediegener Uniform: Grün die Jacke, hellgrau die Hose, und statt des Helms den Tschako aus Leder. Stürmen sie wider den Feind, rufen sie nicht »Hurra«, sondern »Horrido!« Und in dieses Horrido fallen Märsche, die in ihrer Klangfärbung den Hörnern entsprechen, wenn diese zur Jagd blasen.

Im Verlauf des Jahrhunderts entstehen etliche Jägermärsche: ›Weidmannsheil‹ (AM II, 265), ›Der Jäger aus Kurpfalz‹ (AM II, 243), ›Signalhornmarsch‹. Doch schon in der Zeit der napoleonischen Besatzung reift um 1810 (wenn auch erst später von Heinrich Homann arrangiert und als AM II, 239 eingeordnet) der ›Marsch der freiwilligen Jäger aus den Befreiungskriegen‹ heran. In kommender Friedenszeit avanciert er zum Parademarsch der Jägerbataillone und wird im Volke seinen Spottvers bekommen:

Trinkt Tee, trinkt Tee!
Immer rin in die Heilsarmee!
Schon wieder eine Seele vom Alkohol geret …tet …tet,
schon wieder eine Se …he …le vom Alkohol befreit.

1809 führt Andreas Hofer seine Tiroler in den Volksaufstand, wofür er kurz darauf sein Leben lassen muß (»Es blutet der Brüder Herz, / Ganz Deutschland, ach, in Schmach und Schmerz«). Das rührt auch Ludwig van Beethoven, seine vaterländische Begeisterung packt auch ihn, mit fast vierzig Jahren schreibt er einen ›Marsch für die Böhmische Landwehr‹ und dediziert ihn Erzherzog Anton Victor, dem jüngeren Bruder des Kaisers Franz. Uraufgeführt als Festmusik zum ›Carrousel am glorreichen Namenstag Ihrer K. K. Majestät Maria Ludovika‹ im K. K. Schloßgarten zu Laxenburg, repräsentiert die Partitur dennoch, stark rhythmisch akzentuiert, ein Stück militärischen Profils mit des Komponisten handschriftlichem Hinweis: »Allegro, in dem jetzt gewöhnlichen Tempo der Märsche.«

Einmal marschiert Beethoven, so will es eine Anekdote wissen, selbst an der Spitze einer Blaskapelle – wenn auch nur der Bürgerwehr.

Ein paar Jahre später findet diese Pièce ihren Weg vom höfischen Fest vor Wien über die böhmische Landwehr in die Reihen der preußischen Truppen. Mit ihrem nunmehr neuen Namen ›Marsch des Yorckschen Korps‹ glorifizieren die Verbündeten – wenn auch mit Verspätung – einen General, der sich mit hochverräterischer Eigenmächtigkeit, wenn auch mit staatsbürgerlicher Courage gegen seinen zaudernden König stellt: Yorck von Wartenburg.

Der Rehabilitierung des Generals, nunmehr Graf, folgt die Ehrung seines Marsches: 1817 wird er als erster und ältester deutscher Geschwindmarsch mit der Nummer II, 37 nach 36 vorangestellten russischen in die Sammlung der Preußischen Armee aufgenommen. Er übersteht Schlachten, Manöver und wieder Schlachten und ist bis heute nach dem Paradermarsch in Zügen und dem Locken die dritte Folge im ›Großen Zapfenstreich‹, der ein Königtum, zwei deutsche Reiche, zwei Republiken und zwei Weltkriege übersteht.

Es ist der 18.06.1815. Über dem Feld von Belle Alliance sinkt die Sonne. Plötzlich Verwirrung, ein Ruf: »Die Garde weicht!«. Um neun Uhr abends ist die Geschichte Napoléons zu Ende. In der

Nacht fallen sich Blücher und Wellington in die Arme. »Quelle affaire!« ruft Blücher aus. Mit dem Morgentee und dem Toast wird die Verlustliste gebracht: Zusammengezählt sind es 15 000 Briten und 7000 Preußen. Wellington kommen die Tränen. Die Zahl der toten Franzosen erfährt er nicht, auch nicht die der Invaliden. Wo werden sie bleiben auf den Trümmern ihrer einstigen Grande Nation? In der Sammlung des Freiherrn von Lipperheide (1907) findet sich ein militärisches Sprichwort vergangener, und doch nie vergehender Zeiten:

> Abgedankte Soldaten haben Würmer im Gewissen,
> Zerrissene Kleider,
> Zerhackte Leiber,
> Wohlgebrauchte Weiber,
> Ungewisse Kinder,
> Weder Pfand noch Rinder
> Und weder Geld noch Brot im Sack.

Diese Waisenkinder des Ruhms! Durch die Risse ihrer zerlumpten Uniform lauscht das nackte Elend. Und doch bleiben sie, obgleich verstümmelt, ermattet und hinkend, immer in einer Art militärischen Schrittes. Und allen voran, wie seltsam, dieser Tambour, Heinrich Heines legendärer Monsieur Le Grand. Er schwankt mit seiner Trommel voran:

> Trallerie, trallerei, trallera!
> Da stehen morgens die Gebeine
> In Reih' und Glied wie Leichensteine,
> Die Trommel geht voran!
> Trallerie, trallerei, trallera …

Anders sieht es Napoléon auf Sankt Helena. Er erinnert sich: »Es war ein prachtvolles Schauspiel! Die Trompeten schmetterten, die Trommeln wirbelten, die Melodien der Musikbanden riefen den Soldaten hunderte von Siegen ins Gedächtnis zurück. Die Erde schien stolz, so viele Tapfere beieinander zu sehen.«

Die folgenden langen Friedensjahre überbrücken die einstigen Verbündeten mit verklärenden Erinnerungen an die schöne Zeit gemeinsamer ruhmreicher Waffengänge. Veteranentreffen vergolden das Andenken mit gigantisch vertonten Schlachtgemälden. Unvergessen bis ins spätere deutsche Kaiserreich bleibt das Militärfest von Kaliscz, einem polnischen Ort im gleichnamigen russischen Generalgouvernement, acht Kilometer von der preußischen Grenze entfernt. Joachim Toeche-Mittler beschreibt diese Mammut-Revue von 1835: »Zar Nikolaus I. veranstaltete dankbaren Herzens für die Waffenbrüderschaft, mit der vor 20 Jahren Russen und Preußen gemeinsam ihre Länder vom Joch Napoléons befreit hatten, ein Treffen, zu dem er mit seinem Hof und 60 000 Soldaten ein Lager bei Kaliscz bezog. Die Preußen waren als Gäste geladen. Der Preußische König kam zu Pferde an der Spitze seines Détachements, und dann lief durch 10 Tage ein Volksfest, wie es in solcher Kraft nur russische Mentalität kennt.

Vom Großen Wecken bis zum Großen Zapfenstreich, von Paraden bis zu wilden Reiterspielen (eine Attacke stehend im Sattel), von gemeinsamen Gelagen, von Theater, Tanz und Feuerwerk bis zu einem russischen Riesen-Militärkonzert – dabei ein preußischer Marsch!«

Und hieran erinnert bis heute der ›Marsch auf einen spanischen Nationaltanz – Erinnerung an Kaliscz‹ (AM II, 102), 1835 komponiert von Prinzeß Wilhelm von Preußen, der späteren Kaiserin Augusta.

Am Ende der Vierziger Jahre führt ein Streit um die Herzogtümer Schleswig und Holstein zu einer Intervention Preußens in

Dänemark – ein kurzer, schnell vergessener Waffengang. Doch schon ein Jahr später, im Sommer 1849, kann sich das autoritäre Königreich Preußen als Polizist des Deutschen Bundes beweisen. An der Spitze zweier Korps marschiert Prinz Wilhelm (der spätere Deutsche Kaiser) in Baden und der Rheinpfalz ein, um eine angeblich aufständische Bevölkerung zusammenzuschießen. Orte wie Bruchsal, Durlach und Rastatt stehen für die ruhmlosen, von keinem Siegesmarsch verherrlichten Gemetzel. Stattdessen bleibt einzig das Badische Wiegenlied:

Schlaf, mein Kind, schlaf leis,
Dort draußen geht der Preuß!
Deinen Vater hat er umgebracht,
Deine Mutter hat er angemacht,
Und wer nicht schläft in stiller Ruh,
Dem drückt der Preuß die Augen zu.

Der Preuß hat eine blut'ge Hand,
Die streckt er übers bad'sche Land.
Wir alle müssen stille sein,
Als wie dein Vater unterm Stein.
Schlaf, mein Kind, schlaf leis,
Dort draußen geht der Preuß!

Musik: W. Taubert; Text: anonym

1864 wird für Wilhelm, seit 1861 König, und für Bismarck, seit 1862 Ministerpräsident, der Weg frei für die drei Preußischen Kriege, die dem Land die Vorherrschaft zunächst im Deutschen Bund, alsdann im Norddeutschen Bund, am Ende im Deutschen Reich bringen wird. Am Beginn steht wieder einmal der Streit um die Herzogtümer im Norden. Der greise Generalfeldmarschall Graf Wrangel, 80 Jahre alt, überschreitet die Eider, die Dänen ziehen sich nach Alsen hinter ihre frisch befestigte Stellung, die ›Düppeler Schanzen‹, zurück. Dieser Feldzug reiht sich zwar nicht gerade in die großen welthistorischen Operationen ein, dennoch überlebt dieser Deutsch-Dänische Krieg als Fußnote in der Geschichte der Marschmusik.

April 1864. Zum allerletzten Mal spielt ein Militärorchester in vorderster Front zum Angriff. Johann Gottfried Piefke (1815–1884), Musikdirektor beim Grenadier-Regiment No. 8, Frankfurt/Oder, rückt mit den Armeen vor, am Alsener Sund bei dem Dorf Düppel postiert er seine vier Kapellen der preußischen Füsiliere, Grenadiere und Infanterie und feuert mit dem Yorckschen Marsch von Beethoven den Sturm auf die Schanzen an. Diese Szene wird für die folgenden Zeiten eine beliebte Geschichte in den deutschen Schullesebüchern: »Am Morgen des 18ten April leuchtete ein klarer Himmel über Düppel. Der alte Papa Wrangel ritt vorbei und rief: ›Kinder, abkochen könnt ihr später, zuerst werden die Schanzen gestürmt!‹

Jedermann prüfte sein Gewehr. Ist die Kugel im Lauf? Sitzt das Bajonett fest? Auf einem Hügel stand der Musikdirektor Piefke mit vier Kapellen. Alle Herzen schlugen höher, als er den Taktstock hob. Zehn Uhr! Die Schützen sprangen auf unter den gewaltigen Klängen des Marsches. Plötzlich schlug eine Kartätsche dicht neben dem Dirigenten ein und riß ihm den Taktstock aus der Hand. Aber geistesgegenwärtig zog der tapfere Piefke seinen Degen, und mit ihm dirigierte er weiter bis zum Sieg. Den armen Dänen aber lagen die schmetternden Trompeten der Preußen noch lange in den Ohren.«

Dieses Erlebnis verarbeitet Johann Gottfried Piefke gleich schon zu einem Marsch, nennt ihn, die ersten Takte des Liedes »Steh ich in finsterer Mitternacht / So einsam auf der stillen Wacht« (nach dem Text von Wilhelm Hauff) voranstellend, den ›Düppeler Schanzen Sturmmarsch‹ (AM II, 186). Doch auch die eigene Gefahr, in der er schwebte, will der Held verewigen, und wenig später fügt er eine zweite Komposition hintan, den ›Düppeler Sturmmarsch‹ (AM II, 185). Dazu läßt er sich einen hübschen Gag einfallen: Mittendrin bricht ganz plötzlich die Musik ab, ein Paukenschlag simuliert den Einschlag der Kartätsche, und nach 5 Takten Stille bläst ein einzelner Pfeifer das Signal zum Avancieren. Gleich setzt sich alsdann der Marsch in voller Besetzung fort.

Nicht nur gegen die schmetternden Trompeten, auch gegen drei Korps der verbündeten Preußen und Österreicher gibt es keine Chancen für diesen Gegner, für dieses – wie es Moltke liebevoll herablassend nennt – ›poor little Danmark‹.

Dieses Düppel symbolisiert für künftige Zeiten den letzten Fronteinsatz aller Militärmusik, doch auch für den greisen Feldmarschall ist hier in Düppel die Karriere zu Ende. Leicht altersverwirrt muß der Achtzigjährige das Kommando an den 36jährigen Neffen des Königs, Prinz Friedrich Karl, abgeben. Wrangels Name aber darf nicht vergessen werden: 1873 werden ihm zu Ehren die Düppeler Schanzen in ›Wrangel-Schanzen‹ umbenannt.

Doch unmöglich, einen schlichten, wenn auch ranghohen General zu ehren, ohne des Königshauses zu gedenken. Und so bekommt das Berliner Waldgebiet rund um Stölpchen- Pohle- und kleinem Wannsee, auf dem der siegreiche Prinz Friedrich Karl seinen eben vom Schnapsbrenner Gilka (›Gilka-Kümmel‹) erworbenen Gutshof bewirtschaftet, den Namen ›Düppeler Forst‹.

Retour in die Etappe

Musikdirektor Piefke, nun berühmt, kommt von seinem Fronterlebnis so schnell nicht los, gleich verarbeitet er zwei weitere Kriegsschauplätze zu Marschkompositionen: den ›Alsenströmer‹ (AM II, 190) und den ›Limfjordströmer‹ (AM II, 191), in dem er als Trio eine Volksweise einbaut: ›Der Reiter und sein Mantel‹:

> Schier dreißig Jahre bist du alt,
> Hast manchen Sturm erlebt,
> Hast mich wie ein Bruder beschützet.
> Und wenn die Kanonen geblitzt,
> Wir zwei haben niemals gebebt.
>
> *Musik: K. Eberwein; Text: Karl von Holtei*

Als zwei Jahre später Preußen zum zweiten Schlag ausholt, jetzt gegen Österreich und die deutschen Bundesstaaten, werden Piefkes Märsche zur gefragten Begleitmusik der Feldzüge. Er wird mit seinem Musikkorps nach Böhmen beordert.

Es ist Ende Juni 1866. Er trifft seinen König in Gentschin und begleitet ihn nach Sadowa. Am Morgen des 3. Juli steht es anfangs noch gut um die Preußen, doch um zehn Uhr stockt der Vormarsch, die Artillerie der Österreicher zeigt sich in ihrer vollen Überlegenheit, Wilhelm I. ist verzagt. Da plötzlich zieht das Leibgrenadier-Regiment No. 8 am Feldherrnhügel vorbei, die Kapelle voran, an der Tête Johann Gottfried Piefke. Er hebt den Taktstock zum ›Preußenmarsch‹ seines Erfurter Kollegen Joseph Golde, doch nicht genug, gleich anschließend intoniert er die Hymne ›Heil dir im Siegerkranz‹. Die Preußen fassen wieder Mut, ihre Infanterie, das Gardekorps in der Mitte, stürmt die Höhen, der Weg nach Chlum ist frei, um ein Uhr mittags auch der nach Königgrätz.

König Wilhelm schreibt seiner Gemahlin Augusta einen Brief: »Es waren bange Stunden, als ich mitten in der Schlacht hielt und die Entscheidung derselben mir sehr unsicher war. Da zog mit dem Leibregiment Piefke an mir vorüber, und das ›Heil dir im Siegerkranz‹, welches plötzlich an mein Ohr drang, ergriff mich wunderbar. Es war ein erhebender Moment!«

Piefke bleibt zurück, er hat zu arbeiten. Er weiß, daß zur Abendtafel seines Souveräns der Siegesmarsch verlangt wird. In Eile schreibt er den ›Königgrätzer‹ (AM II, 195), doch er wird nicht fertig, die hohen Herrn sitzen bereits zu Tisch, vier Musikkorps warten ringsum, endlich kommt ihr Chef, er ist verzweifelt, faßt sich aber und fügt in seinen unfertigen Königgrätzer als Trio eine alte Weise ein, einen Reitermarsch von 1745 – fortan 120 Jahre lang die ›Ruhmesfanfare Preußens‹ – den ›Hohenfriedberger‹, (AM III, 1 b): »Auf Ansbach Dragoner, / Auf Ansbach Bayreuth!« Die Vorführung wird ein großer Erfolg. Dreimal muß Piefke seinen ›Königgrätzer‹ wiederholen.

Nach der Schlacht folgt eine kurze Ruhe, doch nur für einen Teil der Soldaten. Den Musikern steht ein umfangreiches Etappen-Programm bevor: Hätte Musikdirektor Piefke ein Tagebuch geführt – so spintisiert Joachim Toeche-Mittler im dritten Band seiner ›Armeemärsche‹ – stünde da: »13. Juli 1866: Ehrenkompanie mit Fahne und Musik in Brünn vor dem Palais des Königs nahe der Thomaskirche. 14. Juli 1866: Großer Zapfenstreich aller Musikkorps der 5. Division ebenda.« Und so ginge es fort: »Abendmusik in den Quartieren ... Platzmusik für die Dorfbewohner ... Musik an Ruhetagen ... Musik zum Gottesdienst ... Musik zur Bestattung der Gefallenen ... Da die Einheiten über mehrere Orte verteilt liegen, sind die Musikkorps im Fußmarsch von Dorf zu Dorf unterwegs, um keine Kompanie zu benachteiligen. Ein requiriertes Pferdefuhrwerk befördert die Notenkisten und Notenständer. Zum Kutschieren findet sich schnell ein Hoboist, der als Bauer oder einstiger Angehöriger einer berittenen Truppe über ›Pferdeverstand‹ verfügt ... Aller Verstand ist freilich am Ende, wenn der Krieg aus ist, das Requirieren aufgehört hat und dem Pferd etatmäßig kein Futter zusteht. Dann heißt es, privat in die Geldbörse zu greifen ...« Preußen gönnt den Bundesstaaten keine Ruhe. Eben im sogenannten »Bruderkrieg« besiegt und, wenn nicht enteignet, so zumindest zu botmäßigen Vasallen degradiert, werden sie zu erneutem Waffengang gerufen – nunmehr Seit' an Seit'. Frankreich als Gegner steht fest, ein ferner Kriegsgrund ist schnell gefunden, jetzt kommt zum Kriegstaumel zunächst einmal der Spott auf Napoléon III., auf die Kaiserin Eugénie und Vincenz Graf Benedetti, den Botschafter Frankreichs.

Nach der Melodie ›Prinz Eugenius der edle Ritter‹ von 1717 dichtet Wolrad Kreusler 1870 in 14 Strophen das ›Soldatenlied‹:

König Wilhelm saß ganz heiter
jüngst zu Ems dacht gar nicht weiter
an die Händel dieser Welt.
Friedlich, wie er war gesunnen
trank er seinen Krähnchenbrunnen
als ein König und ein Held.

Da trat in sein Kabinette
eines Morgens Benedette
den gesandt Napoleon.
Der fing zornig an zu kollern
weil ein Prinz von Hohenzollern
sollt auf Spaniens Königsthron.

Wilhelm sagte: »Benedettig!
Sie ereifern sich unnötig
brauchen Sie man nur Verstand
vor mir mögen die Spaniolen
sich nach Lust 'nen König holen
mein'thalb aus dem Pfefferland.

Der Gesandte, so beschieden
war noch lange nicht zufrieden,
weil er's nicht begreifen kann
und er schwänzelt und er tänzelt
um den König und scharwenzelt
möcht es gerne schriftlich han.

Da sieht unser Wilhelm Rexe
sich das klägliche Gewächse
mit den Königsaugen an.
Sagte gar nichts weiter, sundern
wandte sich, so daß bewundern
jener seinen Rücken kann.

Als Napoleon das vernommen
ließ er gleich die Stiebeln kommen
die vordem sein Onkel trug.
Diese zog der Bonaparte
grausam an, und auch der zarte
Lulu nach den seinen frug.

So in grauser Kriegesrüstung
rufen sie in stolzer Brüstung:
»Auf Franzosen, übern Rhein!«
Und die Kaiserin Eugenie
ist besonders noch diejenige
die ins Feuer bläst hinein.

Viele Tausend rote Hosen
stark nun treten die Franzosen
eiligst untern Chassepot,
blasen in die Kriegstrompete
und beim Heere à la tète
brüllt der tapfre Turiko.

Der Zephyre, der Zuave
der Spahi und jeder Brave
von der Grande Nation.
An zweihundert Mitrailleusen
sind mit der Armee gewesen
ohne sonstiges Kanon.

Deutschland lauschet mit Erstaunen
auf die fränkschen Kriegsposaunen
ballt die Faust, doch nicht im Sack,
nein, mit Fäusten, mit Millionen
prügelt es auf die Kujonen
auf das ganze Lumpenpack.

Wilhelm spricht mit Moltk' und Roone
und spricht dann mit seinem Sohne:
»Fritz, geh hin und haue ihm!«
Fritze, ohne lang zu feiern
nimmt sich Preußen, Schwaben, Bayern
geht nach Wörth und hauet ihm.

Haut ihm, daß die Lappen fliegen
daß sie all die Kränke kriegen
in das klappernde Gebein,
daß sie, ohne zu verschnaufen
bis Paris und weiter laufen –
und wir ziehen hinterdrein.

Unser Kronprinz, der heißt Fritze
und der fährt gleich einem Blitze
unter die Franzosenbrut.
Und, ob wir uns gut geschlagen
Weißenburg und Wörth kann sagen
denn wir schrieben dort mit Blut.

Ein Füsilier von dreiundachtzig
hat dies nette Lied erdacht sich
nach der alten Melodei.
Drum ihr frischen, blauen Jungen
lustig darauf losgesungen
denn wir waren auch dabei.

Ein Krieg wird gewonnen, ein Reich entbunden, ein Kaiser proklamiert. Das Wilhelminische Zeitalter bricht an, eine Ära der militärischen Revuen, der Paraden, der Sieges- und jährlichen Sedan-Feiern ...

Doch noch ist Krieg. Er dauert bis weit ins nächste Jahr hinein, über den Fall von Sedan, den Sturz Napoléons und die Kapitulation von Metz hinaus, über den Festakt im Schloß von Versailles, die Belagerung und den Beschuß von Paris. Erfolglos versucht der Republikaner Léon Gambetta, die ›Marseillaise‹ neu zu beleben, aber Paris ist kriegsmüde, das »Allons, enfants de la Patrie, / Le jour de Gloire est arrivé« von 1792, allenfalls noch von 1830 und 1848, zieht nun nicht mehr. Die Leiber der letzten Patrioten, als Kommunarden ermordet, liegen an der Mauer des Cimetière du Père Lachaise.

Für das zum Deutschen Reich erweiterte Preußen werden die Schlachtfelder in Frankreich zum guten Boden für Märsche und Kriegslieder, die die vaterländische Euphorie für einen kommenden langen Frieden von 43 Jahren nähren sollen: Gottfried Piefke komponiert ›Preußens Gloria‹, (AM II, 240), Friedrich August Trenkler den ›Versailler Festmarsch zum 18. Januar 1871‹ (AM II, 206) und Carl Walther den ›Wörther Siegesmarsch‹. Neu belebt werden der historische ›Sedan-Marsch‹ von Carl Lange (AM II, 45 a) und der ›Pariser Einzugsmarsch‹ von Johann Heinrich Walch (AM II, 38) – als Erinnerung an die Befreiungskriege von 1814/15.

Lustige Lieder heitern die Palette der strengen Marschkompositionen auf: ›Es gibt nichts Schöneres auf der Welt‹ ... ›Musketiere sein's lust'ge Brüder‹ ... und – weitaus berühmter – das ›Kutschke-Lied‹:

Was kraucht dort in dem Busch herum?
Ich glaub, es ist Napolium.
Was hat der rumzukrauchen dort?
Drauf, Kameraden, jagt ihn fort.

Napolium, Napolium,
Mit deiner Sache geht es krumm.
Mit Gott drauf los, dann ists vorbei
Mit deiner ganzen Kaiserei.

Musik: Ludwig Stasny; Text: Gotthelf Hoffmann

Diese Spottverse werden überraschend 1933 sogar in die Armee-Sammlung als Heeresmarsch III B, 62 aufgenommen. Das gelingt selbst Emanuel Geibel nicht, dem Poeten lyrischen Volksguts mit »Empor mein Volk, / Das Schwert zur Hand«, »Habt ihr in hohen Lüften / Den Donnerton gehört?« und »Nun lasset die Glocken / Von Turm zu Turm / Durchs Land frohlocken«.

Es ist der 18.08.1870. Bei der legendären Attacke des Magdeburger Kürassier-Regiments No. 7 um Gravelotte und Saint Privat überlebt von elf Trompetern nur ein einziger: August Binkebank,

25 Jahre alt. Ferdinand Freiligrath widmet ihm und seiner Trompete eines der volkstümlichsten Kriegslieder der Zeit:

> Die Brust durchschossen, die Stirn zerklafft,
> So lagen sie bleich auf dem Rasen,
> In der Kraft, in der Jugend dahingerafft;
> Nun Trompeter, zum Sammeln geblasen!
>
> Und er nahm die Trompete, und er hauchte hinein,
> Da, – die mutig mit schmetterndem Grimme
> Uns geführt in den herrlichen Kampf hinein, –
> Der Trompete versagte die Stimme!
>
> Nur klanglos Wimmern, ein Schrei voll Schmerz
> Entquoll dem metallnem Munde;
> Eine Kugel hatte durchlöchert ihr Erz –
> Um die Toten klagte die wunde!

Der Trompeter Binkebank verkauft seine Geschichte 1872 an die ›Gartenlaube‹, als Kriegsinvalide findet er sein Altersbrot auf dem Rittergut Pomßen in Sachsen, die Trompete bekommt ihren Ehrenplatz in der Paulskirche zu Halberstadt. So sehr beflügelt die rührende Geschichte die Zeitgenossen, daß Karl Gerok noch eine Version hinansetzt: ›Die Rosse von Gravelotte‹:

> Ledige Rosse, den Sattel leer,
> Irren verwaist auf der Walstatt umher.
> Doch der Trompete schmetternd Signal
> Ruft aus der Ferne zum drittenmal.
>
> Truppweis, in Rotten zu dreien, zu zwein
> Stellen die ledigen Rosse sich ein.
> Wo ihr die Tapferen von Gravelotte nennt,
> Denkt auch der Rosse vom Leibregiment!

Am Ende bleiben der Historie nicht nur Euphorie und Siegestaumel. Soldaten ziehen ins Feld. Blumen. Jubel. Soldaten kehren heim.

Es ist der 16.06.1871. Wieder sind die Bahnsteige geschmückt. Girlanden und Kränze vereinen sich im Bild mit den Bouquets in den Händen der Frauen, mit dem Laub an den Käppis der Soldaten. In den Jubel mischt sich das Schluchzen der Freude. Im Spalier der Menge steht Theodor Fontane:

> Erst die Garde, Brigaden vier,
> Garde und Garde-Grenadier.
> Mit ihnen kommen, geschlossen, gekoppelt,
> Die Säbel in Händen, den Ruhm gedoppelt,
> Die hellblauen Reiter von Mars la Tour,
> Aber an Zahl die Hälfte nur.

Ankunft der Garde-Grenadiere No. 4. Königin Augusta, nun Kaiserin, erhielt das Regiment einst als Geschenk. Ihm galt ihre Fürsorge: Den Unteroffizieren eine Bücherei, den Mannschaften Blumenkästen vor die Fenster der Kaserne. Auf dem Bahnsteig letzter Bekleidungsappell. Alle Uniformen sind von Blut und Kot und dem Schmutz des Krieges gründlich gereinigt. Abmarsch zum Defilee. Es ist ein strahlender Sommertag. Die Kaiserin trägt bedeckt, doch trägt sie nicht die Uniform ihres Regiments. Unter den Linden wartet sie, in der Ferne hört sie den Tritt. Auch die Musik der 4. Garde-Grenadiere erkennt sie schon von weitem, es ist der ›Marsch nach Motiven der Oper Die Zigeunerin‹ von Michaël William Balfe (AM II, 136). Ihr Gemahl, damals noch Prinz, hatte ihr die Pièce 1841 zum dreißigsten Geburtstag aus Wien mitgebracht. Ihre Augen werden feucht. Nun zieht an ihr vorbei, was vom Regiment noch übrig ist. Sie grüßt, wendet sich ab. Dann bricht sie in Tränen aus.

Nach 190 Tagen mit 15 Schlachten und über 100 kleinen Gefechten ist der Krieg vorbei. An seinem Ende zählt man 80 000 tote Franzosen. Bei den Deutschen sind es 40 000 Tote – bei einer Gesamtverlustzahl von 130 000. Zu der großen Zahl der Toten kommt der Verlust von zwei Bataillonsfahnen – eingebüßt bei Dijon und Mars la Tour.

Die Geschichte dieser mörderischen Episode am Anfang der Siebziger Jahre wird nicht allein von Preußen geschrieben. Mit hineingetrieben sind neben weiteren drei Königreichen, sechs Großherzog- und sieben Herzogtümern, auch kleinste Bundesstaaten in Fürstenbesitz – unter ihnen die beiden Lippe. Von der Begeisterung für diesen Feldzug singt der Kabarettist Joseph Plaut (1879–1966) einen Marsch im betont langsamen Tempo. Von 1900 bis 1901 diente Plaut selbst als Einjährig-Freiwilliger im Infanterie-Bataillon No. 66, stationiert in Detmold, einer Einheit, die dreißig Jahre vor seiner eigenen Verpflichtung an der – wenn auch nicht gerade vordersten – Front im Westen stand:

Zu Siebzig, da zogen die Lippeschen Schützen
Nach Frankreich hinein, um das Vaterland zu schützen.
Zum Truderidera! Zum Truderidera!
Zum Truderidera! Und die Lipper, die sind da!

So zogen wir fröhlich und froh der Dinge
Von Detmold nach Lage und da nach Lippspringe.
…

Als wir nun kamen durch das lütje, lütje Horn,
Da hatten wir schon unsere Fahne verlor'n.
…

Und als wir marschierten durch die qualmige Stadt Essen,
Da haben wir unseren mitgebrachten Pickert aufgegessen.
...

Und als wir marschierten an dem freien deutschen Rhein,
Da taten sich die rheinischen Mädchen wohl freu'n.
...

Und als wir marschierten nach Frankreich hinein,
Da tat der Krieg schon zu Ende sein.
Zum Truderidera! Zum Truderidera!
Zum Truderidera! Und die Lipper, die sind da!

Eine neue Zeit in Feldgrau

»Ein Tag der Rosen im August, / Da hat die Garde fortgemußt.« Mit diesem Lied ziehen die Regimenter der Garde im Sommer 1914 fort aus Berlin. Der Bunte Rock ist durch das Feldgrau ersetzt. Joachim Toeche-Mittler beschreibt eine dieser Szenen: »Das 2. Garde-Regiment zu Fuß verläßt 20 Uhr abends seine Kaserne in Berlin, Friedrichstraße. Blumengeschmückt wird es von den Angehörigen auf dem Wege zur Verladung begleitet. Der Marsch geht durch das Brandenburger Tor und die Charlottenburger Chaussee hinunter über Knie, Charlottenburger Schloß zum Bahnhof Westend. Das sind gute 8½ km mit vollem Gepäck. An der Spitze spielt die Regimentsmusik. Diesmal sind es keine Armeemärsche, es sind Melodien, vom 32jährigen Wilhelm Lindemann dirigiert: ›Nun ade du mein lieb Heimatland‹ und ›In der Heimat gibt's ein Wiedersehn‹. Indessen wird es dunkel. Die Stücke müssen auswendig gehen.«

An die Waggons der Eisenbahn schreiben die Soldaten mit Kreide in ungelenkem Sütterlin: »Zum Frühstück / Auf nach Paris«. Aber sie kommen nicht so weit, General Joffre, Oberbefehlshaber des französischen Heeres, stoppt die Offensive, und bei ihrem letzten Bummel durch Paris singen die Poilu, die langen Schöße ihrer blauen Röcke an den Ecken hochgeknöpft:

C'est l'Alsace et la Lorraine
C'est l'Alsace qu'il nous faut,
Oh, Oh, Oh, Ooh!

... wobei sie das letzte »Oh!« in einem triumphierenden Jauchzen ausklingen lassen. Im September ist die Schlacht an de Marne geschlagen. Bei Ypern wird noch ein wenig Gelände gewonnen, verloren und wieder gewonnen. Es lohnt nicht. Aus dem deutschen Hauptquartier in Koblenz kommt der Befehl zum Stellungskrieg. Die Front gräbt sich ein.

Der Militärmusik bleibt nunmehr nur das Platzkonzert in den entfernt ruhigen Orten der Etappe. Zu neuen Marschkompositionen bieten sich kaum Anlässe, auch fehlen den Komponisten Lust und heldische Anregung. Aus dem Lehm und dem Dreck flandrischer Schützengräben formen sich keine Heldentaten. Im Süden verschiebt Frankreich die Front ins deutsche Elsaß – doch nur kurz. Am 12. August meldet die Heeresleitung: »Der deutsche Boden ist vom Feind gesäubert«. Doch verschweigt der Bericht, daß es gerade an diesem Tage an den Abhängen der Vogesen, keine 15 km westlich des Col de Prayé, zu heftigen Kämpfen kommt. Eine Ortschaft wird zerstört: Badonviller. Das königlich bayerische Infanterie-Leibregiment, kurz »die Leiber« genannt, erleidet große Verluste.

In sicherer Entfernung sitzt Georg Fürst (1870–1936), seit drei Jahren Stabsmusikmeister dieses Regiments, rückwärtig an der Nachschubstraße. Seine Kapelle ist reduziert, die meisten seiner

Hoboisten sind zum Sanitätsdienst kommandiert. Und da kommen sie auch schon vorbei auf dem Weg zu den Lazaretten, lärmend mit den Hupen ihrer Sanitätskraftwagen: »Ta-tüüü ... ta-tüüü ... ta-tüüü ...« Die Zahl der Verwundeten steigt, die ganze Nacht rasen die Automobile vorbei, die ganze Nacht hört Georg Fürst das Hupen. Mit diesen permanenten »Ta-tüüü ... ta-tüüü ... ta-tüüü ...« kommt dem Stabsmusikmeister die Idee für einen Marsch, das ›Ta-tüüü‹ wird dabei zum zündenden Motiv. 1925 wird sein Stück als ›Marsch von Badonviller‹ mit der No. II, 256 in die Preußische Sammlung aufgenommen. Für Toeche-Mittler gilt er als der großartigste Posaunenmarsch der Infanterie, den Deutschland besitzt. Das muß einst auch ein Adolf Hitler empfunden haben, der sich am 03.08.1914 als Freiwilliger bei einem Infanterie-Regiment des bayerischen Königs Ludwig III. in München meldet. Er trägt die Uniform, wie er in seiner Biographie schreibt, sechs Jahre, schafft es – mangelnder Führungsqualitäten wegen – jedoch nur bis zum Gefreiten. 1933 kommt er zum Zug, zwei Jahre danach auch sein Marsch: Dieser wird zu einer Art ›Hohenfriedberger‹ eines neuen Reichs – nun allerdings unter einem deutschen Namen: ›Der Badenweiler‹.

Nur noch wenige Märsche bringen diese vier Kriegsjahre zur Welt, allenfalls nationales Eigenlob: Franz von Blons ›Viktoria-Marsch‹ etwa, oder Oskar Hackenbergers ›Deutschland hoch in Ehren‹; und der Bayer Otto Kirmse verehrt seinem Kommandeur von Rücker 1915 ›Auf der Côte Lorraine‹.

Am 18.07.1916 wird der Kampfflieger Max Immelmann nach 15 Luftsiegen über Flandern abgeschossen. Hermann Blankenburg widmet ihm »als Andenken und in treuer Erinnerung« einen Marsch mit dem Titel ›Der Adler von Lille‹; im Trio ähnlich einer Trauer-Melodie.

Etwas mehr Euphorien entwickeln die Komponisten zum Bewegungskrieg an der Ostfront: den ›Tannenberg-‹, den ›Wolhynien-Marsch‹, und dann kommt es zum letzten Marsch, den der König von Preußen höchstselbst zum Armeemarsch bestimmt – mit der Nummer AM III, 219.

Es ist der 06.09.1917. Im Baltikum wird die Kerenski-Offensive der Russen abgeschlagen, die 8. Armee marschiert in Riga ein, an der Spitze des Reserve-Infanterie-Regiments No. 59 der Stabshoboist Karl Hagen. Eigens für diesen Siegestag hat er sein Stück komponiert: den ›Rigaer Einzugsmarsch‹. Kaiser Wilhelm hört ihn und kommentiert: »Ha, etwas Neues! Ein reizend neckischer Marsch.«

Hier endet das Jahrhundert der Armeemärsche. An den Fronten des Westens wird das Soldatenlied populär. In etlichen Broschüren findet es sich in den Tornistern, ›Sturmlied 1914‹, ›Jungfer Lüttich‹, ›Soldaten-Abschied‹ oder ›Nun gnade Gott, die Landwehr kommt!‹. Aber sie alle sind meist zu kompliziert, um von den Soldaten auf dem Marsch, in der Etappe oder an der Front gesungen zu werden. So bleiben für die Feuerpause in Graben oder Unterstand immer noch die alten unverwüstlichen ›Drei Lilien, drei Lilien, die pflanzt ich auf mein Grab‹ mit der vielleicht eben noch knapp bekannten dritten Strophe:

Und sterbe ich noch heute,
So bin ich morgen tot.
Dann begraben mich die Leute
Ums Morgenrot.
Juvi-vale-rale-rale-rale-ra.
Dann begraben mich die Leute
Ums Morgenrot.

Felix Schloemp, Herausgeber der Anthologie ›Mit Trommeln und Pfeifen‹, vermißt 1915 in den aktuellen Liedern einen Theodor Körner, vermißt die Freiligraths, Hauffs und Herweghs und bedauert, daß sich die Kriegslyrik auf ein paar glückliche Würfe geniehafter Einmaligkeit zusammen schrumpfen läßt. Als die ergreifendste Gelegenheitsblüte bezeichnet er das ›Österreichische Reiterlied‹ vom August 1914:

> Drüben am Waldesrand – Hocken zwei Dohlen
> Fall' ich am Donaustrand? – Sterb' ich in Polen?
> Was liegt daran?
> Drüben am Ackerrain – Schreien zwei Raben
> Werd' ich der erste sein, – den sie begraben?
> Was ist dabei?
> Drüben im Abendrot – Fliegen zwei Krähen
> Wann kommt der Schnitter Tod – Um uns zu mähen?
> Es ist nicht schad'!

Ein Leutnant der Reserve schreibt das Lied, Dr. Hugo Zuckermann, er schreibt es im Zug an die Front. Es ist der erste Transport, der den Donaustrand verläßt. Zuckermann kommt nicht weit, nicht einmal Polen erreicht er, er fällt bei erster Feindberührung in Galizien. Sein Lied, von Kameraden gesungen, wird er nicht mehr hören.

In den Kriegsfilmen, die später zum ersten Weltkrieg gedreht werden, fehlt selten das Bild vom einsamen Landser, zusammengehockt im lehmigen Graben, auf dem Kopf das Krätzchen, in der Hand die Mundharmonika. Und was spielt er?

> Argonnerwald, um Mitternacht,
> Ein Pionier stand auf der Wacht.
> Ein Sternlein hoch am Himmel stand,
> Bringt ihm ein Gruß vom fernen Heimatland.

Bis zur visionären letzten Strophe:

Argonnerwald, Argonnerwald,
Ein stiller Friedhof wirst du bald.
In deiner kühlen Erde ruht
So manches tapfere Soldatenblut.

So beliebt ist diese Frontmelodie, daß sie sich bis in die Volkslieder-Sammlungen 1929 und 1931 zieht. In den Unruhen der Weimarer Republik wird sie zum Kampflied, aus dem ›Pionier‹ wird der »Kommunist« und aus dem »Franzmann« werden die »Noskehunde« – die Polente des verhaßten SPD-Ministers Gustav Noske.

1936 kommt es sogar zu einem Prozeß. Ein gewisser Dr. H. von Gordon beansprucht das Urheberrecht, wird aber als Schwindler entlarvt. Vier Personen der 2. Kompanie des einstigen Pionierbataillon No. 30 können sich als Mitverfasser des Textes im November 1914 ausweisen. Mehr noch, sie sagen aus, daß sie die Melodie in erster Fassung von einem Kameraden Niessen hörten, der sie wiederum im Militärgefängnis zu Köln von gleichfalls inhaftierten Matrosen erlernt hatte. Damals nannte es sich das ›Kiautschou-Lied‹, und gesungen wurde es während der ›Strafexpedition‹ gegen die Boxer um 1900 in der einst deutschen Kolonie:

Zu Kiautschou um Mitternacht
Stand ein Matrose auf der Wacht.
Zwei Sternlein stehn am Himmelszelt,
Die bring'n ihm Kunde aus ferner Heimatwelt.

In der Zeit zwischen den beiden Weltkriegen werden die vier Jahre des vernichtenden Waffengangs hier zum Heldenepos nationaler Bewegungen, dort zur Depression einer lost generation. Viel später erst finden sie sich wieder in Parodie und ironischem Sketch. 1968 besingt der Bertolt-Brecht-Interpret Hanns Ernst Jäger in einer Anthologie die Sinnlosigkeit allen Kämpfens:

Kennt ihr noch das Lied
Von dem Kanonier aus dem Ersten Weltkrieg,
Wo gegen den Zaren gefochten ist?

Bei der Kanone dort
Lud er in einem fort.
Eine Kugel kam behende,
Riß vom Leib ihm beide Hände.
Doch er stand weiter dort
Und lud in einem fort.
/: Bei der Kanone dort
Lud er in einem fort. :/

Text: Bertolt Brecht

Alles für das Renommee

Der Marsch in der höfischen Gesellschaft

Marlbruck zog aus zum Kriege,
Mirong tong tong tong mirontaine,
Marlbruck zog aus zum Kriege,
Weiß nicht, kommt er zurück.

Er kommt zu Ostern wieder, / Längst Trinitatis doch.
Madame stieg in die Höhe, / So hoch sie steigen kann.
Sah ihren Pagen kommen, / Wie traurig kam er her.
Ach Page, lieber Page, / Was bringst du Neues mit?
Das Neue, daß ich bringe, / Macht schöne Augen naß,
Leg ab die rosgen Kleider / Und deinen Blumenschmuck.

Dein Marlbruck ist gestorben,
Mirong tong tong tong mirontaine,
Dein Marlbruck ist gestorben,
Tot und begraben schon.

Musik & Text: Anonym; entwickelt von 1709 bis 1722

Das Jahr 1700 beginnt mit den großen europäischen Kriegen. In den ersten Jahrzehnten würfeln sie die Völker durcheinander – Frankreich, Spanien und die Niederlande, die Lombardei, das Reich und den Norden. Auf diesem Boden greifen die Kulturen über ihre Grenzen, Musik, Tänze und Unterhaltung, Es entsteht überregional der erste Schlager der Geschichte, in allen Sprachen des Kontinents gesungen – auf englisch, auf deutsch, auf französisch: »Malbrough s'en va-t-en guerre, / Mironton, mironton, mirontaine, / Malbrough s'en va-t-en guerre, / Quand reviendra, ne sait, quand reviendra, / Quand reviendra, ne sait, quand reviendra …«

Ein Volkslied ist es nicht, kein Tanz-, kein Soldatenlied. Es ist – im Vierviertakt des Marsches – eine mit Spottversen garnierte Hymne auf einen hohen Herrn, einen zwar charakterlich miesen Ehrgeizling voll niedriger Habsucht und doch berühmten Feldherrn: John Churchill, Herzog von Marlborough (1650–1722). Ihn hätten Volk und Volkssänger am liebsten als Helden bewundert, am Ende gefallen in siegreicher Schlacht an der Spitze seiner Truppe, und die herzogliche Gemahlin Sarah gern klagend als engelsgleiche Witwe in der Blüte ihrer Jugend. Doch in einer brutalen Wirklichkeit stirbt Marlbruck verbittert zurückgezogen nach langem Siechtum im Bett, nur mäßig beweint von seiner ältlichen Witwe, die bis zum eigenen Tod mit 84 noch ganze 22 Jahre warten muß. Das aber ist keine Geschichte für einen Hit – am Anfang des 18. Jahrhundert sowenig wie heute.

In höfischen Kreisen dieser Zeit werden Märsche über die Unterhaltung hinaus zum Prestige, zur Anlage, zur Sammelleidenschaft. Sie werden bestellt, gekauft, getauscht, sowie auch von fürstlicher Hand selbst komponiert. Als Kuriosität zeigt sich im 18. Jahrhundert das vor-großherzogliche Hessen mit einer besonders exzentrischen Liebe zum Marsch. Herkömmlich präsentiert sich noch Landgraf Ernst Ludwig mit einer einzigen eigenen Komposition, dem ›Hessischen Fahnen-Präsentiermarsch‹, während sein Sohn Ludwig VIII. – Landgraf von 1739 bis 1768 – gleich drei höchst festliche Piècen hinterläßt: Neben einem neuen ›Hessischen Fahnen-‹ den ›Althessischen Reitermarsch‹ und den ›Marsch von 1744‹. Doch mit dem Enkel Ludwig IX. bricht dann der Wahnsinn aus. Er beginnt – am Anfang noch harmlos – mit einem leidenschaftlichen Sammeln: Jedes, auch nur einmal gehörte Stück, wird aufgezeichnet und katalogisiert. Doch bald schon steigert er sich, verfällt dem Rausch, und bei seinem Tode umfaßt die Sammlung 92 176 Märsche. Das ist keine Legende. Im Archiv des Schlosses zu Darmstadt wird 1893 dieser Fund entdeckt und akribisch ausgewertet.

Nun, Ludwig hat während seiner Regierungszeit von 1768 bis 1790 reichlich Muße. Zuvor in erbprinzlichen Jahren Kommandeur eines französischen Kavallerie-, später eines preußisch-friderizianischen Infanterie-Regiments verläßt ihn bei Ausbruch des Siebenjährigen Kriegs die Lust am aktiven Dienst und an bald drohenden Waffengängen. Zurück in Pirmasens, widmet er sich seinem Hobby.

Einmal reist der Duodezfürst nach Aachen, um ein seltenes Stück, gespielt von Trommlern und Pfeifern, zu erwerben. Wieder daheim in Hessen, belastet er die Staatskasse mit sechstausend Gulden Reisespesen, so daß diese Pièce, deren ursprünglicher Titel in der Fülle des Nachlasses untergegangen ist, für alle Zeiten nur noch der ›6.000-Gulden-Marsch‹ heißt. Zu mühsam wäre auf Dauer die Beschaffung allein, ergänzte der Landgraf seine Sammlung nicht mit eigenen Kompositionen. Unter dem 13.03.1776 findet sich die Tagebucheintragung des Sekretärs: »Den dreizehnten haben Serenissimus außer den subeodem eingetragenen 6 Marches noch einen besonderen mit der Geschicklichkeit angefertigt, daß er mit unter die schönsten Marches gerechnet werden muß und Höchst Sie haben solchen zu einem künftigen Regimentsmarch gnädigst bestimmt.«

Und in des Landgrafen eigenem Tagebuch findet sich (zitiert nach Hans Schwenk, ›Marschmusik‹, 1965) der schlichte Vermerk:

»Heute habe ich 130 Märsche fertig gemacht«, und fortan nennt das Volk die fürstliche Residenz die ›Pirmasenser Marschfabrik‹.

In der umfangreichen Korrespondenz des Darmstädter Schriftstellers Johann Heinrich Merck (1741–1791), dem zeitweiligen Reisebegleiter der kunstliebenden landgräflichen Gemahlin Karoline Henriette, findet sich ein Brief von 1780, adressiert an Karl August von Sachsen-Weimar mit dem aufschlußreichen Zitat, wie die Pirmasenser Produktionen zustande kommen: »Zwey Kapellmeister sind angehalten, von morgens 8 bis nachmittags 4 Uhr, wenn die Bettpfanne gebracht wird, dazuseyn, um die Märsche in Noten zu setzen, die der Landgraf komponiert. Mit Fingern spielt er auf dem Clavier die Märsche vor, und alsdann müssen sie gesetzt und auch offt gleich probiert werden. Er hat es soweit gebracht, daß er in einem Tag gegen 300 komponiert hat, und gegenwärtig stehen von seiner Arbeit auf dem Papier 52 365 Stück Märsche.«

Nun sind kunstsinnige Beschäftigungen an Fürstenhöfen dieses, mehr noch des folgenden 19. Jahrhunderts, nicht außergewöhnlich. Neben den Souveränen und ihren Gemahlinnen pflegen Prinzen und Prinzessinnen die Poesie, die Malerei und die Musik. Kompositionen von höchster Hand sind zahlreich, und sie bieten sich der Zeit entsprechend vorrangig im Viervierteltakt an.

In der Preußischen Armeemarsch-Sammlung finden sich die Häuser Rußland, Schweden und Hannover, das Haus Hohenzollern natürlich, daneben herausragend das verschwägerte Sachsen-Meiningen. Erbprinzessin Charlotte (1831–1855), vor der Heirat Prinzeß von Preußen und eine begabte Pianistin, ist gleich mit fünf Titeln in der Sammlung vertreten, mit Geschwind-, Defilier- und Parademärschen. Sie stirbt nach fünfjähriger Ehe mit 24 Jahren, doch die Garde-Kürassiere blasen noch bis in den Ersten Weltkrieg hinein ihren AM III, 55.

1971 bespielt Bundeswehr-Oberst Johannes Schade mit seinem Musikkorps 6, Hamburg, die Langspielplatte ›18 Armee-Märsche aus der Zeit Friedrich Wilhelm III.‹ mit Erstaufnahmen nach den ältesten gedruckten Originalpartituren – unter ihnen auch zwei Kompositionen Friedrichs, Prinz von Preußen, 1829 katalogisiert unter den No. II, 78 und II, 79. Dazu eine Trouvaille, den ›Marsch aus Den Haag‹, den die an den Prinzen Friedrich der Niederlande verheiratete preußische Prinzessin Louise einst ihrem Vater Friedrich Wilhelm III. schenkte.

Und so geht es fort! In der Sammlung finden sich die Namen von Albrecht von Preußen, Alexandra von Rußland, Augusta von Sachsen-Weimar, August Wilhelm von Preußen, Charlotte von Preußen, Friedrich Wilhelm von Preußen, Georg von Hannover, Heinrich von Preußen, Marianne von Preußen, Olga von Rußland, Oskar von Schweden, Philippine von Braunschweig-Lüneburg …

Den König, Friedrich II. von Preußen, den Schöpfer zahlreicher musikalischer Werke (vornehmlich Sonaten für Flöte und Klavier), würde man gern auch als fleißigen Marsch-Komponisten sehen, und so werden ihm fälschlicherweise der ›Hohenfriedberger‹, wie auch der ›Mollwitzer‹ zugeschrieben. Doch in Wahrheit stammt aus des Monarchen eigener Feder nur eine einzige Pièce im Vierviertaktakt: Der ›Marsch in Es‹.

Eigentlich ist sie nichts weiter als die flüchtige Notiz von ein paar Noten, zusätzlich versehen mit einem Vermerk an des Königs Konzertmeister Franz Benda: »Keine Mittelstimmen, bitte nur die Trompete zusetzen und es abschreiben lassen.« 1751 komponiert, zuletzt drei Jahre nach dem Tode des Landesvaters noch einmal von der Garde gespielt, wird das Stück vergessen. Bis Friedrich Wilhelm III. diesen ›Marsch in Es‹ erstmals wieder 1816 in der

Garnisonskirche zu Potsdam blasen läßt. Es ist ein feierlicher Anlaß. Nach dem Ende der napoleonischen Wirren werden die eroberten Feldzeichen des französischen Heeres als Siegestrophäen präsentiert. Auch der Musiktitel bekommt fortan einen neuen Namen – anspielend auf den Ruhesitz seines königlichen Komponisten: »Ohne Not und Sorgen«.

Die folgende Epoche des langen Friedens, den die europäisch vernetzten Höfe in Dankbarkeit apperzipieren, nutzen die Hohen Herrschaften für eine emsige Reisetätigkeit. Besonders Prinzen sind gern und viel unterwegs, und was bringen sie als Souvenir aus dem Ausland mit? Einen Marsch.

So findet sich in der Preußischen Armeemarsch-Sammlung eine Vielzahl von Stücken, von denen es im Untertitel heißt: »Mitgebracht aus Wien ... aus Prag ... aus Rußland ... Italien ... dem Königreich Sardinien ...«

Besonders oft und gern auf Reisen ist Friedrich Wilhelms III. dritter Sohn, der kunstsinnige Prinz Karl von Preußen (1801–1883). Aus St. Petersburg bringt er 1845 den ›Parademarsch der Großfürstin Olga‹ heim, und aus Moskau sieben Jahre später den »Marsch nach Motiven des Balletts ›Catarina‹«. Mit zwanzig Jahren reist er nach Italien und hört in Verona eine hübsche Pièce, die er 1824 als AM II, 55 katalogisieren läßt. Doch den Titel hatte er vergessen, und so gibt er ihr den Namen der Kapelle, nennt sie ›Marsch des Österreichischen Infanterie Regiments 22 Prinz Leopold beider Sizilien‹. Zwanzig Jahre später in Mailand entfällt ihm abermals ein Name, und er spricht von seinem Mitbringsel als vom ›Marsch des Österreichischen Infanterie-Regiments 18 Baron Reisinger‹.

Doch auch sein Bruder, der spätere König Friedrich Wilhelm IV., bereichert die Souvenir-Sammlung mit den Katalog-Nummern AM II, 75–77, dem ›Neapolitanischen Armeemarsch‹, sowie dem der ›Italienischen Garde-Cavallerie‹ und dem des ›3. Regiments Svizzero‹.

Die Hohenzollern sind eine reise- und sammelfreudige Familie. 1822 ist beider Vater, König Friedrich Wilhelm III., in Neapel, wo zu der Zeit österreichische Truppen stationiert sind. Wieder zu Hause präsentiert er stolz seine Andenken: Es sind zwei Regiments-Märsche, dazu der »Marsch aus dem Ballett ›Das Schweizer Milchmädchen‹« (AM II, 60).

Die Leidenschaft der Familie setzt sich fort bis ins 20. Jahrhundert. Im Jahr 1905 lädt der König von Griechenland Kaiser Wilhelm II. nach Korfu ein, und was dieser an Musikalien nach Berlin ins Gepäck nimmt, sind nun nicht gerade mediterrane Titel. Es sind zwei langsame Märsche für die Fußtruppen: ›Oranien-Geldern‹ und ›Oranien-Friesland‹.

Sind die Länder Europas als beliebte Reiseziele zahlreich vertreten, so bleibt eine Nation im Abseits: Frankreich. Doch zumindest von einem späteren Einfluß französischen Timbres erzählt Toeche-Mittler eine »freundliche Geschichte, der wir einen in seiner Art einmaligen Militärmarsch verdanken.«

Es ist November 1869. Zur Einweihung des Suez-Kanals wird Preußen durch Kronprinz Friedrich vertreten. Während dieser nach Ägypten übersetzt, läßt er seine Familie im klimatischen Kurort Cannes zurück: die Gemahlin Viktoria und die Kinder, unter ihnen den zehnjährigen Wilhelm – ab 1888 wird er als Wilhelm II. Deutscher Kaiser sein. »Der 10jährige Wilhelm blüht auf und begeistert sich an der mittelländischen Flora. Zieht das französische Militär durch den Ort, so hat er seine Freude am strammen Tritt und frohen Geblase der Soldaten. Das lustige Geschmetter der Clairons tut es dem Prinzen besonders an. Als er nun 14 Jahre später in Potsdam Bataillonskommandeur ist, gehen seine Gedanken nach Cannes zurück und an die hellen Clairons, so daß er den Stabshoboisten Voigt anspricht, wie solch fröhliche Musik auch bei uns zu machen sei. Dieser komponiert nun 1883 ›Die deutsche Kaisergarde‹ (AM II, 208), einen Marsch voll reinster Dur-Akkorde und im Trio vom lustigen Schmettern der Signalhörner überlagert. Es ist der einzige Marsch, zu dem die Infanterie ihre Signalhörner losschnallt und zusammen mit dem Musikkorps bläst.«

Märsche sind auch beliebte Gastgeschenke. Besonders in diesen Zeiten, wo in der Allianz der viel verschwägerten Fürstenhäuser ein Besuch den anderen ablöst. Charlotte, die um ein Jahr jüngere Schwester des späteren Kaisers Wilhelm II., verehelicht sich achtzehnjährig mit Bernhard von Sachsen-Meiningen. Doch die Verbindung mit ihrer preußischen Familie bleibt weiterhin herzlich. 1889 kehrt die Erbprinzessin von einer Skandinavienreise heim mit einem hübschen Mitbringsel für ihren Bruder, der gerade eben Kaiser geworden ist. Es ist eine Trouvaille aus dem Fundus der schwedischen Militärmusik-Geschichte, eine Antiquität aus dem 17. Jahrhundert: Der ›Finska Rytteriets-Marsch‹, der ›Marsch der Finnländischen Reiterei im 30jährigen Krieg‹.

Beliebte Sammlerstücke in Preußen sind italienische Märsche, besonders in der ersten Hälfte des 19. Jahrhundert aus dem nicht habsburgisch, nicht bourbonisch oder päpstlich usurpiertem Teil der Halbinsel, sondern aus dem souveränen Königreich Sardinien, wo in der piemontesischen Hofkapelle zu Turin zahlreiche deutsche Musiker beschäftigt sind. Die in Europa und später in Amerika gefeierte Opern- und Konzertsopranistin Henriette Sontag – mit 25 Jahren dem sardinischen Diplomaten Graf Rossi angetraut – kennt die Beliebtheit des Sounds ihrer neuen Heimat, und als sie 1833 Berlin besucht, bringt sie als Gastgeschenk dem preußischen König den ›Marsch aus Turin‹ mit, der, vom Potsdamer Stabshoboisten Carl Engelhardt arrangiert, dann in seiner neuen Heimat die Katalog-Nummer II, 96 erhält.

Nach dem Ende der Befreiungskriege entwickeln sich zwischen den Staaten der Heiligen Allianz freundliche Beziehungen – besonders zwischen Preußen und Rußland. Das führt auch zu einem grundlegenden Austausch der Marschmusik zwischen den benachbarten Monarchien. So greift denn auch Friedrich Wilhelm III., als er seine Preußische Sammlung plant, erst einmal auf einen Grundstamm russischer Titel zurück – auf 36 langsame und 36 Geschwindmärsche.

Dabei erscheint unter den Komponisten vorrangig der Name von Anton Dörfeldt (1781–1829). Er ist Böhme und kommt aus Prag. In St. Petersburg bringt er es bis zum Direktor der Militärmusikschule. Einen seiner ersten Auftritte auf der diplomatischen Bühne hat er 1817. Im Georgen-Saal des Winterpalais wird hoher Besuch erwartet. Man spricht von einer Hochzeit zwischen Prinzessin Charlotte von Preußen und des Zaren jüngerem Bruder Nikolaus. Dörfeldt krönt die Festlichkeit mit einer neuesten Tonschöpfung, nennt sie ›Marsch des Russischen Grenadier-Regiments König von Preußen‹. Nach der Premiere überreicht er in der Uniform des Garde-Kapellmeisters namens seines obersten Herrn Alexander I. dem Gast aus Preußen untertänigst die Partitur. Friedrich Wilhelm III. dankt und reiht das Geschenk in seiner Sammlung unter der Nummer II, 19 ein.

Eine bemerkenswerte Geschichte erzählt der ›Petersburger‹: Der Legende nach soll die Melodie einst aus Deutschland nach Rußland gekommen, dort vom Musikmeister des finnländischen Gardeschützen-Bataillons bearbeitet worden und als Gastgeschenk nach Preußen zurück gelangt sein. Als ›Marsch 1837 aus Petersburg‹ mit der No. II, 113 wird er in den folgenden Jahrzehnten gern unter den Namen ›Swinemünder Badegalopp‹ gespielt, bis ihn Kaiser Wilhelm II. neu als Parademarsch für die Infanterie entdeckt und ihn zu seinem Lieblingsmarsch bestimmt. 1893 bekommt er seinen Spottvers, von dem allerdings im Volksmund nur die erste Strophe bekannt bleibt, noch weniger der einstige Anlaß: Wieder einmal kommt der Kaiser von seinen oberschlesischen Jagdgebieten in den Wäldern des Fürsten Pless zurück. Mit der Eisenbahn fährt er von Kattowitz über Oppeln und Breslau nach Berlin. Auf der letzten Strecke zwischen Cottbus und dem Görlitzer Bahnhof richtet sich die Spreewald-Station Lübben zum Empfang des hohen Gastes ein. An der Bahnsteigkante steht das Musikkorps des 3. Jäger-Bataillons. Der Zug fährt ein, es ertönt des Kaisers Lieblingsmarsch, doch der Zug hält nicht, Wilhelm fährt vorbei, er grüßt nicht einmal aus dem Fenster. Und gleich schon singen die enttäuschen Lübbener zur Melodie des ›Petersburger‹:

> Denkste denn, denkste denn,
> Du Berliner Pflanze,
> Denkste denn, ick liebe dir,
> Weil ick mit dir danze?
>
> Denkste denn, denkste denn,
> Det ick darum weene?
> Wenn du mir nicht lieben dust,
> Denn lieb ick mir alleene.
>
> Denkste denn, denkste denn,
> Det ick mit dir scherze?
> Steck mirn Sperpektief in'n Mund
> Und kuck mir in mein Herze.

Trara für Prunk und Pomp

Ein Fürst von Gottes Gnaden braucht die Repräsentation, renommieren muß er in und außerhalb des Landes – vor seinem Volk und vor Seinesgleichen. So wird sein Militär zur »Schimmernden Wehr«, der Kriegszweck tritt zurück hinter die Paraden, die Defilees, die Aufzüge. Und die Musik bleibt immer noch das, was im 17. Jahrhundert die Intrade war. Und zu allem gehört der »Bunte Rock«. Besonders die berittene Truppe zeigt sich gern in der Vielfalt ihrer farbenprächtigen Uniformen: im Rot der Husaren, im Blau der Dragoner und Ulanen, im Grün der Cheveaulegers, im blendenden Weiß die Kürassiere und das Gardes-du-Corps. So marschieren sie auf, Schwadron für Schwadron hinter ihrer Kavalleriemusik. Den Kapellen voran der Kesselpauker. Genießt ein Regiment Privilegien, leistet es sich an der Tête einen sogenannten »Mohren«. Die Liebe zu derlei Attraktionen findet sich bereits zu Beginn des 18. Jahrhunderts. Hans Schwenk berichtet: »August der Starke formierte für sein Lustlager bei Riesa 1730 ein Musikkorps für sein ›Janitscharenbataillon‹, das aus 29 Mohren bestand, während er bei einer Kapelle der Feldartillerie 20 Mohren den Dudelsack blasen ließ. In England trugen zu dieser Zeit prächtig ausstaffierte Mohren den Schellenbaum, den ›Jingling Johniie‹. In Deutschland trug einen Schellenbaum bis zum Zweiten Weltkrieg ein riesiger Neger, den einst Kaiser Wilhelm II. als Geschenk vom Sultan von Marokko erhalten hatte, und beim Leibhusaren-Regiment schlug ein Neger die Kesselpauke.«

Dies nun ist schon die Zeit, in der das Deutsche Reich aus den eigenen afrikanischen Kolonien – aus Togo, Kamerun und Ostafrika – diese Menschen rekrutieren kann. Der Schwarze, der bei den Leib-Garde-Husaren in Potsdam dient, ist Wilhelm Sambo aus Kamerun, er bringt es bis zum Rang eines Vizewachtmeisters. Ins vollendete Bild gehört zur braunen Haut des Reiters das Rot seiner Attila, besetzt mit gelben Schnüren, vor sich die tuchverzierten Pauken – und das ganze Bunt kontrastierend mit dem Weiß seines Schimmels – dieser hört auf den Namen Otto. Sambo kennt das Repertoire seines Regiments: die ›Präsentier-‹ und die ›Schrittfanfare‹, den ›Englischen Trabmarsch‹ und im Galopp den ›Amazonenmarsch aus dem Ballett Fantaska‹.

Beim Neumärkischen Grenadierregiment zu Pferde Freiherr von Derfflinger No. 3, stationiert in Bromberg, schlägt der Gefreite Josef Mambo die Kesselpauke – statt auf einem Schimmel leider auf einem weniger attraktiven Rappen. Doch hat Mambo Schwierigkeiten mit der preußischen Disziplin und wird 1889 durch Erich Zigorra ersetzt. Aber auch der Infanterie verlangt es gelegentlich nach exotischem Schaugepränge. Beim Grenadierregiment No. 1 in Königsberg bringt es der Sabac el Cher zum höchstmöglichen Rang – vom Stabshoboisten am Ende zum Musikmeister. Nun, er ist nur dunkelhäutig, er ist Kind eines Afrikaners und einer Berlinerin.

Diese Ersten Grenadiere spielen zur Parade ein Geschenk des Zaren an den König von Preußen, das auf der langen Reise in Ostpreußen hängen geblieben ist – den ›Marsch des Sibirischen Grenadier Regiments‹ (AM II, 14) aus dem Militärbezirk Dnjestr des 18. Jahrhunderts. Nun ist das Stück aus Königsberg nicht mehr wegzudenken und wird auch vom dort stationierten Infanterie Regiment No. 43 gespielt, das noch über eine andere theatralische Dekoration verfügt, die Aufsehen erregt: Es ist ein Paukenwagen mit Paukenhund. Ein alter Brauch der österreichischen Infanterie, die große Trommel auf einen kleinen Wagen zu setzen, der der Regimentskapelle voran von einem Hund gezogen wird, begründet – wenn auch verspätet und vereinzelt – nun auch eine preußische Tradition.

Es ist der 03.07.1866. In der Schlacht von Königgrätz erbeuten eben diese Dreiundvierziger den Paukenwagen des k.u.k. Linienregiments No. 77. Der österreichische Hund fällt im Kampf, die Sieger ersetzen ihn mit dem deutschen Bernhardiner Sultan. Vom dumpfen Trommelschlag zunächst erschreckt, fügt sich Sultan bald schon der Truppendisziplin und »führt mit sichtbarem Geschick sämtliche Kommandos aus«, wie Karl von Seeger in seinem Standardwerk ›Marschallstab und Kesselpauke‹ (1937) dokumentiert: »Der Hund wurde vollständig in die Verpflegung des Regiments aufgenommen, wofür fünf Silbergroschen bezahlt werden mußten. An jedem vierten Tag wurde für ihn ein Brot liquidiert. Beim Einzug der ›Dreiundvierziger‹ in die Heimatstadt Königsberg war Sultan der Hauptanziehungspunkt. Zarte Hände wetteiferten, ihn zu streicheln und mit Milch und Kuchen zu traktieren. Eitel Freude aber herrschte, als durch ›Allerhöchste Kabinetts-Ordre‹ vom 09.03.1867 König Wilhelm dem Regiment gestattete, die mit dem Doppeladler geschmückte Pauke nebst dem dazugehörigen Fuhrwerk ›für ewige Zeiten‹ zu führen.«

Von nun an hält sich das Regiment ein oder zwei Hunde, die stets Sultan oder Pascha heißen. Im Ersten Weltkrieg fällt der Rüde mitsamt seiner Fuhre fast in die Hände der Russen, doch rettet ihn General Ludendorffs rascher Vormarsch auf Tannenberg ihn.

Von der Kunstmusik zur leichten Muse

Der Vierviertel-Takt entflieht oftmals seiner militärischen Bindung und will einfach nur kulturelle Unterhaltung sein. Er findet seinen Weg in Oper und Ballett, in Konzerte und Revuen. So wird der Marsch zur beliebten Form im Repertoire der Kunstmusik, kaum ein ziviler Komponist kommt um ihn herum: Ludwig van Beethoven hinterläßt 48 Stücke im ¼-Rhythmus – Orchesterpartien für Kriegslieder, für Einzugs-, Triumph- und Sieges-, für geistliche und Trauermärsche.

Unter den zweckgebundenen Piècen für Hochzeit, Krönung und Beisetzung ist das Genre der Marcia funebre ein liebes Kind der Komponisten. Neben den bekannten Erfolgstiteln von Beethoven, Händel, Chopin oder Scrjabin finden sich auch weniger dauerhafte: Lord Berners (1883–1950), Komponist, Maler, Schriftsteller und Diplomat, schreibt mit seiner Neigung zur Ironie drei Trauermärsche: für einen Staatsmann, für eine reiche Tante und einen Kanarienvogel.

1867 entwirft Johannes Brahms sein Opus 41,4, ›Marschieren‹, ein Marschlied für Tenor und Baß:

Jetzt hab ich schon zwei Jahre lang
In der verdammten Ki, Ko, Ka,
In der Kaserne gelegen.
Nun schlage doch der Teufel drein,
Kasernsoldat will ich nicht sein!

Korporal, Korporal, Sergeant,
Hauptmann, Hauptmann, Hauptmann, Oberstleutnant,
Wir Soldaten, wir Soldaten wollen marschieren,
Wollen marschieren.

Brahms, seit fünf Jahren in Wien Leiter der Singakademie, darf bedenkenlos derlei Töne anschlagen. Der Krieg von 1866 ist vorbei, verloren für Österreich, und trotz seines »Hurra, Soldaten ziehn ins Feld, / Soldaten gehört die ganze Welt« besteht für ihn selbst keine aktuelle Gefahr mehr, beim Wort genommen zu werden. Er kann sich bald schon getrost den Konzerten der Freunde der Musikgesellschaft widmen, die folgenden Feldzüge der neuen, just etablierten k.u.k. Doppelmonarchie kommen ohne ihn aus.

Weniger kriegerisch zeigt sich Franz Schubert. 1822 schreibt er drei Piècen im ¾-Takt, nennt sie zwar ›Militärmärsche‹, unter ihnen den bekanntesten ›No. 1 in D-Dur‹, doch bleiben sie für den soldatischen Gebrauch ganz und gar ungeeignet. Zudem sind sie nicht einmal für Bläser und Schlagzeug komponiert, sondern für zwei Klaviere.

Für bessere Beziehungen zum Militär bieten sich die Opern-Komponisten an. Zwar entzieht sich das eine oder andere Werk – in einem Jahrhundert, in dem der Bunte Rock dominiert – der Aufnahme in die Preußische Militärmarsch-Sammlung, Bizets ›Auf in den Kampf‹ etwa, Wagners ›Nibelungen-‹ oder Verdis ›Aida-Marsch‹. Doch werden Gaetano Donizettis ›Die Regimentstochter‹ (AM II, 14), Friedrich Freiherr von Flotows ›Indra‹ (AM II, 155), Charles Gounods ›Margarethe‹ (AM II, 182), Adolph Charles Adams ›Der Brauer von Preston‹, (AM II, 116) und Giacomo Meyerbeers ›Die Hugenotten‹, (AM II, 118) als Vorlagen für die Preußischen Musikkorps zu wahren Schmuckstücken.

Der Franzose François Adrien Boieldieu (1775–1834), den es schon früh nach Sankt Petersburg in russische Dienste verschlägt, ist bereits 1817 mit seinem Opernmarsch aus ›Johann von Paris‹ unter der niedrigen AM No. II, 29 Mitglied der bedeutenden königlich-preußischen Sammlung, und wenig später mit den Motiven aus der Oper ›Die weiße Dame‹ von 1825, einer komplizierten Komposition im Zweiviertel-Takt, ausgerechnet in der Abteilung der Paradenmärsche für die Fußtruppe. Obgleich ein Marschieren nach dieser Melodie schwerfallen dürfte, überlebt sie dennoch als ein noch heute gern gespieltes Stück mit der AM No. II, 72.

1823 bringt der preußische Kronprinz (später Friedrich Wilhelm IV.) von einer Reise aus München die Noten der Oper ›Moses‹ von Gioachino Rossini mit. Bearbeitet wird das Motiv zum Armeemarsch No. II, 58, und dazu singt man in Berlin bald schon den Spottvers:

> Mach mir ... mach mir ... mach mir
> Keine Wippchen vor ... Wippchen vor!
> Sonst hau'n wir dich aufs Ohr ... aufs Ohr!
> Denn wir sind ... wir sind
> Vom Gardecorps ... vom Gardecorps!

Berlin, 1820. In der Königlichen Oper Unter den Linden sind die Kämpfe um den Posten des Generalmusikmeisters entschieden. Intendant Graf Brühl war für die deutsche Musik und hatte verloren. König Friedrich Wilhelm III. neigt mehr der italienischen zu und beruft in die preußische Residenz den früheren Kapellmeister Napoléons: Gasparo Spontini (1774–1851). Dieser spielt meist seine eigenen Werke und führt sich in Berlin zunächst einmal mit einer aufwendigen Inszenierung seiner ›Olympia‹ ein: Auf der Bühne 38 Trompeter und einige Elefanten.

Alsbald auf dem Spielplan eine ältere Oper von 1816: ›Ferdinand Cortez‹. Die Kritik ist gut, aber nicht überschäumend. Berlin jubelt lieber der deutschen Musik zu: Im Juni 1811, am Gendarmenmarkt die Premiere von Carl Maria von Webers ›Freischütz‹. Das kränkt

Spontini, immer strenger regiert er sein Orchester, immer despotischer werden seine Befehle, stramm wie Rekruten müssen die Musiker vor ihm sitzen, und den Dirigentenstab führt er wie ein Schulmeister den Rohrstock.

Der ›Marsch nach den Motiven der Oper Ferdinand Cortez‹ hatte unter der Nummer I, 40 bereits vor Ankunft des Komponisten in Preußen Einzug in die Armeemarsch-Sammlung gehalten, und jetzt kommt es schon einmal vor, daß nach ihm eine Gardekompanie zur Wache aufzieht – unter dem Jubel der Verehrer italienischer und dem Gespött der Verfechter deutscher Musik.

Carl Neumann, Stabshoboist des Garde-Schützen Bataillons und 1853 bereits bekannt geworden durch die Bearbeitung von Flotows ›Indra‹, und zwar derart trefflich, daß – so meint Toeche-Mittler – heute der Marsch populärer sei als die alte Oper, dieser Neumann nun entdeckt ein Jahr später einen spanischen Volkstanz und nennt sein Arrangement nach einer seinerzeit berühmten Ballerina ›Pepita-Marsch‹ (AM II, 160). Obgleich der Stabshoboist soldatischen Bestimmungen genügen muß, lockert er den straffen Rhythmus dennoch vorsichtig mit tänzerischen Arabesken auf, ohne den ⅖-Takt zu verlassen.

Wie gut sich gefällige Ballett-Musik auch militärischen Aufgaben einfügt, führt – in der Reihe der zivilen Namen – Hermann Schmidt vor. Er ist Ballettdirigent und Hofkomponist in Berlin, sein Marsch aus ›Der gestiefelte Kater‹ wird bereits 1836 als Armeemarsch II, 104 geblasen, sein Trabmarsch aus ›Der Schutzgeist‹ findet seine Heimat beim Trompeterkorps der Potsdamer Garde-Husaren, und 1839 gelangt eine Pièce aus der Schauspielmusik ›Der Militärbefehl‹ in die Preußische Sammlung.

Zum Ende des Jahrhunderts wird die Flottenbegeisterung im Reich zur Hysterie. Nach des Kaisers Signal ›Deutschlands Zukunft liegt auf dem Wasser‹ schuftet sich der Chef des Reichsmarineamts Alfred von Tirpitz ab, seinem Souverän die Weltgeltung zur See zu verschaffen. Allerdings ohne Erfolg. Der Rest der stolzen Hochseeflotte versenkt sich selbst im Juni 1919 bei Scapa Flow an der Nordspitze Schottlands. Doch geht es letztendlich mehr als um sichtbare Siege zur See um die Begeisterung an sich. Und derlei Euphorien stützen neben ständigen Stapelläufen und Hoch-Rufen die Märsche der Marine.

Die Anfänge gehen auf ruhmlose Zeiten zurück: 1848 waren die deutschen Schiffe nach der Niederlage gegen Dänemark verkauft und das Schwarz-Rot-Gold auf See zur Piratenflagge erklärt. Da etabliert sich aus den kümmerlichen Resten 1852 das erste Preußische Marinekorps in Stettin – und gleich schon dabei der erste Marine-Musikmeister Preußens: Albert Parlow mit seinem Marsch ›Mit vollen Segeln‹. Erst nach der Reichsgründung geht es weiter voran, Stabshoboist Carl Latann komponiert den ›Admiral Stosch-Marsch‹ und ›Frei weg!‹ (HM II, 137), doch wird beim Zeremoniell der Kaiserbesuche in Kiel und Wilhelmshaven fernerhin gern das Parade-Repertoire der Landtruppen gespielt. Da tritt im Herbst 1883 ein Zivilist auf den Plan, Richard Thiele (1847–1903), der Kapellmeister der Krollschen Oper in Berlin, er schreibt ein schlichtes Singspiel, ›Unsere Marine‹, gewinnt für den Text den Librettisten Robert Linderer, und beide fügen in das Bühnenwerk ein, was fortan für alle Zeiten das ›Deutsche Flaggenlied‹ sein wird:

Stolz weht die Flagge schwarzweißrot
Von unsres Schiffes Mast,
Dem Feinde weh, der sie bedroht,
Der diese Farben haßt.

Sie flattert an der Heimat Strand
Im Winde hoch und her,
Und weit vom teuren Vaterland
Auf sturmbewegtem Meer!

Ihr wolln wir treu ergeben sein,
Getreu bis in den Tod,
Ihr wolln wir unser Leben weihn,
Der Flagge schwarz-weiß-rot!
Hurra!

Dem Bühnen-Marsch eröffnen sich neue Felder: Nach der Oper und dem Singspiel erobert der ¼-Takt bald schon die Operette, später die Revue, das Musical …

Das 19. Jahrhundert ist in der Mitte, da beginnt diese Goldene Epoche in Paris mit Jacques Offenbach. Die zwölf Jahre zwischen den beiden Weltausstellungen von 1855 und 1867, vom Krim-Krieg bis zum Ende des Mexikanischen Abenteuers und der Füsilade Kaiser Maximilians, ist zugleich auch die ›Offenbachiade‹ mit etwa 60 Premieren. In den Bühnenstücken – betitelt als Bouffonerie oder Féerie, Revue oder Folie musicale, meist jedoch als Opéra bouffe und Operette – finden alle Rhythmen ihren Platz: Walzer und Galopp, Cancan, Polka, Mazurka … und natürlich der Marsch.

Neben etlichen Weisen im ¼-Rhythmus, Arien, Couplets und Tänzen, zeigen sich oft und gern militant beeindruckende Märsche: In ›La Belle Hélène‹ (1864) ›Marche et couplets des Rois‹, und in ›Barbe-bleu‹ (1866):

Hab' Soldaten mit Hellebarden
Und Gewehre im Überfluß!
Hab' auch schwerbewaffnete Garden,
Sowohl beritten wie zu Fuß!
…

Meine Herren, wer nicht pariert,
Der wird kurzerhand pulverisiert!

Zuvor bereits, 1859, in ›Geneviève de Brabant‹: »Ah qu'il est beau d'être homme d'arme« (»Es ist so schön, Soldat zu sein«) und am Ende als Begleitmusik zur großen, zur letzten Pariser Weltausstellung des II. Kaiserreichs: ›La Grande-Duchesse de Gerolstein‹ mit dem Couplet »Ah! que j'aime les militaires!«:

Ach, wie liebe ich die Soldaten!
Wahre Männlichkeit verraten
Uniformen allein!

Und in ihrer Glanzrolle als ›Gerolsteinerin‹, über der Husarenuniform den Hermelin, den Kalpak schief auf dem Ohr, die Reitgerte in der Hand, singt Hortense Schneider:

So kommandier' ich die Bataljle,
Es zittert vor mir die Kanaljle!

Nicht lange mehr, und der Glanz des Kaisertums erlischt. Die ›Variétés‹ – eben spielte man dort noch ›Les Brigands‹ (›Die Banditen‹) – werden zum Lazarett. Zwischen Gold und Samt im Foyer liegen die Verwundeten des 70er-Kriegs gegen Preußen. Napoléon, abgesetzt und gefangen, sitzt im Schloß Bellevue. Es wird Abend, man bringt die Lampe, aber er will kein Licht. Er sitzt da mit – wie Moltke einst bemerkte – »diesem seltsam erloschenen Blick seiner Augen«. Plötzlich hört er Musik. Eine Melodie von Offenbach. Draußen vor seinem Fenster marschiert eine preußische Regimentskapelle vorbei:

Der Kapitän, der geht voran,
Er hat die großen Stiefel an.
Die großen Stiefel,
Sie trappen, sie trappen ...

»... les bottes, les bottes / les bottes, les bottes!« – Es ist der Stiefelmarsch, der ›Chœr des Carabiniers‹ aus ›Les Brigands‹. Der Kaiser weint.

In Wien verschreibt sich die Operette am liebsten dem ¾- wie auch dem ²⁄₄-Takt, und doch treten die heimischen Komponisten gern mal mit einem flotten Marsch auf, allen voran Franz Lehár 1905 in ›Die Lustige Witwe‹ mit Graf Danilos, eines ehemaligen Kavallerieleutnants, »Philosophie«:

Ja, das Studium der Weiber ist schwer,
Nimmt uns Männer verteufelt auch her,
Niemals kennt doch an Seele und Leib
Man das Weib, Weib, Weib, Weib, Weib!

In Berlin eröffnet die für vierzig Jahre herrschende Operette Paul Lincke 1899 mit ›Frau Luna‹ und ›Im Reich des Indra‹, da betteln die Bajaderen – von den Berlinern ›Badejöhren‹ getauft – im Marschtakt: »Nimm mich mit / Nimm mich mit / In dein Kämmerlein«, doch so richtig los legt Lincke erst 1904 im Apollo-Theater mit:

Das macht die Berliner Luft, Luft, Luft,
So mit ihrem holden Duft, Duft, Duft,
Wo nur selten was verpufft, -pufft, -pufft
In dem Duft, Duft, Duft
Dieser Luft, Luft, Luft ...

Ein in Melodie und Text recht grob gestrickter Marsch, derart primitiv – wie der Lincke-Biograph Otto Schneidereit feststellt – daß er sich geradezu eignet, für alle Zeiten die Nationalhymne dieser Stadt zu bleiben. Die berlinische Selbstbeweihräucherung setzt sich über den Ersten Weltkrieg hinaus fort bis Jean Gilberts ›Durch Berlin fließt immer noch die Spree‹ (1925).

Zum Dreigestirn am Himmel der leichten Muse gesellt sich Walter Kollo – wohl am produktivsten in der Lobpreisung seiner Stadt von der Bühne des Berliner Theaters – mit seinen Märschen »Untern Linden, untern Linden / Gehn spazier'n die Mägdelein« (aus der Posse ›Filmzauber‹, 1912) und »Das war in Schöneberg / Im Monat Mai, / Ein kleines Mädelchen / War auch dabei« (aus der Posse ›Wie einst im Mai‹, 1913), bis er sich in den vier Jahren danach ganz der Verherrlichung des Krieges verschreibt: ›Der Soldat muß hinaus in die Welt‹ (aus ›Drei alte Schachteln‹, 1917. In der Hauptpartie Claire Waldoff).

In dieser Zeit übertreffen sich die Komponisten im Hurra-Patriotimus. Die Chordamen des Thalia-Theaters, eben noch in Champagner-Orgien beschwingt, trällern nun ihre Marschlieder zu Kampf-, Sieges- und Durchhaltepossen, kostümiert in den Farben Schwarz-Weiß-Rot. Von den Plakaten schreien törichte Titel: ›Freiwillige vor‹, ›Fräulein Kadett‹, ›Krümel vor Paris‹, ›Immer feste druff‹ ... Doch zuvor noch perlt von den Brettern des Metropol die Kette der ›Jahresrevuen‹, jedes Jahr eine von 1903 bis ins Vorjahr der Mobilmachung. Die Wilhelminische Epoche feiert ihre Galgenfrist. Der Marsch dominiert!

Victor Hollaender eröffnet die Reihe mit ›Neuestes, Allerneuestes‹, und Rudolf Nelson beendet sie in ›Chauffeur! Ins Metropol!‹ mit dem zeitgemäßen Schlager ›Wer will unter die Soldaten!‹ Dazwischen immer wieder militante Possen und Revuen: 1910 von Victor Hollaender ›Jardiste bleibt Jardiste‹, zwei Jahre zuvor von Paul Lincke ›Donnerwetter, tadellos!‹, ein von Wilhelm II. stereotypes Bonmot persiflierend. Bühnenbild und Kostüme allein verschlingen 200.000 Goldmark, engagiert sind die Stars der Saison: Fritzi Massary, Guido Tielscher und Josef Giampietro, dieser als Karikatur eines preußischen Leutnants der Potsdamer Garde-Kürassiere. Abend für Abend schmettert er das Couplet mit dem Text von Julius Freund ins jubelnde militär- und marschbesoffene Parkett:

Garde meist sehr exklusiv
Von feudalem Geist,
Sieht auf Bürgerpack nur schief,
Weil der Grundsatz heißt:
›Adelsprädikat bezweckt,
Daß kein Plebs uns naht!
Völlig wertlos, so'n Subjekt
Ohne Prädikat!‹

Besteigen wir keck die Schabracken,
Da geben wir allen was vor;
Man kennt die Manöverattacken
Der Jungens vom Gardes du Corps!
Donnerwetter, Donnerwetter, wir sind Kerle!
Bei Kritik sagt Majestät: ›Famos! Famos!‹
Donnerwetter! Jeder einzelne 'ne Perle!
Also wirklich, Donnerwetter, tadellos!

Remmidemmi

Der Marsch als Volksvergnügen

Ein Uhrwerk trage ich im Bauch inwendig.
Wer nach mir schießt, der schießt mich gar nicht tot.
Im Gegenteil, er schießt mich nur lebendig:
Kein Blut färbt meines Mörders Hände rot.
Wer mich getroffen, dem wird automatisch
Mein lustig Trommeln seinen Schuß quittiern.
So mancher Herr kann hier so mancher Dame
Für'n ganzen Abend billig imponiern.
Starr steh ich da und lächle süß wie Gift,
Bis eine Kugel mich ins Herze trifft.

Ein Schuß zehn Pfennig!
Drei Schuß fünfundzwanzig Pfennig!
Na, wer will noch mal?
Na, wer schießt noch mal?

»Die Trommlerin als Schießbudenfigur«
Text & Musik: Friedrich Hollaender

Der Marsch erobert den Rummelplatz, erobert die Frei-, Jahr- und Wochenmärkte, die Oktober- und Christfeste. Der Marsch erobert sich Stadt und Land: Volks- und Trachten-, Wein- und Bockbierfeste, die regionale Wiese, Aue und Brink, Dom, Tivoli und Lunapark. In ganz Europa: Messe ... Fair ... Foire ...

Nach und nach verschwinden die originalen Blaskapellen aus den Bierzelten, erhalten sich allenfalls noch auf dem Münchner

Oktoberfest mit dem speziellen Repertoire, dem ›Prinz-Karl-‹, ›König Ludwig II.-‹ und ›Von der Tann-Marsch‹, vor allem aber mit dem ›Bayerischen Defiliermarsch‹, einer Intrade schallender Trompeten zum Bieranstich, komponiert von Adolf Scherzer (1815–1864), dem bayerischen Musikmeister des Ingolstädter Infanterie-Regiments No. 7.

Auf die Rummelplätze zieht das Orchestrion ein. Neben Polka und Galopp drängt sich der Marsch nach vorn, gern in volksnaher Melodik mit ›Florentiner-‹ und ›Frühlings Einzug-Marsch‹ oder ›Ruhm und Ehre‹; in den Zeiten zwischen den Weltkriegen auch vielfältig mit aktuellen Schlagern im ¼-Takt, wie ›Ausgerechnet Bananen‹ und ›Puppchen, du bist mein Augenstern‹. Unter den großen Schausteller-Orgeln erhalten sich legendäre Namen: ›Kaliston‹ mit dem ›Marsch aus der Oper Carmen‹, oder ›Fratihymnia‹ mit dem ›Jäger-Marsch‹ von Carl Maria von Weber und ›Feuert los!‹ von Abé Holzmann. Von England kommt am Ende des 19. Jahrhunderts das dampfgetriebene Karussell, und nun ist es nicht mehr weit bis zum Abenteuer der Taifunräder, der Spinnen, Flieger und Kettenkarussells. Ingrid Heinrich-Jost (›Wer will noch mal? Wer hat noch nicht?‹, 1985) überliefert ein Couplet aus dem Berlin der Zwanziger Jahre:

> Da draußen auf der Vogelwiese steht ein Caroussel,
> Da reiten die Mädchen so fröhlich und so schnell,
> Der Unterrock zerrissen und im Strumpf ein großes Loch,
> Zu Hause nichts zu essen, aber reiten tun sie doch.

Derlei aufwendige Vergnügungsmaschinen schaffen immer mehr Lärm mit der Folge von behördlichen ›Lärmverordnungen‹. 1930 beantragt in Berlin-Tiergarten der Schausteller Wilhelm Wollenschläger das Betreiben eines Kettenflieger-Karussells, wobei die

Genehmigung des Polizeipräsidenten selbst hier mit der Standard-Einschränkung verbunden ist: »Die Musik ist bei Vermeidung gänzlicher Untersagung so abzudämpfen, daß Belästigungen der Nachbarschaft vermieden werden. Insbesondere sind Musikinstrumente, die einen übermäßigen Lärm verursachen, wie Pauken, Trommeln und laut schallende Blasinstrumente, nur im Innern geschlossener Räumlichkeiten zu verwenden und auch nur in der Weise, daß kein ungewöhnlicher Lärm nach außen dringt.«

Ernst Bloch beobachtet die »uralte Volkslust, diese keineswegs einfache, aber auch keineswegs dekadente, die sich im Jahrmarkt erhält« (zitiert nach Ingrid Heinrich-Jost): »Der Motor treibt das Orchestrion mit fremdem fettem, unmenschlich atemlos-trägem Klang an. Zuweilen ist er mit einem Wachsmädchen verbunden, das neben dem Eingang tanzt.« Im Lärm des Rummels hat der brave alte Leierkasten bald schon keinen Platz mehr. Er zieht sich, ohnehin eine mehr städtische Unterhaltung, in die Straßen und auf die Höfe der Wohnblocks zurück. Sein Repertoire bewahrt die Vielfalt der Rhythmen, doch spielt er Lincke, Kollo und Jean Gilbert, und in Berlin ist das ein Pflichtprogramm, kommt er um den Marsch nicht herum. Dieser aber ist in seiner Auswahl unbegrenzt – von Carl Teikes ›Alte Kameraden‹ bis zum Gassenhauer ›Wir versaufen unserer Oma ihr klein Häuschen‹. Überdies findet der gute Leierkasten, die alte Drehleier ablösend, noch seine Aufgabe als Begleitung des Moritatensängers. Während der vortragende Künstler mit reichhaltigem Programm brilliert, bleibt der musikalischen Begleitung meist nur der schlichte Rahmen in der Wiedergabe älterer Volkslieder.

Derlei Liedgut findet sich zuhauf für die Balladen von Mord, Raub und grausam blutigen Strafen, für die Tragödien von Liebe, Betrug, Eifersucht und Rache, für die Chronik von Katastrophen durch Natur wie Menschenhand. Die Politik zeigt sich mit dem Schrecken der Kriege wie der Attentate, doch auch im schlichten Gewand. So wählt der Bänkelsänger die Instrumental-Walze ›Im Schwarzen Walfisch zu Askalon‹ für seine historische wie aktuelle Geschichte:

> Ein Jüngling hatte einen Schatz,
> Den sich sein Herz erkor;
> Er wohnte am Louisenplatz
> Und sie am Hall'schen Tor.
>
> Allein, die Sache stand sehr schief,
> Denn bei der letzten Wahl
> Ihr Vater wählt' conservativ,
> Der seine liberal.
>
> Bis endlich faßt das Pärchen Muth,
> Gesteht's den Vätern ein,
> Doch diese in Parteienwuth,
> sie schrien beide: »Nein!«
>
> Und als sie las beim Morgenlicht
> Die Tante Voß, o weh,
> Da stand im Polizeibericht,
> Man fand ihn in der Spree.
>
> Sie sah den Rabenvater an
> Mit einem Rabenblick.
> Zur Schwefelsäure griff sie dann
> Und sank entseelt zurück.
>
> Und als des Mondes Licht so bleich
> Am Himmel ging herauf,
> Da hängten sich am Goldfischteich
> Die beiden Väter auf.

Also die Morithat verlief
jüngst bei der letzten Wahl,
Ihr Vater starb conservativ,
der seine liberal.

O. Rauert, 1891

Seinen besonderen Hort findet der Marsch auf dem Schützenfest. Doch erfährt die Tradition der Schützengilden aus dem 15. Jahrhundert im jungen Preußen eine unliebsame Unterbrechung. König Friedrich Wilhelm I. wünscht keine Bürger in Uniform, und so schließt eine Kabinetts-Ordre von 1717 die Schießplätze in Cölln und vor dem Königstor. Als die Schützenfeste um 1800 wiederbelebt werden, fällt das Datum zusammen mit der neu beginnenden Blütezeit des Militärmarsches. Und so profitiert der Rummel von einer Vielzahl modischer Jägermärsche. Ins Standard-Programm gehört von Johann Gottfried Rode, Musikdirektor des Potsdamer Jäger-Bataillons, ›Der Jäger aus Kurpfalz‹, im Trio mit der Volksweise »Halli, hallo, gar lustig ist die Jägerei!«.

Beliebt ist unter anderem bei kleinstädtischen und ländlichen Schützenkapellen mit begrenztem Repertoire ein Potpourri, 1886 arrangiert von August Reckling, Direktor der Schweriner Jäger. Es beginnt mit der Melodie von ›Weidmannsheil‹, geht über in ›Lützow's wilde verwegene Jagd‹ von Theodor Körner, fügt Volkslied an Volkslied, »Im Wald und auf der Heide, / Da such' ich meine Freude«, und schließt letztendlich mit dem ›Siebenbürgischen Jägerlied‹:

Ich schieß den Hirsch im wilden Forst,
Im tiefen Wald das Reh,
Den Adler auf der Klippe Horst,
Die Ente auf dem See.
Kein Ort, der Schutz gewähren kann,

Wo meine Büchse zielt.
Und dennoch hab ich harter Mann
Die Liebe auch gefühlt.

Kecker findet Hans Schwenk (›Marschmusik‹, 1965) das alpenländische Repertoire: »Fröhlich klingt der ›Kärntner Lieder-Marsch‹ von Seifert. Und im ›Tölzer Schützenmarsch‹ von A. Krettner beginnt es voll Unternehmungslust: ›Im schönen Isartal / Tönt munt'rer Schützen Knall!‹ Das Trio dieses Marsches: ›Isartal, du bist mei Freud, / Da hab'n die Buam a sakrisch Schneid‹ ladet gerade dazu ein, einen Jodler draufzusetzen.«

Eine Unzahl von Wanderliedern verbreitet sich in Liederbüchern und -heften kleiner Verlage mit unbekannten Herausgebern, preiswert, mit meist nur geringer Schutzgebühr von 50 Pfennig, so etwa ›Die Mundorgel – Ein Liederbuch für Fahrt und Lager‹. Die Jugendbewegung zu Beginn des 19. Jahrhunderts fordert ein sich ständig erweiterndes Liedgut. Vieles davon übernehmen in den Dreißiger Jahren des 20. Jahrhunderts von den ›Wandervögeln‹ und von der ›Bündischen Jugend‹ das ›Deutsche Jungvolk‹ und die ›Hitlerjugend‹, am liebsten das der völkisch-nationalen Autoren – mehr als Hermann Löns noch Walter Flex (»Wildgänse rauschen durch die Nacht / Mit schrillem Schrei nach Norden«). Beide Autoren erleben das Dritte Reich nicht mehr, sie fallen im Ersten Weltkrieg. Ebenso auch der Medizinstudent Hans Breuer im letzten Kriegsjahr an der Westfront.

Hans Breuer wird 1908 bekannt mit seinem Standardwerk ›Der Zupfgeigenhansl‹. So beliebt wird diese Sammlung, daß zehn Jahre später, 1918, bereits die 60. Auflage erscheint. Vorerst sind Titel wie ›Wir traben in die Weite‹ und »Die blauen Dragoner sie reiten / Mit klingendem Spiel durch das Tor« nicht mehr enthalten, wenn auch neben Liebesliedern, Balladen und Schnurren – dem Zeitgeschmack entsprechend – etliche weniger militante Soldatenlieder:

> Wenns die Soldaten durch die Stadt marschieren,
> Öffnens die Mädchen Fenster und die Türen.
> Ei warum? Ei darum! Ei, warum? Ei, darum!
> Ei, bloß wegn dem Schingderassa, Bumderassa, Schingdara!
> Ei, bloß wegn dem Schingderassa, Bumderassassa!
>
> *Text & Musik: trad. (aus Tübingen)*

Das musikalische Repertoire des Karnevals kann weltweit auf den Marsch nicht verzichten, ausgenommen die Metropolen Brasiliens, die weiterhin traditionell vom Samba beherrscht werden. Und auf dem klassischen Carnaval in Nizza dagegen begleiten die scharf akzentuierten Vierviertaltakte der Farandòla die ›Schlachten‹ auf der Promenade des Anglais: die batailles de confetti und de fleurs. Im regional begrenzten Handel ist auf einer occitanischen Langspielplatte von 1980 – ›Tresòrs dau Païs Nissart‹ – unter anderen folkloristischen Titeln diese ›Farandòla de Nissa‹ historisch originalgetreu dokumentiert.

Marschmusik in ihrer ganzen Vielfalt fordern die rheinischen Karnevalsgesellschaften in ihren tollen Tagen für die Eröffnung ihrer Sitzungen und für die Rosenmontagszüge. In der deutschen Wirtschaft ist 1922/23 die Inflation auf dem Höhepunkt, da schreibt der Komponist Robert Steindl für den Kölner Karneval einen Stimmungsschlager, der gleich schon zum ›deutschen Nationallied‹ avanciert:

Wir versaufen unserer Oma ihr klein Häuschen,
Ihr klein Häuschen, ihr klein Häuschen,
Wir versaufen unserer Oma ihr klein Häuschen
Und die erste und die zweite Hypothek.

So sehr wird dieser Karnevalsheuler zum ›vollendetsten Ausdruck der Volksseele‹, daß Kurt Tucholsky ihm gleich ein paar Zeilen widmet: »Ist dies ein Volkslied? Es ist die reinste Form. Denn dieses Lied singt von dem, was unser Herz bewegt: von den Hypotheken. So singt das Volk.«

Vorherrschend füllen der ›Münchner Narhallamarsch‹ von Ernst Ludwig und der ›Mainzer Narhallamarsch‹ von Carl Zulehner die Festtagssäle und die Radioprogramme der Zwanziger und Dreißiger Jahre, so daß diese Titel 1945 so einfach nicht mehr verschwinden können. »Und«, so meint Hans Schwenk, »waren dies vielleicht überhaupt die ersten Märsche, die nach dem Kriege in den westdeutschen Rundfunkstationen wieder gespielt werden durften?«

Weitere Komponisten retten ihre Melodien über Kriege und Notzeiten hinweg, so Willi Ostermann seinen ›Rheinlandmädel-Marsch‹ und Carl Lorenz seinen Heurigenmarsch vom unentwegten Zecher: ›Jetzt trink ma no a Flaschl Wein‹.

Nach 1945 dringt auffallend das Schunkellied im ¾-Rhythmus ins närrische Repertoire. Doch neben ›Heute blau und morgen blau‹ (Franz Wendhof, 1953) und ›Wer soll das bezahlen‹ (Jupp Schmitz, 1949) wird ein Marsch zu so etwas wie einem historischen Dokument, zu einer Art ›Hymne‹ des in drei Besatzungszonen aufgeteilten Westen Deutschlands vor Gründung der Bundesrepublik:

Wir sind die Eingeborenen von Trizonesien,
Heidi-tschimmela-tschimmela-tschimmela-tschimmelabumm!
Wir haben Mägdelein mit feurig wildem Wesien.
Heidi-tschimmela-tschimmela-tschimmela-tschimmelabumm!
Wir sind zwar keine Menschenfresser,
Doch wir küssen um so besser ...

Text & Musik: Karl Berbuer

Unter den zahlreichen Absolventen, die das Prager Konservatorium über die Kronländer der österreichisch-ungarischen Doppelmonarchie streut, zieht es den böhmischen Militärmusiker und Komponisten Julius Fučík (1872–1916) zum Infanterie-Regiment No. 86 in Budapest. Er ahnt nicht, daß einer seiner Märsche eine außerordentliche zivile Karriere vor sich hat: ›Beim Zirkus!‹ Dabei sind es nicht Rhythmus und Melodie allein, ist es nicht allein der dreifache Tusch mit dem folgenden munteren Trab, die sich gleichermaßen Artisten und Clowns wie auch den Zirkuspferden als Intrade anbieten – es ist auch der Titel: ›Einzug der Gladiatoren‹. Mit einem dreifachen Tusch der Trompeten oder Hörner halten auch die Matadore ihre Intrada in die Plaza de Toros. Es ist der Eröffnungsmarsch von José Padilla, dem Komponisten des später weltweit bekannten Hits ›Valencia‹ (1925), der sich mit ›La Virgen de la Macarena‹ für alle Zeiten in der spanischen und mexikanischen Tradition der Corrida sein Denkmal setzt.

Nun heißt es, im ¾-Takt Abschied nehmen mit dem ›Trauermarsch‹. Auf dörflichen Trauerzügen beginnt die Blaskapelle oftmals mit etlichen Takten einer Perkussion, bis nach dem Glockengeläut die Melodie beginnt.

Auf den zwei CDs ›Dead & Gone‹ hat Fritz Ostermayer 41 Instrumental- und Vocaltitel aus dem katholischen Raum der Balkanländer, aus Italien, sowie aus Amerika, Afrika und Asien zusammengestellt. Aus Vietnam beispielsweise stammt, neben den meist getragenen Titeln, der »mit Abstand rasendste Trauermarsch von den Nuoc Man Buam, einem Grazer Künstler-Kollektiv in Saigon – ein funeraler Sturmangriff.« Ostermayer dokumentiert in seinen Begleitheften die Entwicklung seit der Französischen Revolution: »Genau in dieser historischen Phase der selbstbewußten Exhibition von bürgerlicher Gefühligkeit und autoritärem Machtbewußtsein verband sich erstmalig die Intimität der Trauer mit dem martialischen Glanz des Marsches: als ›demokratisierte‹ Form der musikalischen Totenklage.

Wieder war es der höchst prunk- wie pathosanfällige Ludwig van Beethoven, der das Maestoso der Marche funebre ins schier Todesgeile transzendierte: in seiner Sonate op. 26 mit dem Zusatz »sulla morte d'un Eroe« und im Trauermarsch seiner 3. Sinfonie, der die dem Kondukt geltende Marschbewegung waghalsig abstrahiert und sich zu einem grandios allumfassenden Heuler aufbläht. Dagegen verkommt Mozarts ›Maurische Trauermusik‹ fast zu einer schlichten Elegie. Jedenfalls gab es nach diesem Startschuß kein Halten mehr, und das bürgerliche Zeitalter blies sich nur allzu gern selbst den Trauermarsch. Hinterbliebene vergossen Rotz und Tränen bei den Opern-Trauermärschen Wagners (›Götterdämmerung‹), Puccinis (›Turandot‹) und Pfitzners (›Die Rose vom Liebesgarten‹).

Und all die ¼-Klagen eines Mendelssohn, Gounod und Bizet bis hin zu den düsteren herzabschnürenden, in Trauermarschstimmung sich suhlenden Sätzen der 2., 5. und 7. Sinfonie Gustav Mahlers verwandelten die Konzertsäle in Aufbahrungshallen, in denen es sich aufs Katholisch-Flagellantischste leiden ließ.«

Für Chopins ›Marche funebre op. 35‹ findet Fritz Ostermayer

als Beitrag ein außerordentliches Arrangement der ›Central Band Of The R.A.F.‹ und interpretiert es so: »Stellvertretend für alle staatstragenden Trauerfeierlichkeiten und andere Pompbegräbnisse streng nach Protokoll: Chopins Todes-Smash-Hit in einer kryptomilitaristisch geblasenen Version, der man eine gewisse katatonische Vereisung nicht absprechen kann: Die Rührung, die aus der Kälte kam.«

»Als George Lewis in den frühen 40er Jahren seine B-Klarinette durch die wesentlich schärfer und höher klingende Es-Klarinette ersetzte, bedeutende dies in New Orleans nichts weniger als eine weitere Drehung am Schraubstock der Seele. Der aus dem Orchester herausstechende Ton der Es-Klarinette zielt nämlich nicht nur direkt ins Herz, er perlustriert auch sogleich das gesamte fragile Nervenkostüm.« Mit diesem Text offeriert Fritz Ostermayer ›Just A Closer Walk With Thee‹ von George Lewis & The Eureka Bass Band. Und in einer derart auserwählten Anthologie fehlt selbstverständlich nicht Louis Amstrongs ›Free As A Bird‹, landläufig bekannt als ›New Orleans Function‹. Das schlichte Grundmuster des Begräbnisrituals mit seinen drei miteinander verbundenen Stufenfolgen erscheint als kraftvolle Methapher für den Kreislauf ›Leben-Tod-Leben‹. Dazu schreibt Louis Armstrong in seiner Autobiographie: »Typisch für die Begräbnisse in New Orleans ist es, daß man nur bis zum Friedhof traurig ist, zu dem sehr langsam gegangen wird. Sobald der Reverend die üblichen Gebete gesprochen hat, wird alles anders. Die Kapelle zieht ab, und beim ersten Häuserblock stimmt der Chef mit seinem Kornett ein ›tat-tat-tat-ta‹ an, die anderen setzen ihre Instrumente an, und alle spielen ›Didn't he ramble‹.«

Der »Bunte Rock«

Der Komponist Hector Berlioz (1803–1869), mehr als in seiner Heimat Frankreich im Ausland gefeiert, gelangt auf seiner ersten Deutschlandreise 1841 nach Berlin und berichtet von seinen Eindrücken: »Was die Militärkapellen betrifft, so müßte man es böswillig darauf abgesehen haben, nicht wenigstens einige von ihnen zu hören, da sie zu jeder Tageszeit durch die Straßen Berlins ziehen. Diese kleinen vereinzelten Truppen können indessen keinen Begriff von der Majestät der großen Ensembles geben. C'est le style énorme de Prusse! Das sind nicht Regimentsmusiker, das sind Regimenter von Musikern!«

Sie konzertieren, so fährt er fort, mit einer geradezu wütenden Begeisterung. Nun, die Bewunderung Berlioz' für derlei Riesenbesetzung ist verständlich, denn er hört im Biergarten ›Zum Hofjäger‹ eines der schwierigsten Piècen, die eine gewaltige Anforderung an Orchester und Besetzung stellt – seine eigene Komposition, die ›Femerichter-Ouvertüre‹. Sowohl bei fremden Besuchern wie bei einheimischen Autoren finden sich etliche Berichte über dieses musiklärmende Berlin: »Unter den Linden zieht die Wache auf. Dicht bei dicht stehen die Zuschauer auf Fahrdamm und Trottoir. Frauen und Mädchen haben sich untergehakt und fassen Schritt mit den Soldaten. Greise schultern den Spazierstock und paradieren hinterdrein. Der Verkehr stockt, Automobile und elektrische Bahnen liegen fest, Kutscher beruhigen ihre Pferde ...«

›Bædeker's Reiseführer‹ empfiehlt: »Der Fremde in Berlin muß drei Dinge sehen: Wachablösung, Metropolrevue und Kaiser.«

Dazu der ›Vollständige Berliner Stadtführer‹: »Berlin und sein Militär gehören zusammen wie Rom und die Peterskirche, wie Paris und seine Frauen. Die Physiognomie dieser Stadt bestimmt der ›Bunte Rock‹. Die Damenwelt ist entzückt vom zweifarbenen Tuch, vom Gold der Epauletten, vom Silber der Schulterschnüre ...« Das ist ›betont männliche Mode‹. Bismarck nennt sie »eine natürliche Veranlagung der Prachtliebe«, aber Theodor Fontane mäkelt: »Diese 50 Millionen Deutsche vermögen zwar jeden Kampf aufzunehmen, aber nicht mit diesen Grenadierblechmützen, Medaillen und Fahnenbändern«. Unter dem Pseudonym ›Mars‹ singt der Autor des ›Blauen Briefs‹ ein ›Extra-Lied‹:

Leutnant – Kavall'rie
Schneidig – Esprit
Eindruck – enorm
Wenn – Uniform
Gegen Vorschrift – getragen:
Zu hoch – der Kragen
Mütze – kühner Sitz
Stiefel – zu spitz
Hacken – zu breit
Hosen – zu weit
Monocle – ohne Rand
Monocle – ohne Band.
Leutnant – Kavall'rie
Morgens – ganz früh
Wie sichs – gebührt
Kerle – dressiert.

Ein französischer Journalist nennt am Beginn des Jahrhunderts das kaiserliche Berlin eine ›Soldatenstadt par excellence‹, und an seinem Ende – kurz vor dem Ersten Weltkrieg – berichtet der US-Diplomat Edward M. House seinem Präsidenten Thomas Woodrow Wilson aus der preußisch-deutschen Metropole, hier herrsche »ein Militarismus, der wahnsinnig geworden ist!«

Silbergroschen-Konzerte

Schon auf der Straße überkommt ein Rausch die Berliner, wenn ihre Soldaten mit klingendem Spiel einherrücken. Nun aber erst zum Militärmusikgewitter winters in den Sälen riesiger Etablissements, sommers unter freiem Himmel ausgedehnter Biergärten. Im Verlauf des 19. Jahrhunderts gelangen an die Freilichtvergnügungsfront mehr und mehr die Regimentskapellen des in der Residenz stationierten Gardekorps. »Unter ihrem Zepter wird alles zum Volksfest mit den Zügen preußischen Nationalstolzes«, schreibt Bogdan Krieger in ›Berlin im Wandel der Zeiten‹: »Offiziersstand reich vertreten; der Soldat nicht minder. Die Kokarden in den preußischen Farben an vielen Zylinderhüten belehren darüber, daß sich an dieser Musik das Herz patriotisch Vereinigter besonders labt. Aber auch viel des liberal verführten Volks versammelt sich an den Tischen, um für fünf Silbergroschen Entree die Gardemusik in ihrer strammen Disziplin zu hören.« In seinem Buch ›Berlin, wie es war‹ ergänzt der Journalist Isidor Kastan, Blasmusik unter Gottes freiem Himmel gehe in Herz und Seele. »Wem dabei die Rührungzähren nicht stromweise über die Wangen herunterrinnen, ist ein Herzensrohling«.

Die Etablissements rings um Berlin sind meist reine Bier- oder Kaffeegärten. Kommt zusätzlich das Tanzvergnügen ins Programm, offeriert sich im frühen 19. Jahrhundert ein derart renommierter Sommergarten als ›bal champêtre‹ und nennt die Tanzfläche ›Pariser‹. Die Soldaten Napoléons hatten einst mit ihren Freiheitsgedanken auch solches ›Pläsiervergnügen‹ in das bislang gemäßigte Berliner Bürgerleben gebracht. Wo die Kapelle eines Garderegiments spielt, wird die Restauration zum ›Militärmusikgarten‹ und unterliegt einer königlichen Instruktion von 1838, die »Benehmität und Manierlichkeit« der Gäste regelt. »So wird mit Strenge darauf gehalten, daß bei Musikaufführungen militärischer Ernst und Anstand herrschen, und daß diejenigen Individuen, welche sich ein unpassendes Benehmen erlauben oder sonst die Musik stören, bestraft werden.«

Nun, im Hofjäger und in Kemper's Hof ist durch die Höhe des Eintrittgelds von fünf Silbergroschen schon ein gebührlich-bürgerliches Publikum vorverlesen. Ein derart hohes Entree ist für die meisten Berliner schon Wucher, und sie nennen dieses so gehobene Reich der Töne »Silbergroschenkonzert«.

Für diese 5 Münzen wird bald mehr verlangt als die Musik der einheimischen Garnison, und der Gastronom Kemper fühlt sich gezwungen, »Exotisches« zu engagieren. In Österreich findet er die ›Steiermärker‹. Wenn auch nur eine Kapelle mittleren Genres, so wird sie doch zur Kuriosität zum einen durch ihre alpinen Trachten, zum anderen durch die gesungenen Texte in fremdländischer Mundart.

Nach vier Jahren offeriert Kemper eine neue Attraktion: Militärmusikmeister Josef Gungl vom Artillerie Regiment No. 4 aus Graz mit den vierzig Mann seiner Musikbande. Als Dirigent und Kompositeur von Märschen kam er in der k. k.-Monarchie weit herum, leitete im Lager Olmütz ein Mammutkonzert mit 36 Kapellen, folgte einer Einladung des Zaren nach St. Petersburg und krönte seine Karriere mit einer Amerika-Tournee. In seinen ›Humoristischen Rückblicken auf Berlins gute alte Zeit‹ erinnert sich später Hugo Wauer, wohl nie habe in Berlin je ein Dirigent einen solchen Enthusiasmus erregt wie Josef Gungl: »Der herrliche Park ist jeden Tag so überfüllt, daß man die Polizei in Anspruch nehmen muß, um Ordnung zu halten. Wenn Gungl das am meisten poluläre Musikstück, seine ›Oberländer‹ produziert, so geht es durch die Lüfte wie ein Donnergeröll, und die alten Bäume des Tiergartens schütteln vor Wonne und Vergnügen ihre staubbedeckten Kronen.«

Gungl avanciert zum Liebling der Stadt vor allem mit seinen Märschen. Einige von ihnen gehen fest in das preußische Militärmusikrepertoire ein, und sein Titel ›Kriegers Lust‹ sogar in die renommierte Armeemarsch-Sammlung unter der Nummer II, 127. Bis 1846 kann der Notenverlag Bote & Bock 12.000 Exemplare verkaufen, doch als Bestseller wird ›Kriegers Lust‹ gleich auch zum Gassenhauer und steht in den Zeiten des Vormärz bald schon auf dem Index verbotener Musikalien. Denn nach dem nicht so ganz geglückten Attentat des brandenburgischen Bürgermeisters von Storkow, Ludwig Tschech, auf Friedrich Wilhelm IV. am 26.07.1844 kommen zur immerhin staatstreuen Melodie staatsfeindliche Verse auf:

> War wohl je ein Mensch so frech,
> Als der Bürgermeister Tschech?
> Denn er traf bei einem Haar
> Unser theures Königspaar.
> Ja, er traf die Landesmutter
> Durch das gnädge Unterfutter,
> Und er schoß in seiner Wuth
> Unsrem König durch den Hut …

Am Ende gerät das Lied dann auch noch zur Majestätsbeleidigung: Der König zeigt sich nach dem glücklichen Ende der Freveltat mutig auf dem Schloßplatz und …

Er dreht sich um und spricht:
Kinder, ich hab nischt gekriegt!
Dick und fett, ihm fehlte wenig;
Alles brüllt: Es leb' der König!

Text aufgezeichnet von Varnhagen von Ense

Im Berlin des 19. Jahrhunderts stehen 13 Garde Regimenter der Infanterie, acht der Kavallerie und fünf der Artillerie; hinzu kommen die Garde Pioniere und die Garde Eisenbahner. Und jede Einheit hat ihr Musikkorps. Sie alle müssen tagtäglich spielen – für den Dienstgebrauch und für das Vergnügen, winters in Sälen, sommers in Gärten. Kein Sommertag ohne Freilichtkonzert!

Und auf allen Podien Stabshoboisten, -hornisten- und -trompeter, Musik- und Obermusikmeister, Musikdirigenten und -direktoren! Der Militärhistoriker Joachim Toeche-Mittler dokumentiert 142 bekannte Namen in der Epoche zwischen den Befreiungskriegen und dem Ersten Weltkrieg. Jeder von ihnen ein Liebling der Berliner!

Im Moebe'schen Blumengarten spielt Friedrich Weller vom 2. Garde Regiment zu Fuß im eigenen Arrangement den ›Marsch des Leibgarde Wolynski Regiments‹, ein Geschenk des Hauses Romanow an das Haus Hohenzollern. Im Sommergarten der Gebrüder Henning tritt Carl Liebig mit dem Musikkorps des Garde Grenadier Regiments No. 1 – Kaiser Alexander – auf. Er hat einen Hang zu wertvoller Musik. Der Sommergarten bleibt schlecht besucht, Berlin liebt eher ein anspruchsloseres »Kling-ling tschingtsching und Paukenkrach«.

1906 kursiert ein Witz: »Kein gutes Stück«, sagt der Kommandeur seinem Musikmeister nach Beethovens Trauermarsch, »Müßten schneller spielen. Dann ganz akzeptabler Marsch.«

Zuweilen erfüllt ein ziviler Dirigent eher noch Volkes Wünsche, so etwa der Kapellmeister Benjamin Bilse aus Liegnitz. Sein Marsch ›Mit Bomben und Granaten‹ wird, wie die Berliner Kritik jubelt, »zum Mordsstück! Schneidig, mächtig, voller Lautstärke und natürlich mit dem obligatorischen Paukenschlag.« So ein Lärm bleibt lange in Erinnerung, und 1925, ein halbes Jahrhundert später, nimmt ihn die Reichswehr ins republikanische Repertoire und katalogisiert ›Mit Bomben und Granaten‹ in der alten kaiserlichen Armeemarsch-Sammlung unter der Nummer II, 264.

Der Trend zur leichten Musik wird im Verlauf der kaiserlichen Epoche immer stärker. So muß auch Walter Bernhagen, Musikmeister des 1. Garde Regiments zu Fuß, mit seiner ›wertvollen Abendmusik‹ nach einem letzten Konzert vor leerem Garten kapitulieren, während Hermann Baarz – genannt »der schöne Hermann« – vom Garde Dragoner Regiment No. 1 Saison für Saison rund um Berlin ausgebucht ist. Er gehorcht dem Trend und begrenzt sein Programm auf Lieblingswünsche des Publikums. So fordert einmal ein Schlachtermeister den Marsch ›Lasset uns das Leben genießen‹ und schreitet am Ende zur Entlohnung: Würstchen für jeden Hoboisten, eine Kalbskeule für den Dirigenten. Von nun an hat das Stück für alle Zeiten den Namen ›Kalbskeulenmarsch‹. Und weiter stehen im Repertoire von Hermann Baarz die beliebten Heuler. Sie bleiben fortan vom 19. bis ins 20. Jahrhundert hinein oben in den Charts: ›Hoch Heidecksburg‹ und ›Per aspera ad astra‹, wie auch der ›Weibermarsch aus der Lustigen Witwe‹, Paul Linckes ›Folies Bergères‹ und Franz von Suppés ›Fatinitza-Marsch‹.

»Das Preußenherz schlägt vor Freude«, schreibt Friedrich Saß, »der Berliner fühlt sich geehrt und sein Preußentum verherrlicht.« Doch derart lästert der Autor schon 1856, als er in ein Mammutkonzert gerät mit Trommlern von drei Garderegimentern, vereint zu einem Block von 150 Tambours. »Das gibt etwas her!«

Seit 1840 bereits entfalten sich in Berlin Militärkonzerte zu großen musikalischen Massenveranstaltungen. Ihr Erfinder ist der Musikdirektor Wilhelm Wieprecht (1802–1872). Sein erstes Konzert gibt er zum Empfang des Zaren Nikolaus I. auf dem Schloßplatz mit »1.200 Mann Musik«, und doch heißt es: »Ausführung ganz vortrefflich! Leider neben Nationalhymne und russischem Zapfenstreich nur wenige Marschpiècen executirt.«

Dem Gastwirt des Gartenrestaurants Zum Hofjäger am südlichen Tiergarten gelingt es, dieses Wunder der Klangwelt Sommer für Sommer für je zwölf Konzerte zu engagieren. Sie beginnen um sechs Uhr abends. Nach bescheidenen Eröffnungsauftritten der Garde Ulanen mit Wieprechts ›Victoria-Marsch‹, und etlichen Nummern der Infanterie wie der Garde Schützen erscheint endlich Wieprecht selbst »mit so viel Brimborium«, berichtet Toeche-Mittler, »mit so viel Eitelkeit, daß sich die Presse nicht zu Unrecht darüber lustig macht. Laute Schläge auf zwei Riesentrommeln verkünden seine Ankunft, alle Musiken spielen zusammen, dazu markiert eine extra abkommandierte halbe Kompanie das Schützenfeuer, Artilleristen haben Kanonenschläge abzubrennen, und das ganze nennt sich Schlachtengemälde.«

Den Bericht eines anderen Zeitgenossen aus den Vierziger Jahren überliefert Bogdan Krieger (›Berlin im Wandel der Zeiten‹, 1923): »Wilhelm Wieprecht ist an sich populär. Denn seine Art zu dirigieren ist bei aller Geschicklichkeit und rühmenswerten Sicherheit eine so leidenschaftliche, so drastische, daß er allein schon in seiner Arbeit ein Schauspiel für Götter bildet.« Und weiter: »Da thront er inmitten seiner musikalischen Heerscharen. Ein paar hundert Augen hängen an dem kleinen Mann, der hoch auf einem Stuhle steht. Er hebt den Kommandostab, und nun ... nun rasseln die Trommeln, pfeift die Pikkolo, schmettern die Trompeten, und die Posaunen dröhnen, und die Pauken hallen dumpf dazwischen – forte, fortissimo, piano, pianissimo – ganz wie der Meister den Taktstock schwingt. Arme und Füße, Nase und Ohren sind in Bewegung, er malt in Gesten förmlich die ganze Partitur, hüpft und huckt, winkt und schlägt, dreht sich rechts und links und um und um, bis ihm der Schweiß auf der Stirn steht, der Halskragen aufgeweicht, und der große Foulard hervorgelangt wird, um den in Eifer gebadeten Kapellmeister zu trocknen.«

Das ist die Stimmung im Gartenlokal Zum Hofjäger. Jeder Auftritt Wieprechts wird zu einem Volksfest, wie ausländische Gäste schreiben: »mit den Monstreleistungen preußischer Militärmusik, das die Züge preußischen Nationalstolzes bloßlegt.« Der König wird auf ihn aufmerksam, als er nach französischem Vorbild mehrere Kapellen zu großen Schaukonzerten im Muster des ›style enormée‹ vereinigt. Mit einem Paradestück für Blasorchester, dem ›Fackeltanz‹, kann er endlich 1837 bei Hofe avancieren. Darüber schreibt er selbst in seinen Erinnerungen: »Als ich einst im Garten des Prinzen Albrecht einige Märsche executierte und unter anderem auch eine alte Fanfare aus der Zeit Friedrich des Großen spielte, ließ mich der König rufen und sagte: ›Kenn noch so 'ne alte Fanfare vom Regiment Gendarmen. Könnt sie singen, so genau Gedächtnis haben.‹ Bald darauf erfolgte meine Ernennung zum ›Director der gesammten Musikchöre des Gardecorps‹.«

Die Rechte und Pflichten des Directors sind in einer Instruction vom 27.10.1838 bürokratisch penibel festgelegt – nur eben: Soldat werden darf er nicht, der »Bunte Rock« des Königs bleibt ihm versagt. Das führt zur Verlegenheit beim Besuch des Zaren Nikolaus, der damit prahlt, sein Musikmeister trage eine Uniform. Nun braucht auch der preußische Monfrère für seinen Musikus einen Prachtrock, und es kommt zum Entwurf eines Unikums, einerseits der Prunkliebe folgend, zum anderen der Notwendigkeit soldatischer Standesabgrenzung. Wieprecht bekommt einen dunkelblauen Frack mit ponceaurotem Kragen, darauf fünf goldene schmale Steifen, darstellend die fünf Notenlinien, damit das Metier des Trägers erkennbar wird. »Eine redende Uniform«, nennt sie der Herausgeber der ›Mitteilungen des Vereins für die Geschichte Berlins‹. Bei allem findet Wieprecht noch Zeit für Erfindungen. Er entwickelt ein System, vier Klangkörper gegeneinander abzusetzen: Hier hat er die harte Trompetenmusik und dort die Signalmusik mit dem weichen Blech, hier den Hornklang der Jäger und als viertes dann den Lärm der Janitscharen mit Blech, Holz und Schlagzeug.

Doch nicht genug, Wieprecht arrangiert auch und komponiert. In der Armeemarsch-Sammlung finden sich zwei Geschwind- und neun Kavalleriemärsche. Er schreibt für Schützengilden und Säkularfeiern ehrwürdiger Regimenter, er komponiert zur Einholung seines Königs und zum Empfang erlauchter Gäste bei Hofe. Das macht ihn allseits beliebt. Berlin, ja Preußen, hat nur einen Wieprecht! Und als Napoléon III. anläßlich der Pariser Weltausstellung 1867 die Militärkapellen der europäischen Staaten zu einem internationalen Wettbewerb einlädt, fällt König Wilhelm I. die Wahl nicht schwer, wer Preußen und den Norddeutschen Bund als Botschafter vertreten soll.

Ehrungen und Preise

Um die Mitte des Jahrhunderts werden die ehrenvollen Auszeichnungen der Monarchen von den lukrativen der Notenverlage aufgestockt. 1851 hat der Berliner Hof-Musikhändler Gustav Bock die Idee, Preismarsch-Konkurrenzen auszuschreiben. Nach einer Vorprüfung kommen je zwölf Titel zur öffentlichen Vorführung: In Berlin im Opern- oder im Großen Schauspielhaus, in Potsdam im Freien vor dem Marmor- oder dem Neuen Palais, bei Regen im Casinosaal. Das Publikum ist erstrangig das Offizierskorps, an der Tête die Generalität und der königliche Hof.

Unter den jeweils ersten Preisträgern sind 1853 Emil Winter mit dem ›Kolonnenmarsch‹, 1856 Carl Faust mit dem ›Defiliermarsch‹, 1857 Stabshoboist Friedrich Lübbert mit dem ›Helenenmarsch‹. Nach zehn Jahren bekommt auch der Musikalienhändler Gustav Bock seine Auszeichnung: den Roten Adler Orden 4. Klasse.

Später setzt der Berliner Zeitungs- und Buchverleger August Scherl die Tradition fort und schreibt in der Woche seine Konkurrenzen aus. 1912 gewinnt mit ›Wir präsentieren‹ ein Zivilist, der Konservatoriumsdirektor Hans Ailbout, doch künden die weiteren Siegertitel schon einen neuen Patriotismus an mit ›Im Schmuck der Waffen‹ und ›Große Zeit – neue Zeit‹.

1865 kommt es zum ersten internationalen Wettstreit der Musikkorps europäischer Militärstaaten. Frankreichs Festung Lyon lädt ein zu einem ›Preisspiel‹. Wer im Ausland den Mut der Teilnahme aufbringt, muß mit einer starken inländischen Konkurrenz rechnen. Allein im fortbewehrten Lyon sind sechs Infanterie- und drei Kavallerie-Regimenter stationiert, hinzu kommen die Kapellen der Pioniere und der Festungs-Artillerie. Und sie alle zeigen Stärke im Instrumentarium napoleonischer Tradition mit Zugposaunen, weichen Cornetts und Signalhörnern, mit Barytons, Helikons und Flügelhörnern.

Doch Preußen hat Parlow! Albert Parlow (1822–1905), Musikdirektor des Füsilier Regiments No. 34, ist seit dem Vorjahr hoch im Kurs mit der Komposition eines Kavallerie-Trabmarsches, der ›Amboß-Polka‹. Mit dieser munter unterhaltenden Pièce, umrahmt von altpreußischem Repertoire, gewinnt er mit seinen Hoboisten den Ersten Preis aus der Hand Napoléons III. Eine Anekdote krönt die Zeremonie: »Bei der Verleihung staunte der Kaiser über die großen Baßtuben seiner Gäste und fragte: ›Wie kann man denn diese schweren Instrumente transportieren, wenn man den Rückzug antreten muß?‹ Drauf erwiderte Parlow prompt: ›Eure Majestät, Retirieren wird bei den Preußen nicht geübt!‹«

Eine gut preußische Anekdote, so recht geeignet für die Aufnahme in die Schullesebücher. Auch Heinrich Saro, Musikdirektor der Garde-Grenadiere No. 2, hatte sich wenige Jahre vor dem Deutsch-Französischen Krieg mit einem Bravourstück in Paris patriotisch profiliert: Den Hit der Saison 1867, ›Les Roses‹, einen Walzer von Métra, arrangiert er als Marsch und defiliert mit diesem ¼-Rhythmus im Gleichschritt an der Spitze seiner strammen Grenadiere am amüsiert staunenden Kaiser Napoléon vorbei. Ringsum jubelt die Menge, und im Journal ›L'art musicale‹ lesen die Pariser: »Dieu! Les beaux hommes! Tout blonds, favoris, superbes! Grands et distingués! Ce sont les Prussiens!«

Die Serie der Präsentation deutscher Militärmusik reißt nicht ab. Allein die Weltausstellungen schmücken sich gern mit internationalen Konkurrenzen, in Nordamerika und Australien, in Europa immer wieder in Paris, dann unter anderen in Wien und Moskau, Amsterdam, Antwerpen und Brüssel, in Barcelona und Mailand. Der verlorene Erste Weltkrieg scheint den deutschen Auslandsreisen ein Ende zu bereiten, aber nur vorübergehend.

Turin 1934. Das Festival vereinigt die ehemaligen Feinde. Und die Kritik jubelt: »Vortrefflich spielen Belgien, Frankreich, Italien und Großbritannien. Doch was da musiziert, sind in Uniform gesteckte Symphoniker. Echte Soldatenmusik nur aus einem Land! Und wie sie marschiert, diese Kommandanturkapelle Berlin der Deutschen Reichswehr!«

Quelle belle musique!

April 1867. Napoléon III., seit anderthalb Jahrzehnten Kaiser der Franzosen, eröffnet die Weltausstellung. Paris erwartet 14 Millionen Besucher, unter ihnen, sich noch einmal kräftig amüsierend, Bismarck und Moltke, die dem kurzlebigen Glanz des Second Empire drei Jahre später ein plötzliches böses Ende bereiten werden. Doch noch ragt aus tropischem Garten der Ausstellungspalast empor, ein ›Kolosseum der Arbeit‹, ein ›Babel der Industrie‹. Passagierschiffe dampfen von der Seine durch einen Kanal in einen künstlichen See. In den Hallen strahlt Licht aus Blumenkörben, Kaskaden fluten über rosenbepflanzte Felsen, an allen Ecken lärmen Musikkapellen.

»Wir spazieren in einem Traum«, verkündet Goncourt, »in einem Traum aus Fetzen aller Erdteile.« Eine neue Zeit bricht an: Plötzlich nach knapp 30 Jahren ist die Krinoline passé, dieser monströse Reifrock aus Roßhaar, nachdem zur Premiere im Théâtre des Variétés die Fürstin Pauline Metternich demonstrativ wieder im engen Rock erscheint.

An vier Bühnen zugleich Abend für Abend Jacques Offenbach mit der ›Grande-Duchesse de Gerolstein‹, der ›Belle Hélène‹, mit ›Orphée‹ und ›Gaîté parisienne‹: »Tout tourne, tout danse« – »Alles dreht sich, alles tanzt«. Diese allerorts zivilen Vergnüglichkeiten mischt der Empereur Napoléon mit einer militanten auf: Er lädt nach Longchamp ein und läßt vor den Kronen Europas 60 000

Mann defilieren – unter ihnen die siegreichen Fahnen der Krim, der Lombardei, der syrischen, indochinesischen und mexikanischen Waffengänge. Dazu spielt die musique militaire die historischen Märsche aus der Epoche des genialeren Onkels Napoléon I., aus der Zeit des Konsulats und des Premier Empire. Unter den Titeln zur Verherrlichung der siegreichen Schlachten steht am Anfang der ›Marche de la Garde Consulaire à la Bataille de Marengo‹ mit dem im Trio eingebauten ›Sturmschritt‹ – dem ›Pas de charge‹ – angeblich gespielt erstmalig während der Schlacht in Oberitalien am 14.06.1800.

Natürlich fehlt später unter den Ruhmesmärschen selten die Erinnerung an die Dreikaiserschlacht in Mähren am 02.12.1805: ›Batterie d'Austerlitz‹. Im Jahr zuvor komponiert F. Lesuer zur Krönung des kaiserlichen Paars durch Papst Pius VII. am 2. Dezember 1804 in der Kathedrale Notre Dame, Paris, den ›Marche du Sacre de Napoléon 1er‹. Zu den Siegen auf dem Felde und den Festen daheim kommen die Ehrungen der Traditionsregimenter, etwa der Bärenmützen mit dem heute noch legendären ›Marche des Bonnets à Poils‹.

Auch im vergnüglichen Paris selbst möchte sich der Kaiser im Rausch der zivilen Tanzrhythmen die Vorherrschaft des ¾-Takts nicht verdrängen lassen, und er bereichert die Exposition universelle mit einem internationalen Wettbewerb der Militärmusik. Im Juli marschieren vor 30 000 Zuschauern im Industriepalast an den Champs Elysées neun Länder auf, voran das Musikkorps des Badischen Leib-Grenadier-Regiments, Karlsruhe. Doch die 54 Mann unter Stabshoboist Rudolf Burg füllen mit dem ›Adagio der Oberon-Ouvertüre‹ akustisch nicht den Saal. Das Publikum murrt. Im Preisgericht sitzt die Prominenz der Musikszene, vorweg der greise Rossini (76) und der junge Hans von Bülow (37). Nun betritt das Kaiserpaar die Hofloge, Napoléon wie immer im Frack, Eugenie im schlichten Schwarzen. Auf dem Podium folgen die Spanier mit 64 Musikern des 1. Genie-Regiments, Madrid. Auch sie dringen mit ihren leichten Blechinstrumenten nicht so recht durch, und gespannt wartet nun alles auf die Preußen. Vorausahnend, die Konkurrenz könne in Paris stärker auftreten, hatte Wilhelm Wieprecht bereits in Berlin, als der Befehl seines Königs zur Teilnahme erging, die Kapellen zweier Regimenter zu einer vereint: die des 2. Garde-Regiment zu Fuß und die der 2. Garde-Grenadiere. Nun schmettern in den riesigen Industriepalast die Preußen mit 85 Mann die Pflicht-Ouvertüre des ›Oberon‹ und als Kür die ›Propheten-Fantasie‹ von Giacomo Meyerbeer. »Nun folgten wir«, schreibt der Hoboist Gustav Müller in sein Reisetagebuch, »schnell nahmen wir unsere Plätze ein, und Wieprecht befahl: ›Kein pianissimo, nur piano, forte und fortissimo!‹ Nach Schluß brach ein orkanartiger Sturm los, wie ich ihn niemals wieder gehört habe. Wir jauchzten und suchten aus der Gluthitze des Saales schnell ins Freie zu gelangen. Dort standen schon reiche Fabrikbesitzer aus Berlin, von denen jeder die ganze Musikkapelle als Ehrengäste einladen und bewirten wollte. Wir wurden verteilt und durchfeierten in feucht-fröhlicher Weise eine selten schöne Nacht.«

Das Podium nehmen nun die Österreicher ein. Auch sie werden für die ›Ouvertüre zu Wilhelm Tell‹ von Gioacchino Rossini großartig umjubelt, während im weiteren Verlauf die Russen und zwei andere Nationen die Geduld des Publikums mit langweiligen Pièen arg strapazieren. Unter Preußen, Österreich und Frankreich wird der Erste Preis geteilt. Preußen erfreut sich noch weiterer Auszeichnungen: Jeder Musiker erhält aus der Hand des Kaisers eine Medaille aus Kupfer, Wieprecht selbst eine aus Gold – dazu das Kreuz der Ehrenlegion. Doch dieser berichtet später in Berlin seinem König, was er in Paris bereits angedeutet hatte: »Hätte ergebenst Majestät noch gern gesagt, daß ich weit lieber mit einem gründlichen Marsch den Feind aus dem Felde geschlagen als mit Opern-Phantasien.«

Auf nach Amerika

Zurück in der preußischen Residenz, die wenig später zugleich auch die kaiserliche sein wird, mischt sich in die Heiterkeiten schon langsam das patriotische Fieber. Die Musikmeister der Garderegimenter dirigieren es, allen voran Wieprecht im Hofjägergarten, im Odeum und Tivoli, kurz darauf im Pavillon des Zoologischen Gartens. Er arbeitet mit einer wütenden Begeisterung, er hat nicht mehr viel Zeit. Nach seinem Triumph in Paris hat er noch fünf Jahre zu leben. Er stirbt an einem schönen Sommertag, es ist der 04.08.1872. Die 34 Wieprechtschen Jahre sind zu Ende. Der Trubel Berlins findet neue Lieblinge, wie auch Deutschland neue militärmusikalische Botschafter in der Welt.

Am 01.05.1883 eröffnet der US-Präsident Steven Grover Cleveland die Weltausstellung in Chicago. Es ist seit der legendären des Kaisers Napoléon III. in Paris die vierzehnte – die zweite auf amerikanischem Boden. Das Deutsche Reich beteiligt sich mit einer ethnographischen Show, begleitet von zwei Militärkapellen, die täglich, abwechselnd oder gemeinsam, im deutschen Pavillon für Unterhaltung sorgen. Es sind 48 Mann einer Infanterie-Kapelle in der Uniform der Garde-Grenadiere und ein 24köpfiger Trompeterkorps in der Uniform der Garde du Corps. Die einen dirigiert Eduard Ruscheweyh von den Elisabethanern, die anderen der Stabshoboist

Gustav Herold aus Königsberg. Von der Ankunft in New York liefert Joachim Toeche-Mittler im Band III seines Standardwerks ›Armeemärsche‹ ein Bild nach damaligen Augenzeugenberichten: »Nach der Einschiffung in Bremerhaven erreichen die beiden Kapellen auf den Lloyd-Dampfern ›Elbe‹ und ›Trave‹ elf Tagen später New York. Dort bedarf es einer Paßkontrolle, einer Zollkontrolle und einer dreitägigen Prüfung für einreisende Musiker, ehe der geplante Zyklus von 7 Konzerten und Matinees in Madison Square Garden durchgeführt werden kann. Zu dem letzten Konzert am Freitag, dem 28. April, meinen die New Yorker, den Saal noch nie so voll gesehen zu haben. Selbst die Treppen zu Logen und Galerien sind besetzt, im Haupteingang stehen die Menschen wie eine Mauer; 13 500 Billets sind verkauft, Tausende werden abgewiesen. Die Deutschen machen hier gleichsam einen Gegenbesuch für das Auftreten der amerikanischen Militärkapelle unter Patrick Gilmore 1878 in Berlin.«

Sechs Monate dauert der Kontrakt für den deutschen Pavillon in Chicago, dann sind beide Kapellen frei für eine Gastspielreise quer durch die Vereinigten Staaten. Sie geben 49 Konzerte in 15 Städten: in St. Louis ... Louisville ... Boston ... Buffalo ... Cleveland ... Columbus ... Cincinnati ... Pittsburgh ... Washington ... und am Ende natürlich wieder in New York ...

Neu für die deutschen Gäste ist, daß in Amerika vor jedem Konzert ein Umzug stattfinden muß, daß sie also zu ihrer eigenen Marschmusik auch marschieren müssen. Schon jeweils am Bahnhof stehen die städtischen Vereine, bewerfen die Hoboisten mit Blumen und begleiten die bunten Züge mit dem Schellenbaum, dem Tambourmajor und den Spielleuten mit dem roten Haarbusch auf den Helmen. Die Presse jubelt: »Eine Volksmenge, wie sie bei Gelegenheit der bedeutenden Kolumbus-Parade im vorigen Jahr nicht größer war, besetzte gestern die Straßen, durch welche der von der Washington-Parkhalle ausgehende Umzug nach der Westend-Cincinnati-Turnhalle sich bewegte. Jedermann wollte die deutschen Soldaten sehen«, schreibt die Zeitung Freie Presse von Cincinnati am Montag, dem 6. November, und eine Woche später, am 13. November, der Clevelander Anzeiger: »Die friedlich demonstrativen Scenen, die man schon während des Umzugs zu beobachten Gelegenheit gehabt hatte, wiederholten sich am Abend, aber sie waren ungleich prägnanter, enthusiastischer und stürmischer. Das war eine Konzertstimmung, wie man sie hier wohl noch nie zuvor wahrgenommen hat. Und zu einer veritablen Ovation gestaltete sich der Empfang für die Musiker, als kurz nach 8 Uhr der Vorhang emporging und die zu einer herrlichen militärischen Gruppe arrangierten Kapellen sichtbar werden ließ. In kompletter Paradeuniform, Helm auf dem Kopfe, die Kavallerie in ihren weißen Röcken, präsentierte sich ein Bild von seltener Schönheit und Farbenpracht.«

Vom weiteren Verlauf der Reise zitiert Toeche-Mittler wieder aus den Berichten der Augenzeugen: »Das größte Gedränge ist natürlich beim Umzug in New York am 22. November abends bei Dunkelheit durch die 2. Avenue, die 14. Straße, die 5. Avenue bis hin zum Madison Square Garden, mit Marschmusik und Fackeln.«

Die Begeisterung der US-Amerikaner gilt vorrangig dem Erscheinungsbild aus der fernen kaiserlichen Monarchie im Glanz ihrer Armee, doch dann auch dem gemischten musikalischem Repertoire zum einen mit Armeemärschen, zum anderen mit amerikanischen und deutschen Liedermärschen, etwa ›Yankee Doodle‹ ... ›Das deutsche Vaterland‹ ... ›Dixi Marching trough Georgia‹ ... und immer wieder ›Die Wacht am Rhein‹ – selbst in der Neuen Welt derart bekannt, daß sie sich überall mitsingen läßt, wenn nicht auf deutsch, dann mit übersetztem Text, der am 04.09.1870 in der Sonntagsausgabe der ›New York Daily Tribune‹ vorabgedruckt ist:

The Rhine-Guard
A peal like thunder calls the brave, With clash of sword and sound of wave:
To the Rhine, the Rhine, the German Rhine!
Who now will guard the river's line?

Dear Fatherland, no fear be thin!
Firm stands the guard along the Rhine.

Musik: Carl Wilhelm; Text: Max Schneckenburger
Übersetzung: Bayard Taylor

Flott und frech

Der Marsch auf dem Tanzparkett

Was machst du
Mit dem Knie, lieber Hans,
Mit dem Knie, lieber Hans
Beim Tanz?

Warum wippst du
Mit der Schulter so sehr?
Und was hüpfst du
Wie ein Floh hin und her?

Was steckst du so den Bauch heraus
Du schaust wie aufgeblasen aus!
Was lachst du immer wie der Mond
Und wackelst mit der Hinterfront?

Und glaubst du, daß du nobel tanzt,
Wenn du den Paso Doble tanzt?
Fängt die Musik zu trillern an,
Fängst du sofort zu müllern an!

Und was machst du,
Ja, was machst du
Mit dem Knie, lieber Hans,
Beim Tanz?

Musik: Richard Fall; Text: Beda

Ein Krieg ist gewonnen, ein Reich gegründet, ein Kaiser proklamiert. In Deutschland läßt eine – wie Peter Czerny und Heinz P. Hofmann es in ihrem ›Panorama der leichten Muse – Der Schlager‹ nennen – eine zunehmende ›Verpreußung‹ des gesellschaftlichen Lebens den Marsch in alle Bereiche des täglichen Lebens eindringen, auch in die Sphäre des Amüsements. In den Jahren nach 1871 wird eine Flut von Märschen für Konzert und Tanz geschrieben, wie es ein Zitat von Franz Mehring bestätigt: »Das neue Reich züchtete mit unheimlicher Treibhauswärme immer neue Scharen von Poeten und Poetlein, von denen Kaiser-, Kanzler- und Reichslieder, von denen Streitklänge gegen Frankreich und gegen Rom uns täglich in den Ohren dröhnen.«

Ein schneidig-zackiger Patriotismus beherrscht in Deutschland das Genre, während sich in Österreich die Rhythmen im ¼-Takt friedlicher zeigen: ›Chansonetten-Marsch‹, ›Laßt uns scherzen‹, ›Macht ma a Landpartie‹ Doch um die Jahrhundertwende gerät auch in den Norden eine heitere Note des Marsches, etwa mit dem Einzugsmarsch aus dem ›Zigeunerbaron‹, mit Franz von Suppés ›Boccaccio-Marsch‹ oder 1899 von Paul Lincke »Hinterm Ofen sitzt 'ne Maus / Die muß raus, / Die muß raus!«. 1890 dreht eine Anekdote die Runde, ein Krokodil sei von Ägypten bis nach Hamburg geschwommen, und sogleich entsteht im Volksmund der Vers:

Unten in der Elbe
Schwimmt ein Krokodil,
Es ist doch wohl dasselbe,
Was auch schwimmt im Nil.

Die Melodie zum Text liefert der Marsch ›Flotte Burschen‹ des österreichischen Militärkapellmeisters Philipp Fahrbach jun. vom Infanterie-Regiment 23, Budapest. Doch diese Herkunft ist schnell vergessen, was bleibt, ist der Titel ›Krokodilmarsch‹, auf Geselligkeiten ein wahres Radaustück, dessen Rhythmus – der Notenvorlage folgend – mit Stöcken auf den Tisch geschlagen wird.

In der neueren Geschichte entstammen die Hits im 4/4-Takt erst einmal dem Bereich der militärischen Themen: Allen voran das Volkslied vom ›treuen Soldaten‹ zum Ausgang des 17. Jahrhundert. Zu einer Zeit also, als der Alte Dessauer noch ein junger Fähnrich war, damals mit etlichen Strophen und einem traurigen Ende: »Ach, Mutter, bringt geschwind ein Licht, / Mein Liebchen stirbt, ich seh' es nicht. / Sie schläft in meinen Armen ein, / Bald ist sie kalt, wird nicht mehr sein ...«. Doch als Moritat ruht der Titel in den folgenden Jahrhunderten und feiert plötzlich über Nacht in einem Kölner Verlag seine Auferstehung. Heinrich Frantzen arrangiert die Melodie neu, doch vom alten Text bleibt allenfalls nur noch die erste Strophe – seit 1924 nun Jahr für Jahr zu jedem Karneval gegröhlt: »Es war einmal / Ein treuer Husar! / Der liebt sein Mädchen / Ein ganzes Jahr! / Ein ganzes Jahr / Und noch viel mehr. / Die Liebe nahm / Kein Ende mehr.«

Die Zwanziger Jahre gehen dem Ende zu, der Weltkrieg liegt gerade gute zehn Jahr zurück, da kommt Wehmut auf nach einer seltsam verklärten alten Zeit. Neben dem Tango vom ›Schönen, vom armen Gigolo‹ entsteht im selben Jahr 1929 der Schlager-Marsch:

Leutnant warst du einst bei den Husaren,
Als wir jung und glücklich waren,
Denkst du noch daran zurück?

Leutnant, und es liebte dich im Städtchen
Still und heimlich jedes Mädchen,
Denkst du noch daran zurück?

Musik: Robert Stolz; Text: Fritz Rotter

Meist gilt die Wehmut dem Abschied vom »Bunten Rock« – hier von dem der Husaren, dort von dem der Garde. Ein Jahr später singt Liane Haid im Tonfilm ›Das Lied ist aus‹:

Und eines Tages mit Sang und Klang,
Da zog ein Fähnrich zur Garde,
Ein Fähnrich jung und voll Leichtsinn und schlank,
Auf der Kappe die gold'ne Kokarde ...

Adieu, mein kleiner Gardeoffizier,
Adieu, adieu und vergiß mich nicht!
Adieu, mein kleiner Gardeoffizier,
Adieu, adieu, sei das Glück mit dir!

Steh' gerade, kerzengerade, lache in den Sonnentag,
Was immer geschehen auch mag!
Hast du Sorgenmienen, fort mit ihnen!
Ta-ta-ta ra ta-ta!
Für Trübsal sind andere da!

Adieu, mein kleiner Gardeoffizier,
Adieu, adieu, und vergiß mich nicht!

Musik: Robert Stolz; Text: Walter Reisch

Der gemeine Mann der Fußtruppen genießt derlei Anteilnahme seltener, allenfalls wird er zum begehrten Schatz schlichten Mädchenvolks. Und dazu findet Kurt Schwabach für den Komponisten Anton Profes den Text: »Der Soldat hat einen Säbel, / Und er hat auch ein Gewehr, / Darum lieben alle Mädchen ihn so sehr. / Jede ist sofort verschossen, / Wenn er ihr ins Auge schaut, / Darum hat er jeden Tag 'ne neue Braut.« 1930 singt der damals prominente Schauspieler Siegfried Arno den Schlager im Beethoven-Saal, Berlin, für eine Schallplatte der Electrola. Ein Jahr später dreht die UFA in Berlin-Babelsberg den Film ›Bomben auf Monte Carlo‹, und der Produktionschef Erich Pommer fordert den Komponisten Werner Richard Heymann auf, »sich etwas einfallen zu lassen – etwas in Richtung ›französischer Marinemarsch‹.« Heymann macht gerade in Villefranche Urlaub, (so berichtet es Maurus Pacher in ›Das gab's nur einmal‹), und zum Glück sagt sich gerade der Staatspräsident an, einem vor Anker liegenden Panzerkreuzer einen Besuch abzustatten. Gleich mietet sich Heymann ein Boot und treibt sich in der Nähe des maritimen Festaktes herum. Aus dem Repertoire der aus der Ferne vernommenen Ehrenmärsche komponiert er sein eigenes Lied der Filmmatrosen. Den Text dazu liefert – wenn auch erst im zweiten Anlauf – Robert Gilbert:

> Das ist die Liebe der Matrosen!
> Auf die Dauer, lieber Schatz,
> Ist mein Herz kein Ankerplatz!
> Es blüh'n an allen Küsten Rosen
> Und für jede gibt es tausendfach Ersatz!
>
> Man kann so schön im Hafen schlafen,
> Doch heißt es bald Aufwiedersehn'n!
> Das ist die Liebe der Matrosen
> Von dem kleinsten und gemeinsten Mann
> Bis rauf zum Kapitän.

Die ›Liebe der Matrosen‹ wird weltweit zum Hit, und bereits kurz nach der Filmpremiere fungiert der Schlager zum offiziellen Marsch beim Auslauf der deutschen Flotte zum Manöver. Auch gehört er in Frankreich bis heute zum festen Repertoire der Kriegsmarine unter dem Titel »C'est nous, les gards de la marine«. Star des Films ›Bomben auf Monte Carlo‹, dieser, wie 1931 der Kritiker Rudolf Arnheim schreibt, »teils mediterran-eleganten, teils teutonisch-brutalen Kanonenboot-Operette« ist Hans Albers als Kriegsschiffkommandant.

Hans Albers erweist sich vorrangig als Schlager-Interpret des ¼-Takts. Seit der Vorjahrespremiere von ›Der Sieger‹ im Berliner Gloria-Palast ist er der Triumphator (wie Klaus Kreimeier in ›Die UFA-Story‹ dokumentiert), und gleich drei Ensembles spielen die Film-Begleitmusik: das Jazz-Orchester Hans Bund, die Sinfonie-Orchester der UFA und die Comedian Harmonists:

> Hoppla, jetzt komm' ich!
> Alle Türen auf! Alle Fenster auf!
> Hoppla! Jetzt komm' ich!
> Und wer mit mir geht, der kommt eins rauf!
>
> Einen Happen
> Möcht' ich schnappen
> Von der schönen Welt!
> Und das Leben
> Mal erleben,
> Wie es mir gefällt!

Musik: Werner Richard Heymann; Text: Robert Gilbert/Max Kolpe

In seinen Filmen ist Hans Albers mal ein Held der Lüfte mit »Flieger, grüß mir die Sonne, / Grüß mir die Sterne, / Grüß mir den Mond ...« (1932 in ›F.P. 1 antwortet nicht‹), mal Detektiv mit »Jawohl, meine Herr'n, / So hab'n wir es gern, / Nur mit Mut kommt man gut durch die Welt ...« (1937 in ›Der Mann, der Sherlock Holmes war‹) meist aber der Held der Meere und Häfen: »In Hamburg an der Elbe / Gleich hinter dem Ozean ...«, »Nimm uns mit, Kapitän, auf die Reise ...« und andere.

In seinem dritten Lebensjahr hat sich der Tonfilm endgültig durchgesetzt. Weltweit werden die Kinobesucher auf 250 Millionen wöchentlich geschätzt. Im ersten von der Musik inspirierten Operettenfilm der UFA ›Die drei von der Tankstelle‹ erobern sich Willy Fritsch, Oskar Karlweis und Heinz Rühmann im Dreimännerbund die Herzen des Publikums. Sie demonstrieren die wahre Männerfreundschaft, und wie zeigt sich diese besser als in einem Marschlied?

> Ein Freund, ein guter Freund,
> Das ist das Schönste, was es gibt auf der Welt.
> Ein Freund bleibt immer Freund,
> Und wenn die ganze Welt zusammenfällt.
>
> Drum sei auch nicht betrübt,
> Wenn dein Schatz dich nicht mehr liebt.
> Ein Freund, ein guter Freund,
> Das ist der größte Schatz, den es gibt.
>
> *Musik: Werner Richard Heymann; Text: Robert Gilbert*

Ein Dezennium spielt manoli

Die Zwanziger Jahre erklimmen ihren Höhepunkt. Der Krieg liegt immer weiter zurück, ein neues Publikum fordert frechere Themen. Die Show löst die Operette ab, an die Stelle der Arie tritt der leichte Schlager. Hermann Haller pachtet den Admiralspalast und setzt auf den begüterten Berliner Westen. »Die haute volée will keine Lebensart, sie will Lebenslust!« 1923 beginnt die Ära der ›Haller-Revuen‹, jeweils mit Titeln in drei Worten: ›Drunter und Drüber‹ ... ›Wo und Was‹ ... ›Noch und Noch‹ ... und von Walter Kollo 1926: ›An und Aus‹. Für sechs Saisons sind die Original Lawrence-Tiller-Girls die Attraktion des Admiralpalasts, zuletzt in einer Ausstattungs-Revue von fünfzig Bildern. Der Titel: ›Schön und Schick‹:

Ich bin die Marie von der Haller-Revue!
Im Tanzen bin ich ein Genie!
Von mir stehn Artikel bei Mosse und Scherl,
Man hält mich sogar für ein Tiller-Girl!

Ich bin die Marie von der Haller-Revue!
Sie sehn meine Photographie
In der BZ.
Darunter steht fett:
Marie von der Haller-Revue!

Musik: Siegwart Ehrling; Text: Hal Haller/Charles Amberg

Es singt Lea Seidl. Aber das ist unwichtig. Gesang? Er kommt ohnehin aus nackten Kniekehlen. »Das fleischfarbene Band der Revue«, wie es Alfred Polgar nennt, ist für die Kritik: »Ein besoffener nutzloser Gottesdienst der Sinne.« Daß der ¼-Takt des Marsches sich dem Tempo der Girlsbeine vorrangig anbietet, ist verständlich, doch kommt er zugleich auch dem Text-Humbug entgegen, falls einer der sinnlosen Schlager sich vielleicht zu einem saisonlangen Überleben anbieten sollte. Walter Kollo widerfährt dies Glück, zumindest mit zwei Titeln in diesem Rhythmus: »So lang nicht die Hose am Kronleuchter hängt, / Sind wir noch nicht richtig in Schuß« (1928) und:

Mein Papagei frißt keine harten Eier,
Er ist ein selten dummes Vieh!
Er ist der schönste aller Papageier,
Nur harte Eier, die frißt er nie.

Es ist ganz wild nach Brustbonbons und Kuchen,
Er nimmt selbst Kaviar und auch Sellerie,
Auch saure Gurken sah ich ihn versuchen,
Nur harte Eier frißt er nie!

Musik: Walter Kollo; Text: Hermann Frey

Monika Sperr deutet in ihrem ›Großen Schlagerbuch‹ (1978), die Welle »dieser äußerst erfolgreichen Quatsch- und Nonsenslieder Mitte der 20er Jahre im wahrsten Sinne des Worte als letzten Schrei vorm tiefen Fall in die Weltwirtschaftskrise.«

Die Vielzahl der Texter tritt nicht selten selbst unter mehr oder weniger törichten Pseudonymen auf: Wauwau ... Roxy ... Rideamus ... Beda ...

Und so fing es an: 1923, der Wiener Bohème Verlag kauft von Skidmore Music Co. Inc., New York, einen Schlager mit den Rechten für Deutschland und Österreich, einen Schlager, den Willy Haas »einen der größten Schlager, seit es Schlager gibt«, nennt, »Er paßte haargenau in die ganz verrückten Jahre nach dem Ersten Weltkrieg, wie der Dadaismus, wie die Inflation.« Im Original kauft ein Grieche in einem Früchteladen ein, bekommt auch alles – Kohl und Bohnen, Schalotten und Tomaten – nur eben: »But Yes! We have no bananas, / We have no bananas today!«

Als der österreichische Texter, (so berichtet es Lutz W. Wolff in ›Puppchen, du bist mein Augenstern‹, 1981) das Lied zur Übersetzung auf den Tisch bekommt, stöhnt er: »Ausgerechnet Bananen, / Bananen verlangt sie von mir!« Der Texter heißt Fritz Löhner und nennt sich bereits seit seiner Gymnasiastenzeit Beda. Er gilt als geistvoller Literat, als Verfasser lyrischer und satirischer Verse und zahlreicher Schlagertexte: 1926 mit der Musik von Richard Fall »In Nischni-Nowgorod, / Da hat man Salz und Brott, / Das macht die Wangen rott. / Da gibt's kein Kußverbot / Und keine Hungersnot. / Und es wird Morgenrott, / Und es wird Abendrott, / Und alle schlafen dann wie tott.«

Seit einem Jahr ist »Was machst du mit dem Knie, lieber Hans?« auf dem Markt, und gleich schon folgt:

> Wo sind deine Haare,
> August, August,
> Deine gold'nen Jahre,
> August, August?
> Keiner hatte Locken so wie du,
> Keinen trug die Socken so wir du!
> Keiner war gekämmt so wie du,
> Trug das steife Hemd so wie du!
>
> *Musik: Richard Fall; Text: Beda*

Mit Variationen in den weiteren Refrains: »Niemand konnte schmusen so wie du, / Lag an meinem Busen so wie du!« und »Keiner konnte steppen so wie du, / Keiner ließ sich neppen so wie du!«

Die Crazy-Schlager erobern sich alle Rhythmen, selbst Walzer und Tango. Der Takt des Marsches dagegen verliert sich mehr und mehr in Foxtrott, Shimmy und Onestep, erhält sich aber dennoch in einigen Highlights, etwa in: »Was macht der Maier / Am Himalaya« mit dem Reim: »Rauf ja, das kunnt' er. / Ich frag mich aber, wie kommt er wieder runter?« 1926 wollen zur Musik von Anton Profes die Textdichter Fritz Rotter und Otto Stransky hier eine Assoziation vermitteln zu Dr. Hans Meyer, dem Mitherausgeber von ›Meyers Konversations-Lexikon‹, der in deutsch-kolonialer Zeit als erster Europäer den Kilimandscharo an der Grenze Deutsch-Ostafrikas bestiegen hatte. Beziehungsloser erweist sich dagegen der Nonsens, den Charles Amberg 1928 für den Komponisten Fred Raymond textet:

> Ich reiß' mir eine Wimper aus
> Und stech dich damit tot!
> Dann nehm' ich mir einen Lippenstift
> Und mach' dich damit rot!

Und wenn du dann noch böse bist,
Weiß ich nur einen Rat:
Ich bestelle mir ein Spiegelei
Und bespritz' dich mit Spinat!
Du, du, du, du ... du, du, du, du!

In diesen Jahren zwischen den Weltkriegen bieten sich gern technische Neuerungen den Schlagertexten an. Das beginnt im ersten Friedensjahr mit der Umstellung der Telefon-Handvermittlung auf den Selbstwähldienst. Das Fräulein vom Amt nimmt seinen Abschied – 1919 besungen von Arthur Rebner und Kurt Hertha zur Musik von Robert Stolz »Hallo, / Du süße Klingelfee! / Hallo!« Dann endlich schlägt am 29.10.1923 um 20.00 Uhr die Geburtsstunde des deutschen Rundfunks mit einem Gongschlag die Ansage: »Hier Sendestelle Berlin, Voxhaus, Welle 400« und mit einer musikalischen Feierstunde. Diese beginnt mit einem Cellosolo und endet mit einem Violinsolo – beide mit Klavierbegleitung. Nach Kreisler und Beethoven alsdann obligatorisch Hadyn mit Hoffmann von Fallerslebens Text von 1841, gerade ein Jahr zuvor, mit einer Verordnung des Reichspräsidenten Friedrich Ebert zur Nationalhymne erkoren. Ein wenig lockerer dagegen sieht diese Geburt 1925 der Crazy-Schlager von der »Schönen Adrienne«:

Wo man geht, wo man sitzt und steht
Ist von Radio heut' nur die Red'.
Vom Kellerloch bis hoch zur Mansard'
Ist alles drin vernarrt.
Manche Maid, wenn schon Schlafenszeit,
Steigt ins Bettchen empfangsbereit,
Und sie genießt mit dem Ohr
Ihren Lieblingstenor
Horizontal ideal.

Die schöne Adrienne,
Tschintarata-ta-ta-ta-ta-radio,
Hat eine Hochantenne,
Tschintarata-ta-ta-ta-ta-radio,

Aus aller Herren Ländern,
Tschintarata-ta-ta-ta-ta-radio,
Empfängt sie von den Sendern:
Trara-trara-tra-ra-dio.

Musik: Hermann Leopoldi; Text: Wauwau

Zu den fortschreitenden Problemen im großstädtischen Straßenverkehr entsteht »Die Polizei, die regelt den Verkehr, / So wie das früher war, / Geht das heut nicht mehr« (1925 von Staffort und Amberg). 1930 zur Eröffnung des Strandbads Wannsee in Berlin, eines Volksbads für 60 000 Gäste, singt der Kabarettist Max Ehrlich: »Die Isabelle / Huppt in die Welle«, und im selben Jahr kurz nach der Erfindung des Tonfilms singt Luigi Bernauer von Fred Raymond und Charles Amber: »Mein Bruder macht im Tonfilm die Geräusche. / Er macht es so, daß ich mich selber täusche.«

Wieder zum bewährten Wechselschritt

So beliebt, wie die flotten Schlager im Marschrhythmus auch sind, so katastrophal mühen sie sich auf dem Parkett ab. Vier Schritte im Vierteltakt zu tanzen erlaubt kaum Figuren, kurz: Es wirkt einfach hölzern. Darum bauen die Orchester, spielen sie zum Tanz auf, erst unmerklich, dann ohne Bedenken den Wechselschritt ein und erlauben dem Tänzer das fließende Auf und Ab. Ähnlich die Notenverlage und die Schallplatten-Industrie: Sie denken an den jüngeren Konsumenten und nennen mehr und mehr ihre ¾-Schlager Shimmy oder Onestep, am liebsten aber Marschfox oder einfach nur Foxtrott. Auch im Repertoire der Tanzschulen verschwindet der Marsch und muß bis zu seiner Wiederempfehlung durch den Reichsbund Deutscher Tanzlehrer auf das Jahr 1933 warten.

So ergeht es auch einem Schlager, der 1930 zunächst aus einer Improvisier-Laune des Duos Walter Jurrmann und Fritz Rotter heraus entsteht und bald schon ein Welthit sein wird – so berühmt, daß er für die Comedian Harmonists zum Eröffnungstitel ihrer Auftritte wird: »Veronika, / Der Lenz ist da, / Die Mädchen singen tralala« und dann zum Spaß des Publikums mit der pikanten Zeile »Die ganze Welt ist wie verhext, / Veronika, / Der Spargel wächst.«

Aus dem schmissigen Opening-Marsch wird im Musikgeschäft ein Foxtrott.

Mit ›Veronika‹ ist dies gerade noch machbar, nicht aber mit dem Lied eines Volkshelden aus dem Boxsport. Da muß der Marsch in seinem strengen Rhythmus erhalten bleiben. Der Held ist Max Schmeling, seit Jahren Sieger im Halbschwer- und Schwergewicht, Europameister und kurz vor der Weltmeisterschaft im Juni 1930. Der Film sieht in diesem jungen Mann, keine 25 Jahre alt, einen Kassenschlager: Sexuell unerfahren muß er sich – der Streifen heißt ›Liebe im Ring‹ – zwischen einer Femme fatale (Olga Tschechowa) und einem reinen Engel (Renate Müller) verstricken. Max Schmeling schreibt selbst über sein Schicksal im Atelier: »Eines Morgens kam Reinhold Schünzel und brachte die Nachricht, die alle freudig alarmierte, mir dagegen einen fürchterlichen Schrecken in die Glieder jagte: ›Die Terra sieht keine Chance mehr in einem reinen Stummfilm. Ihr müßt also von jetzt an echte Texte sprechen. Du, Max, bekommst sogar einen Song!‹« Nun, Max Schmeling singt sein ›Boxerlied‹ und widmet es dem ›Verband Deutscher Faustkämpfer e.V., Berlin‹:

Das Herz eines Boxers kennt nur eine Liebe:
Den Kampf um den Sieg ganz allein.
Das Herz eines Boxers kennt nur eine Sorge:
Im Ring stets der Erste zu sein.

Und schlägt einmal sein Herz für eine Frau,
Stürmisch und laut,
Das Herz eines Boxers muß alles vergessen,
Sonst schlägt ihn der Nächste knock out!

Musik: Arthur Guttmann; Text: Fritz Rotter

Des Marsches müde

In das ermüdende Gleichmaß der vier Mal Vierteltakte, das in der Nachfolge der Militärmärsche weitflächig auch Unterhaltungsmusik wie Schlagertexte abdeckt, schlägt mitten im Jahr 1925 ein neuer Sound ein: der ›Paso Doble‹! Europa interessiert sich kaum für seine Herkunft. Ethnologen glauben, diesen spanischen Namen für Doppelschritt gelegentlich bei den Tänzen der Negritos in Lateinamerika entdeckt zu haben, oder als Schrittfolge bei den Milonga-Festen Montevideos. Für andere ist der Paso Doble nichts weiter als eine Wiederbelebung des alten Onestep aus der Vorkriegszeit, wenn auch heute – dem Polka-Rhythmus entwachsen – im strengeren ⁴⁄₄-Takt. Und doch ist der nördlich der Pyrenäen so neu klingende Paso Doble eigentlich nur ein ›Spanischer Marsch‹, wenn auch dort nicht aus dem militärischen Bereich, so doch aus dem des Volksvergnügens. Er findet sich auf der Plaza de Toros im Repertoire der Orchester, vorrangig geeignet für die Eröffnung der Corrida Etwa mit ›Sol y Sombra‹, ›El Toro‹, oder, gern auch in Mexiko, mit ›La virgen de la Macarena‹ u. a.

In Europa dringt diese Marschmusik allerdings kaum ein, und so verbreitet sich ein erster Titel, ›Valencia‹, 1925 von José Padilla als Schlager komponiert, von Paris aus zu einem schnellen Welterfolg. In der Revue du Moulin-Rouge singt im selben Jahr die Mistinguett ›Valencia‹ mit dem Text von Lucien Boyer und Jacques Charles:

Valencia,
Je suis une fille étrangère,
J'viens du pays d'oranger.
Valencia,
Voulez-vous la fleur d'orange,
C'est gentil frais et léger.

Valencia,
Je n'suis pas un' courtisane,
Qui rôde dans Faubourgs.
Valencia,
A le cœur d'une gitane,
Et ne vend pas son amour!

Auf Electrola verbreitet ein Jahr später das Vokal-Quartett ›The Revellers‹ den Hit in englischer Version, und mit dem deutschen Text von Beda singt Mario Lanza:

In der Hafenbar von Rio bei Laternenlicht
Hatte Jim zum ersten Mal gesehn ihr Gesicht.
Sie schaute aus wie Otéro, die große Otéro,
Und tanzte den wilden Bolero, und man sang im Chor:

Valencia,
Deine Augen glüh'n und saugen
Mir die Seele aus dem Leib!
Valencia,
Deine Lippen sind die Klippen
Meines Lebens, holdes Weib!
Valencia,
Deine Hände sprechen Bände,
Deine Stimme lockt und lacht.
Du Schönste
Aller Rosen, laß doch kosen
Den Matrosen eine Nacht!

Im Verlauf der Jahre wird ›Valencia‹ zur legendären Berühmtheit, und bereits 1926 fragt P. Epstein in der Zeitschrift für Musik: »Kann man heute in Stadt oder Land eine Straße überqueren, ohne den Schlager ›Valencia‹ gesungen, gepfiffen oder gespielt zu vernehmen?«

Und so wurde nach derartigem Erfolg dieser ¼-Rhythmus unter Bezeichnungen ›Spanischer Marsch‹, ›Spanischer Onestep‹ oder ›Paso Doble‹ zur weltweiten Mode mit Originaltiteln wie ›Doce Cascabelles‹ (von Cabello) und ›Carola Carolina‹ (von Ralph Maria Siegel) oder mit deutschem Text: ›Was willst du bloß in Spanien?‹ (von Joe Alex) und ›Warum bin ich denn bloß kein Torero‹ (von Franz Grothe) – für den Schellack-Plattenmarkt gespielt von den Orchestern Emanuel Rambour, Will Glahé, Oskar Joost und vielen anderen.

Allein schon der exotische Klang des Wortes ›Paso Doble ›erweist sich als verkaufsfördernd, so daß Notenverlage wie Plattenproduktionen die Cover einstiger Unterhaltungs-Märsche nun in ›Paso Doble‹ umtiteln, etwa den 1925er Schlager ›Was machst du mit dem Knie lieber Hans‹. Und findet sich nichts mehr im alten Repertoire, kommt es zu neuen Aufträgen, etwa von Adler Electro an den Komponisten Joe Alex; dieser schreibt mit den Textern K. Brüll und E. W. Spahn für das Orchester John Morris ›Das Mädel hat Sex-Appeal‹.

Nach dem Zweiten Weltkrieg kommt neben Rumba, Samba, Cha Cha Cha und später Jive ins ›Tanzsport-Turnierprogramm der Lateinamerikanischen Tänze‹ auch der Paso Doble, und so müssen ihn mit dem Ende der 50er Jahre die Tanzschulen mit in ihr Repertoire nehmen. In seinem Unterrichtsbuch ›Wir lernen tanzen‹ schreibt Ernst Fern: »Der Paso Doble zählt zu den lateinamerikanischen Tänzen, obwohl er ursprünglich ein spanischer Tanz ist. Unter dem Paso Doble versteht man sinngemäß die tänzerische Interpretation eines Stierkampfes. Der Herr tanzt den Torero. Die Dame stellt nicht etwa den Stier da, sondern das rote Tuch, die Muleta, womit der Torero den Stier reizt. Die klassischen Tanzfiguren aus dem Paso Doble sind tatsächlich auf Manöver zurückzuführen, die den Toreros in den Arenen beim Stierkampf abgesehen wurden. Doch solch kunstvolles Tanzen beabsichtigen wir nicht; es wäre auch zu kompliziert.«

Eine Renaissance erlebt dieser Rhythmus in den 70er Jahren des 20. Jahrhundert zum Beginn des Massentourismus mit den ›Sehnsuchtsschlagern‹, verbreitet in den Musik-Shows des Fernsehens. Vor Italien mit ›Bella Italia‹ (1973) rangiert Spanien mit ›Eviva España‹ (1971):

Die Sonne scheint bei Tag und Nacht,
Eviva España.
Der Himmel weiß, wie sie das macht,
Eviva España.
Die Gläser, die sind voller Wein,
Eviva España.
Und bist du selber einmal dort,
Willst du nie wieder fort.

Exotische Verwandtschaft

Lange bevor die Antillen nach dem Zweiten Weltkrieg ihre Tänze zu exportieren beginnen, die in Europa sogleich zur Mode werden – wie der Mambo (1952), die Raspa (1953) und der Cha Cha Cha (1955) – ist die kubanische Rumba längst schon da. Seit 1930 bereisen zwei noch heute legendäre Orchester mit Gastspielen die Städte des Alten Kontinents: Xavier Cugat und die Lecuona Cuban Boys. Und die Rumbas, die sie mitbringen, halten sich für lange Zeit auf den Hitlisten: ›Rumba Tambah‹, ›Amapola‹, ›Coubanakan‹, ›Panama‹, ›Maria Belen Chacon‹ … – oft und gern nachgespielt von europäischen Kapellen: etwa von Raymond Légrand in Frankreich, von Kurt Widmann und Juan Llossas in Deutschland, und gesungen im angloamerikanischen Raum von Bing Crosby (›Baia‹) wie auch für den italienischen Film von Silvana Mangano (›Rumba Anna‹).

Die im geraden ¼-Takt stehende Rumba gerät in das internationale ›Standardprogramm für lateinamerikanische Tänze‹ und somit zur Pflicht für den regionalen Tanzschulunterricht. In Deutschland veröffentlicht die Berliner Tanzlehrerin Lucy Antoine in der Zeitschrift Der Tanz 1931 die erste Rumba-Choreographie. Gelehrt werden zunächst ein paar gesittete Schritte (basic steps) im ›American System‹, das schlichte Rechtscarré und allenfalls die Promenade. Doch schickt ein Club seine Paare auf ein internationales Turnier, müssen diese schon das ›System Cubano‹ beherrschen – mit Wiegeschritt, Fächer, Wischer (écart), Beinwurf (jeté) und dem Kubanischen Gruß (salut cubain).

Für den Tanzboden dagegen gelten simplere Gesetze. Dem Schlagertext »Jeder Geiger, jeder Brummbaß, / Alle Saxophone spielen heute Rumbas« zum Trotz, weiß die Masse auf dem Parkett wenig mit den Tanzregeln anzufangen, wie es ein Gedicht formuliert: »Die Leute stehn wie dumm da, / Wissen nicht, wie tanzt man Rumba«, oder wie an andrer Stelle beobachtet: »Man wendet die Foxtrott-Schritte an und wackelt dabei ein bißchen mit den Hüften.«

Helmut Günther und Helmut Schäfer (›Vom Schamanentanz zur Rumba‹) beschreiben den Tanz »in seinem dramatischen Aufbau mit der Steigerung von der ersten Werbung bis zur Erfüllung« und belegen es mit einem der vielen kubanischen Rumba-Gedichte:

Die Mulattin, die die pochenden Galoschen
Auf den Bretterboden drischt
Und in wollüstiger Regung,
Mit den beißenden und reißenden
Und zitternden und kreisenden
Hinterbacken Liebe fischt ...

Ach, warum kommt die Mulattin Carida heute nicht zum Tanz?
Daß das spitzige Gekicher dieser hitzigen Mulattin
Und die Rumba in Ekstasen
Rufen, toben, schrein und blasen
Und die Wirbel hämmernd rasen übers Kalbfell des Bongó.

Arozarena / deutsch von Janheinz Jahn

Doch ist es nicht der Tanz, mit dem das Rumba-Fieber in den Dreißiger Jahren Europa ergreift, es ist erst einmal die Bühnen-Show. Leo P. Schlößler beschreibt auf einem LP-Cover seine Begegnung mit dem legendären Orchester 1935 im Casino Bellevue in Biarritz: »In seiner Glanzzeit bestand das Orchester aus ca. 20 Musikern. Es gab 3 Trompeten, 2 Posaunen, 5 Saxophone, Klarinetten, Flöten und andere Holzblasinstrumente. Mehrere Gitarren sowie ein Flügel oder ein Cembalo, ein Kontrabaß gehörten genauso zur

Besetzung wie die Vielzahl der Rumba-Rhythmus-Instrumente wie: Timpales (ein Paar einseitig bespannter Trommeln), Claves (Schlaghölzer), Maracas (Rumba-Kugeln), Cabassa (Holzkürbis mit Perlenschnüren), Vibra-Slaps (Eselskinnbacken mit losen Zähnen), Bongos, Tamburin, Kuhglocke und Triangel.

Alle Musiker waren mit glänzenden, farbenfrohen Seidenblusen mit losen Volants bekleidet, mit mitternachtsblauen Smokinghosen und mit weißen Seidenschals um Hals und Taille. Doch der Blickfang auf der Bühne war zweifelsohne Ernesto Lecuona selbst. Vor allem ihre Bühnenshows mit den gänzlich neuen Lichteffekten waren für die damalige Zeit sensationell.«

Spielen zu dieser Zeit in Deutschland kleinere Kapellen zum Tanz auf, beschränken sie sich auf ein geringeres Rassel-Instrumentarium und deuten den exotischen Titel allenfalls mit Cleves-Stäbchen und mit Maracas-Kugeln an. Um den NS-Kulturwarten dennoch nicht mit ›artfremder Niggermusik‹ ins Schußfeld zu geraten, mäßigen sie gern den Rhythmus mit einem Wechsel von Rumba und Foxtrott. Ein neuer Hit kommt ihnen dabei sehr entgegen: ›Begin the Beguine‹ von Cole Porter, eingeführt durch den Film ›Jubilee‹, mit den Gastspielen von Xavier Cugat, sowie mit den Platten der Andrew-Sisters und Mario Lanzas.

Zwar kommt auch die ›Beguine‹ aus der Karibik, doch geht sie in ihrem Ursprung auf die einst von den Kolonialmächten auf die Antillen verschleppte Mazurka zurück. So kommt es im Deutschland der 30er Jahre vor, daß mancher Zensor am Parkettrand glaubt, er wohne einer ein wenig frech synkopierten Polka bei. Da erregt auch die Rumbafigur ›Enroulé-Déroulé‹, das Einrollen und Ausrollen der Dame keinen Anstoß, weniger noch die Schrittfolge, in der die Dame entflieht, sich umkreisen, umgirren und wieder einfangen läßt. Ja, das kann gut und gern ein völkischer Rundtanz sein, auch wenn die Kapelle nicht gerade ›Ein Hitlermädel tanzt Polka‹ spielt.

Ähnlich ergeht es einer Rumba in schnellerem Takt, der Carioca, mit deren Namen ohnehin niemand etwas anfangen kann. Vielleicht hätten auch andere karibische Tänze hierzulande die NS-Zeit überstanden, wenn nur ihr ¼-Rhythmus deutlich hervortritt – etwa der ›Flevo‹, der ›Rancho‹ oder ›Marcha-Rancho‹. Sie aber finden nie ihren Weg auf den Alten Kontinent. Anders dagegen die Maxixe, die sich ebenso der Polka wie auch dem Marsch zuordnen läßt. Sie erreicht noch vor dem Tango Europa: 1911 Paris und im letzten Friedensjahr bis in den Ersten Weltkrieg hinein selbst Berlin. Hier begeistert die flotte Weise sofort den Tanzboden. Der Berliner tauft die Maxixe in Polomarsch um, tanzt dazu den Schieber und singt im Text eines Gassenhauers:

Wenn meine Frau sich auszieht,
Wie die bloß aussieht.
Das säh ich gar zu gerne
Und wärs von ferne.

Wenn meine Frau sich auszieht,
Wie die dann aussieht.
Dann hat sie krumme Beene
Und falsche Zähne.

›Laß mich an deinen Busen
Noch einmal schmusen.‹
Da sprach sie unter Tränen:
Ich hab ja keenen!

Musik und Text: traditionell

Wir werden siegen

Der Marsch für Hoffnung und Illusion

Spaniens Himmel breitet seine Sterne
Über unsre Schützengräben aus,
Und der Morgen grüßt schon aus der Ferne,
Bald geht es zum neuen Kampf hinaus!

Die Heimat ist weit,
Doch wir sind bereit.
Wir kämpfen und siegen für dich:
Freiheit!

Rührt die Trommel! Fällt die Bajonette!
Vorwärts marsch! Der Sieg ist unser Lohn!
Mit der Freiheitsfahne brecht die Kette!
Auf zum Kampf, das Thälmann-Bataillon!

Die Heimat ist weit,
Doch wir sind bereit.
Wir kämpfen und siegen für dich:
Freiheit

Musik: Paul Dessau; Text: Karl Ernst

Der verzweifelte Freiheitskampf der spanischen Republik gegen den faschistischen – von Deutschland und Italien unterstützten – Putsch beendet die beiden Jahrzehnte zwischen den zwei Weltkriegen. Von den Regierungen aller Nachbarn isoliert, schaffen es Legionen von Freiwilligen, diesen Bürgerkrieg von 1936 bis 1939 zu einem Symbol internationaler Solidarität in der neueren Geschichte erstrahlen zu lassen.

Die Internationale Brigade vereint die herbeiströmenden Freiheitskämpfer aus den Ländern Europas und Amerikas von der Sowjetunion bis zur Major-Attlee-Company in Großbritannien und dem Abraham-Lincoln-Bataillon in den USA. Die Freiwilligen aus Deutschland – meist Kommunisten und Sozialisten – unterstellen sich als Thälmann-Bataillon der Interbrigade. Als einer der ersten betritt der Genosse Hans Beimler spanischen Boden, und er ist im Dezember 1936 auch unter den ersten Toten. Ernst Busch schreibt und singt für ihn: »Seine Heimat mußt er lassen, / Weil er Freiheitskämpfer war. / Auf Spaniens blut'gen Straßen, / Für das Recht der armen Klassen / Starb Hans, der Kommissar.«

Ernst Busch (1900–1980) ist seit den Zwanziger Jahren als »Barrikaden-Tauber« der Interpret von Arbeiter- und Freiheitsliedern. Aktiv im Spanischen Bürgerkrieg, veröffentlicht er 1937 in Madrid das Liederbuch ›Canciones de las Brigadas Internacionales‹. Die ersten vier Platten nimmt er in Barcelona auf.

Die Tradition von Freiheitsliedern führt Wolfgang Steinitz in seinen Bänden ›Deutsche Volkslieder demokratischen Charakters aus sechs Jahrhunderten‹ (Berlin 1979) zurück auf die Bauernrevolten zu Beginn des 17. Jahrhunderts: Die Aufstände im Bayerischen und Schwäbischen ... im Sundgau und Zillertal ... im Lande auf der Enns, weil sich hier – im Unterschied zum Großen Bauernkrieg – »erstmals die Lieder der kämpfenden Bauern selbst erhalten haben«:

Von Beyerschen Joch und Tiranney
Und seiner großen Schinderey
Mach unß o lieber Herr Gott frey.
Weilß gilt die Seel und auch das Guett,
So geltß auch unser Leib undt Bluett
Gott gebe unß einen Heldenmuett.

Eine historische Bedeutung kommt dem ›Rákóczy-Marsch‹ zu, mit dem 1703 der Koruczen-Aufstand zur Lösung Ungarns vom Haus Habsburg beginnt. Mit seiner folkloristischen Weise wird er zur ›Marseillaise der ungarischen Freiheitsbewegung‹.

Nach der französischen Revolution überschwemmen im 19. Jahrhundert Freiheitslieder en masse die Länder Europas. Das Album ›100 Jahre Deutsches Arbeiterlied‹ dokumentiert 32 Titel, zunächst die ›Internationale‹:

Wacht auf, Verdammte dieser Erde,
Die stets man noch zum Hungern zwingt!
Das Recht wie Glut im Kraterherde
Nun mit Macht zum Durchbruch dringt.
Reinen Tisch macht dem Bedränger!
Heer der Sklaven, wache auf!
Ein Nichts zu sein, tragt es nicht länger,
Alles zu werden, strömt zuhauf!

Völker, hört die Signale!
Auf zum letzten Gefecht!
Die Internationale
Erkämpft das Menschenrecht!

*Musik: Pierre Degeyter; Text: Eugène Pottier;
deutsch von Emil Luckhardt*

In der ›Faksimile-Ausgabe des Autographs: L'internationale‹ dokumentieren Inge Lammel und Gerhard Stübe 1976 die Entstehungsgeschichte wie die Verbreitung des Marsches und zitieren Lenin: »In welches Land ein klassenbewußter Arbeiter auch geraten, wohin ihn sein Schicksal auch verschlagen, wie sehr er sich auch als Fremder fühlen möge, ohne Kenntnis der Sprache, fern von der Heimat – mit der bekannten Weise der ›Internationale‹ kann er Genossen und Freunde finden.«

Über die weltweite Verbreitung schreibt Walter Haas (›Das Schlagerbuch‹) in seinem Kapitel über Bestseller: »Die Fabrikarbeiter sangen in der Rue de la Vignette von Lille vor der Kneipe ›Liberté‹ die Melodie so lange, bis diese mit 6000 Flugblättern in alle Welt gestartet wurde: C'est la lutte finale ... Boj to bedzie ostatni ... Then comrades come rally ... Tää on viimeinen taisto ... Su lottiamo, l'ideale ... Eto esti nasch posledni ... Volker, hört die Signale ... In Moskau klang 21 Jahre lang die ›Internationale‹ vom Kremlturm. Dann wurde sie 1944 gegen eine neue Melodie ausgewechselt – gegen das ›Lied vom Vaterland‹, das der sowjetische Schlagerkomponist Dunajewski einst für den Film ›Zirkus‹ geschrieben hatte.«

Auf den Straßenbarrikaden der Jahre 1848/49 entstanden etliche revolutionäre Lieder, so die ›Reveille‹, eine deutsche Marseillaise – erstmals veröffentlicht 1850 in der Sammlung ›Die Freiheit siegt! Liederbuch der Mecklenburgischen Dorfzeitung, Wismar‹ mit der Bemerkung: »Für die Revoluzionsfeier am 18. März der Demokraten zu Cöln gedichtet, und mit donnerndem Beifall und einem dreifachen Hoch auf den Dichter begrüßt«:

> Frisch auf zur Weise von Marseille,
> Frisch auf ein Lied mit hellem Ton!
> Singt es hinaus als die Reveille
> Der neuen Revolution!

Die neue Rebellion!
Die ganze Rebellion!
Marsch! Marsch! Marsch! Marsch!
Marsch! – Wär's zum Tod!
Und unsre Fahn' ist rot.

Musik: Rouget de l'Isle (1792); Text: Ferdinand Freiligrath (1848)

Nach einer Operetten-Melodie aus ›Mamsell Angot‹ von Charles Lecocq findet Jacob Audorf gegen die Reichsregierung Spottverse, die 1878 in der Chemnitzer Freien Presse zwar abgedruckt, dann aber 1881 während der illegalen Zeit der Sozialdemokratie in London und in Zürich verlegt werden müssen: »Wir sind die Petroleure, / Das weiß wohl jedermann. / Drum tun wir alle Ehre / Dem Petroleum an. / Und weil's so schön zum Brennen ist / Und uns viel Licht verschafft, / Sei uns Petrol zu jeder Frist / Hier dieser Rebensaft: / Hier Petroleum, da Petroleum, / Petroleum um und um; / Laßt die Humpen frisch vollpumpen, / Dreimal Hoch, Petroleum!«

In den kommenden Jahrzehnten der sichtbar erfolgreichen Kolonialpolitik und Kriegsflotten-Hochrüstung wird es stiller um die Freiheitslieder in Deutschland. Ein kämpferischer Elan, selbst auf gesittetem sozialdemokratischen Boden, richtet sich vorauseilend gegen den potenziellen Feind von morgen.

Die international verbreitete russische Arbeiterhymne:

Brüder, zur Sonne, zur Freiheit,
Brüder, zum Lichte empor.
Hell aus dem dunklen Vergangnen
Leuchtet die Zukunft hervor!

Brüder, in eins nun die Hände,
Brüder, das Sterben verlacht:
Ewig der Sklav'rei ein Ende,
Heilig die letzte Schlacht!

Musik: volkstümlich; Text: Leonid Petrowitsch Radin

1897 in einem zaristischen Gefängnis verfaßt und Begleitmusik der Revolutionen von 1905 und 1917, erreicht sie Deutschland erst 1918, und unter dem Titel ›Russischer Rotgardistenmarsch‹ kommen die Noten 1920 in ein deutsches Arbeiterliederbuch. Inzwischen war Krieg; mit dem Marsch auf den Straßen demonstrierte allenfalls das Militär. Und kam jener von ziviler Bühne, sangen die »einst Versklavten«: »Hoch soll die Fahne schweben, / Die Fahne Schwarz-Weiß-Rot! / Wir geben Gut und Leben, / Und fürchten nicht den Tod!« nach der Musik von Max Winterfeld (eben noch nannte er sich Jean Gilbert) aus der Operette ›Woran wir denken – Bilder aus großer Zeit‹. Der Coupletdichter und Star des Berliner Wintergartens Otto Reutter (1870–1931) dagegen sieht diese Große Zeit mit anderen Augen:

Ich esse den Käse, ooch wenn er nischt wert.
Ich esse die Wurst mitsamt dem Pferd.
Die Sandtorte eß ich mitsamt dem Sand.
Immer rin in den Magen fürs Vaterland.
Und schmeckt ooch die Marmelade wie Teer:
Ick wund're mich über garnischt mehr.

Noch kurz vor'm Krieg sah ick 'nen Mann,
Der hatte zerrissene Stiefel an.
Im ersten Kriegsjahr, da war'n se besohlt,
Im zweeten, da hat er schon neue geholt,
Im dritten, da war er schon Millionär!
Ick wund're mich über garnischt mehr.

Die gestrandeten Zwanziger

Berlin, Januar 1918. Das Jahr beginnt mit Streiks und kleinen Unruhen. Lebensmittel fehlen, die Heimat murrt. Ein Schutzmann wird erschossen. Straßenbahnfahren wird teurer. Die Mieten steigen. Aber die Berliner Sparkasse schenkt zu ihrem hundertsten Jubiläum jedem neugeborenen Kind ein Sparbuch mit einer Mark. Im September die neunte Kriegsanleihe. Allein die Bevölkerung der Reichshauptstadt zeichnet 80 Millionen Reichsmark für einen Krieg, der in anderthalb Monaten zu Ende sein wird. 9. November, 12 Uhr: Die Abdankung des Kaisers wird proklamiert. 13 Uhr: Das letzte Uniformblau, das der Polizei, verschwindet aus dem Stadtbild. Die Schutzleute haben Angst. 13 Uhr 30: Das Militär kapituliert. Am Feldgrau vieler Soldaten die rote Kokarde. Dies ist ein Tag Unter den Linden, da spielt kein Garde-Musikkorps mehr die vertrauten Weisen. Vereinzelt wird gesungen:

Raus, raus, raus, Revolution.
Vitrulala. Vitrulala.
Freiheit, Republik, ja, ja.
Vitrulala, Vitrulala.
Freiheit, Republik!

Verse aus dem Schatz alter Frankfurter Studentenlieder, wie auch: »Ratschintschin, ratschintschin, / Krawali, Krawali, krum! / Die Revolution, die Revolution!« Und am Ende:

Blut, Blut, Blut!
Blut muß fließen,
Knüppelhageldick.
Es lebe hoch die Freiheit,
Die deutsche Räte-Republik!

Zum erstenmal, wird Kurt Tucholsky später schreiben, habe die preußische Erde gebebt, wenn auch nur für wenige Wochen. In den geordneten Kreisen der Arbeitergesangvereine kommt es kaum zu radikalen Tönen, allenfalls wird hier und da, wie im ›Sozialistenmarsch‹, die Anfangszeile verändert. Nun heißt es:

Auf, Kommunisten, schließt die Reihen!
Die Trommel ruft, die Banner wehn.
Es gilt, die Arbeit zu befrein,
Es gilt der Freiheit Auferstehn!
Der Erde Glück, der Sonne Pracht,
Des Geistes Licht, des Wissens Macht,
Dem ganzen Volke sei's gegeben!
Das ist das Ziel, das wir erstreben!
Das ist der Arbeit heil'ger Krieg!
Mit uns das Volk! Mit uns der Sieg!

Musik Carl Gramm; Text: Max Kegel

Die Arbeiter-Sängerbewegung entwickelt sich seit den 60er Jahren des 19. Jahrhunderts zum bedeutenden Bestandteil der Arbeiter-Kulturbewegung in Deutschland. Nach der Novemberrevolution geraten Textparodien auf altbekannte Soldatenlieder ins Repertoire, die den Arbeitern als ehemaligen Soldaten aus Dienst- und Kriegszeit gut in Erinnerung sind. So wird aus ›In Frankreich sind viele gefallen …‹ das ›Leuna-Lied‹, vielfach variiert nach den Orten anderer aktueller Straßenkämpfe: ›Halle‹, ›Remscheid‹ oder in Österreich: ›Bei Linan sind viele gefallen …‹. Und traf früher

den Kameraden eine welsche Kugel, dann kommt sie jetzt vom
›Stahlhelm‹, den rechtsradikalen Freikorps. Wer stattdessen jedoch:
»von der Schupo erschossen«, singt, muß mit einer Strafanzeige
der Schutzpolizei wegen Beleidigung rechnen. Drei Wochen Gefängnis sind 1928 in Pirna der Lohn für das Absingen des ›Leuna-Lieds‹.

Als 1925 bei einer Wahlkundgebung mit Ernst Thälmann im
Volkspark Halle der kleine Hornist Fritz Weineck ermordet wird,
findet sein Spielmannszug auf das alte Soldatenlied ›Von allen Kameraden ...‹ gleich den neuen Text

> Von all unsern Kameraden
> War keiner so lieb und so gut
> Als unser kleiner Trompeter,
> Ein lustig Rotgardistenblut.
>
> *Musik: Th. Hagedorn; Text volkstümlich*

In fünf Strophen wird des Trompeters lustiges Spiel beschrieben,
sein seliges Lächeln im Tod und das stille Absenken ins Grab.
Doch der kommunistischen Jugend gibt der Schluß »Schlaf wohl,
du kleiner Trompeter, / Du lustig Rotgardistenblut« anläßlich der
Ermordung eines Kindes den Gefühlen nicht den angemessenen
Ausdruck, und sie dichtet hinzu:

> Dann hoben wir drohend die Fäuste:
> Wir stehen zur Rache bereit!
> Wir werden nicht ruhen, nicht rasten,
> Bis die Welt ist vom Elend befreit.
>
> *Gesungen 1931/32 im KJVD München*

Zum kleinen Trompeter kommt der junge Fahnenträger, der
anläßlich des ›Deutschen Tags‹ in Halle am 11.05.1924 bei einer

Demonstration gegen militaristische und faschistische Verbände sein Leben lassen muß. Ein Doppelalbum dokumentiert die Aufnahme der Schalmeien-Kapelle des RFB Berlin-Köpenick in einer Fassung von 1928:

> Es zog ein Rotgardist hinaus,
> Er ließ sein Mütterlein zu Haus.
> Uns als die Trennungsstunde kam,
> Er traurig von ihr Abschied nahm.
> Sie aber leise zu ihm spricht:
> Spartakusmann, tu deine Pflicht.
>
> Nun beginnt die blutig-heiße Schlacht bei Böllberg,
>
> Davon erzählt kein dickes Buch,
> Was sich am elften Mai zutrug,
> Als die kleine Heldenschar
> Für Spartakus gefallen war.
> Der Fahnenträger fiel voran,
> Er war kaum achtzehn Jahr'.
> »Grüßt mir mein liebes Mütterlein,
> Sie soll nicht weinen, nicht traurig sein;
> Denn ich, ich fiel in blut'ger Schlacht.
> Hab' Spartakus viel Ehr gemacht.«
>
> *Musik & Text: anonym*

Zu den spontan in den Reihen des Rotfrontkämpferbunds entstandenen Weisen und Texten kommen in den Zwanziger Jahren in Deutschland etliche Übernahmen aus den benachbarten Ländern: aus der UdSSR der ›Rote Flottenmarsch‹, 1928 nachgedichtet von Helmut Schinkel mit dem Schluß: »… die rote Flut steigt an. / Vorwärts Kommunisten, / Zum Endkampf wir rüsten! / Die Rote Marine voran!«, aus Polen die ›Warschawsjanka‹: »Auf, auf nun zum blutigen heiligen Kampfe ...« und aus Italien der ›Rote Gardemarsch der Mailänder Arbeiter‹ (1920), sowie ›Bandiera Rossa‹, ein Marsch-Potpourri, das sich in der Nachdichtung von Walter Dehmel gern im Repertoire der Arbeiter-Mandolinen-Orchester findet, die sich 1929 in Leipzig mit Genossen aus Österreich, Frankreich und Holland, aus der Tschechoslowakei und der Schweiz zur ›Klingenden Internationale‹ zusammenschließen. Die Original-Aufnahme des Mandolinen-Orchesters ›Amando‹, Zürich, von 1932 findet sich auf der LP ›Brüder zur Sonne, zur Freiheit – Arbeiterlieder der Weimarer Republik‹.

Eine größere dynamische Kraft dagegen zeigt sich in den proletarischen Massen-Liedern der Zeit, oftmals mit eingeflochteten Ausrufen: »Weg da! Weg da!« ... »Links, Links, Links, Links,!« ... »Im Sturmschritt Marsch Marsch!« ... »Drum Links Zwei Drei« ... »Vorwärts und nicht Vergessen« ... »Froh, Frei, Stark, Treu«.

1929. Die Weltwirtschaftskrise, in den USA ausgebrochen, überflutet die Länder Europas. In den Ballungszentren des städtischen Proletariats sind die Mieten nicht mehr bezahlbar. Aus Berlin flüchten die Arbeitslosen ins Freie und siedeln in Zelten und Notbehausungen an den Ufern der Brandenburgischen Seen. Am bekanntesten wird die ›Kuhle Wampe‹. 1932 singen für den UFA-Film ›Ein blonder Traum‹ Willy Fritsch und Lilian Harvey den Marsch-Fox:

Wir zahlen keine Miete mehr,
Wir sind im Grünen zu Haus.
Wenn unser Nest noch kleiner wär',
Uns macht das wirklich nichts aus!

Ein Meter fünfzig im Quadrat,
Wir haben ja wenig Gepäck.
Und wenn's hinten nur ein Gärtchen hat
Für Spinat und Kopfsalat,
Dann zieh'n wir nie wieder weg!

Musik: Werner R. Heymann; Text: Walter Reisch

Nicht so romantisch sieht die Intelligenz der kämpferischen Linken das Elend der Wohnungsnot. Bertolt Brecht, Hanns Eisler und der Regisseur Slatan Dudow finden sich zusammen und drehen 1932 am Müggelsee mit Arbeitersportlern, Arbeiterchören und der Agitprop-Truppe ›Das Rote Sprachrohr‹ den Prometheus-Film ›Kuhle Wampe – oder: Wem gehört die Welt?‹, in den Hauptrollen Hertha Thiele und Ernst Busch. Zum musikalischen Höhepunkt wird das ›Solidaritätslied‹, der Marsch zum Arbeitersportfest:

Vorwärts! und nicht vergessen,
Worin unsere Stärke besteht!
Beim Hungern und beim Essen
Vorwärts, nicht vergessen
Die Solidarität!

Musik: Hanns Eisler; Text: Bertolt Brecht

Doch mit der Solidarität kann in diesen letzten Monaten der Freiheit die Weimarer Republik nicht gerade stolz sein. In seiner Revue ›Höchste Eisenbahn‹ vergleicht im selben Jahr Friedrich Hollaender diese Weimarer Jahre mit einem ›falschen Zug‹:

Das ist wohl der ›neue‹ Zug, der sogenannte?
Fährt denn hier nicht mal ein SPD-Zug?
Ich glaube, als wir ihn vor Jahr'n ›Republik‹ getauft,
Da ham se mir wohl ein falsches Billett verkauft!

Doch am Ende findet Hollaender doch noch den richtigen Zug – über Paris nach Hollywood. Für die Daheimbleibenden kommen die Marschlieder nun nicht mehr von der Bühne eines Tingeltangel, nicht mehr von Straßen und Barrikaden, von Gesangsvereinen, Schalmeien-Kapellen und Agitprop-Truppen, sie kommen aus Konzentrationslagern: »Wir sind die Moorsoldaten / Und ziehen mit dem Spaten / Ins Moor!« (Musik: Rudi Goguel; Text: Esser / Langhoff, 1935) oder das ›Dachau-Lied‹:

Stacheldraht, mit Tod geladen,
Ist um unsre Welt gespannt.
Drauf ein Himmel ohne Gnaden
Sendet Frost und Sonnenbrand.

Fern von uns sind alle Freuden,
Fern die Heimat, fern die Fraun,
Wenn wir stumm zur Arbeit schreiten,
Tausende im Morgengraun.

Musik: Herbert Zipper († 1939 in Buchenwald); Text: Jura Soyfer (entstanden im Lager Dachau)

Gesungen wird das Lied von deutschen Emigranten in England, und dort erscheint es auch im Liederbuch ›Unser Lied‹, London, 1944, zugleich auch in ›Freies Deutschland‹, Mexiko, 1942. Die Märsche und Marschlieder der Freiheit sind über alle Welt verstreut, von Solidarität sprechen allenfalls Noten und Texte, in realer Solidarität finden sich in Deutschland andere zusammen: Die Parteien der Nationalen Front, an ihrer Spitze die NSDAP.

Garstig Lied

Ein Winter geht zu Ende, mit dem März sind die Straßen wieder voll der alten Lieder, doch haben die Märsche neue Texte. Sie verbreiten weder Hoffnung noch Zuversicht, sie sind Drohungen:

> Auf, auf zum Kampf, zum Kampf sind wir geboren,
> Auf, auf zum Kampf, zum Kampfe nun aufs neu.
> Dem Adolf Hitler haben wir's geschworen,
> Dem Adolf Hitler halten wir die Treu.
>
> Wir fürchten nicht, ja nicht die Moskau-Bataillone,
> Wir fürchten nicht Reichsbanners Schwarz-Rot-Gold.
> Unsere Gegner, die soll der Teufel holen
> Mitsamt dem ganzen Verbrechersold.
>
> Auf, auf zum Kampf, SA marschiert voran,
> Deutschland erwache, ist unser steter Kampfruf heut',
> Und jubelnd steigen Lieder himmelan,
> Mit uns marschiert die neue Zeit.

Eben noch sangen zu dieser Melodie Arbeiterchöre, marschierten die Schalmeien-Kapellen: »Dem Karl Liebknecht haben wir's geschworen, / Der Rosa Luxemburg reichen wir die Hand« – in beiden Versionen nach dem Soldatenlied des Ersten Weltkriegs »Auf, auf zum Kampf ... fürs Vaterland!« Und geschworen hatten sie's damals Kaiser Wilhelm: »Dem Kaiser Wilhelm reichen wir die Hand.«

Und so geht es fort: An Stelle des Rotgardisten zieht nun ein Hitlersmann hinaus, auch er ließ sein Mütterlein zu Haus und fiel voran als Fahnenträger – doch statt für Spartakus, jetzt für's Hakenkreuz. Die russische Arbeiterhymne ›Brüder, zur Sonne, zur Freiheit‹ läßt sich nahezu unverändert übernehmen, einzig schwenkt am Ende über dem ›Arbeiterstaat‹ die Hakenkreuzfahne.

Der kleine Trompeter Fritz Weineck vom RFB-Spielmannszug in Halle, dessen Name bald schon vergessen sein wird, findet in der neuen Version einen Nachfolger, der weit in sein neues, sein Drittes Reich hinein zur Prominenz avanciert:

> Von allen den Kameraden
> War keiner so lieb und so gut,
> Wie unser Sturmführer Wessel,
> Ein lustiges Hakenkreuzler Blut.

Es ist der 14.01.1930, ein Tag wie jeder andere im Rotlichtmilieu der Potsdamer Straße in Berlin. In der Absteige der Prostituierten Erna Jaenicke wird ein Zuhälter getötet, 22 Jahre alt, Pfarrersohn aus Bielefeld, seit knapp vier Jahren in Berlin, Korpsstudent und Führer des SA-Sturms No. 5, Friedrichshain. Er verblutet, weil seine Kameraden den herbeigerufenen jüdischen Arzt nicht behandeln lassen wollen. Horst Wessels ruhmloses Ende verkehrt NS-Gauleiter Joseph Goebbels zum Heldentod. Denn das Opfer ist kein gewöhnlicher SA-Sturmführer, es ist der Schöpfer des ›Horst-Wessel-Lieds‹, das sich nach 1933 als willkommene Verlängerung der 1922 vom Reichspräsidenten Friedrich Ebert (SPD) verordneten Nationalhymne ›Deutschland, Deutschland, über alles‹ anbietet – wenn auch nur für kurze zwölf Jahre. 1945 verschwindet ›Die Fahne hoch, / Die Reihen fest geschlossen‹.

Wer in Deutschland nach dem Waffenstillstand 1945 und der 4-Mächte-Zensur nicht warten will, bis sich die alten NS-Liederbücher wieder in den Antiquariaten anbieten, kann – zumindest in den Westzonen – von ›The Documentary Series New York‹ eine

LP erwerben: ›Speeches And Songs Of Nazi-Germany‹. Hier singen die Nazi Storm Troopers diese deutsche Doppel-Hymne, aber auch neben ›Heil Hitler Dir‹, ›Heil Deutschland‹ und den Marschliedern der ›Brauen SA und der Schwarzen SS‹ das legendäre Bekenntnis zur brandenburgischen Heimat – dem NS-Liedgut eingeordnet vermutlich der Schlußzeile »Heil dir!« wegen:

Märkische Heimat,
Märkischer Sand
Sind des Märkers Freude,
Sind sein Heimatland.

Steige hoch, du roter Adler,
Hoch über Sumpf und Sand,
Hoch über dunkle Kiefernwälder.
Heil dir, mein Brandenburger Land!

Das Bekenntnis zur Heimat ist ein Pfeiler jeder nationalistischen Bewegung. Die Liebe zur Heimat wird zum sentimentalen Ornament der Liebe gegen das eher martialische Vaterland. Kein Katalog, kein Notenheft für Blaskapellen, Stimmungskapellen und Volksmusik kommen ohne Heimatlieder aus, nicht zuletzt die Unterhaltung im deutschen Rundfunk, am wenigsten die Liederbücher von Hitlerjugend und SA: »In dem Kampfe um die Heimat / Starben viele Hitlerleute, / Aber niemand wagt zu klagen, / Will es immer wieder wagen …«

Auch die Filmproduktionen wollen nicht hintan stehen, das Nationalbewußtsein mit bekennender Heimatliebe zu stärken. Das völkische Liedgut der Gasse, nun kommt es von der Leinwand als Heimatschlager. Schon 1933 profiliert sich der Film ›Mädels von heute‹ mit einem flotten Marsch:

Wir ziehen durch die Heimat mit Musik;
Wir suchen in der Heimat unser Glück!
Wir ziehen über Berg und Tal,
Durch dunkle Wälder, grüne Felder.
Wir lieben unsere Heimat.
Wir glauben an die Heimat.
Tra-ra, gleichen Schritt, Tra-ra, gleichen Tritt!
Musik reißt alle mit sich mit.

Musik: Willy Engel-Berger; Text: Willy Dehmel

Nicht immer muß das Bekenntnis zur Heimat sich im ¼-Takt äußern, oft bietet sich auch die Polka an oder die Mischform des Marschfox, gelegentlich auch das Walzerlied. 1938 besingt unter Carl Froelichs Regie Zarah Leander den UFA-Film ›Heimat‹. Bis weit in die kritischen Kriegsjahre hinein stützt der Publikumsliebling Heinz Rühmann die moralischen Kräfte des Vaterland-Systems: Der Terra-Film ›Quax, der Bruchpilot‹ spielt mit seiner »überzeugenden filmischen Gestaltung eines zeitnahen Stoffs« vor 23 Millionen Kinobesuchern 7,6 Millionen Reichsmark ein, aber auch die Prädikate ›künstlerisch wertvoll‹ und ›jugendwert‹ – nicht zuletzt des Schlagerlieds ›Heimat, deine Sterne‹ wegen:

Berge und Buchten, vom Nordlicht umglänzt,
Golfe des Südens, von Reben bekränzt,
Ost und West hab ich durchmessen,
Doch die Heimat nicht vergessen.
Hörst du mein Lied in der Ferne, Heimat?

Musik: Werner Bochmnn; Text: Erich Knauf

»Der Texter Erich Knauf«, berichtet später Axel Eggebrecht, »wurde wenig später vom Volksgerichtshof wegen Wehrkraftzersetzung zum Tode verurteilt, während sein Lied auf Wunsch der

U-Boot-Besatzungen auf allen Meeren im deutschen Rundfunk weiter gespielt, dann aber nach Kriegsende von der alliierten Besatzung verboten wurde.« Für die Siegermächte ist ›Heimat, deine Sterne‹ ein völkischer Heimat-Schmu im Stil der NS-Propaganda.

Vom Team Bochmann/Knauf kommen auch die ›Glocken der Heimat‹ für den A. M. Rabenalt-Film ›Fronttheater‹ (1942). Der beliebte Konzertstar Wilhelm Strienz singt: »Ich liebe dich, mein Heimatland, / Mir ist die ganze Welt bekannt, / Doch gibt's nur ein Daheim, / Wo Wälder grün, / Wo Berge glühn, / Am Himmel weiße Wolken ziehn, / Möchte ich sein, dort ist mein Heimatland.« Doch bei der Vielzahl der deutschen Länder und der Vielfalt der Landschaften ist es nur gerecht, wenn jeder Region ein eigenes Heimatgefühl verliehen wird: Vom ›Friesenlied‹ bis ›Hoch droben auf den Bergen‹, vom ›Siebenbürger Sachsenlied‹ bis ›Zwischen Frankreich und dem Böhmerwald‹. Besondere Liebe erfährt die Heidelandschaft: ›Auf der Heide blüh'n die letzten Rosen‹ für den Film ›Herbstmanöver‹ (1935), doch weit übertroffen von ›Auf der Heide blüht ein kleines Blümelein‹ des Komponisten, Texters und Blasorchester-Dirigenten Herms Niel, ausdrucksstark arrangiert mit den das zarte Blümchen Erika einstampfenden nagelstiefelharten Paukenschlägen hinter jeder Zeile:

> Auf der Heide blüht ein kleines Blümelein ... (bumm ... bumm ... bumm!)
> Und das heißt ... (bumm ... bumm ... bumm!)
> Erika. (bumm ... bumm ... bumm!)
> Heiß von hunderttausend kleinen Bienelein (...bumm ... bumm ... bumm!).
> Wird umschwärmt ... (bumm ... bumm ... bumm!)
> Erika ... (bumm ... bumm ... bumm!)

Im dritten Vers mutiert das Kraut zur Maid:

In der Heimat weint um dich ein Mägdelein, (bumm ... bumm ... bumm!)
Und das heißt (bumm ... bumm ... bumm!) Eeee-ri-kaaa!
Musik & Text: Herms Niel

Doch bald ist es an der Zeit, die regional verstreuten Heimat-Regionen zu einer großdeutschen Heimat zu vereinen. Es ist Krieg. Und zugleich wird die friedliche Heimat zur strategischen ›Heimatfront‹. Für die Verbindung zwischen ihr und der Kampffront nun bedarf es einer ›Brücke‹. Diese Brücke wird zur populärsten Unterhaltungssendung des Großdeutschen Rundfunks, zur propagandistischen Leistung und nebenbei zur musikalischen Hitparade: Das ›Wunschkonzert‹.

Mütter, Frauen, Kinder, Bräute schicken Grüße an die Front, Soldaten grüßen zurück, freudige und weniger freudige Ereignisse sind hin und her zu berichten, manchmal ist ein Sohn geboren, zuweilen auch muß ein Kamerad den ›letzten Wunsch‹ eines Gefallenen übermitteln.

Die musikalischen Wünsche sind immer dieselben, der Großdeutsche Rundfunk hat sie griffbereit im Archiv: Soldatenchöre schmettern: ›Wovon kann der Landser denn schon träumen‹, und ›Es ist so schön, Soldat zu sein, Rosemarie‹. Von Blechbläsern kommt immerzu das ›Heideröslein Erika‹ mit den Paukenschlägen. Die Stars von Film und Schallplatte vereinen sich bei flotten Marschliedern (›Bomben auf Engeland‹) und tränenrührigen Schnulzen (›Gute Nacht, Mutter, gute Nacht ...‹), Kinderchöre piepsen: ›Schlafe, mein Prinzchen, schlaf' ein‹. Kein Prominenter kommt um seinen Auftritt herum, nicht Lale Andersen, nicht Marika Rökk oder Ilse Werner ... weder Jan Kiepura noch Wilhelm Strienz oder Johannes Heesters ... nicht Zarah Leander, nicht Rosita Serrano oder Friedel

Schuster ... und natürlich in keiner Sendung das beliebte Trio Heinz Rühmann / Hans Brausewetter / Josef Sieber mit:

> Das kann doch einen Seemann nicht erschüttern,
> Keine Angst, keine Angst, Rosmarie!
> Wir lassen uns das Leben nicht verbittern,
> Keine Angst, keine Angst, Rosmarie!
> Und wenn die ganze Erde bebt,
> Und die Welt sich aus den Angeln hebt:
> Das kann doch einen Seemann nicht erschüttern,
> Keine Angst, keine Angst, Rosmarie!
>
> *Musik: Michael Jary; Text: Bruno Balz*

›The Documentary Series New York 19, N.Y.‹ vereint eins der Wunschkonzert-Programme auf einer Langspielplatte – auf dem Cover das Foto des bekanntesten deutschen Moderators der 40er Jahre, Heinz Goedecke, und das legendäre Schlußwort jeder seiner Sendungen:

> Das Wunschkonzert der Wehrmacht geht zu Ende,
> Die Front reicht ihrer Heimat jetzt die Hände, –
> Die Heimat aber reicht der Front die Hand.
> Wir sagen gute Nacht, – auf Wiederhören,
> Wenn wir beim nächsten Male wiederkehren.
> Auf Wiedersehen sagt das Vaterland.

Seltene Karrieren

Von einfacher Marschweise zum Welthit

Puppchen, Du bist mein Augenstern,
Puppchen, hab Dich zum Fressen gern!
Puppchen, mein süßes Puppchen,
Ne, ohne Spaß, Du hast so was!

Puppchen, Du kannst so reizend sein,
Puppchen, ach wärst Du doch bloß mein.
Puppchen, mein süßes Puppchen,
So schlag doch ein, sag nicht nein
Und werde mein.

Musik: Jean Gilbert; Text: Alfred Schönfeld

In das militärmarschtolle Wilhelminische Kaiserreich schleicht sich kurz vor seinem Ende ein heimlicher Konkurrent von der Operettenbühne. Schnell breitet er sich aus und wird zu einer Epidemie, so daß man bald schon neben dem ›Tangofieber‹ von einer ›Puppchen-Seuche‹ spricht. Von Berlin ausgehend ergreift die Seuche ganz Deutschland und wird im Ausland zur Erkennungsmelodie des ausgehenden Kaiserreichs wie auch der bald beginnenden neuen Republik. Da kommt es schon mal vor, daß in einem Duodezstaat eine deutsche Delegation mit ›Puppchen, du bist mein Augenstern‹ empfangen wird in der Annahme, dies sei die deutsche Nationalhymne.

Zu ähnlichem Weltruhm, ja, noch expansiver über die Grenzen

seiner Heimat hinaus, gelangt ein ziviler Marsch in England. Er kommt nicht von der Bühne, er kommt vom Golfplatz. Hans Schwenk (›Marschmusik‹, 1965) erzählt die Story seiner Entstehung: »Der englische Offizier, Komponist und Musikmeister F. J. Ricketts (Künstlername Kenneth J. Alford) holte gerade zum Schlage aus, als ein anderer Spieler, der gerade die Schußlinie von Mr. Ricketts überqueren wollte, anstatt ›Achtung‹ zu rufen, zwei Noten pfiff. Ricketts pfiff zwei Noten zurück und komponierte, als er nach dem Match wieder zu Hause war, aus den Pfiffen einen Marsch. Das Stück nannte er ›Colonel Bogey March‹ nach dem Spitznamen des ›durchschnittlichen Golfspielers‹, dessen Schläge als Norm für die Schläge einer Platzrunde gelten: ›Colonel Bogey‹«.

Zunächst beginnt der Marsch seine Karriere mit ein paar kleinen Auftritten: Die britischen Horse Guards paradieren mit ihm vor ihrer Königin, in Bonn empfängt ein Bundeswehr-Musikcorps mit ihm den türkischen Staatspräsidenten, in West-Berlin wird mit ›Colonel Bogey‹ eine U-Bahnstrecke eingeweiht.

1957 bekommt die schlichte Weise vom Golfplatz ihre große Chance zum Welthit: Nach dem Roman von Pierre Boulle dreht David Lean den Kinofilm ›The Bridge of River Kwai‹ – hochbesetzt mit Alec Guinness als Colonel Nicholson. »Die 200 Statisten, die die englischen Kriegsgefangenen darstellen sollten, trotteten ohne Schwung dahin. ›Könnten wir nicht einen Marsch pfeifen‹, schlug jemand vor: ›Ich kenne nur einen‹; erwiderte der Regisseur, und er pfiff die ersten Takte des ›Colonel Bogey‹. Die Statisten pfiffen mit, sie marschierten hurtiger, und die Melodie wurde zur Attraktion der kriegerischen Story.« Der Film wird ein Kassenerfolg und erhält 1957 sechs Oscars, natürlich nicht zuletzt für die Musik. Der Komponist F. J. Ricketts erlebt es nicht mehr, er ist seit zwölf Jahren tot. Der Kollege Mitch Miller arrangiert den ›Colonel Bogey‹ für die Schallplatte, die unter dem neuen Titel ›River-Kwai-Marsch‹ die Millionenauflage überschreitet.

Zum Siegen und zum Sterben

Einfacher, zu schnellem und zugleich bleibendem Ruhm zu kommen, hat es ein Marsch, der im Titel den Namen eines berühmten Komponisten trägt: Johann Strauß (1804–1849), k. k. Hofballmusikdirektor in Wien, König des Walzers und der Polka, des Galopps und der Operette, liebt auch den ¼-Takt, schreibt 1847 den ›Österreichischen Defiliermarsch‹ und ein Jahr darauf den ›Radetzkymarsch‹ (op. 228), einen Marsch, der weit über den militärischen Gebrauch hinaus zur Krönung festlicher Konzerte wird – in der Doppelmonarchie wie auch der späteren Rest-Republik und als Welthit weit über seine Heimat hinaus. Selbst in die Preußische Armeemarsch-Sammlung gelangt Johann Strauß, in früheren Tagen vom preußischen König bereits mit dem ›Roten-Adler-Orden I. Klasse‹ dekoriert, nun mit dieser Komposition unter der Nummer II, 145.

Wem gilt derlei Verehrung des 44jährigen Hofballmusikers? Es ist der 78jährige k.u.k.-Feldmarschall Johann Joseph Wenzel Anton Graf von Radetzky (1766–1858), der Held der österreichischen Kriegsgeschichte im 19. Jahrhundert. In diesen Jahren 1848/49 gilt der Jubel des gesamten gesitteten kaisertreuen Volks den Erfolgen im lomdardischen Krieg, des Feldmarschalls Siegen bei Santa Lucia, Sommercampagna, Custoza und Novara und seinem Einzug in Mailand …

Johann Strauß tut gut daran, sein Opus 228 so eilig dem beliebten

Feldherrn zu widmen, im folgenden Jahrzehnt wird Austrias Glück ein Ende haben, als Gegner stellt sich nicht mehr der arme König Albert von Piemont-Sardinien allein, sondern der neue junge König Viktor Emanuel, nun im Bündnis mit Napoléon III. Das gesittete Europa jubelt jetzt den Italienern zu, ihrer Befreiung von Radetzkys blutiger Herrschaft, bejubelt die österreichischen Niederlagen bei Magenta und Solferino. Dem Feldmarschall bleibt Austrias Schmach erspart, er stirbt rechtzeitig vor dem bösen Jahr 1859. Sein Nachruhm ist gesichert: Im Heeresgeschichtlichen Museum überleben Ehrensäbel, Ehrentrompete und Ehrenbürgerdiplom der Stadt Wien, in Prag auf der Kleinseite der Moldau ein Ehrenmal, gegossen aus der Bronze sardinischer Kanonen. Da steht der Kriegsheld auf einem Schild, getragen von acht Soldaten. Dazu nun dieser Marsch.

Doch über seine militärische Bindung hinaus entwickelt die Pièce ein literarisches Eigenleben: Nach dem Ende des Ersten Weltkriegs schreibt Joseph Roth (1894–1939) einen Roman über den Untergang der altersschwachen Doppelmonarchie und gibt seinem Werk den symbolischen Titel ›Radetzkymarsch‹.

»Alle Märsche gleichen einander wie Soldaten. Sie beginnen mit dem Trommelwirbel, dann kommt marschrhythmisch der beschleunigte Zapfenstreich, ein schmetterndes Lächeln der holden Tschinellen, und sie enden mit dem grollenden Donner der großen Pauke, dem fröhlichen, aber kurzen Gewitter der Militärmusik.«

In den österreichischen Patriotismus mischen sich die Ahnungen kommender Traurigkeit über das Sterben einer nie zuvor so heiter glorifizierten Epoche: »Die herben Trommeln wirbeln, und die süßen Flöten pfeifen. Auf den Gesichtern derer, die dies hören, geht ein Lächeln auf, und in ihren Beinen prickelt das Blut. Noch stehen sie, aber sie glauben schon zu marschieren. Die jungen Mädchen halten den Atem an und öffnen leicht die Lippen. Die alten Männer gedenken ihrer Manöver, während ihre Frauen im benachbarten Park sitzen und mit ihren kleinen grauen Köpfchen zittern. Es ist Sommer.«

Es ist Sommer. Die letzten Tage des Juli 1914 verfliegen mit Noten und Ultimaten, mit Mobilmachungen und Kriegserklärungen. Es folgen »die Tage der Rosen im August«, da ziehen sie hinaus, die ersten an die bosnische Front, dann das Gros an die galizische Front in die mörderischen Kämpfe um die Pässe der herbstlich unwegsamen Karpaten und um die Ufer der noch jungen Weichsel. Der Winter bricht ein. Der Sturm auf die Höhen von Leveles, die Abwehr der russischen Angriffe bei Toronya, die Einnahme von Vezérszállás und die Schlacht um Iwangorod fordern erhebliche Opfer, besonders der k. u. k. 1. Armee: »Am leichtesten stirbt man zur Militärmusik. Die flinken Kugeln pfeifen im Takt, die Säbel blitzen, und Herz und Hirn sind voll der holden Hurtigkeit des Marsches. Und im trommelnden Rausch sickert das Blut in dunkelroten, schmalen Streifen auf das gleißende Gold der Trompeten, das tiefe Schwarz der Pauken und das siegreiche Silber der Tschinellen.«

Unter glücklichen Sternen

Zur fast gleichen Zeit, als Johann Strauß' ›Radetzkymarsch‹ das Sterben einer Großmacht in der Alten Welt begleitet, verbindet sich in der Neuen Welt ein Superhit mit dem Aufstieg der neuen Großmacht USA. Unter dem bereits 1777 etablierten Sternenbanner, den ›Stars And Stripes‹, vereinen sich zunächst 13, schließlich 50 Staaten – durch mehr oder weniger gewaltsame Landnahme einstiger Territorien, durch An- oder Zukauf, durch mehr oder weniger kriegerische Operationen – ein jeder vertreten als weißer glücklicher Stern auf blauem Grund in der Gosch – der oberen Ecke des Sternenbanners.

Das 20. Jahrhundert beginnt. Die spanischen Kolonien zweier Weltmeere sind längst erobert, weitere Expansionen zeichnen sich ab, Zerstörer und Panzerschiffe haben gebunkert, die Geschwader der US-Navy warten auf neue karibische, pazifische und atlantische Abenteuer, sie liegen an den Leinen nicht nur der Kriegshäfen des Festlands San Francisco, San Diego, Port Royal und New Orleans, auch auf den nahen und fernen Vorposten: in Guantánamo und auf Puerto Rico, auf den Aleuten, auf den Sandwich Islands und Samoa, zu Manila, auf Guam und an den Quais der ostchinesischen Küstenorte. Ein derart globaler Aufbruch in dieses neue, das amerikanische Jahrhundert fordert für die Begeisterung der ganzen Nation einen Marsch.

Dezember 1896. Da ist er schon: ›Stars And Stripes Forever‹! Der Komponist John Philip Sousa (1854–1932), Leader einer Navy-Band, ist noch nicht berühmt, doch aber schon mit seinem ›Kadettenmarsch‹ in den Staaten bekannt, mehr noch mit seinem Erfolgsmarsch ›Washington Post‹, einer Auftragsarbeit der gleichnamigen Zeitung. Hans Schwenk hat dies dokumentiert: »Der Herausgeber des Blattes, Frank Hutton, hatte für die Schüler der Hauptstadt einen literarischen Wettbewerb veranstaltet. Am 15.06.1889 sollte die festliche Preisverleihung sein. Einen Tag vorher traf er den Leiter der Marine-Band auf der Straße. Da fiel ihm ein, daß dem Fest eigentlich noch ein Marsch fehlte, der während des Aufmarsches der Kinder – es wurden 25 000 Eltern erwartet – gespielt werden sollte. Frank Hutton bat Sousa um diesen Marsch. Dieser zögerte nicht lange. Am Nachmittag machte er sich zu Haus eine Skizze, fügte des Nachts die Instrumentation hinzu und studierte das Werk am anderen Vormittag ein. Am Nachmittag wurde der Marsch zum Einzug der Jugend von Washington zum ersten Mal gespielt: Einem flotten Beginn im ⁶⁄₈-Takt folgte ein gemütvolles Trio. Er schlug sofort ein; es wurde stürmisch da capo verlangt. In der Begeisterung über die neue Melodie gingen die Ministeransprachen und die Preisverleihung fast unter. Der Marsch hatte ihnen die Show gestohlen.«

1872, auf dem internationalen ›Peace Festival‹ in Boston, erhält Sousa – im Vergleich mit dem Walzerkönig Johann Strauß – den Titel ›Marchking of the World‹. Dieses Lob scheint so übertrieben nicht, bedenkt man: In den letzten Jahrzehnten vor dem Ersten Weltkrieg beherrschen martialische Töne die Militärmusik der aufrüstenden Staaten in der Alten Welt. Dieser amerikanische Sound ist ungewohnt und absolut neu. Als »keck, optimistisch und unkompliziert« bezeichnet die Kritik diese neuen Töne in der Marschmusik.

Nun, Sousa ist auch ein Kind der Südstaaten-Synkope, den Einfluß des Rags kann er nicht verleugnen. Zudem verbindet er auf dem Podium in seiner Person die lockere Straffheit eines amerikanischen Militärmusikmeisters mit der eleganten Routine eines Showmasters. Er fällt auf mit seinem dichten schwarzen Backenbart und den weißen Handschuhen, ohne die er nicht dirigiert. Nicht selten kommt es vor, daß die Gäste eines festlichen Konzerts bei den Marschrhythmen spontan zu tanzen beginnen, sie glauben, einen ¾-Takt zu spüren und wählen für die Schrittfolge den Twostep. So weit hat sich im Repertoire Sousas die militärische Gebrauchs- der Unterhaltungsmusik angenähert, obgleich dieser nicht wie sein österreichischer Kollege aus dem Tanzparkett- und Ballmilieu kommt.

Philip Sousa begann seine militärische Laufbahn bei der Marine als Sergeant Mayor und diente sich hoch zum Musikmeister einer Navy-Band (1880), er verbessert das Instrumentarium und diszipliniert seine Hoboisten zu einem Show-Orchester. Mit ihm nun will er auf Tournee – zunächst ganz bescheiden in die benachbarten Staaten der Ostküste, doch das Kommando des Marinekorps versagt ihm die Genehmigung. Öffentliches Auftreten vertrüge sich nicht mit militärischer Würde.

Doch das Verbot läßt sich nicht lange halten, denn inzwischen sind die Kompositionen als ›Sousa-Märsche‹ staatenweit zu Ruhm gekommen. Während eines Gastspiels entdeckt ihn der Verleger und Agent David Blakeley, er verhilft Sousa zu einer eigenen Band, zur Aufbesserung der Bezüge von $ 1.800 auf nun $ 6.000 pro Jahr und zur Realisierung aufwendiger Auslandstourneen.

Philip Sousa bereist Europa, er spielt an Fürstenhöfen und sammelt – er, der Bürger einer Demokratie – Orden aus der Hand von Monarchen. Auch das Königreich Preußen liegt auf seiner Tournee, und 1900 gastiert er in der Kroll-Oper, Berlin. Seinen Gästen entgegenkommend streut er Klassiker der Alten Welt in das Repertoire der Neuen, er spielt zwischen seinen eigenen Märschen Werke von Wagner, Liszt, Rossini und schmettert unverhofft das Horn-Solo ›Der Trompeter von Säckingen‹ in den Saal, zeigt aber dann wieder mit den ›Liedern und Tänzen aus den Baumwollfeldern‹, wie schwarze Sklaven den CakeWalk kreieren, der mit dieser Berliner Premiere nun auch zum Modetanz auf dem europäischen Parkett wird. Und wie beendet Sousa den Abend in Berlin? Nein, nicht mit seinem eigenen Erfolgsmarsch ›Heil dem Geist der Freiheit‹, er setzt als Finale ›Die Kaiserparade‹ des Preußen Eilenberg. Er will geliebt werden.

Der kleine Sergeant aus der unbedeutenden Marine-Band in Washington, nun auf den Konzertpodien der Welt, braucht die Bestätigung des Erfolgs. Da steht er, den Backenbart gepflegt, die Litewka mit Orden dekoriert, in den weißen Handschuhen den goldenen Taktstock. Und doch kommt Philip Sousa von seinen militärischen Anfängen nicht los. Als Präsident Woodrow Wilson 1917 die US-Bürger zum ›Kreuzzug für die Demokratie‹, der international als ›Weltkrieg I‹ in die Geschichte eingehen wird, aufruft, läßt sich Sousa reaktivieren, nun jedoch mit den Tressen und Sternen eines Captain. Er komponiert weiter, jetzt natürlich im Geist der Zeit: den ›US-Artillerie-Marsch‹ ... ›Solid Men to the Front‹ ... ›The Boys are home again‹ ...

Er möchte sich mit General Pershing einschiffen, um zwischen Flandern und dem Argonnerwald in den Casinos der Etappe und in den Lazaretten fröhlich zu konzertieren, doch er muß sich anderen vordringlichen nationalen Aufgaben beugen: Ein Krieg kostet Geld. Nicht nur die eigenen Operationen wollen bezahlt, auch die ärmeren Verbündeten der Entente cordiale wollen unterstützt sein. Da ist ein Sousa daheim auf dem Podium mit Benefizkonzerten besser eingesetzt als ein Sousa in Frontlazaretten. Die Spenden reicher Zivilisten bringen die USA dem Sieg näher als die Unterhaltung nicht mehr verwendbarer Invaliden oder gar ohnehin bald sterbender Soldaten. Die Erfolge der Sousa-Konzerte stehen denen der Schlachten nicht nach. Mit der Zeichnung für die ›Friedensanleihe‹, in anderen Staaten ›Kriegsanleihe‹ genannt, zeichnet sich aus, was ein guter Bürger der US-Demokratie ist. Captain Sousa bringt sein vaterländischer Krieg die Beförderung zum Lieutnant Colonel, ein unerhörter Dienstrang für einen Musiker!

Doch für die Vereinigten Staaten, die verspätet ins Kriegsgeschehen eingestiegen sind, ist die Hausse bald zu Ende. Neues Kriegsgerät wird nicht mehr gebraucht, der Frieden braucht keine ›Friedensanleihe‹, auf Philip Sousa wartet wieder das graue Zivil. Doch wenn auch der Uniform entkleidet, läßt er sich weiterhin gern mit Lieutenant Colonel anreden.

Es folgen die Zwanziger Jahre, sie bringen den schmissigen ¼-Rhythmen nicht mehr die alte Achtung entgegen. Die Renaissance des Marsches muß auf neue Große Zeiten warten. Der Oberstleutnant Sousa erlebt sie nicht mehr. Am 05.03.1932 schmückt er in Reading/Pennsylvania ein lokales Jubiläum mit einem Konzert und beendet den Abend mit ›Stars And Stripes Forever‹, ohne zu wissen, daß er sich damit sein eigenes Requiem bereitet. Nach einem nächtlichen Hustenanfall stirbt er tags darauf an einer Herzattacke. Über die Beisetzung schreibt Hans Schwenk: »Am 10. März fand in Washington die Beerdigung statt, die würdig eines amerikanischen Präsidenten war. Sousas alte Marineband führte den Trauerzug an, der vom Marinehauptquartier zum Kongreßfriedhof führte. Eine Ehrenkompanie der Marine schoß den Ehrensalut, und während ein Hornist das Abschiedssignal spielte, sank der flaggengeschmückte Sarg in das Grab. Alle späteren Versuche für ein Comeback der Sousa-Band schlugen fehl. Sie scheiterten schon an der Tatsache, daß das jüngste Mitglied die Vierzig schon überschritten hatte. Eine Band, die nur aus gereiften Männern bestand, wurde von den Amerikanern nicht akzeptiert.«

Was überlebt neben der Musik? Das Original-Manuskript von ›Stars And Stripes Forever‹ in der Kongressbibliothek, Gegenstände des Orchesters in der Universität von Illinois, in vielen Orchestern das Sousaphon, eine Sousa-Brücke in Washington, ein Sousa-Brunnen in Philadelphia und auf Long Island eine Sousa-Linde. Zu den Namen etlicher Schulen in den Staaten kommen im Zweiten Weltkrieg der eines Bombenflugzeugs und der eines Liberty-Schiffs. Sieben Jahre nach Kriegsende beschließt die Sousa-Epoche der Kinofilm ›Stars And Stripes Forever‹.

Nun ist der Titel so berühmt, daß er vielerorts im Ausland für die US-Nationalhymne gehalten wird. Dieser Ruhm verbindet ihn mit dem deutschen Operetten-Marsch ›Puppchen du bist mein Augenstern‹. Doch kommt dagegen der Sousa-Heuler Ende der Zwanziger Jahre wirklich einmal als Hymne ins Gespräch, bis sich 1931 der US-Kongreß anders entscheidet. ›Stars And Stripes Forever‹ teilt sich die Niederlage mit ›Hail Columbia‹ und ›Yankee-Doodle‹. Sieger sind der britische Komponist John Stafford Smith (1750–1836) und der Texter Francis Scott Key mit: ›The Star-Spangled Banner‹.

So schließt sich der Sternkreis zu einem glücklichen Horoskop über einem Kontinent, den schon Goethe bewunderte: »Amerika, du hast es besser / Als unser Kontinent, der alte, / Hast keine verfallenen Schlösser / und keine Basalte.«

Kleine Länder, kleine Hits

Als US-Präsident Woodrow Wilson zu Beginn des 20. Jahrhunderts die Doktrin verkündete, jeder Nationalität der Welt stünde ein souveräner Nationalstaat zu – mit eigener Armee, mit eigener Fahne und Hymne, da hatte das Deutschland des 19. Jahrhunderts eine ähnliche Zersplitterung längst hinter sich: Auf dem Territorium des Deutschen Bunds unterhielten fünf Königreiche, sowie an die 40 souveräne Großherzog-, Herzog- und Fürstentümer je eine eigene Armee mit speziellen Uniformen, eigene Briefmarken, selbstgeprägte Münzen, eine eigene Fahne und Hymne. Doch neben der offiziellen Nationalhymne schafft es zusätzlich unter der Vielzahl der Regimentsmärsche zumeist einer, zum Repräsentations- und Festmarsch der mehr oder weniger bedeutenden Monarchie zu werden, und wenn auch nicht zum Welt-, so zumindest doch zum Landes-Hit zu avancieren.

In Preußen ist eine Entscheidung eindeutig. Die Nationalhymne ›Borussia‹ (1818) von Gaspare Spontini mit dem Text ›Wo ist das Volk, das kühn von Tat‹, wie auch die späteren Ernennungen ›Heil dir im Siegerkranz‹ und das ›Preußenlied‹ von 1830: »Ich bin ein Preuße, / Kennt ihr meine Farben« sind schnell verdrängt vom ›Hohenfriedberger Marsch‹ (AM III, 1 b), der die Kavallerie-Attacken in den Schlesischen Kriegen am 04.06.1745 und den Sieg des großen Friedrich über Karl von Lothringen, dem Feldherrn der verbündeten Österreicher und Sachsen, verherrlicht mit dem Schlachtruf: »Auf Ansbach Dragoner, / Auf Ansbach Bayreuth!« So sehr identifiziert sich das aufstrebende Königreich mit dieser »Siegesfanfare Preußens«, daß bei der Kaiserproklamation am 18.01.1871 im Spiegelsaal des Schlosses zu Versailles den Zwangsverbündeten mit dem ›Hohenfriedberger‹ gleich eingetrommelt wird, wer im neuen Deutschen Reich künftig die Nummer Eins sein wird.

Im verkleinerten, nach dem Wiener Kongreß von Preußen arg gerupften Königreich Sachsen ist unter der Vielzahl der Regimentsmärsche die Wahl eines repräsentativen Festmarsches problematischer, doch gern gespielt wird von den Dresdner Leibgrenadieren eine traditionelle Pièce: ›Marsch der Schweizer Garde‹ aus der Zeit, als noch Schweizerische Söldner die Leibwache am Wettiner Hof stellten.

Das Königreich Bayern muß sich um keine große Auswahl bemühen. Das ›Lied der Bayern‹ (»Gott mit dir, du Land der Bayern«) wie auch die Alternativ-Hymne, das Bayernlied‹ (»Bayern, mein Heimatland«) sind bei offiziellen und privaten Anlässen, so auch beim Bieranstich, weniger gefragt als der ›Bayerische Defiliermarsch‹ (AM II, 246), 1850 komponiert von Adolf Scherzer, dem Musikmeister des Bayerischen-Infanterie-Regiments Nr. 10 in Ingolstadt.

Hannover-Herrenhausen, 27. Mai. Es ist der Geburtstag des Königs Georg V. Aus Celle kommen seine Lieblingsdragoner. Etwas unsicher, von einem Adjutanten unmerklich gestützt, tritt der König auf die Terrasse und nimmt die Parade ab. Er ist blind, aber niemand darf es wissen. Er gibt vor, jeden einzelnen seiner Reiter zu erkennen, und er beschreibt auch die Uniform: Roter Kragen, weißes Bandelier, als Helm die Pickelhaube aus schwarz lackiertem Blech. Es stimmt. Sehen kann Georg seine Eskadrons zwar nicht, aber er kennt die Musik: Es ist der ›Marsch der Hannoverschen Cambridge-Dragoner‹, er kommt aus England, wie so vieles in dieser Zeit, in der die Königshäuser so eng verbunden waren. Lange braucht sich Georg V. als Souverän nicht mehr zu verstellen, in Kürze, 1866, werden der König von Preußen und dessen Ministerpräsident Bismarck das Königreich Hannover zu einer simplen Provinz degradieren und den Monarchen enteignen. Ihn wie auch den Herzog von Nassau, den Kurfürsten von Hessen-Kassel, den Herzog von Schleswig und Holstein – nach absolutistischer Staatsauffassung alle ›Fürsten von Gottes Gnaden‹. Sie abzusetzen, führt europaweit zur Empörung, und das britische Kabinett Derby mit dem Schatzkanzler Disraeli verurteilt das preußische Unrecht gar als »Terror, schlimmer als den der französischen Revolution«.

Dem Herzogtum Württemberg hat das 19. Jahrhundert eine wechselvolle Geschichte zwischen Frankreich, Österreich und Preußen reserviert. Es beginnt damit, daß der Kaiser der Franzosen das Land für die mehr oder weniger erzwungene Bündnistreue in den napoleonischen Kriegen mit Gebietserweiterung belohnt, und im Frieden zu Preßburg 1805 Herzog und Kurfürst Friedrich I. die

Königswürde verleiht. 1909 kommt ein weiteres Geschenk hinzu: die ehemalige Reichsstadt, das jetzt bayerische Ulm, das in der Geschichte der Marschmusik seinen Platz finden wird.

So liegt es nahe, daß sich Württemberg bei der Wahl seiner Nationalhymne die Melodie zunächst aus der ›Marseillaise‹ entleiht. Den Text entnimmt die Volksversammlung dem Gedicht ›Der reichste Fürst‹ des Lyrikers und Mediziners Andreas Justinus Kerner: ›Preisend mit viel schönen Reden / Ihrer Länder Wert und Zahl ...‹ – nicht gerade zündende Zeilen, ganz im Widerspruch zum patriotischen Wappenspruch: ›Furchtlos und trew‹.

In den folgenden Jahrzehnten halten sich die Könige weitestgehend aus der Restaurationspolitik des metternichschen Österreichs, wie auch, vorerst zumindest, der Kriegspolitik Preußens heraus, sie sind liberal und reformfreudig. Vor allem König Karl I. (1864–1891) ist überaus beliebt, so daß sein Militär ihm 1868 einen Marsch widmet, den ›König Karl Marsch‹. Komponist ist Carl Ludwig Unrath (1850–1872), Stabshoboist des 5. Württembergischen Infanterie-Regiments in Ulm. Daß Unrath die zündende Melodie beim Anblick der Schuhe seiner Frau eingefallen sein soll, ist Legende. Die Zeilen ›Und sie lief, und sie lief, / Und sie lief die Absätz' schief‹ klingen eher nach berlinischem Volksmund der Jahrhundertwende, nachdem der ›König Karl Marsch‹ 1892 von der ›Preußischen Armeemarsch-Sammlung‹ unter der No. II, 212 okkupiert worden war.

Daheim bleibt der Pièce in den Residenzen Stuttgart und Ludwigsburg, sowie in den Kreis- und Garnisonsstädten zwischen Ulm und Heilbronn, Ellwangen und Weingarten für Repräsentation und zu Festen keine zwei Jahre Frieden. Am 16.07.1870 erklärt in der Volksversammlung die Deutsche Partei den Krieg gegen Frankreich als gesamtdeutsche Sache und fordert die bedingungslose Solidarität mit Preußen. So verkündet der König tags darauf die Mobilmachung und unterstellt seine Division der 3. Armee unter Kronprinz Friedrich von Preußen. In den Schlachten von Wœrth-sur-Sauer bis Sedan sind die Verluste beim württembergischen Kontingent erschreckend hoch, doch wer überlebt, darf bei der Belagerung von Paris dabei sein.

Nun haben, um für den Weltkrieg 1914 in voller Ist-Stärke gerüstet zu sein, die Länder des Deutschen Reichs gute vier Dezennien Zeit, frische Jahrgänge einzuziehen. Auch in der württembergischen Garnison Ulm füllen sich die Kasernen der Grenadiere, der Pioniere und der Ulanen, der beiden Infanterie-Regimenter, sowie der Feld- und Fuß-Artillerie.

Zum 5. Württembergischen Grenadier-Regiment No. 123 ›König Karl‹, Ulm, meldet sich in den Achtziger Jahren der Freiwillige Carl Teike (1864–1922) als Hoboist des Musikkorps. Nach Dienstschluß komponiert er in der Kammer seiner Braut Babette. Dem ersten Marsch gibt der in Pommern gebürtige Preuße den Titel ›Am Donaustrand‹.

1889 freut sich der Hoboist Teike über eine Komposition, die er für besonders gelungen hält. Am nächsten Tag übergibt er die Noten stolz seinem Vorgesetzten, dem Stabshoboisten und Musikmeister. Dieser aber winkt ab: »Märsche haben wir genug. Den stecken Sie man in den Ofen.« Teike steckt den Marsch nicht in den Ofen, er quittiert den Dienst und bewirbt sich in einigen Städten des Kaiserreichs bei der Polizei. Nach einer Zusage aus Potsdam feiert er am Abend vor seiner Abreise mit seinen alten Kameraden in Ulm. Zum Abschied spielt er mit den Hoboisten den abgelehnten Marsch, der nun gleich seinen Titel bekommt: ›Alte Kameraden‹. Die Noten nimmt er mit und verkauft die Rechte einem Stettiner Musikverlag für pauschal 25 Reichsmark. Ans Geldverdienen denkt er nicht und hat somit auch nichts von den Millionen, die die ›Alte Kameraden‹ als einer der in der Welt bestverkauften Märsche im Laufe der kommenden Zeit einspielen werden.

Inzwischen weltberühmt, versieht Teike weiterhin seinen Dienst als einfacher Schutzmann, erringt das Wohlwollen des Kaisers und bekommt einen Ehrenposten an der alten historischen Bittschriftenlinde am Potsdamer Schloß, wo er den fremden Gästen Auskünfte und Autogramme geben darf. Er wird zur Touristenattraktion, vor allem für US-Amerikaner.

In seiner Freizeit komponiert Teike weiter. Dabei überfällt ihn zuweilen Heimweh nach dem schönen Ulm, dem Donaustrand und den Alten Kameraden im Musikkorps, so kommt ihm die Erinnerung an den Spruch auf seinem alten Koppelschloß, und er nennt einen Marsch ›In Treue fest‹. Jetzt hat er in seinem Repertoire ein Souvenir mehr an Württemberg. Später entnimmt er die Ideen zu seinen Märschen den aktuellen Ereignissen: Motorflugzeuge steigen in die Luft, da schreibt er ›Hoch der Aviatik‹, die Olympischen Spiele werden wieder erweckt, da komponiert er ›Ein Hoch dem Sport‹, der Zeppelin startet zur Fernfahrt, da titelt er seinen ›Teutonenmarsch‹ um in ›Graf-Zeppelin-Marsch‹. Nach dem Ende des Kaiserreichs schreibt Teike für die Republik: ›Neue Zeiten‹, ›Wieder daheim‹, ›Friedensfeier‹, ›Friedensbanner‹, ›Friedensfanfare‹ ...

Teike hat seine Uniform nie in Kriegszeiten tragen müssen, 1870/71 war er zu jung und 1914/18 ist er zu alt. 1922 stirbt er an einer Erkältung friedlich im Krankenbett. Die Reichshauptstadt Berlin ehrt ihn und benennt im Außenbezirk Mariendorf eine kleine Straße nach ihm.

Neben diesem mehr provinziellen Denkmal steht das internationale mit seinem Welthit ›Alte Kameraden‹. Man hört ihn am Broadway und auf den Champs-Elysees, in London zur Krönung Eduards VIII. 1937, später beim Cup-Finale 1959 vor der Königin Elizabeth, beim ersten Treffen deutscher und britischer Afrikakämpfer nach dem Zweiten Weltkrieg, beim Empfang Adenauers in Honolulu und bei der Reise von Bürgermeister Brandt nach Hawaii.

Und damit die Marschmelodie niemandem aus dem Gedächtnis gerät, bekommt sie zwischen den beiden Weltkriegen auch einen Text:

Die alten Kameraden auf dem Kriegspfad
Schlossen Freundschaft felsenfest und treu.

Doch die ungelenken Zeilen setzen sich nicht durch und sind schnell vergessen. Dagegen erhält sich seit Beginn des 20. Jahrhunderts ein volkstümlicherer, doch seltsam maritimer Vers. In den Kneipen Berlins und bald schon in denen der preußischen Garnisonen beginnen ihn die Männer zum Bier und zur Musikbox zu gröhlen, doch erst wenn das Trio einsetzt:

Mein Mann, der fährt zur See,
Ist Obermaschinist, jucheeh!
Doch kommt er mal nach Haus,
Zieht er sich gleich die Hosen aus.

Die Musik kommt

Der Marsch – ein Solo im Cabaret

Moi, je n'sais pas si j'suis d'Grenelle,
De Monmartre ou de la Chapelle,
D'ici, d'ailleurs ou de là-bas;
Mais j'sais ben qu'la foule accourue,
Un matin, m'a trouvé su' l'tas
Dans la rue.

Musik & Text: Aristide Bruant

Ich weiß nicht, stamm ich aus Grenelle,
Von dem Montmartre, von Chapelle,
Von einem andren heiligen Fleck.
Ich kenne nicht einmal die Stelle,
Wo man mich morgens fand im Dreck,
Auf der Straße.

Übersetzung: Felix Schmidt

Mit dem Beginn der Dritten Republik etabliert sich im von Preußen befreiten Paris neben Montmartre ein weiteres Vergnügungsquartier: Montparnasse. Das Caf' Conc' gebiert auch hier das satirisch-literarische Cabaret. Le Chat noir und Le Mirliton schaffen sich 1881 ihren Star: Aristide Bruant (1851–1925), Rollkutscher vom Gare du Nord, Chansonnier in der Tradition des legendären Béranger. Doch gegen Ende des Jahrhunderts verliert sich Bruant allzu sehr in der Mode der Publikumsbeschimpfung, und so verkommt das Cabaret schnell zur Touristen-Attraktion.

Mit dem Beginn des 20. Jahrhundert ist in Paris die Glanzzeit zu Ende. Deutschland verschläft die Jahrzehnte der belle époque, doch mit dem Verblassen in Paris erwacht nun auch das Cabaret in den deutschen Großstädten.

Schaut man jetzt mal die Theaterzettel,
So sieht man nichts wie lauter Überbrettl,
's Drama ist tot, jetzt triumphiert die Lyrik,
Die großen Dichter habens jetzt recht schwierig.
Auch Hauptmann muß zum Brettl sich bekehren,
Selbst Sudermann läßt sich den Vollbart scheren,
Denn sonst kann Wolzogen ihn nicht verwenden.
Kinder, Kinder, wie soll das noch enden!

Otto Reutter, Couplet, Berlin

In Berlin läßt sich unter den zahlreichen ›Brettl-Bühnen‹ Ernst Ludwig Freiherr von Wolzogen (1855–1934), auch Brettlbaron genannt, etwas Besonderes einfallen und gibt seiner Bunten Bühne den Namen Überbrettl. Am 18.01.1901 startet er in der Alexanderstraße mit seinem Eröffnungsprogramm ›Der lustige Ehemann‹ von Otto Julius Bierbaum, in dem ein Biedermeierpärchen wenig einfallsreich im Kreis herumtänzelt: »Ringelringelrosenkranz, / Ich tanz' mit meiner Frau, / Wir tanzen um den Rosenbusch, / Klingklanggloribusch, / Ich dreh' mich wie ein Pfau.« Doch weniger der unverbindliche Schlagertext bringt dem Cabaret einen Erfolg, wie ihn vor Jahrzehnten Carl Maria von Weber mit »Wir winden dir den Jungfernkranz« bei Gassenjungen und Küchenmamsellen erzielte, es ist vielmehr, oder einzig allein, die zündende Musik des 31jährigen Hauskomponisten Oscar Straus (1870–1954), der sich später gezwungen sah, die Jahre von 1938–1945 in den USA zu verbringen. Doch vorerst bleibt Oscar Straus dem Brettlbaron verbunden und vertont wenig später nach dem abgestandenen Ringelringel-Repertoire einen literarischen Vortrag besonderen Kalibers aus dem Bereich preußischen Militärs.

Aus dem Ensemble der Schriftsteller, Sänger und Schauspieler heraus tritt auf die Bühne der Dichter und Novellist Detlev Freiherr von Liliencron (1844–1909); er kommt aus der holsteinischen Provinz, wo er zuvor als Verwaltungsbeamter und Kirchspielvogt in Kellinghusen am Stör (4673 Einwohner) wirkte.

Der Dichter trägt den Gehrock, aber am langen flotten Schnurrbart und der kurzen Bürstenfrisur erkennt das Publikum sofort den preußischen Offizier a. D. und wird bestätigt, als der Autor an die Rampe tritt und mit schnarrender, knarrender, krächzender Leutnantsstimme dem Titel seiner Pièce ansagt: »Die Musik kommt.«

Die Titel in des Freiherrn Œvre lesen sich wie ein Stück kunterbunter Kriegsgeschichte: »Adjutantsritte und andere Gefechte … Unter flatternden Fahnen … Kämpfe und Ziele … Sommerschlacht … Bunte Beute …« Nun, Liliencron selbst hat unter der Pickelhaube 1866 gegen Österreich und den Deutschen Bund gekämpft und selbstredend auch 1870/71 gegen den Erbfeind Frankreich, bis er 1875 als Hauptmann seinen Abschied nimmt, um zum 60. Geburtstag seinen militärischen Ehrungen die literarischen hinzuzufügen. Doch den kriegerischen Dezennien zum Trotz zieht sich durch Detlev von Liliencrons gesamtes Werk auch ein Hauch von Militärmusik aus friedlicheren Garnisonstagen.

Klimgling, bumbum und tschingdada,
Zieht im Triumph der Perserschah?
Und um die Ecke brausend brichts
Wie Tubaton des Weltgerichts;
Voran der Schellenträger.

Brumbum, das große Bombardon,
Der Beckenschlag, das Helikon,
Die Pikkolo, der Zinkenist,
Die Türkentrommel, der Flötist;
Und dann der Herre Hauptmann.

Der Hauptmann naht mit stolzem Sinn,
Die Schuppenkette unterm Kinn,
Die Schärpe schnürt den schlanken Leib,
Beim Zeus! das ist kein Zeitvertreib;
Und dann die Herren Leutnants.

Zwei Leutnants, rosenrot und braun,
Die Fahne schützen sie als Zaun,
Die Fahne kommt, den Hut nimm ab,
Der bleiben treu wir bis ins Grab!
Und dann die Grenadiere.

Der Grenadier im strammen Tritt,
Im Schritt und Tritt, im Tritt und Schritt,
das stampft und dröhnt und klappt und flirrt,
Laternenglas und Fenster klirrt;
Und dann die kleinen Mädchen.

Die Mädchen alle, Kopf an Kopf,
Das Auge blau und blond der Zopf,
Aus Tür und Tor und Hof und Haus
Schaut Mine, Trine, Stine aus;
Vorbei ist die Musike.

Klingling, tschimgtsching und Paukenkrach,
Noch aus der Ferne tönt es schwach,
Ganz leise bumbum tsching;
Zog da ein bunter Schmetterling,
Tschingtsching, bum, um die Ecke?

Musik: Oscar Straus; Text: Detlev Frhr. von Liliencron

Doch in den kurzlebigen Jahren des Vorweltkriegsvergnügens gerät nun auch das Brettl aus der Mode, und bald beklagt sich Wolzogen:

> Ade, mein Übertrettl!
> Ich hab' die Sache dick.
> Bei jedem Käseblättl
> Zerzaust mich die Kritik.
>
> Das macht mich ganz marode,
> Drum sag' ich heut Valet;
> Denn eh' man aus der Mode,
> Ist's besser, daß man geht.
>
> Nu eines macht mir bange:
> Was tu' ich armer Mann?
> Ich glaube fast – ich fange
> Das Dichten wieder an.

Als nun auch noch ein Fräulein Traudchen Hundgeburth, eine frisch aus dem Rheinland nach Berlin zugezogene Küchenmagd, in den Kreis der Brettl-Autoren eindringt und ihren ersten Beitrag auf die Bühne bringt, gerät das Cabaret zum Spottvers:

> Die Maid, die einst Kotlettl briet,
> Sie dichtet heut' ein Brettl-Lied.

Im Tango-Takt

Apachentanz, Bolero, Calypso, Candombe, Conga, danza habanera,
Fado, finnischer Tango, fleurs d'Espagne, Furlanda, guardia vieja,
Habanera, Hawaï-Sound, La Paloma, Libertango, Lunfardo,
Malambo, Mambo, Mariachi, Maricana, Marimba, Meditango,
mexikanisches Lied, Milonga, Nackttanz, Palaver, Revue,
Salon-Tango, Salsa, Seemannslied, Suite España, Tango andaluz,
Tango argentino, Tango canción, Tango criollo, Tango Nuevo,
Tonfilm, Trauriger Sonntag, travelling dance, Tristtango,
Vienna Midnight Cabaret, Violentango, Zigeunertango

Ein erstes Tänzchen in der Pergola ...

... und gleich bricht in Europa das Tangofieber aus

Mademoiselle Ivonne war ein junges Mädchen,
Sie war der Schwarm vom Quartier Latin,
Jedoch eines Tags, da kam ein Argentinier,
der die kleine Französin Feuer fangen ließ.

Madame Ivonne,
la Cruz del sur fue como el signo ...
Madame Ivonne,
fue como el signo de tu suerte ...
Alondras gris
tu dolor me conmueve,
tu pena es de nieve ...

Madame Ivonne,
Das Kreuz des Südens war das Zeichen ...
Madame Ivonne,
Es war ein Zeichen für dein Schicksal ...
Graue Lerche,
mich ergreift dein Kummer;
Der Schnee des Leids hat dich bedeckt ...

Zehn Jahre sind es her, seit sie Frankreich verließ.
Da für sie alles in weiter Ferne geblieben,
Trinkt sie Champagner mit tieftraurigen Augen.
Ihr ist nichts mehr geblieben ... nicht mal der Argentinier,
Der zwischen Mate und Tango sie aus Paris mitgehen ließ.

Tango criollo, Musik: Eduardo Pereyra; Text: Enrique Cadicamo
deutsch von Dieter Reichardt

Einer Legende nach sollen Mädchenhändler 1904 beim Umschlag ihrer Ware in Marseille, aus den Hafenstädten der La Plata-Mündung, Buenos Aires und Montevideo, kommend, den Tango auf dem alten Kontinent eingeschleust haben. Doch die Wirklichkeit ist prosaischer: 1907 wird das Sängerpaar Alfredo Gobbi und Flora Rodiguez, sowie der Komponist Gregorio Villoldos (1869–1919) wieder einmal von Buenos Aires für Plattenaufnahmen zur Compagnie Générale des Machines Parlantes Pathé Frères, Paris, geschickt, da Argentinien zu dieser Zeit nicht über Tonstudios verfügt. Diesmal sind unter den Aufnahmen auch zwei Tangos von Villoldos: ›La Morocha‹ (Die Dunkelhaarige) und ›El Choclo‹ (Der Maiskolben), im heimatlichen Lunfardo-Dialekt ein anstößiger Titel, was aber hierzulande niemand bemerkt. Während der erste Tango schnell vergessen ist, findet der zweite mit einer hohen Auflage eine schnelle Verbreitung auf dem Schallplattenmarkt.

Plötzlich wird dieser neuartige exotische Rhythmus Mode, auch wenn sich niemand klar ist, mit welchen Schritten oder gar Figuren zu diesen Takten getanzt werden kann. Vergnügungs-Etablissements beeilen sich, Tango-Orchester zu engagieren, natürlich original typical, am liebsten mit den Namenszusatz ›Criollo‹ und in den fremdländischen Kostümen der Neuen Welt.

Zunächst in exklusive Badeorten: In Saint-Jean-de-Luz, dem eleganten Seebad an der Côte d'Argent, der französischen Atlantikküste, lädt ein führendes Palais de bal zur Tango-Soirée ›de la Pergula‹. Die Tanzfläche ist überfüllt, die Paare – Herren in dunklen Anzügen, Damen im strahlenden Weiß flatternder Sommerkleider – schieben sich über die bunten Fliesen in seltsamer, frei erfundener Choreographie, in der sich die Körper streifen, während die Füße eigentümliche Schnörkel beschreiben. Mit dem Tango, so meint man, dringe man ein in ein Milieu des Geheimnisvollen und kultiviere eine verdeckte Sinnlichkeit.

Tanz zu Tönen, die wie Würmer kriechen

Dies Ereignis der haute voilée im Seebadmilieu füllt die Gesellschaftsspalten der französischen Presse, besonders in Paris. Bald gibt es kein Etablissement mehr, das nicht einen Tango-Ball oder einen Tango-Tanztee offeriert, zunächst La Feria und El Garrón in Paris. »Die Stadt stürzt sich in ein Fest, das niemand vorbereitet hat«, schreibt Silvestre Byron in seinem Artikel ›Un tango, s'il vous plaît‹, Paris wird zur Hauptstadt des Tango.

Er bricht ein in die ›salles de danse‹, wo eben noch die ›Valse des Patineurs‹ (die ›Schlittschuhläufer‹ von Waldteufel) der Clou war: ›Le tangó argentin‹. Er bricht ein in den frou-frou der Dritten Republik, in die Trompe la Mort, die Étoile Flante, den Mome fromage, um die alten Revuen zu töten und eine Generation von Cancanières brotlos zu machen.

Nachdem das Sängerpaar Gobbi / Rodriguez nach den Aufnahmen nicht mehr in die Heimat zurückkehrt, lockt Paris immer mehr Orchester aus der Neuen Welt an, und daheim in Buenos Aires wundert sich die Revista del pueblo über die Erfolge des »Hurenhausreptils mit verkommener Seele« in Europa, »über diesen Dreck in schmachtend voluptuösen Takten mit Tönen, die wie Würmer kriechen«, und der argentinische Botschafter in Paris, Enrique Larreta, belehrt die feine französische Gesellschaft: »Der Tango ist bei uns ein Tanz schlecht beleumdeter Häuser und Tavernen übelster Art, wir tanzen ihn nicht in unseren Salons«, für argentinische Ohren sei Tangomusik ein Greuel.

Dennoch ist er in den Pariser Salons bald unentbehrlich, wenn auch mit einer gewissen Vorsicht: Vor ihrem Auftritt werden die argentinischen Musiker angewiesen, sich zurückhaltend zu benehmen und den Damen nicht zuzuzwinkern. Auch wird man sie nicht an die Tafel bitten, sondern zuvor in der Küche abspeisen. Der katalanische Pianist José Sentis berichtet von einer Einladung im Salon von Madame de Rezké. Unter den Gästen die Prinzen von Murat, der Herzog von Morny, Großfürst Boris, einige Rothschilds, die Herzogin de Goulaine. Abgesagt hatte Georges Clemenceau (1841–1929), gerade ist er Ministerpräsident der Dritten Republik geworden, er kann mit dem Tango nicht viel anfangen und folgt der kritischen Haltung von Marcel Proust, er bemerkt: »Tango, das sind gelangweilte Gesichter und gelangweilte Hinterteile, die sich ein wenig vergnügen wollen.«

Nach der Invasion der Tango-Orchester und -Sänger folgt aus der La-Plata-Region nun die der Tanzlehrer. In Schnellkursen bringen sie den lernbegierigen Schülern ein paar schräg gesetzte Grundschritte bei und einige Figuren, die sie ›die Acht‹ oder ›den Halbmond‹ nennen. Aber alle Mühen sind nutzlos, Paris tanzt weiterhin regellos, auch als bald schon der Tango ins Repertoire der Tanzturniere aufgenommen wird. Eine einzige Neuerung setzt sich durch: Das Paar zählt, um sich intern zu verständigen, halblaut die Schritte. Das wiederum birgt eine Gefahr: Ein einziges Mal verzählt, und der Preis ist dahin.

Immer weiter dringt der Tango in das Gesellschaftsleben ein, der Name wird französisch eingefärbt zu ›Le Tangó‹, und die Tanzschulen nennen sich fortan Akademien. Wer den Unterricht sparen will, kauft sich am Zeitungskiosk ›Tangó-Postkarten‹. Hat er eine Serie voll, kann er auf dem nächsten Turnier brillieren.

Turniere finden nun allerorten statt, auch in den Pariser Vororten, in der Provinz, und natürlich vorrangig in Kurorten und Seebädern. 1912 dauern sie schon drei Tage, 1913 dann zwei Wochen. Man trinkt Tangó-Champagner; die Herren tragen Frack und die Damen die neu kreierte robe de tangó in der Tango-Farbe von einem blassen Orange-Rosa. Doch trägt man nun nicht mehr Kleider, man trägt Silhouette. Die Modelle – natürlich bei Poiret gearbeitet – nennen sich Nébucadnéçar und Minaret.

Dezember 1907. Nizza eröffnet die Wintersaison im Palais de la Jetée. Camille de Rhynal, Komponist, Tänzer und Impresario schreibt ein Tanzturnier aus, das erste in Europa mit dem Tango im Pflichtprogramm. Sieger: das Paar Bayo / Villars, dann die Mistinguett mit ihrem Partner Maurice, nein, noch ist es nicht Chevalier, es ist ein Mister Maurice, ein Engländer. Die Mistinguett ist bereits der Star der Revue-Theater, die sich allesamt bemühen, die Pariser Chansons in den Rhythmen des Walzers, des Marsches und des Java nun auch in dem des Tangos zu offerieren, sie singt im ›Casino de Paris‹ das Tangolied: ›Mon homme‹.

Mit den Apachen nach Berlin

Zwar ist Paris in den letzten Jahren vor dem Ersten Weltkrieg unumstritten die Welt-Hauptstadt des Tango, doch bleiben auch die anderen Metropolen von der Herrschaft dieses lateinamerikanische Rhythmus nicht verschont, und bei dem Schriftsteller Juan Pablo Echague findet sich die Bemerkung: »Man kann keine Zeitung oder Zeitschrift in Paris, London, Berlin, ja selbst New York aufschlagen, ohne etwas über den Tango zu lesen.« Ja, selbst die Londoner Times bleibt nicht unberührt von den Aktivitäten auf dem

Parkett wie auf den Bühnen, und sie muß sogar einige Leserbriefe, die den Tango glühend verteidigen, abdrucken.

Und doch kommt es immer wieder zu heftigen Angriffen, so etwa verfaßt der Futurist Filippo Tommaso Marinetti eine Schrift gegen Wagner und den Tango, dem er vorwarf, »ein von Schmeicheleien und mondsüchtiger Dummheit triefendes Segelschiff zu sein.«

In Deutschland ist zu dieser Zeit der neuartige Rhythmus allenfalls durch den Notenhandel bekannt. Ein erstes Tango-Album kommt unter dem Namen ›Clou‹ auf den Markt. 1910 endlich kündigt sich in Berlin eine Bühnenshow an, die vom Orchester mit Tango-Rhythmen begleitet wird: Im Eispalast an der Weidendammer Brücke gastieren Duque und Lina aus Paris mit einem ›Apachentanz‹, einer sadomasochistischen Vorführung aus dem Rotlichtmilieu. Und zu den Szenen der Gewalt zwischen Prostituierte und Zuhälter paßt sich so recht der Tango an.

Nun kommen auch die ersten Berliner Operetten und Tango-Shows ins Metropol, ins Palais der Friedrichstadt und den Admiralspalast. Ins Kino kommt 1913 der Stummfilm ›Die Tango-Königin‹ von Max Mack mit Hanni Weisse in der Hauptrolle. Aber der Berliner will nicht nur zuschauen, er will selber tanzen, und bald haben die Hotels in ihren Bars zum Tanztee oder zur Soirée mindestens einen Pianisten engagiert. Von nun an spürt man das Leben nicht mehr auf den Boulevards, nicht mehr auf der Friedrichstraße, Unter den Linden. Berlin atmet in der Behrenstraße, im Palais de Danse.

Gleich folgen auch kleinere Etablissements in City und Vorstädten diesem Trend – von Hugo Hirsch 1914 in der Operette ›Mit Tango, da fängt man kleine Mädels ein‹ persifliert:

Es blüht im Tanzgewimmel
Berlin der Tangofimmel.
Auf deinen Bummelreisen
    Hörst du nur Tangoweisen.

Seit Tango uns bekannt ist,
Berlin ganz plümerant ist.
Es wird der Großberliner
    Zum Tangoargentinier.

Selbst dort, wo Tempelhof ist,
Der Tango jetzt sehr schwof ist.
Der Tango ist mal heute
Der Tanz für bess're Leute.

Tanzt Schieber Doña Rieke,
Ruft Señor Ede: »Stieke!«
Bald kann man beide sehen
Sich argentinisch drehen.

Musik & Text: Hugo Hirsch

Aber Berlin ist nicht Paris. Hier ist Tanzen nicht allein Amusement, es ist auch Sport und fordert Training. Die Paare, besonders des Tango, müssen ›eingetanzt‹ sein. So entstehen ernsthafte Tanzschulen, die Disziplin und Körperbeherrschung vermitteln. Die ›bessere Gesellschaft‹ trifft sich im Boston Club, er ist zwar teuer, aber exklusiv und streng abgeschirmt. 1912 werden zwei Tanzlehrerinnen aus London engagiert, die Ladies Willoughby und Louis. Sie lehren Onestep, die Maxixe, doch vornehmlich Tango. Daneben bevorzugen Adel und Offiziere den Gesellschaftsclub Lichterfelde, gegründet vom Oberst der Reserve von der Lancken, und streng beherrscht von Madame Marignac.

Denn Tango hierzulande schafft nicht nur Bewunderer und Gegner, sondern auch Verbote. Der König von Sachsen findet das

Schamgefühl verletzt, wenn die Tänzerinnen die Beine so weit abspreizen, daß womöglich die Unterwäsche sichtbar wird. In Bayern ist der Tango während des Faschings verboten. Der Kaiser in Berlin kann zwar dem Tango nichts abgewinnen, erlaubt ihn aber seinen Offizieren, sofern sie ihn in Zivil tanzen. Tango in Uniform wäre eine Beleidigung des Offiziersstands. Das gilt jedoch nur für Preußen. Der König von Württemberg, sinnenfreudiger, verleiht sogar dem Tanzmeister Burger die Wilhelm-Medaille für eine extraordinäre Tangoschau bei Hofe.

Natürlich sucht auch der Papst Unsittlichkeiten in diesem neuen Tanz und empfiehlt als Alternative die Furlanda, einen Volkstanz aus Venetien. Nun, der alte Pius ist schon 77, gedulden wir uns ein paar Jahre. Sein Nachfolger, der elfte Pius wird 1925 den Tango absegnen. Doch Kanzelreden und Monarchen-Lob wie -Tadel haben keinen Einfluß auf das Tanzfieber der Untertanen aller Stände. Die Namen der meist gespielten, wie auch als Noten und Schallplatten meist gekauften Tangos gehören zum Bildungsgut: ›La cumparsita‹; ›Adios Muchachos‹. ›A media luz‹, ›Camenito‹ und natürlich ›El Choclo‹.

Der Titel ›Beso su mano, Señora‹ beherrscht für viele Jahre den Markt, und später zum Weihnachtsgeschäft 1928 werden von ihm, allerdings mit deutschem Text gesungen, eine halbe Million Platten verkauft: ›Ich küsse ihre Hand, Madame‹, natürlich muß sie von Richard Tauber sein, zumindest von Jack Smith.

Auch die Gastspiele der berühmten Tango-Orchester gehören in Berlin zum Tagesgespräch: Julio de Caro, Alfredo Gobbi, Carlos di Sarli, Florindo Sassone, Anibal Troilo, Francisco Canaro ...

Le tangó – une sensation nouvelle pour l'Europe! Die Hauptstädte Europas geraten in Ekstase. ›La Belle epoque est passé! C'est l'âge de l'extravagance!‹ Man geht zu Tango-Parties, auf Tango-

Bälle, zum Tango-Tea, man trinkt Tango-Champagner. Im Restaurant wird das Tango-Souper serviert, nach dem Essen werden die Mitteltische zum Tanzen weggeräumt. Die Damen tragen Tango-Kleider, seitlich offen mit dem Tango-Schlitz in der Tango-Farbe, der Modefarbe von 1912.

Nicht mehr lange, und dem Flugverkehr öffnet sich ein weltweites Netz, da liegt es nahe, international im Sprechfunk-Verkehr das ›T‹ mit ›Tango‹ zu buchstabieren.

Tango – das ist nicht mehr allein ein Rhythmus in Tanz und Musik, das ist ein neues Lebensgefühl, eine Geisteshaltung.

Eine Epoche neigt sich dem Ende zu, Attentate auf gekrönte Häupter markieren ihre letzte Strecke: 1900 auf König Umberto I. von Italien, 1903 auf Alexander von Serbien, 1908 auf Karl I. von Portugal, 1913 auf König Georg I. von Griechenland, am Ende im Juni 1914 auf Franz Ferdinand von Österreich-Ungarn.

1912/13 ist das Tangofieber auf dem Höhepunkt. 1914 verliert sich in den Hauptstädten Europas unter den beginnenden Kriegsvorbereitungen die Euphorie für den Modetanz. Ein einziger Tango steht am Ende der historischen Epoche. Er ist in Deutschland nicht zu hören, auch nicht zu kaufen: Auf dem Titelblatt der Noten schlägt hinter zwei Geschützen eine Granate ein, Poilues gehen in Deckung. Der Zeichner greift der Zeit voraus, die Soldaten tragen schon den Stahlhelm. Aber noch sind wir im September 1914: Eduardo Arolas komponiert sein Stück für Général Joffre, der den deutschen Vormarsch an der Marne stoppt. Arolas nennt es ›El Marne – Gran tangó de salon – para Piano‹.

In Paris singt man: »Flieg, du kleine Rumpler-Taube, / Flieg in meine Wolkenlaube, / Flieg hinauf zum Sternenzelt, / Wo Gott Amor Wache hält« (nach einem kaum bekannten deutschen Operetten-Schlager von 1912). Damit wartet Paris täglich auf die kleine deutsche Flugmaschine, die Abend für Abend eine Handvoll Bomben über die Stadt wirft – derart pünktlich, daß es für die Pariser zur Gewohnheit wird, hiernach die Stunde des Apéritifs festzulegen.

In Berlin herrscht Tanzverbot und Sprachregelung: Palais de danse wird Tanzpalast, Café Piccadilly wird Haus Vaterland. Die Damen der Gesellschaft wechseln das orangene Tangokleid mit der schlichten Tracht der freiwilligen Krankenschwester. Noch vor einem knappen Jahr eröffneten sie die Wintersaison 1913/1914 im Thalia-Theater mit der Posse ›Tango-Prinzessin‹, und sie schämen sich jetzt, den heute so belanglosen Schlager mit dem dummen Text von Gilbert mitgesummt zu haben:

> Tangofieber alle hat ergriffen,
> Selbst in finstern Felsenriffen.
> Jedes Land und jeder Stand
> Ist außer Rand und Band.
>
> Ich tanz so gern, ich tanz so gern den Tango,
> Man träumt so süß, man träumt so süß beim Tango.
> Wie Rosen glühen purpur-rot die Wangen,
> Das Herz, es springt vor Seligkeitsverlangen!
>
> Ich tanz so gern, ich tanz so gern den Tango,
> Man träumt so süß, man träumt so süß beim Tango.
> Wie Rosen glühen purpur-rot die Wangen,
> Bei dem Tanz, bei dem Tanz, bei dem Tango Tango Tango-Tanz!
>
> *Musik & Text: Jean Gilbert*

Ein Tanz der traurigen Gedanken

Der Tango, getauft in den Randzonen der Gesellschaft

Ein Winkel, der dort im Stadtteil Pompeya
Am Bahndamm eingeschlafen ist,
Eine Laterne, die an der Schranke schaukelt,
Und ein Geheimnis, das der Zug zum Abschied sät.
Hundegebell zum Mond
Und Zuflucht einer Liebe im Hauseingang.
Im Teich der Gesang der Frösche
Und in der Ferne die Stimme des Bandoneons.

¡Barrio de tango, luna y misterio,
Calles lejanas, ¡cómo estarán!
Viejos amigos que hoy ni recuerdo.
¡Qué se habrán hecho, dónde estarán!

Stadtteil des Tango, des Mondes, des Geheimnisses,
Wie ergeht es deinen fernen Straßen,
Was ist aus den alten, längst vergessenen Freunden
Geworden, wo sind sie geblieben?
Barrio de Tango

Musik: Anibal Troilo; Text: Homero Manzi
Übersetzer: Dieter Reichardt

Als in der Alten Welt das Tangofieber ausbricht, weiß man sehr wohl, woher diese neuen exotischen Rhythmen kommen: Vom Ufer des Rio de la Plata, aus den Millionen-Städten Montevideo und Buenos Aires. Aber viel genauer wollen es die Europäer nicht wissen. Sie fragen nicht nach den klassengetrennten Stadtteilen der Metropolen, den Barrios, nicht nach den Arrabales, den ärmlichen Vorstädten, die sich als Gürtel um Buenos Aires schnüren, und die Juan José Serbrelli (in ›Melancholie der Vorstadt‹) so beschreibt: »Unendlich öde Viertel, von grauen dörflichen Hauptstraßen durchzogen – Avenida del Trabajo ... Alberdi ... de la Riestra ... Corrales ... Tellier – wo an den Ecken der Seitenstraßen das bleiche Licht eines Schaufensters von einem kleinen Laden aufflackert, der flüchtige Widerschein des Busses. Andere Straßen, wo zwischen den Steinen das Gras wächst und wo sich in den Gräben grünliches Wasser sammelt, werden plötzlich abgelöst von Müllhalden, bis sie sich schließlich in der Einöde auflösen.«

Sind die Arrabales, die sich zynisch auch ›die lustigen Viertel‹ nennen, gerade eben noch bewohnbar, erstirbt jenseits von ihnen, in den Orillas, den ›Randzonen der Gesellschaft‹, selbst der leiseste Versuch von Zynismus, hier, »wo die Ratte ein Haustier, und die Mülltonne eine Trophäe ist«, und geliebt jedoch als Erinnerung an ein verlorenes Paradies.

> Nostalgias de las cosas que han pasado,
> Arena que la vida se llevó,
> Pesadumbrede barrios que han cambiado
> Y amargura del sueño que murió.
>
> Sehnsucht nach den vergangenen Dingen,
> Sand, den das Leben forttrug,
> Kummer über die Stadtviertel, die sich geändert haben,
> Und Bitterkeit über den Traum, der starb.
> Sur (Süden)
>
> *Musik: Anibal Troilo; Text: Homero Manzi*
> *Übersetzer: Dieter Reichardt,*

Im Verlauf des 19. Jahrhunderts erreicht 1880 der Zustrom europäischer Einwanderer seinen Höhepunkt. In Spanien werden von Andalusien bis Katalonien Revolten zusammengeschlagen, der Deutsche Bund wird beseitigt, Preußen läßt den Überlebenden der Intervention in Baden und der Rheinpfalz keine andere Wahl als die Flucht nach Übersee, der italienische Süden fühlt sich vom piemontesisch-sardinischen König um die Einheit betrogen. Die Europäer finden sich wieder in den Metropolen Südamerikas. In Buenos Aires stellen die Italiener den Hauptanteil der Einwanderer, und sie bringen aus der alten Heimat ihre sentimentale Musik und Tänze mit.

Paartanz gegen die Einsamkeit

Überall in den Straßen wird getanzt, die einheimischen Gauchos, Indios und Afro-Amerikaner mit den neuen Fremden, die in der Umarmung beim Paartanz ihre Einsamkeit in der kalten Neuen Welt vergessen möchten. Sie tanzen zum Organito, dem Leierkasten der Straßenmusikanten, und in der Choreographie fließen Rhythmen, Dynamik und Sentimentalität, Leidenschaft und Sanftmut zusammen. Matrosen führen aus Cuba die Danza Habanera ein, einst ein spanisch-barocker Kontertanz, von den Kreolen annektiert ... aus Andalusien kommt die Candombe ... einstige schwarze Sklaven feiern das Palaver und nennen es Milonga. Milongueras tanzen schamlos im kurzen Milonga-Röckchen, Payadores singen dazu ihre nicht immer feinen Lieder, die Schwarzen verspotten das Tanzen der Weißen, ahmen es übertrieben exentrisch nach, so entstehen erste verdrehte Figuren. Das nennt sich nun Tango, beschrieben von Fernán Váldes, einem Dichter und Tangotänzer:

Eine seltsame Musik ...
Die Körper begleiten sie,
Auch die Lippen und Zähne,
Die aussehen, als kauten sie
Irgendetwas.

Eine Musik, klebrig wie Honig,
Sie ermüdet, macht aber nicht müde,
Und sie gleitet davon
Über die Nerven wie über Geleise.
Wir tanzen, wir tanzen,
Und all unsere Sinne sind Tanz.

In der Zeitschrift Columna (Dezember 1937) schreibt Lázaro Liacho, technisch gesehen sei der Tango ein »Tanz im falschen Takt«: »Alles ist unerwartet, zufällig, unvorhergesehen, überraschend. Mann und Frau treiben dabei unterschiedliche Spielchen, die oft einander widersprechen, es ihnen aber ermöglichen, weiterhin gemeinsam dahinzugleiten. In jeder seiner Bewegung besitzt der Tango die Eitelkeit, die der Schöpfung aller Dinge eigen ist«, und bei dem Dichter Miguel D. Etchebarne finden sich die Verse:

Das glänzende Haar
Fällt der Frau auf die Schultern,
Und der Rock hebt sich ab
Bis hin zum Knie.

Der Arm des Mannes umfängt
Das Rund der Hüfte,
Und die reglose Bleiche
Der Frauenhand
Erhellt die schwarze Jacke
Mit durchsichtigem Weiß.

Tango – niemand weiß so recht, woher der Name kommt. Der

Europäer denkt zuerst an das lateinische tangere – sich berühren. Vielleicht kommt der Name auch aus dem Spanisch-Arabischen tocar el tambor – die Trommel schlagen. Oder einfach nur von tañer – Musik machen. Selbst ein portugiesischer Sklavenhändler des 17. Jahrhundert, Tangomáo, könnte Pate gestanden haben.

Von der Straße ins Café

In den Arrabales und Orillas, konzentriert in La Boca am Süddock, entstehen nach und nach Etablissements, die die Tänzer von der Straße locken: Tavernen, Cafés, Tanzsäle und Peringundines, von denen man nicht weiß, sind sie noch Cafés oder schon Bordelle. Kleine Instrumental-Ensembles werden engagiert, Geige, Flöte, Harfe, sie improvisieren und spielen durcheinander, was die Gäste gerade verlangen, Habaneras, Milongas und Tangos. Zuweilen singt dazu aus dem Stegreif eine betrunkene Stimme einen pornographischen Text. Erst später kommt es zu ersten Kompositionen noch unbekannter Herkunft: 1874 ›El Queco‹ (›Der Puff‹), ›Dame la lata‹ (›Tanzdame zum Mieten‹) und 1888 ›Andate a la recoleta‹.

Eine besondere Rolle spielen die »quatros de las chinas«, die Bordelle, so genannt nach den Prostituierten, den »chinas«. Dies sind einheimische Frauen, die so aussehen, wie sich die Freier Chinesinnen vorstellen. Die Mädchen sind Schwarze, Mulattinnen, Mestizinnen, unter ihnen sind wenig Weiße. Das Volk nennt sie, da sie sich gern im Umfeld der Soldatenunterkünfte etablieren, auch »Kasernenweiber«.

Die Bordelle werden zum Treffpunkt von Soldaten und Zivilisten, von Gaunern, Vagabunden und Bandenchefs – den harten messerbewaffneten Compadres und den weicheren Compadritos mit der Nelke hinterm Ohr. Vor allem aber bevölkern die quatros eine unübersehbare Zahl von Zuhältern. Die La-Plata-Städte sind ein gutes Geschäft, und in einem späteren französischen Roman von Albert Simonin erinnern sich zwei weltweit agierende Zuhälter an ihre guten alten Zeiten: »... zum ersten Mal London ... dann Alexandria ... und Buenos Aires zum Schluß.«

Mit dem heiseren Klang einer klagenden Seele

Das Jahr 1868 wird zur Wende in der Geschichte des argentinischen Tangos. Den Neuen Kontinent erreicht ein Instrument mit einer klagenden und verletzlichen Stimme – in den Tiefen die Leidenschaft des Violincellos, in den Höhen die näselnde Oboë, schnell im Wechsel vom Stakkato zur schleppenden Klage – das »deutsche Bandoneón«, das dem porteño seine musikalische Intensität geben und immer wieder besungen wird in ›Alma de bandoneón‹, ›Bandoneón arrabelero‹ oder in ›¡Ché bandoneón!‹:

Der Kobold deines Klangs, Ché Bandoneón,
Erbarmt sich des Schmerzes aller anderen,
Und wenn dein schläfriger Blasebalg gepreßt wird,
Rückt das Herz nahe, das mehr leidet.

Dein Lied ist die Liebe, die man nicht gab,
Und der Himmel, den wir einmal erträumten,
Und der brüderliche Freund, der im Unwetter
Einer Leidenschaft ächzend unterging.

Y esas ganas tremendas de llorar
Que a veces nos inundan sin razón,
Y el trago de licor que obliga a recordar
Si el alma está en »orsai«, ché bandoneón.

Und diese fürchterlichen Wünsche zu weinen,
Die uns manchmal grundlos überfluten,
Und der Schluck Schnaps, der uns bedenken läßt,
Ob die Seele schon im Abseits steht,
Ché Bandoneón.

Musik: Anibal Troilo; Text: Homero Manzi
Übersetzer: Dieter Reichardt

Der Krefelder Musiklehrer Heinrich Band entwickelte das später nach ihm benannte Instrument aus der deutschen Concertina und gründete 1843 eine Fabrik, so daß das bei den Arbeitern im Ruhrgebiet so beliebte Bandoneon mit erweiterter Tonskala nun auch in Orchestern eingesetzt werden kann. Das wesentliche Merkmal des Bandoneons sind seine speziellen mit Zahlen versehenen Tasten, so daß es sich auch ohne Notenkenntnisse spielen läßt und somit zu einem bevorzugten Musikinstrument des Kleinen Manns wird, ebenso wie zum Begleiter der Seeleute auf ihren oft langen Fahrten.

»Buenos Aires, 15. Januar 1868.

Am Süddock macht die ›Landskrona‹ fest. Sie fährt unter schwedischer Flagge und hatte in Bombay Jute geladen. Die Mannschaft geht am Paseo Julio ›vor Anker‹ – Kneipe neben Kneipe. Zwei deutsche Matrosen finden ihren Weg ins El Pireo.«

Über die Ankunft des Bandoneons an den Küsten des La Plata gibt es etliche Legenden. Eine von ihnen erzählt Humberto Constantini (in ›Tango – Melancholie der Vorstadt‹, 1982): »Im ›Pireo‹ stinkt es nach gebratenen Fischen und Zuckerrohrschnaps. Drei

Tage und drei Nächte bleiben die beiden Deutschen. Am Ende übersteigt die Zeche ihre Heuer. Und so bezahlen sie schließlich mit einem Pfand, einem unförmigen Ding in einem schwarzen Lederfutteral, mit dem niemand etwas anfangen kann. Das heißt, die Wirtin kann damit nichts anfangen. Aber ein Mulatte kauft ihr das seltsame Ding ab, und bald schon findet er sich auf den Tasten zurecht.«

Die Argentinier wehren sich gegen eine so simple Legende vom Import ihres Bandoneóns aus dem fernen Europa und die schlicht unverschämte Behauptung, Buenos Aires habe auf dieses Instrument seit Jahrhunderten gewartet, wie die Pampa Jahrtausende auf das Pferd. Und so erfinden sie ihre eigene Geschichte vom ›Bandoneón Arrabalero‹, vom ›Vorstadt-Bandoneón‹:

> Alter abgeschlaffter Blasebalg,
> Wie ein von seiner Mutter
> Verlaßnes Kind fand ich dich
> An der Tür eines Klosters
> Mit unverputzten Wänden,
> Im Licht einer kleinen Laterne,
> Die dich des Nachts beleuchtete.
>
> Ich nahm dich auf mein Zimmer mit
> Und wiegte dich an meiner kalten Brust;
> Auch ich fand mich verlassen
> Auf meiner Bude vor.
>
> Has querido consolarme
> Con tu voz enronquecida
> Y tus notas doloridas
> Aumantó mi berretin.

Mit deiner heiseren Stimme
Wolltest du mich trösten,
Aber deine schmerzlichen Töne
Haben mich noch trauriger gemacht.

Musik: Juan Bautista Deambroggio; Text: Pascual Contursi
transl.: Dieter Reichardt

Mit der Träne in der Kehle

Nun wird auch die Region vom tango canción überrascht, vom Tangolied. Endlich können die Porteños von Buenos Aires das Wesen des Tangos in Worten ausdrücken und ihre Gefühle in pathetische Geschichten kleiden. Der Anfang ist schnell vergessen: Im Stil alter europäischer Romanzen begleitet ein Sänger die Musik ohne Beziehung zum lateinamerikanischen Rhythmus. Dann sind italienische Obsthändler und Pizzabäcker die ersten, die zu den Takten des Tangos passende Texte finden: ›Un año más‹ (Ein Jahr mehr), ›El viejo almacén‹ (Der alte Laden), ›Oro muerte‹ (Totes Gold), ›Incurable‹ (Unheilbar) oder ›Das Lied des Immigranten‹:

Heute Nacht leide ich,
Es singt und weint mein Herz;
Der Mamma sagte ich addio,
Aber niemals kehrte ich zurück.
Die Sonne Neapels ist weit,
Das blaue Meer ein Traum,
Aber das Schiff meines Schicksals
Machte in der Taverne fest.

Text: Cadicamo
Übersetzer: Dieter Reichardt

Das 19. Jahrhundert nimmt seinen Abschied, und mit ihm verabschieden sich auch die Pioniere der guardia vieja, der Alten Garde des Tango criollo. Angel Grigorio Villoldo (1868–1919), der legendäre »Papa del Tango« überlebt als Klassiker mit ›El Choclo‹, ebenso Eduardo Arola, von seiner geliebten Frau ›La Chiquita‹ betrogen und verlassen, wie auch Samuel Castriota mit ›Mi noche triste‹ (›Meine traurige Nacht‹). Diese Komponisten, sowie auch eine Reihe anderer, sind nicht nur Instrumentalisten, sie singen auch die Texte ihre Tangos. Und doch hat sich allgemein der Tango canción noch nicht durchgesetzt. Das Tangolied wartet noch auf den berühmtesten aller Sänger: Carlos Gardel, zärtlich »Carlitos« genannt. Die ›Nachtigall der Pampa‹, die ›singende Seele‹ mit der ›Träne in der Kehle‹ wird weltweit zum Mythos – von gleicher Popularität wie Enrico Caruso, Maurice Chevalier oder Carmen Miranda.

Gardel (1890–1935), Sohn einer Büglerin aus Toulouse, die der Armut wegen mit dem Kleinkind Carlos nach Argentinien auswandert, beginnt mit kleinen Gesangsauftritten in Cafés und Tavernen rund um den Mercado Abasto, dem Großmarkt von Buenos Aires – zunächst im Duo, bis zu seinem ersten großen Erfolg.

1916 in Armenoville. Lauben, Hecken, Essen im Freien. Tiroler Blasmusiker stehen im Programm, französische Chansoniers, die blonde Griseta, die schon ihre Tuberkulose zwischen den Strophen raushustet, dazwischen Carlos Gardel mit dem Lied, das für immer mit seinem Ruhm verbunden bleiben wird: ›Mi Noche Triste‹ (›Meine traurige Nacht‹). Es ist ein Thema, das in den Tangotexten immer wieder vorkommt: Ein Mann, von seiner Liebsten verlassen, trauert ihr hoffnungslos nach, und am Ende:

In der Bude sind nicht mehr
Jene hübschen kleinen Flakons,
Die mit Schleifchen versehen
Und alle von der gleichen Farbe waren.
Der Spiegel ist beschlagen
Und sieht aus, als hätte er
Die Abwesenheit deiner Liebe beweint.

Des Nachts, wenn ich schlafen will,
Kann ich die Tür nicht schließen,
Denn wenn sie offen bleibt,
Mach ich mir vor, daß du zurückkommst.

Die Gitarre ist noch immer
Am Kleiderschrank aufgehängt,
Niemand singt etwas zu ihr
Oder lässt ihre Saiten erklingen.

Und auch die Lampe im Zimmer
Hat deine Abwesenheit gespürt,
Denn ihr Licht wollte nicht mehr
Meine traurige Nacht erhellen.

Musik: Samuel Castriota; Text: Pascual Contursi
Übersetzer: Dieter Reichardt

Versteht der Europäer diese, meist im Lunfardo-Dialekt geschriebenen und gesungenen, Tango-Texte von den »fürchterlichen Wünschen zu weinen, / die uns manchmal grundlos überfluten …« entgegnet er gern, daß auch der Alte Kontinent von traurigen Liedern nicht verschont wird, und er denkt nicht einmal so sehr an den portugiesischen Fado, diesen stilisierten Sehnsuchtsgesang vom Rand Europas, sondern vielmehr an einen Titel, der 1936 im Zentrum Europas entstand und schnell als Hit eine weltweite Verbreitung fand. Der Ungar Rezsö Seress spielt den ›Traurigen Sonntag‹

zuerst in einem Café in Budapest. Fünf Jahre später singt Billie Holiday ›Gloomy Sunday‹ für den Schallplattenmarkt:

Sunday is gloomy,
My hours are slumberless.
Dearest, the shadows.
I live with are numberless.

In Österreich wird die Melodie vorübergehend verboten, der steigenden Suizidrate wegen. Der erste Selbstmörder soll im Februar 1936 der ungarische Schuster Joseph Keller gewesen sein, gefolgt von einem Mann, der sich vor einem Nachtclub erschoß, nachdem er die Kapelle drinnen gebeten hatte, den ›Traurigen Sonntag‹ anzustimmen, nicht zu reden von den vielen unglücklich Liebenden, die sich, die Noten am Leib, in der Donau ertränkten.

Die Neue Welt dagegen kennt keine Selbstmordwelle durch einen Tango. In Argentinien ist die Tristesse kein vages Gefühl um ihrer selbst willen. Es geht hierzulande um konkrete Verluste: eine durchgebrannte Geliebte, die Einsamkeit eines leeren Zimmers, um die Trauer um Dinge, die man hinter sich gelassen hat, enttäuschte Hoffnungen, vergebliche Tröstung. Und das alles unter Tränen und ohne den Wunsch, an der Sinnlosigkeit in dieser Welt etwas ändern zu wollen.

Und so kommt es bald schon zu Parodien auf ›Mi noche triste‹, auf diese traurige Nacht, so etwa von J. B. A. Reyes mit dem Titel: ›¿Te fuiste? ...‹ (›Du bist gegangen? ... Ha ... ha ...‹):

Das Bett, das riesig groß ist,
Hat – das kann ich dir versichern –
Dich nicht vermißt.

Denn deine Abwesenheit merkt man nur daran,
Daß ich beim Schlafen alle Viere von mir strecke.

Musik: Gerardo Hernán Matos Rodiguez; Text: Juan Bautista Abad Reyes
Übersetzer: Dieter Reichardt

Obgleich Carlos Gardel der Sohn einer französischen Einwanderin ist, sieht man ihn in der neuen Heimat lieber als Rioplatenser. Er aber kehrt nach seinen ersten bescheidenen Erfolgen nicht mehr in sein Viertel zurück, auch später nach seinen Welttourneen nicht mehr nach Buenos Aires. Er sagt: »Wenn man Paris kennt und die Côte d'Azur, wenn man den Applaus kennt von Geld und Adel, ja von Königen, dann wird alles Vergangene langweilig, die porteños und diese Stadt, dieses Buenos Aires, das die Argentinier mit ihrem Todernst zum Grab gemacht haben.« Er versteht sich zwar als Sprachrohr der Armen, aber er singt für die Reichen; er vereint Glücksritter und Gescheiterte, den Glanz der Cities und die Bitterkeit der Orillas. Und oft noch singt er im Lunfardo, der Ganovensprache, die sich aus den Dialekten des Arrabalero, der Umgangssprache in den Vororten der La-Plata-Städte, entwickelt hat.

Die Gastspielreisen beginnen 1921, zunächst nach Madrid, dann nach Paris und weiter nach Amsterdam und New York. Auch in Berlin singt er vor ausverkauftem Haus. Von den Besuchern sind neunzig Prozent Frauen. Man weiß alles über ihn: Über sein Verhältnis zu Frauen bis hin zur Marke seiner Pomade. Und den Carneval, er feiert ihn nicht zu Hause, er feiert ihn in Nizza. Und er besingt ihn für den europäischen Plattenmarkt. Der poteño kann sich die Musik nicht leisten, die Schellackplatte kostet drei Pesos, das ist der Tageslohn eines Arbeiters. Plötzlich, auf dem Höhepunkt seiner Popularität, erschüttert eine Nachricht die Weltpresse, zuerst in La razón von Montag, dem 24. Juni 1935.

Der gefeierte Star in den Metropolen der Welt stürzte auf dem Flug zwischen zwei Gastspielen ab – in der tiefsten Provinz über Medellín in Kolumbien. Im Lunapark vom Buenos Aires halten 23 000 Menschen die Totenwache. Und weiterhin bleiben die Blumen frisch an seinem Grab auf dem Cementerio Chacarita, und an seinem Denkmal ist zwischen seinen Fingern die Zigarette stets frisch entzündet. Und Jahr für Jahr wird der 24. Juni zum Gedenktag. In Buenos Aires ist es Winter, die Cafés sind überfüllt. Überall hängt das Foto von Carlitos, das Haar glatt von Pomade, den Hut verwegen schief, hier mit Halstuch, dort mit Krawatte, mal im Poncho des Compadrito, mal im Frack, immer aber lächelnd. Er hängt dort, fast ein Heiliger, neben der Jungfrau von Luján. Und die Musiker, selbst später die Gruppen des tango nuevo, spielen seine Hits von einst:

Ich rufe dich an, verloren im Leben,
Eingesponnen in meine Rauchfäden,
Einer angenehmen Erinnerung gegenüber
Und einer Tasse schwarzen Kaffees.

Café ›Zu den Engelchen‹,
Gabinos Bar und Canzóns,
Ich füllte dich mit Freudenrufen,
Als um Rivadavia und Rincón
Carlitos gegenwärtig war.

Musik: José Razzano; Text: Cátulo Castrillo
Übersetzer: Dieter Reichardt

Die Welt – ein Trödelladen

In den Jahren entstehen neue Cafés. Die Milongas und Tangos ziehen aus den Vorstadt-Peringundines in die feineren ›Clandestinos‹ der City, ziehen sogar auf die Bühne. Alsonso Podesté tanzt im Theater Apolon 1899 ›La Estrelle‹ (›Der Stern‹). Eine »bessere Gesellschaft« jubelt nun auch dem Tango zu, zum Mißfallen der Arrabaleros, die ihre Musik, ihre Armut und die Traurigkeit ihrer »lustigen Viertel« verteidigen, ebenso wie ihre Milongueras, die sie ungern an die ›wohlhabenden Nichtstuer‹ verlieren.

Von ferne schon sieht man es dir an,
Du Luxusweibchen,
Daß du im Miethauselend
Eines Vororts geboren bist.

Jetzt gehst du mit deinem Laffen aus
Und spielst die große Dame
In einem luxuriösen Separée.

Du bist nicht mehr meine Margarita,
Jetzt nennt man dich Margot.

Musik: José Ricardo; Text: Celedonio Esteban Flores
Übersetzer: Dieter Reichardt

Die Gesellschaftskritik wird stärker

Söhnchen aus reichem Haus,
Tritt ein bißchen kürzer,
Die Geldsäcke sind kurz davor,
Daß man sie in die Pfanne haut.

Faules Stückchen,
Reicher Nichtsnutz,
Sehr bald wird man dich sehn
Mit Tollwut und ohne Matratze.

Für alle gibt's Gummiprügelsuppe, keine Sorge!
Bald ist auch hier dicke Luft,
Der arme Schlucker wird regieren,
Was wird das für eine Freude sein!

Musik: Enrique Delfino; Text: Manuel Romero
Übersetzer: Dieter Reichardt

Zu Revolten kommt es nicht, aber schon die verbale Kritik am System löst Militärputsche aus, besonders bedrückend in den Jahren 1930 und 1943. Verboten werden Tangos wie auch der Dialekt des Lunfardo. Auf der Schwarzen Liste, die schnell erstellt ist, steht an oberster Stelle der Tango ›Cambalache‹, der mit dem Discépolo die Welt des 20. Jahrhundert, vorrangig das politische System Argentiniens, mit einem ›Trödelladen‹ vergleicht:

Daß die Welt ein Saustall war und bleibt,
Das ist mir schon bekannt.
Aber daß im Zwanzigsten Jahrhundert
Sich die Bosheit frech entfaltet,
Wird niemand bestreiten.
Wir leben alle in einem Kuddelmuddel,
Wälzen und befingern uns im selben Dreck.

Völlig egal ist's heute
Aufrecht oder Verräter,
Weiser oder Dieb,
Großzügig oder Betrüger zu sein,
Alles ist gleich, nichts ist besser ...

Welche Respektlosigkeit, welche Beleidigung
Der Vernunft.
Jeder ist ein Gauner,
Jeder ein großer Herr!
Vermischt gehen sie daher.
So wie im Schaufenster des Trödelladens
Hat sich das Leben
Respektlos vermischt.

Zwanzigstes Jahrhundert, Trödelladen,
Fiebernd und voller Probleme.

Egal ist's, ob jemand malocht
Wie ein Ochse, Tag und Nacht,
Sich aushalten läßt, von andern lebt,
Ob er tötet oder heilt
Oder als gesetzlos gilt.

Musik & Text: Enrique Santos Discépolo
Übersetzer: Dieter Reichardt

Zwischen Gosse und Salon

Der Tango auf vielerlei Wegen

Ach, du armes Kühlein,
Nur Skelett bist du,
Nichts als Haut und Knochen.
Und kein bißchen Fleisch zum Kochen.

Maricana (Tango andaluz)
Musik & Text: trad.

Im Süden Spaniens herrscht Armut. Das Volk klagt die Verhältnisse in Spottversen an. Die Melodien dazu lauschen Hausierer, Straßenmusikanten und Hafenarbeiter den Gesängen fremder Seeleute ab, die in Sevilla und Cadiz auf Landgang durch die Gassen von Taverne zu Taverne ziehen. Meist sind es, in der Folge verstärkter Handelsbeziehungen, argentinische Matrosen. Sie bringen aus Buenos Aires nicht nur Weizen, Mais und Gefrierfleisch, sondern auch die Danza Habanera mit, die die Spanier zu einem Tango-Gemisch inspirieren – zur Maricana. Doch mehr und mehr verliert sich der folkloristische Charakter, nachdem ernste Musiker die Rhythmen der Maricana, diesen Tango andaluz, für den Salon zähmen. Unter ihnen ist der katalanische Komponist Isaac Albéniz (1860–1909); den man in seiner Jugend als Piano-Wunderkind durch ganz Spanien schleifte. Er nahm allerorten die Rhythmen dieser Maricana auf, sicher kannte er auch die Oper ›Carmen‹, in die Georges Bizet (1838–1875) eine Habanera des Kollegen Sebastián de Yradier eingefügt hatte.

1908 schreibt Isaac Albéniz seine ›Suite España‹, und der darin enthaltene Tango-Habanera gewinnt gleich auch losgelöst von der Suite ein Eigenleben und wird als ›Tango No. 2 D-Dur‹ ein weltweit beliebtes Konzertstück, unberührt von der von Paris ausgehenden Mode des ›Tangofiebers‹. Diese Pièce hat nichts gemein mit etwaigen folkloristischen Vorläufern, ebenso wenig wie mit den instrumentalen und vocalen Tangos, die argentinische Orchester seit 1907 über die europäischen Metropolen streuen. Der ›Tango No. 2 D-Dur‹ ist für den Lebemann, Salonlöwen und Star-Pianisten Albéniz ein Stück ›Salonmusik‹ und findet seinen besten Interpreten und Arrangeur in Fritz Kreisler (1875–1962), dem Violinvirtuosen aus Wien, dem ›Charmeur der Musik‹, dem ›Zauberer mit dem Geigenbogen‹. Hans Otto Spingel: »Zu Zeiten des Salons waren so virtuose Vorführungen integraler und untrennbarer Bestandteil der Programme. Man delektierte sich an ihnen gleichermaßen wie an den barocken Suiten und klassischen Sonaten. Die kleinen Nichtigkeiten am Schluß des Programms eines Instrumentalisten, die süßen Desserts, sind sozusagen das Salz in der Suppe, die Würze, die den Eindruck vom Musiker mit Herz und Gehirn nun geschmacklich abrundet.«

Für Albéniz wie für Kreisler ist dieser ›Tango No. 2 D-Dur‹ ein douceur, ein Zuckergebäck, mit dem sie in den Salons der untergehenden Monarchien die letzten Jahre vor dem großen Krieg versüßen.

Paris, 1909. Gastspiel von Serge Diaghilev mit dem ›Ballet Russe‹, Vorlage für phantastische Toiletten. Paris wird von Pioret mit der ›Türkenhose‹ schockiert. Sie setzt sich aber nicht durch; dennoch, der ›Turban‹ wird zur Pflicht. 1914 liest die Dame in der Revue de la mode, Anfang August noch unter Lächeln, die Empfehlungen für geschmackvolle Trauerkleidung. Für den Alltag wird eine ›Nationale Linie‹ Mode: In Berlin Tailleurs mit Reminiszenzen an preußische Uniformen, in Wien très chic Tressenverschnürung der kleidsamen ungarischen Ulankas. In Paris begrüßt die modische Dame den Einzug schottischer Highlander im Schottenkäppi mit Schottenbändern. Cartier liefert den Schmuck dazu: Emailliert in den Nationalfarben und in der Form von Miniatur-Kanonen und -Schrapnells. 1917, Stoffe werden rationalisiert. Ersatzstoffe werden die große Mode: Sommerkleider aus Foulardine, aus Battist, selbstverständlich bedruckt im Design von Delaunay oder Dufy.

Paris, Wintersaison 1917/1918: Noch immer spielen Cabarets und Theater. Noch immer gibt es Konzerte. Aber die Musiker sind knapp. Es empfiehlt sich, für kleine Besetzungen zu komponieren. Igor Strawinsky schreibt ›Die Geschichte eines Soldaten‹ sehr sparsam für einen Sprecher, eine Tänzerin, zwei Schauspieler und sieben Instrumente – ein seltsames Experiment nach einer düsteren russischen Legende. ›L'histoire du soldat‹ hat seine Premiere ganz privat in der Avenue de Henri-Martin im Salon der Prinzessin Edmond de Polignac. Die Grande Dame der Gesellschaft tut viel für die Kunst, schon früher, als sie noch Mademoiselle Singer war. Strawinsky bezieht in sein Werk erstmalig Stilelemente des Jazz ein, und unter anderen drei Tänze: Valse, Ragtime und Tango. So findet zum ersten Mal ein Tango Eingang in die ›E-Musik‹.

Süchtig verkommene Romantik

Zehn Jahre später wird Berlin mit einem Tango auf der Bühne konfrontiert. Im August 1928 hat im Theater am Schiffbauerdamm die ›Dreigroschenoper‹ Premiere. Kurt Weill hat hier keine Arien für

»schöne Stimmen« geschrieben, sondern »Songs« für Schauspieler, dem Milieu entsprechend glaubwürdig. Der Räuber MacHeath – eingedeutscht als Mackie Messer – und seine einstige Geliebte, die Spelunken-Jenny, singen den Tango ›Zuhälterballade‹.

»Süchtig verkommene Romantik«, meint Ernst Bloch, »Ein Schlager, süß, bitter und merkwürdig geschärft. Nicht angreifend, eher ungefährlich. Und so kann der Bürger lachen. Ein Tango, scheinbar derselbe, zu dem er auch sonst tanzt … Und doch gelingt es Weill, die faulen Wasser des ›Schlagers‹ auszuschöpfen. Die falschen Töne, die versetzten Rhythmen eines ›Spaßes‹ werden auskomponiert und enthüllt.«

Der Kritiker der BZ am Mittag prophezeit der ›Dreigroschenoper‹ seine Serie von 500 Aufführungen. Das ist niedrig gegriffen, denn weltweit werden es bereits in den ersten fünf Jahren zehntausend.

Im Dezember 1930 wird das Stück auf LP aufgenommen und 1931 unter der Regie von Georg Wilhelm Pabst verfilmt. Während in den drei Fassungen die Partie des MacHeath verschieden besetzt wird (mit Harald Paulsen, Willy Trenk-Trebitsch und Rudolf Forster), singt die Partie der Jenny auf Bühne, Platte und Film die in Wien geborene Schauspielerin Lotte Lenya (1898–1981). Über Zürich kommt sie nach Berlin, wo sie als Interpretin Weillscher Songs zu Ruhm gelangt. 1927 heiratet sie den Komponisten und teilt auch mit ihm während der NS-Zeit das Exil, erst in Paris, dann in den USA.

Zu den Gründen, das unwirtliche und unmusische Deutschland zu verlassen, gehört auch ein Tango: die ›Caesar-Ballade‹, ein Hitler persiflierender Song des derzeit meist gespielten expressionistischen Dramatikers Georg Kaiser (1878–1945) aus dem Bühnenstück ›Silbersee‹, zu dem Kurt Weill die Musik schreibt – natürlich zur Interpretation durch seine Frau Lotte Lenya, über die anläßlich eines Gastspiels in Paris der Kritiker Marcel Moré berichtet: »Lotte Lenya hat neben ihrem sicheren Geschmack, ihrem soliden Können und jener Echtheit des Gefühls, die alle großen deutschen Sänger auszeichnet – eine undefinierbare Rauheit in ihrer Sopranstimme, die sie allein schon zur herausragenden Interpretin einer Musik macht, die auf der Grenze zur Romantik liegt. In der Tat haben wir in Frankreich nicht ihresgleichen.«

Weiße Taube, sei zärtlich zu ihr

In Habana auf Cuba wird die dem Tango verwandte Habanera gepflegt, im Takt langsamer als der Tango. Denn die nördlich tropischen Antillen trennen etwa fünfzig Breitengrade von der klimatisch gemäßigten La-Plata-Region, unter anderen der Äquator, so daß sich im heißeren Cuba das schnelle Tanzen von selbst verbietet. »Die Tanzenden bewegen sich nur während der ersten beiden Achtel. Die beiden folgenden gelten der Ruhe«, schreibt 1911 Albert Friedental in ›Stimmen der Völker‹: »Der Zauber, der von einem Habanera-Tanz ausgeht, läßt sich nicht mit Worten schildern. Innig halten sich die Tanzenden umschlungen, kein Wort wird gesprochen. Das Ganze atmet Sehnen, Schmachten und Liebe. Wer einmal solch eine Danza auf den marmornen Höfen der vornehmen Kreolen oder besser noch unter Palmen im Mondenschein einer Tropennacht hat tanzen gesehen, wird sie nie vergessen.«

Einer Habanera steht eine weltweite Karriere bevor, doch zunächst einmal führt sie ihr Weg als schlichtes Volkslied ins benachbarte Mexiko: ›La Paloma‹:

Cuando salí de la Habana, válgame Dios,
Nadie me ha visto salir, si no fui yo,
Una linda Guachinanga, allá voy yo
Se vino detras de mí, que si señor.

Als Ich Habana verließ, Herrgott, ja,
Hat mich niemand gehen sehen, höchstens ich selber;
Eine schöne Guachinanga, ja, so geht's mir,
Kam hinter mir her, jawohl, mein Herr.

Si a tu ventana llega una paloma,
Trátala con cariño que es mi persona,
Cuéntala tus amores bien de mi vida,
Corónala de flores que es cosa mia.

Wenn an dein Fenster eine Taube kommt,
Behandle sie zärtlich, denn ich bin's ja,
Erzähl ihr von allen, die ich geliebt in meinem Leben,
Schmück sie mit Blumen, wie ich es gern habe.

¡Ay chinita, que si! ¡Ay que dame tu amor!
¡Ay que vente conmigo chinita, alonde vivo yo!

Ach, mein Liebchen, ach ja, schenke mir deine Liebe!
Ach, folge mir, mein Liebchen, dahin, wo ich wohne!

Musik & Text: trad.; bearbeitet von Sebastián de Yradier y Salaverri
Übersetzer: Albert Friedenthal

Sebastián de Yradier y Salaverri (1809–1865), ein in der Mitte des 19. Jahrhunderts bekannter Komponist und Musiker, startet seinen Weg aus der baskischen Heimat über Madrid 1851 nach Paris, bevor er endgültig seine musikalische Heimat in der Karibik findet. Von Rossini geschätzt und befreundet mit Bizet, dem er für dessen ›Carmen‹ aus seinem Zyklus ›Fleurs d'Espagne‹ eine Habanera beisteuert: ›El Areglito (Promesse de Mariage)‹. Yradier steigt auf in die oberen Gesellschaftskreise von Paris. Die schöne Eugénie, Gräfin von Montijo und Teba, engagiert ihn als Gesangslehrer, bevor sie zwei Jahre später, 1853, vermählt mit Napoléon III., Kaiserin der Franzosen wird.

Die kubanische Habanera erobert die Welt und wird, mit verschiedenen Texten in etlichen Sprachen, zum Schlager. Die Schallplatten-Produzenten ereifern sich, die berühmtesten Vocalisten zu engagieren: Benjamino Gigli, Richard Tauber (auf deutsch, englisch und französisch), Maria Callas, Rudolf Schock ... »Über Gigli ist aus Konzertberichten bekannt«, berichtet Kalle Laar in seinen CD-Texten, »daß er manchmal ›La Paloma‹ als letzte Zugabe sang, bereits im Mantel, die Handschuhe in der Hand.«

Instrumentalisten kreieren den Hit in allen Rhythmen, als Tango, Walzer, als Marsch, Calypso, später als Twist. Am Ende ist selbst George Gershwin während einer Cuba-Reise von ›La Paloma‹, das Straßenmusikanten vor dem Hotelfenster spielen, so beeindruckt, daß er sich davon für seine ›Cuban Ouverture‹ inspirieren läßt.

Für Instrumentalsolisten wird ›La Paloma‹ zum Bravourstück: auf dem Akkordeon, der Mundharmonika, der Hawaii-Gitarre. 1916 wird in den USA der Hawaii-Sound zum Renner im Schallplatten-Geschäft. Bis 1910 verzeichnen die Kataloge der Musikverlage schon 2000 Versionen. In Deutschland wird die noch unbekannte Habanera zunächst als ›Mexikanisches Lied‹ auf den Markt gebracht. Der Lyriker und Kabarettist Joachim Ringelnatz (1893–1934) hält ›La Paloma‹ für »das beste Musikstück der Welt«, was Asta Nielsen in ihrer Autobiographie berichtet, »oft ertönte die Melodie im Hintergrund seiner Vorträge.« In seinem Gedicht ›An meinen Zigarettenrauch‹ verewigt Ringelnatz am Schluß seine Liebe:

In dem hold gewürzten Augenblick,
Da du aus mir startetest,
Spielte Ziehharmonika-Musik
Ein Lieblingslied von mir: La Paloma,

Und auf den Schwingen dieser Volksweise
Steigst du auf.
Glückliche Reise!
Aus Nikotin ins ewige Aroma.

In Berlin findet der Volksmund einen Spruch: »Nur een Zahn im Maul, aba ›La Paloma‹ pfeifen«.

In den Neunziger Jahren des 20. Jahrhunderts kommt dem Komponisten, Musiker und Schallplattensammler Kalle Laar der Gedanke, zumindest einen Teil der 2000 Versionen vor dem Vergessen zu bewahren. Er stellt 101 Stücke zusammen und findet in der Münchner Platten-Produktion Trikont den interessierten Partner. So erscheinen ab 1995 in vier Jahren zunächst vier CDs mit 101 La-Paloma-Versionen, überspielt von frühen Schellack-Aufnahmen bis hin zu heutigen Interpretationen – Instrumentale Titel gehen zurück bis zu einer 4-Minuten-Edison-Walze, bespielt von der ›Edison Concert Band‹, die vocalen Aufnahmen zurück bis zur Victor-Schellack-Platte von 1900 mit dem US-Bariton Emilio de Gogorza.

Eine Tango-Version präsentiert Skandinavien mit dem ›Pacifique Tango-Orkestrat‹, und die einstige Habanera im ¾-Takt das ›Wiener Bohème-Orchester‹. Später spielen ›La Paloma‹ Paul Whiteman, Carla Bley und Adalbert Lutter, in der Original-Fassung natürlich die beiden Könige der Latino-Musik Ernesto Lecuona mit seinen Cuban Boys und Xaver Cugat, dazu im border-Stil Flaco Jimenez mit dem Tex-Mex-Akkordeon.

Unter anderen singen den Schlager: Rosita Serrano, Bing Crosby, Dean Martin, Mireille Mathieu, Caterina Valente, im See manns-Arrangement natürlich Freddy Quinn, dann Liselotte Malkowsky, die legendäre Seemannsbraut der 50er Jahre und Ilse Werner, einst Hans-Albers-Partnerin in der ›Großen Freiheit Nr. 7‹, nun 1989 als Star in der ›Hans-Albers-Revue‹. Noch bis in den Zweiten Weltkrieg hinein singen die Comedian Harmonists ›La Paloma‹, 1939 in einer Plattenaufnahme und auf der Bühne.

Sebastián Yradier erlebt den Welterfolg nicht mehr. Er stirbt 1865, seine ›Fleurs d'Espagne‹, einst Königin Isabella II. von Spanien gewidmet; sind vergessen, einzig seine Habanera ›La Paloma‹ bleibt, allerdings nicht der Name des Komponisten.

Bald will niemand mehr wissen, Yradier habe die Pièce von Cuba nach Mexiko gebracht. Über diese alte, nunmehr vergessene Legende schiebt sich eine neue: Der spanische Dichter José Zorillo bewirbt sich um die Intendanz des im Aufbau befindlichen Teatro Nacional in Ciudad de México, reist 1863 mit einer Theatergruppe und der Sängerin Concha Mendez (1848–1901) ein, um ein Jahr später im frisch etablierten Kaiserreich der erste Bewerber zu sein. Er antichambriert am kaiserlichen Hof Chapultepec und dediziert dem Herrscherpaar Maximilian und Carlota eine musikalische Trouvaille aus Habana: ›La Paloma‹. Er hat Erfolg.

In kaiserlichem Glanz

1864. Erzherzog Ferdinand Maximilian, der jüngere Bruder des österreichischen Kaisers Franz Joseph, landet in Mexiko, um im Auftrag von Napoléon III. mit der Annahme der von ihm protektionierten Kaiserkrone den kolonialen Einfluß Frankreichs in der Neuen Welt zurück zu gewinnen. Die Monarchie wird trotz der französischen Schutztruppe nur von kurzer Dauer sein, entfaltet aber in den drei Jahren bis 1867 in der Hauptstadt und Residenz gesellschaftliche Pracht.

Über das kulturelle Leben in Ciudad de Mexico berichtet die Kaiserin Carlota, eine belgische Prinzessin aus dem Hause Sachsen-Coburg, in Briefen an ihre Freundin, die Kaiserin Eugénie in Paris:

»Chapultepec, le 28. Mars 1865, Madame et bien chère Sœur. Gestern abend Teatro Nacional. Italienische Oper. Aufführung vorzüglich. Nach dem letzten Akt Nationalhymne und danach ›La Paloma‹, gesungen von Concha Mendez, der ›cubanischen Nachtigall‹. Wie immer weinte der Kaiser … Votre Majesté, la bonne et affectionée sœur Charlotte.«

Doch die euphorischen Briefe der Kaiserin – »… Im Parkett des Teatro Nacional ein Flor schöner Frauen. Uniformen wetteifern mit den Garderoben der Damen. Viele nouveautés aus Paris, hier zu kaufen in einem französischen Salon am Boulevard Plateros« – verdecken nicht die Realität: Im Lande herrscht Revolution. Der rechtmäßige Präsident Mexikos, Benito Juárez Garcia, will die französische Besatzung vertreiben, mitsamt dem obskuren Kaiserpaar.

Während im Theater Cocha Mendez zur rührseligen Unterhaltung der Invasoren ›La Paloma‹ trällert, gröhlen auf den Gassen der Stadt die Insurgenten ›La Paloma‹ als Kampflied mit aufrührerischen Texten. so etwa als Spottlied auf die Kaiserin Carlota:

Das Schiff geht über die Meere
Und fliegt wie ein Ball …
Lebewohl, Mama Carlota,
Lebewohl, meine zarte Liebe!
Wenn die Franzosen abziehen,
Geht auch der Kaiser.

Musik: S. de Yradier; Text: trad.
Übersetzer: Kalle Laar

Glanz und Gewalt des imperialen Abenteuers währen nicht lange, unter dem Druck des US-Präsidenten Andrew Johnson zieht Napoléon seine Truppen zurück. Der mexikanische Kaiser, verraten und verlassen, wird in Querétaro gefangen gesetzt und zum Tode verurteilt. Doch Juárez ist gütig und erfüllt seinem Feind Maximilian einen letzten Wunsch: Auf dem Weg zur Exekution am 19.06.1867 begleitet den Todeskandidaten zum Glockenhügel eine banda de música und spielt zwischen den Trauermärschen immer wieder ›La Paloma‹.

Mit der demobilisierten Truppe kommt die kubanisch-mexikanische Habanera nach Frankreich, und gleich schon hat sie die ›Musique des Gardiens de la Paix de Paris‹, später die ›Garde Républicaine de Paris‹ im Repertoire. Und mit dem Leichnam des Erzherzogs Ferdinand Maximilian gelangt ›La Paloma‹ 1867 auch nach Wien, zuerst vorgeführt auf dem zivilen Sektor von Josef Rudolf Saverthal, dem einstigen Hofmusikdirektor am kaiserlichen Hof in Mexiko. Im militärischen Bereich hört man die Melodie nicht so gern. Aus Gründen der Pietät gegenüber dem getöteten Bruder des Kaisers Franz Joseph kommt es zum Verbot von ›La Paloma‹ im Bereich der k.u.k.-Marine, der Ferdinand Max, ehemals Gouverneur von Lombardo-Venetia, so kordial verbunden war.

Weiße Taube, weit übers Meer

Seit 1860 der Verlag Hoffmann in Prag das erste deutsche Notenheft unter dem Titel ›Mexikanisches Lied‹ herausbrachte, verbreitet sich ›La Paloma‹ rasch in allen Genres: Als Volkslied und Schlager, als Gesangsvortrag in Cafés und als Arie auf Operetten- und Konzertbühnen, doch vorrangig beliebt als Schlagerschnulze. Mit der

405

Erfindung des Tonfilms kommt neu hinzu: ›La Paloma‹ als Seemannslied. In zahllosen Filmen muß die Melodie Stimmungsbildern den akustischen Hintergrund geben. Eine erste Hauptrolle spielt ›La Paloma‹ im gleichnamigen Film von 1934. »Ahoi so tönt es weithin übers Meer« singt der US-Operntenor Charles Kullmann den Text von Schwenn und Schaeffers, arrangiert von Will Meisel und gespielt vom Orchester Will Glahé. Und gleich verkauft sich dies als Schlager auch auf dem Schallplattenmarkt. Er gesellt sich zu den Aufnahmen mit Rudolf Schock, Marcel Wittrisch und Hermann Prey.

Der 1939 beginnende Krieg mindert nicht die Beliebtheit des, wie etliche Kritiker wettern, »abgedroschenen mexikanischen Liedchens«, und im ›Wehrmachts-Wunschkonzert‹ rangiert es gar an fünfter Stelle – nach dem Wolgalied, nach ›Erika‹, ›Das kann doch einen Seemann nicht erschüttern‹ und der Böhmischen Polka. Der Moderator des ›Wunschkonzerts‹, Heinz Goedecke, sammelt die Zuschriften und dokumentiert sie als Buch, so unter anderen:

> Lieber Deutschlandsender, bitte sehr,
> Reiche uns die ›Weiße Taube‹ her,
> Spielt sie zu unserem Vergnügen,
> Weil wir auf treuer Wacht hier liegen.
> Und dieser Wunsch stammt zweifelsohne
> Von ›13 Mann und einer Kanone‹.

Anfangs noch war Herbert Ernst Groh der meistgefragte Star. Das sollte sich bald ändern. 1944, im letzten Kriegsjahr, erbittet sich Reichsminister Dr. Joseph Goebbels im Rahmen der Durchhalte-Propaganda von der UFA eine Lobeshymne auf deutsche Seeleute. Was dann nach dem Buch, unter der Regie von Helmut Käutner (1908–1980) und unter dem Filmtitel ›Große Freiheit

Nr. 7‹ herauskommt, gefällt dem NS-Regime überhaupt nicht: »Falsche Seemannsromantik und St.-Pauli-Klischees. Zu viel Melancholie und Resignation.« Großadmiral Dönitz sieht zudem Hamburg verunglimpft, natürlich auch den deutschen Matrosen, dem es doch wesensfremd ist, »sich zu betrinken«. Wie hier auf der Leinwand gezeigt, würde nicht »der deutsche Mann« erkennbar. Und das bei dem Hauptdarsteller: Hans Albers. »Der blonde Hans«, wie man ihn liebevoll nennt, spielt im Ensemble mit Ilse Werner, Hans Söhnker und Hilde Hildebrand den abgemusterten Matrosen Hannes und unterhält als Stimmungssänger das St.-Pauli-Publikum mit ›La Paloma‹, musikalisch bearbeitet von Werner Eisbrenner und mit dem neuen deutschen Text von Helmut Käutner:

Ein Wind weht von Süd
Und zieht mich hinaus auf See!
Mein Kind, sei nicht traurig,
Tut auch der Abschied weh.

Seemannsbraut ist die See,
Und nur ihr kann ich treu sein.
Wenn der Sturmwind mein Lied singt,
Dann winkt mir der großen Freiheit Glück!

Seine Premieren erlebt der Film ›Große Freiheit Nr. 7‹ in Prag und im weiteren Ausland. In die deutschen Kinos kommt er vor Ende des Kriegs nicht. Er bleibt verboten. Der Vorwurf der Wehrkraftzersetzung wird verständlich, wenn man die zweite Strophe hört. Sie endet:

Seemann, gib acht!
Denn strahlt auch als Gruß des Friedens
Hell in der Nacht
Das leuchtende Kreuz des Südens.

Schroff ist das Riff,
Und schnell geht ein Schiff zugrunde.
Früh oder spät
Schlägt jedem von uns die Stunde.
La Paloma ohé ...

Nun strahlt ›La Paloma‹ nicht erst im poetischen Realismus des Käutner-Films Pessimismus aus. Mit diesem Lied und mit den Geschichten um dieses Lied verbinden sich vielfach der Tod und das Grab. Die Arrangements mexikanischer Mariachi- und Marimba-Ensembles erinnern nicht selten an Trauer- und Grabesmusik. So entwickelt beispielsweise Juan Garcia Esquivel seine Lust an extravaganten Instrumenten und begleitet ›La Paloma‹ als Schlagzeug mit dem Knochen eines Esels-Kinns, wobei die losen Zähne die Perkussion bereichern. Als Begleitmusik auf seinem letzten Gang wünschte sich nicht nur Kaiser Maximilian ›La Paloma‹, auch Ringelnatz, selbstverständlich Hans Albers und andere wollten zu dieser Musik zu Grabe getragen werden, so auch der Couplettexter Albert Stadthagen, der zuvor für seinen ›La Paloma‹-Text ›Mich rief es an Bord ...‹ die Zeilen fand:

Auf Matrosen ohé! In die wogende See!
Schwarze Gedanken,
Die wanken und fliehn geschwind
Uns wie Sturm und Wind.

Und entkommt der Seemann dem Tod, so zeigt sich dieser dem Heimkehrenden bei der Suche nach seiner Geliebten: »Weh mir, ein Grab! Dort schläft sie in ewger Ruh'! / Niña, die weiße Taube warst du, warst du ...«

Eine sentimentale Traurigkeit, die sich mit dieser Habanera einstellt, drückt auch Edmund Zurth in seinem Artikel ›Die Welt der

Tauben‹ aus: »Weiße Tauben versinnbildlichen das Heimweh der Seefahrer aller Nationen und die Sehnsüchte der Matrosenbräute. In den verräucherten Hafenkneipen summt der hartgesottene Seemann die Melodie mit, wenn das weltbekannte Lied ›La Paloma‹ angestimmt wird. Erklingt an Bord die sentimentale Weise auf dem Schifferklavier, breitet sich gewöhnlich eine seltsame Ruhe aus, in der die den ewigen Frieden kündende weiße Taube noch lange ihre Symbolkraft ausübt.«

In kleinen Cafés und Konditoreien

Der Tango – eine Sahneschnitte der Roaring Twenties

Ich weiß ein kleines Café,
Da serviert ein blondes Mädchen den Tee,
Und es flüstert leise Monsieur,
Womit kann ich noch dienen?

Musik: Austin Egen; Text: Fritz Rotter

Das Tangofieber der Zehner Jahre hat sich gesenkt, nach dem ersten Weltkrieg beherrschen andere Rhythmen die Musik- und Tanzszene. Alles wird schneller, und Walter Mehring dichtet: »Mach Kasse, Mensch, die Großstadt schreit: / Keine Zeit, keine Zeit, keine Zeit!«

Zwischen Fox, Shimmy und später Charleston fühlt sich der Tango zu langsam, er zieht sich in die Stille der kleinen Cafés und kleinen Konditoreien zurück. So bescheiden ist er, daß er in Titel und Text das Diminutiv bevorzugt, die Verkleinerung:

In einer kleinen Konditorei
da saßen wir zwei
Bei Kuchen und Tee.

Musik: Fred Reymond; Text: Ernst Neubach

Das kleine Café … der süße kleine Tango … die kleine Bank im Park … Hallo, kleines Fräulein … Doch das ist das einzige, was der stille Tango vom Porteño einst aus der lärmenden Metropole Buenos Aires übernommen hat: Café de los angelitos (... zu den Engelchen) ... Creolita (die kleine Kreolin) ... Cumparsita (das kleine Ensemble) ... Organito (der kleine Leierkasten) ... Melenito de oro (das Goldschöpfchen) ...

Und zum Ambiente des kleinen Cafés gehört auch stets der kleine Flirt, die kleine Liebelei. »Ich weiß schon längst / Daß du mich heimlich lieb hast. / Ich weiß schon längst, / Daß du mir schon gehörst. / In deinen wunderschönen Augen / Seh ich, daß du mir längst / Schon jeden Wunsch gewährst« (W. Jurrmann) und weiter im Konditorei-Tango von Reymond/Neubach:

> Sie sprach kein Wort, kein einziges Wort
> Und wußte sofort, daß ich sie versteh'.
> Und das elektrische Klavier, das klimpert leise
> Eine Weise von Liebesleid und Weh ...

Denn zu Kaffee und Kuchen, zu Flirt und Liebeswerben gehört auch eine leise Musik; draußen in der Vorstadt vom elektrischen Klavier oder Grammophon, in den versteckten Seitenstraßen der City vom Pianisten: »Es war einmal ein Musikus, der spielte im Café, / Und alle hübschen Mädchen setzten sich in seine Näh'; / Er spielte süß in Dur und Moll, / Er spielte einfach wundervoll ...« (A. Schwarz), und am begehrtesten ist ein verliebter Pianist: »... Er spielte sieben Stunden lang von Liebesleid und -weh, / Dann, ja dann macht er den Kasten zu / Und sagt: Jetzt hab ich noch ein kleines Rendezvous.«

Kommt zum Pianisten noch ein Stehgeiger hinzu, spielt sich das Kaffeehaus-Ensemble fast schon als Tango-Orchester auf, und Friedrich Hollaender bemerkt entsetzt, wie im Publikum die Damen dahinschmelzen, von dem Sänger Curd Bois getadelt:

Guck doch immer nach dem Tangogeiger hin,
Was ist schon dran an Argentinien?
Du siehst ja gar nicht mehr, daß ich noch bei dir bin,
Ich hab doch auch ganz schöne Linien.

Friedrich Hollaender, einst Hauskomponist des Metropol, kommt nach Kriegsende, 1919, in Berlin zum Cabaret Schall & Rauch, schreibt Musik für Operetten, Komödien und Revuen, feiert seinen Erfolg mit den Songs für Marlene Dietrichs ›Blauen Engel‹, und komponiert danach die Musik für weitere 150 Filme. »Neben Marlenes lasziv-rotzigen Lola-Liedern«, berichtet Volker Kühn in seinem Chanson-Buch ›Und sonst gar nichts‹, »finden sich Songs von Jonny, vom Tangogeiger, vom Nachtgespenst, von zersägten Damen, Kleptomaninnen, hysterischen Ziegen, von zwei dunklen Augen und zwei Eiern im Glas.«

Auf der Bühne von Schall & Rauch entdeckt Hollaender eine junge Diseuse, Blandine Ebinger und er schreibt für sie die ›Lieder des armen Mädchens‹; er heiratet sie und möchte ihr ganze Dramen in einem Drei-Minuten-Lied auf den Leib schneidern. Als er 1931 mit dem Tingel-Tangel sein eigenes Kabarett-Theater hat, gibt er sich politisch zupackender. Über das Jahrzehnt lästert er: »Die Zwanzjer, die Zwanzjer, / Ham Se's nicht noch etwas ranzjer?«

Nun, Hollaender avanciert in eben diesen ›Zwanzigern‹ zum populärsten Schlagerkomponisten Deutschlands. Er emigriert 1933, entkommt der Verfolgung doch nur partiell. In den USA wird ihm die Einreise erschwert und die neue Staatsbürgerschaft nicht anerkannt: Hatte er doch für einen Auftritt Rosa Valettis im Café Größenwahn Anfang der 20er Jahre Tucholskys ›Rote Melodie‹ nein, nicht umgetextet, nur musikalisch vertont. Schon damals hatte die interkontinentale ›Krake Antikommmnismus‹ im präfaschistischen Berlin bereits ihre Fühler in Cabarets, Revuen und leichter Musik.

Aber auch der Tango, selbst in seinem bescheidenen Genre als Tangoschlager – wird in diesen 20er Jahren berühmter. »Wie die Themen des Kinofilms übernahmen es auch die Rhythmen der Tänze und der Schlagers, die innere und äußere Unsicherheit durch einen illusionären Optimismus zu kaschieren«, schreibt Hans Christoph Worbs in ›Der Schlager‹, »und somit wurde zum Ende der 20er Jahre im Zeichen der Weltwirtschaftskrise und einer nahe bevorstehenden Katastrophe das weichere Stimmungslied Trumpf.«

Während ein Katalog der ›Ufaton-‹ und des ›Wiener Bohème-Verlags‹ noch 1927 neben 24 Foxtrotts nur vier Tangos verzeichnet, stehen zu Beginn der 30er Jahre 29 Foxtrotts schon 27 Tangos gegenüber.

Einzug in die Paläste

Nun wird selbst dem kleinen Tangoschlager das kleine Café zu eng, zumal die Gäste den Orchestern und Sängern nicht nur lauschen, sondern zu diesen Rhythmen auch tanzen wollen, wenn auch mehr oder weniger ungeübt:

> Besucht man ein Lokal in allen Fällen,
> Es spielen Tango begeistert die Kapellen.
> Sie spielen ihn bald langsam und bald schneller,
> Und viele tanzen statt Tango Tarantella.
> Man tritt sich dabei zärtlich auf die Füße
> Und sagt dabei: Ich liebe dich, du Süße.
>
> *Musik: Austin Eger; Text: Fritz Rotter*

Selbst in konservativen Tanzschulen gehört der Tango nun zum Programm, und in den Clubs für das Turniertraining auch zum Standard. Die Londoner Konferenzen in den ›Grafton Galleries‹

von 1920 und 1922 ordnen den Tango neben Foxtrott und English Waltz dem ›englischen Stil‹ zu. Seine alte Familie der ›Latino-Tänze‹ kann er nun vergessen. Man verschweigt, daß er einst in ordinärem, ja verrufenem Milieu ein Platztanz war.

Flach aufgesetzte Gehschritte, die Füße parallel, werden »in den Boden hineingetanzt«, dazu kommen die Figuren: die Drehungen nicht mehr auf dem Fleck, sondern in langgezogenen Ellipsen, kommen der Wiegeschritt und die weit ausholenden Promenaden. Der Tango wird, entgegen seinem Ursprung, zum travelling dance englischen Stils, er wird raumgreifend. Ein solch neu geborener Tango fordert nun auch das ausufernde Parkett eines Ballrooms. In Berlin eröffnen neben den Tanzpalästen der Vorkriegszeit immer neue Etablissements, die sich nun gern auch mal Tango-Palast nennen: Indra, Frou-Frou, Faun, Libelle, Traube, Mokka Efti, Delphi-Palast. Hinzu kommen die Tanzdielen der Hotels: Kaiserhof, Adlon, Eden, Excelsior, Carlton, Haus Vaterland.

Und überall spielen berühmte Kapellen: Marek Weber, der polnische Geiger auf seiner Stradivari, Julian Fuhs, Dajos Bela, George Boulanger, Django Ferber, der flüsternde Pianist, Oscar Joost, Barnabas von Geczy ... doch allen voran Bernhard Etté (1898–1973).

Zwei Etablissements überstrahlen die Berliner Ballhaus-Szene, zum einen in der Hasenheide das Resi, das Haus der Technik, mit Tischtelephonen und Rohrpost, mit 140 000 Lampen und raumhohen Wasserfontänen. Die Werbung preist an: «Licht und Glas und Wasser brechen sich in den Farben des Regenbogens».

Aber dann eröffnet am 01.10.1929 in der Nürnberger Straße das Femina – berühmt wegen seiner Vielzahl von Sälen, Salons, Séparés, seiner zwei Bühnen, drei Orchesterlogen und fünf Tanzflächen ... für 2 000 Besucher. Hier spielt Juan Llossas (1900–1957). Mit ihm, dem »König des Tangos« wird das Ballhaus Femina zur

Tango-Kathedrale. Die Musiker treten auf in »typischer Kleidung« mit dem geknoteten Halstuch, die Zipfel weit hinunter hängend, oder sie tragen das kurze Samt-Jacket, atlasgesäumt, dazu die rote Schärpe. Doch hat Juan Llossas Argentinien kaum gesehen, er ist Katalane. Im Text seines ›Tangogeigers‹ persifliert Friedrich Hollaender die derartige Kostümierung: »… ja so eine Uniform / wirkt auf die Frau wie Chloroform. / Zög ich mir so eine Affenjacke an, / Finge sie mit mir gewiß was an.«

Wohl kaum ein Mädchenname, der im deutschen Tangoschlager nicht besungen wird: ›Eva, sei heut abend mein Tangobraut‹, auf eine Klara folgt eine Leila, es folgen Marina, Micaela und Dolores, und fällt mal ein Name nicht ein, ist es eben eine ›Bella Tangolita‹. Bleibt darüber hinaus eine Dame anonym, ist sie einfach nur ›sündig und süß‹. Für Juan Llossas ist es eine ›Grete‹, doch nicht willkürlich gewählt, sondern in Verehrung für Greta Garbo:

> O Fräulein Grete, wenn ich mit Ihnen tanz',
> Fräulein Grete, gehör' ich Ihnen ganz.
> Sie sind das süßeste, das reizendste Geschöpf, das es gibt,
> Und wer Sie kennt, ist im Moment in Sie verliebt.
> O Fräulein Grete, mir wird so kalt und warm,
> Und ich erröte, wenn ich Sie halt' im Arm.
>
> Bei jedem Tangoschritt
> Tanzt Tango mit
> Mein Herz so wie toll.
> O, Fräulein Grete, das ist wundervoll
>
> *Musik: Juan Llossas; Text: Beda*

Während sich die crazy Schlagertexte eher dem flotten ¾-Takt zuwenden, bietet sich der Liebes-Schlager gern dem gefühlvollen Tango-Rhythmus an, in erster Linie das sentimentale, oftmals kitschige Liebeswerben: ›Mein Herz ist ein Salon für schöne Frauen‹ ... ›Ich hab' im Traum deine Lippen besessen‹ ... und: ›Ich weiß es längst, daß du mich heimlich lieb hast‹ ... Oder auch mal etwas frecher:

Oh, Donna Clara – ich hab dich tanzen gesehn,
Und deine Schönheit hat mich toll gemacht!
Ich hab im Traum dich dann im Ganzen gesehn,
Das hat das Maß meiner Liebe voll gemacht!

Bei jedem Schritte und Tritte
Biegt sich dein Körper genau in der Mitte,
Und herrlich gefährlich sind deine Füße, du Süße, zu sehn
Oh, Donna Clara – ich hab dich tanzen gesehn,
Oh, Donna Clara, du bist wunderschön!

Musik: Jerzy Petersburski; Text: Beda

Und, nachdem es Heinz Rühmann im Film ›Fünf Millionen suchen einen Erben‹ auf die Spitze treibt mit ›Ich brech' die Herzen der stolzesten Frau'n‹ (Lothar Brühne / Bruno Balz), auch mal wieder etwas weniger erfolgssicher: ›Ich bin so schüchtern, Madame‹, während Johannes Heesters einen eleganteren Weg sucht: »Man müßte Klavier spielen können, / Wer Klavier spielt, hat Glück bei den Frau'n« (F. Schröder / H. F. Beckmann). Doch der Schlagertexter Hans Fritz Beckmann kann auch anders, und ihm fällt für den Film ›Fortsetzung folgt‹ eine reichlich penetrante und männlichdümmliche Geschichte ein, um – vertont von Friedrich Schröder im Rhythmus des Tango – eine Frau anzubaggern:

Wer kommt denn da? Wer kommt denn da?
Wer ist die blonde Dame?
Die kenn' ich doch, die kenn' ich doch,
Wie war doch gleich der Name?

Ach, jetzt fällt mir's wieder ein,
Ich traf sie gestern Nacht,
doch leider nicht allein.

Ich weiß etwas, ich weiß etwas,
Mein Fräulein, woll'n Sie raten?
Der Wind hat mir ein Lied erzählt
Von Ihren Heldentaten.
Na, jetzt sind Sie wohl gespannt?
Doch ich verrate nichts, ich sage nur galant:

Gnädige Frau, wo war'n Sie gestern?
Sie waren aus mit Ihren Schwestern?
Man hat Sie leider nachts gesehen,
Verstehen Sie nun?

Gnädige Frau, das sind schon Sachen,
Sie brauchen gar nicht so zu lachen.
Mit solchen Schwestern auszugehen,
Das dürfen Sie nie wieder tun!

Die Schwestern waren nämlich Brüder
Und hießen Hans und Frieder.
Sie schenkten Ihnen weißen Flieder
Und war'n im Flirten sehr geübt.

Musik: Friedrich Schröder; Text: Hans Fritz Beckmann

Und so geht die Geschichte weiter bis zum erfolgreichen Ende: »… Und wenn Sie heute wieder ausgeh'n, / Dann tun Sie es bitte mit mir!«

Willi Forst (1903–1980) wird zum Kinostar des Jahres 1939, er verhilft dem Kinofilm ›Bel ami‹ (Musik Theo Mackeben) zum Kassenerfolg des letzten Friedens- und des ersten Kriegsjahrs im Großdeutschen Reich.

Verträgt sich der Tango mit Blumen?

Nun, Willi Forst singt zwar vom ›Weißen Flieder‹, aber was ist schon ein so bescheiden galantes Sträußchen – von Hans und Frieder gewiß nur des Reims wegen überreicht – gegen den seit 1928 aufdringlich strapazierten Ohrwurm ›Wenn der weiße Flieder wieder blüht‹?

Auch den Rosen scheint es in anderen Rhythmen wohliger zu gefallen, vordringlich im ¾-Takt den ›Rosen in Tirol‹, doch ebenso den ›Zwei roten Rosen und einem zarten Kuß‹ 1926 von Walter Kollo, der auch den Nelken und dem Veilchenstrauß eine kleine Chance läßt. Selbst in den Nachkriegs-Dezennien versteht es die Rose, den Tango zu meiden, so 1961 mit ›Weiße Rosen aus Athen‹ und ›Schwarze Rose, Rosemarie‹, doch schon Jahre zuvor, 1952, mit ›Rote Rosen, rote Lippen, roter Wein‹.

Doch einmal macht auch die Rose einen Tango an: 1932 im Tonfilm ›Ehe auf Zeit‹ mit der Musik von Franz Grothe unter dem Titel ›Rosen und Frauen‹. Doch vielleicht nur deshalb bevorzugt, weil Richard Tauber diesen Titel in sein Repertoire nimmt.

Dagegen findet der Tango in einer anderen Blume eine echte Geliebte: Im ›Roten Mohn‹. Michael Jarcyk, der sich in diesen unsicheren Jahren lieber Michael Jary nennt, setzt diese Liebeserklärung in Noten, und es gelingt ihm, nach dem Eintritt der USA in den Krieg und der daraus folgenden Parole Goebbels, »Die gute Laune muß erhalten bleiben. Ein Krieg von diesen Ausmaßen kann nur mit Optimismus gewonnen werden«, seinen Texter Bruno Balz für eine notwendige Mitarbeit aus der Gestapo-Haft herauszuholen, und es gelingt ihm am Ende der größte Coup, die ›chilenische Nachtigall‹ Maria Esther Aldunate del Campo, die sich nach ihrem Berliner Debüt 1937 Rosita Serrano nennt, als Interpretin für den Tonfilm ›Schwarzfahrt ins Glück‹ zu gewinnen:

Roter Mohn, o du blutroter Mohn,
Wie mein Herz sollst du glüh'n
Und feurig loh'n!
Roter Mohn, den der Liebste mir gibt,
Sage mir, daß sein Herz mich ewig liebt!

Roter Mohn, voller Pracht,
Bist für uns nur erblüht.
Leuchte uns in jeder Nacht,
Wenn uns're Liebe erglüht.

Musik: Michael Jary; Text Bruno Balz

Dem eher mäßigen Filmerfolg stehen unerwartete Erfolge auf Bühnen und Konzertpodien, vor allem aber im Schallplattengeschäft gegenüber. Auf keiner privaten Party darf auf dem Koffergrammola der ›Rote Mohn‹ fehlen – sozusagen als Schmusetango zwischen den Strapazen fordernden Tanz-Titel. Und doch, so sehr der erste Refrain in Melodie, Gesang, Takt und Text einer jungen Liebe entgegen kommt, so desillusionierend erschlägt der zweite Refrain das frisch keimende Glücksgefühl jedes verliebten Paars:

Roter Mohn, warum welkst du denn schon?
Wie mein Herz sollst du glüh'n
Und feurig loh'n!
Roter Mohn, den die Liebste mir gab,
Welkst du, weil ich sie schon verloren hab'?
Warst du noch gestern erglüht,
Aber schon über Nacht,
Ist deine Schönheit verblüht.

Roter Mohn, warum welkst du denn schon?
Wie mein Herz sollst du glüh'n
Und feurig loh'n
Wenn es zu Ende ist

Aber so ergeht es vielfach den Protagonisten des Tangoschlagers: Denn kommt eine Liebesbeziehung zum Abschluß, drohen Abschied und Trennung, da ist der Tangoschlager der 20er Jahre so richtig in seinem sentimentalen Element.

»Wer wird denn weinen, / Wenn man auseinander geht, / Wo an der nächsten Ecke / schon ein anderer steht. / Man sagt Auf Wiedersehn! / Und denkt sich heimlich bloß: / Na, endlich bin ich wieder / Mein Verhältnis los!« Mit dieser Melodie von Hugo Hirsch begründet die Kabarettistin Trude Hesterberg (1892–1967) ihre Popularität und legt damit 1921 den Grundstein für ihre Wilde Bühne.

Am Ende des Dezenniums kommt für die U-Musik und für den Schlager zu den Verbreitungsmedien Operette und Revue neu hinzu: der Tonfilm. Das Pilotprojekt entsteht in den USA: Im Tonfilm ›The Singing Fool‹ singt Al Jolson den tränenrührenden Schmachtfetzen ›Sonny Boy‹. Gleich nach der Kino-Premiere werden in den Staaten 12 Millionen Schallplatten verkauft. Die Deutschland-Premiere im Februar 1928 bringt 300 000 Besucher in den Gloria-Palast.

Die Sensation des Films sind zwar auch die auf der Leinwand sprechenden Schauspieler, doch mehr noch die Musik, die für die Dauer der Schlager-Interpretation die Handlung anzuhalten scheint. Doch kritische Stimmen lassen in Deutschland nicht auf sich warten: Axel Eggebrecht, später ein fleißiger Drehbuchautor, äußert sich 1928 erst einmal: »Das dreidimensionale Tönen werde ich mir nie im Leben als eine künstlerische Bereicherung einreden lassen. Es ist vielmehr ein hanebüchener Kitsch, ganz genau entsprechend jenen Postkarten, auf denen Esel aufgeklebte Schwänze aus Haaren haben.«

Und von Luis Trenker überliefert Maurus Pacher: »Das Publikum wird den Kinos fern bleiben, wenn der organisierte Lärm die Leinwände zerstört. Aus dem Krachfilm kann leicht ein Filmkrach werden.«

Dennoch greift die UFA die neue Erfindung auf, und nach dem ersten Versuch, einen bereits fertig gestellten Stummfilm nachträglich zu vertonen (›Ich küsse ihre Hand Madame‹ mit Marlene Dietrich) produziert sie einen Tonfilm nach dem anderen, und am Ende 1939 den Carl-Froelich-Film ›Es war eine rauschende Ballnacht‹, in dem Zarah Leander schmerzensreich das Ende einer Liebesbeziehung mit dem Tangolied besingt:

Es ist ja ganz gleich, wen wir lieben,
Und wer uns das Herz einmal bricht.
Wir werden vom Schicksal getrieben,
Und das Ende ist immer Verzicht.

Wir glauben und hoffen und denken,
Daß einmal ein Wunder geschieht.
Doch wenn wir uns dann verschenken,
Ist es das alte Lied ...

Doch nicht die Vorstrophen sind es, die dem Schlager zum Smash-Hit verhelfen, es ist die erste Zeile des Refrains:

Nur nicht aus Liebe weinen,
Es gibt auf Erden nicht nur den einen,
Es gibt so viele auf dieser Welt,
Ich liebe jeden, der mir gefällt ...

Musik: Theo Mackeben; Text: Hans Fritz Beckmann

Zarah Leander wird mit etlichen Filmschlagern zum Star der Plattenindustrie, des deutschen Rundfunks und mit Kriegsbeginn gleich schon des Wehrmachts-Wunschkonzerts. Sie brilliert mit Abschiedstränen heulenden Schnulzen, die ihre Tonfilm-Wiegen für lange Zeiten überdauern werden: ›Ich steh im Regen‹ (Ralph Benatzky aus ›Zu neuen Ufern‹, 1937) und die Tango-Habanera ›Der Wind hat mir ein Lied erzählt‹ (Brühne/Balz aus ›La Habanera‹, 1938).

Die Seemannsbraut dagegen nimmt es mit dem Schmerz gelassener, denn im maritimen Milieu gehört der Abschied zum Alltag. Und in Heinz Hilperts Inszenierung von ›Liebe, Tod und Teufel‹, am Deutschen Theater, Berlin, 1934, singt Brigitte Horney in der Kulisse einer Südseekneipe.

So oder so ist das Leben,
So oder so ist es gut.
So wie das Meer ist das Leben,
Ewige Ebbe und Flut.

Musik: Theo Mackeben; Text: Hans Fritz Beckmann

Darüber hinaus findet Helmut Käutner zur Musik von Werner Eisbrenner noch die tröstenden Worte:

Beim erstenmal, da tut's noch weh
Da glaubt man noch,
Daß man es nie verwinden kann,
Dann vergeht die Zeit,
Und peu à peu
gewöhnt man sich daran.

Musik: Werner Eisbrenner; Text: Helmut Käutner

Doch will dagegen eine verlassene Braut sich in ihrem Trennungsschmerz so recht suhlen, findet sie eine reiche Auswahl von Tangos in der »Zigeuner-Musik«, so etwa auch den ›Schwarzen Zigeuner‹, der sich derart in die Erinnerung an die k. u. k.-Doppelmonarchie eingraben wird, daß Helmut Qualtinger viel später – nach zwei Weltkriegen – seinen ›Herrn Karl‹ die Melodie noch einmal anklingen läßt:

> Du schwarzer Zigeuner,
> Komm', spiel mir was vor!
> Denn ich will vergessen heut',
> Was ich verlor!
> Wißt ihr, was die Liebe ist?
> Ein kurzer Traum im Mai:
> Wenn dein Mund sich satt geküßt,
> Ist der Traum vorbei.
>
> Du schwarzer Zigeuner,
> Du kennst meinen Schmerz,
> Und wenn deine Geige weint,
> Weint auch mein Herz.
>
> *Musik: Karel Vacek; Text: Beda*

So sind es dann auch Sinti und Roma, die seit dem Beginn des 20. Jahrhundert im weiten Norden Europas, im entfernt sprachverwandten Finnland, eine Tango-Szene mit Erfolg etablieren und Tanz-Festivals organisieren. Zudem kommt im Jahrzehnt vor dem Ersten Weltkrieg unerwartet aus einer weiteren Richtung der Tango an die nordöstliche Peripherie Europas. Heike Haarhoff schreibt in einem TAZ-Artikel vom 05.06.2003: »Als europäische Auswanderer, die Ende des 19. Jahrhunderts in Südamerika Fuß zu fassen suchten, später heimwehkrank nach Finnland zurückkehren, bringen sie den argentinische Tango mit.«

Über die Empfänglichkeit gerade der Finnen für diesen Rhythmus berichtet sie: »Nun erkennen viele Finnen in dieser Musik eine Parallele zu ihrer eigenen Befindlichkeit. Der Tango besitzt die gleiche Leidenschaft, mit der die Finnen gern über die russischen Herrscher gewehklagt hätten, was sie aber in Worten nicht auszudrücken vermochten.«

1913, als die Finnen erstmalig vom Tango hören, ist das Land geographisch und kulturell isoliert und steht unter der Herrschaft des russischen Zaren. Der Tango, von den Metropolen als revolutionär eingestuft, wird Ausdruck des Strebens nach Unabhängigkeit und des Aufbegehrens gegen die zaristische Macht.

1929 erscheint die erste finnische Tangoplatte: ›La Copacita‹, und in den Dreißiger Jahren wird der Tango – ursprünglich auf Spanisch gesungen – mehr und mehr zum Teil der finnischen Alltagskultur, nunmehr auch in der Provinz. Er ist nun nicht länger im Besitz der Bohème, sondern Teil der ohnehin melancholisch gestimmten Volksmusik. Denn anders als in Argentinien, empfinden es finnische Tangokomponisten nicht als anstößig, auch Volkslieder zu schreiben. So begleitet der Tango die folgenden Jahrzehnte einerseits als Überlebensstrategie im ›Winterkrieg‹, die Invasion der Roten Armee 1939/1940, andererseits als Ausdruck stillen Leidens. In kriegerischen Zeiten ist zwar das Tanzen verboten, doch nicht das Komponieren, und der Tangointerpret Harri Kaitila, dem Heike Haarhoff ihre Dokumentation widmet, singt:

Irgendwo an irgendeinem Ort der Welt,
Wo du gerade bist,
Wo dich der Zufall hingestellt,
Irgendwo an irgendeinem Tag im Jahr
Wird dir auf einmal klar,
Daß es die große Liebe war.

»Der Tango ist der Blues der Finnen«, sagt M. A. Numminen, der mit Sanna Pietiäinen und dem Neorustikalen Tango-Orchester um 2000 das Album ›Finnischer Tango‹ herausbringt, und er erklärt: »Je trauriger ein Text, desto glücklicher sind wir Finnen.«

Bella, bella, bella Mari

Der Tango zeigt auch noch in den Zeiten, die ihn später zum Schlager degradieren werden, seinen exotischen Ursprung und erweckt weiterhin die Sehnsucht nach der Ferne, nach Reisen in unbekannte Regionen, wenn auch letztendlich nur nach Strand und Sonne in südlichen Ländern. Das den Deutschen nächst gelegene ›exotische‹ Land ist erst einmal Italien. Doch bietet es sich zunächst spröde an, als Ziel kunsthistorisch interessierter Einzelreisender auf den Spuren von Goethe und Johann Gottfried Seume. Die Zwanziger Jahre kennen noch keinen breiten Tourismus. Der jährliche Urlaub erlaubt allenfalls begrenzte Erholungswochen an Nord- und Ostsee, im Harz, im Thüringer Wald oder im bayerischen Alpenvorland.

So sorgen für die Träume von Fernreisen zunächst Film, Revue und Schlager. Zum Film-Tango ›Eine Nacht in Monte Carlo‹ von Richard Heymann findet 1931 Robert Gilbert die Textzeilen: »Ich kenn' ein Land, da fühlt sich die Sonne zu Haus, / Da glänzt das Meer so weit in die Ferne hinaus« und nach dem »Wandeln unter Palmen« am Ende: »Ich hab mein Herz / Am Mittelmeer verloren.«

Doch Jahre zuvor schon bietet den Deutschen nach dem Verlust der Kolonien als Ersatz die Welt des Schlager erregende Bauchtänze und schwüle Tropennächte an:

In der magisch hellen Tropennacht,
Vor dem Frauenhaus in Algier
Hat ein dunkles Auge angelacht
Den armen bleichen Legionär.

Leila,
Heute nacht muß ich dich wiederseh'n,
Leila,
Deine schlank gebauten Glieder seh'n.

Musik: Dol Dauber; Text: Beda

Der nationalsozialistische Staat erlaubt den Mitgliedern der ›Deutschen Arbeitsfront‹ begrenzte Reisen über die Reichsgrenze hinaus, wenn auch zunächst devisenschonende Seefahrten in nördliche Fjordgewässer, ohne Landgang. Als es dann daran geht, die faschistische ›Achse Rom-Berlin‹ kulturell zu füllen, erlaubt Kraft-durch-Freude-Reichsleiter Dr. Robert Ley den Volksgenossen trotzdem kaum ein Bad in der Adria. Und selbstverständlich bleibt die Appenin-Halbinsel südlich von Rimini weiterhin vorerst den Schlager-Träumen vorbehalten. Über Radio und Schallplatte kommen 1939 ›Die Straßensänger von Neapel‹ (von Gerhard Winkler und Ralph Maria Siegel) in die Wohnstuben, und: »O mia bella Napoli, / Du Stadt am blauen Meer, / Mein Herz ist sehnsuchtsschwer …«.

Und 1938 singt Kirsten Heiberg von einem ganz allgemein angehimmeltem Fernziel: »Auf den Flügeln bunter Träume / Fliegt mein Lied durch die Welt / Vom Broadway bis in die Sterne …« (Franz Grothe / Willy Dehmel).

In jedem Fall jedoch muß sich das Sehnsuchtsverlangen im Tango ausdrücken. Die nationalsozialistische Ideologie wettert zwar gegen die undeutsche Jazzmusik, schweigt aber zu den Rhythmen des Tango. Diese erscheinen den arischen Kulturwarten brav, bieder und deutsch genug, um sie ohne Einschränkungen dulden zu können. Auch paßt ihnen der Tango mit seinen musikalischen Gefühlsaufblähungen, die das Volk in illusionäre Glückszustände versetzen können, gut ins Konzept. Im Kriegsjahr 1943 entstehen die ›Caprifischer‹. Der Komponist Gerhard Winkler aus Berlin-Rixdorf, bereits ein Spezialist für italianá, fällt die Melodie ein, als er von der Reling eines KdF-Dampfers in der Ferne die Küste von Neapel sieht. Zusammen mit seinem Texter Ralph Maria Siegel, der in seiner Jugend schon mal in Italien war, komponiert er die ›Caprifischer‹. Mit diesem Tangolied bekommt die Koloratursopranistin Magda Hein, die allein akustisch den Inbegriff eines blonden deutschen Mädels darstellt, und die bislang gerade mal eben als Interpretin des ›Altberliner Kremserlieds‹ bekannt ist, eine Chance, nachhaltiger Erfolg bleibt jedoch aus.

Denn 1943 ist kein gutes Jahr für Italien-Sehnsüchte. Mussolini wird gerade abgesetzt, Italien kündigt die Achse Rom-Berlin auf und erklärt an der Seite der Alliierten Deutschland den Krieg. Die ›Caprifischer‹ verschwinden aus den Programmen des Deutschen Rundfunks, bald sind sie vergessen, und es nützt ihnen nicht einmal, daß Rudi Schurike sie in sein Repertoire nimmt.

1948 entreißt ein beginnender Massentourismus die alten Sehnsuchtsschlager wieder dem Dunkel, und gleich schon stehen die ›Caprifischer‹ an der Spitze der Publikumswünsche:

Wenn bei Capri die rote Sonne im Meer versinkt,
Und vom Himmel die bleiche Sichel des Mondes blinkt,
Zieh'n die Fischer mit ihren Booten aufs Meer hinaus,
Und sie legen in weitem Bogen die Netze aus.

Und von Boot zu Boot das alte Lied erklingt,
Hör' von fern, wie es singt:
Bella, bella, bella, Mari,
Bleib mir treu, ich komm zurück morgen früh!
Bella, bella, bella, Mari,
Vergiß mich nie!

Musik: Gerhard Winkler; Text: Ralph Marie Siegel

Denke nicht mehr an die Zeiten

Der Tango – ein Trost auch in der Depression

In diesem »Hotel Erde«
War das Militär zu Gast –
Sie machten blutige Spesen,
Sie gaben als Trinkgeld Prothesen,
Den Gefallenen ein Massengrab –
...

Säbelrasseln – Volksekstase –
Welche Tänze tanzt man morgen?
Hoppla!
Blaukreuzgase – Menschheitsphrase –
Unsere Sorgen!
Hoppla!
...

Und die paar Millionen Toten –
Unsere Sorgen!
Hoppla!
Es blutet uns das Herze
Unter dem Eisenerze!
Freiheit – hinter Gitterstäben –
Schützengräben.
Hoppla! Wir leben!

Musik: Edmund Meisel; Text: Walter Mehring

1917. Die Kriegsmüdigkeit ergreift Europa, die Mittelmächte ebenso wie deren Gegner. An den Fronten beherrscht das Material den Menschen. Zu den Klassikern Artillerie und Maschinengewehr kommen neu die Bomben aus den Wolken, die kettenrasselnden Tanks der Briten, die Flammenwerfer der Franzosen und, erstmalig bei Langemarck und stärker noch bei Ypern, das Giftgas der Deutschen. Menschen zeigen sich nur noch als Tote, als Krüppel und vereinzelt als Helden.

Udet und Richthofen posieren siegreich vor ihren Flugmaschinen und zieren die Titelseiten der Illustrierten Presse. Die Propaganda braucht sie, permanent muß die Bevölkerung animiert werden, Kriegsanleihen zu zeichnen. Auf belebten Plätzen werden Nägel verkauft mit eisernen, silbernen und goldenen Köpfen zu RM 1 bis RM 5, der patriotische Käufer darf sie selbst in ein Brett schlagen und staunen, wie nach und nach das Portrait Hindenburgs entsteht. Zur Ballsaison bekundet die elegante Dame ihre Vaterlandsliebe mit dem Briséfächer, der die Köpfe des Kaiserhauses und die der bedeutenden Heerführer ziert. Im Oktober 1917 zeichnet der gute Deutsche die 7. Kriegsanleihe zu einem Ausgabewert von RM 98 – mit einem Zinssatz von 5,1 Prozent, gelobt von der Frankfurter Zeitung: »Das ist schon eine Verzinsung, wie sie vor dem Kriege kein anderes auch nur annähernd so sicheres Wertpapier aufzuweisen hatte.« Zu Weihnachten 1917 ist ein Kriegsspiel für 6- bis 15-jährige Jungen noch immer der Renner: ›Artilla‹, ein Spiel nicht mit Festung und Bleisoldaten, sondern ein Kampf mit Kanonen, bei dem es auf zielsicheres und doch gefahrloses Schießen ankommt, mit Flankenangriffen, Durchbrüchen und Stürmen. »Man verlange kostenlos das Artilla-Büchlein von der Kunstanstalt Artilla in Dresden-Laubegast«.

Kinder haben immer weniger Unterricht, ihre Schulen sind noch lange Lazarett. Nun haben sie Muße, Altmetall zu sammeln für Kanonen, die nicht mehr zum Einsatz kommen werden. Dennoch wird im September die Neue Vaterlandspartei gegründet.

Da mischen sich doch hier und da Zweifel in die Masseneuphorie. In der Berliner Friedrichstraße entfernt der eine oder andere Ladenbesitzer über seinem Eingang das Schild ›Hof-Lieferant‹, Frauen demonstrieren gegen den Krieg, die Krüppel verlieren zunehmend das Mitleid, es werden ihrer zu viele. Als Bettler verunzieren sie in Hamburg die Mönckebergstraße, in Berlin die Tauentzienstraße, Ordensreste lasch baumelnd auf der Litewka, die offene Soldatenkappe frech fordernd neben sich, starren sie mit vorwurfsvoll blindem Blick zurück in ihre verlorenen Lebensjahre, mit ihren leeren schlotternden Ärmeln und Hosenbeinen, mit Augenklappen und zitternden Händen den ›Dank des Vaterlands‹ einklagend.

Wenige haben das Glück, auf beiden Beinen stehend, mit immer noch einem Arm einen Leierkasten zu kurbeln, auf der Walze vielleicht ein schmalziges Salon-Stück von einst, das jetzt eine andere Bedeutung gewinnt, zumal, wenn zur Drehorgel-Melodie der kriegsheimkehrende Bettelmusikant, anstelle des Baritons von einst, selbst den Text singt:

Ich finde, wenn ich wiederkehr':

Die alten Straßen noch,
Die alten Häuser noch,
Die alten Freunde aber ...
Sind nicht mehr.

Das Beste wär' es, glaube mir,
Ich bliebe in der Schlacht;
Was soll ich auf der Erde hier,
Wo doch kein Glück mir lacht?

Was soll ich in der Heimat noch,
So einsam und allein?
Ach wäre es, wie früher doch,
Wie gerne wollte ich da sein.
Doch jetzt ist alles öd' und leer.

Die alten Straßen noch ...
Musik: Fritz Redl; Text: Hermann Freys

Der Invalide, dem nur die Unterschenkel fehlen, klemmt sich zwischen die verbliebenen Stümpfe die ›Singende Säge‹ und versucht, sich an seinen letzten Ball zu erinnern, vielleicht an einen wehmütig schleppenden Tango auf dem Parkett, der nun im heulenden Sägeblatt sein Echo findet. In seiner Mütze sammeln sich ein paar Groschen, vielleicht auch ein 50-Pfennig-Stück. Mehr ist nicht zu erwarten; der Bürger braucht jede Mark für den Schwarzmarkt.

Noch vor dem legendären Steckrübenwinter 1917/18 wird die Brotkarte ausgegeben, wird regional ein Kuchenback-Verbot erlassen, werden mit Volksküchen die streikenden Massen vorübergehend beruhigt. Ludendorff beordert angesichts der bedrohten Westfront eilig ausgebildete Munitionsarbeiter zu den Waffen, daheim wird der Arbeitseinsatz der Frauen verstärkt, jetzt müssen auch minderjährige Mädchen in den Fabriken die Lücken schließen.

Erste Waffenstillstandsverhandlungen scheitern. Deutschland ist nicht bereit, seinen Kaiser der Entente als Kriegsprovokateur auszuliefern. Das geht dann wohl doch zu weit. Dieser wiederum möchte die frei gewordenen Fronttruppen gegen Berlin einsetzen, um Demonstrationen, Streiks und Meutereien ein gewaltsames Ende zu bereiten, nimmt jedoch davon Abstand, nachdem ihm die Generalität meldet, daß bereits Teile seiner geliebten Garde an den Mützen die rote Kokarde tragen. Auch das Ansinnen, für den Kaiser in vorderster Linie einen »ehrenvollen« Heldentod zu provozieren, scheitert.

So bleiben am Ende nur die weniger »ehrenvolle« Abdankung und ein Alterssitz im neutralen Holland. Ein elendes Exil, doch ein wenig versüßt mit einer Abfindung von knapp 70 Millionen Reichsmark und einer permanenten Monatsrente von RM 50.000 bis zu seinem Tode 1941 aus der Reichskasse seines arg gebeutelten Vaterlands.

In Berlin geht die ›Dollarsonne‹ auf. Die Stadt pumpt sich in den USA 15 Millionen. Die Folgen sind Blüte und Scheinblüte, Gründungen und Pleiten, die Folge auch Korruptionsaffären, Unterschlagung, Bestechung, Schiebung, Konkursvergehen, Millionenbetrug.

Mit Max Klante, der 600 Prozent (!) Zinsen verspricht, fangen die Zwanziger Jahre an. »Es braust ein Ruf durch ganz Berlin: / Voran, laßt uns zu Klante ziehn! / Und wär der Weg auch hart und steil, / Wir rufen laut: Max Klante, Heil!« Es folgen der Barmat-, der Kurtisker- und der Höfle-Skandal, am Ende der Skandal der Brüder Sklarek.

Bei Sklarek ist alles verwickelt: Minister, Abgeordnete, ein früherer Reichskanzler, Stadträte, ja sogar Berlins Oberbürgermeister Gustav Böß (im Amt 1921–1929). Auf den 4.000-Mark-Nutriapelz der Frau Bürgermeisterin, eine kleine Aufmerksamkeit der Brüder Sklarek, anspielend, entsteht in Berlin ein Gassenhauer:

Bürgermeister Böß, Bürgermeister Böß,
Denkst du noch an alte Zeiten,
Wo du einst im Amt
Gingst in Seid' und Samt,
Konntest Deutschlands Hauptstadt leiten?

Stellung ist passé,
Sklarek sagt ade,
Schöner Pelz, du gingst in Fransen!
Und nun zahlen wir zum Hohn
Dir 'ne riesige Pension.
Geh' hin und schnür' dein' Ranzen!

Musik: Leonello Casucci; Text: volkstümlich

Die Verse verbreiten sich rasch, sie sind auch leicht zu singen, übrigens nach dem Hit des Vorjahres, dem Tango ›Schöner Gigolo, armer Gigolo‹. Ein kleinerer Skandal folgt im Jahr darauf, bleibt aber lediglich ein Song im Cabaret: 1921 belästigt ein Voyeur als Fassadenkletterer junge Damen in ihren Schlafzimmern. Der Unhold wird gestellt und von der Weltbühne entlarvt als Beamter im Höheren Dienst. In der Wilden Bühne findet er Eingang in die Geschichte der Kleinkunst, von Kurt Gerron als Tango vorgetragen:

In der Presse stand, ich sei 'ne Qual
Und ein Skandal
Und nicht normal.
Ich bin selbst so traurig über mich.
Dann weine ich.
Denn bei Tag bin ich Regierungsrat,
Und nur nachts, da hab'n wir den Salat!

Ich bin das Nachtgespenst,
Dein süßes Nachtgespenst.

Musik: Rudolf Nelson; Text: Friedrich Hollaender

Jeder Tag ein ›Schwarzer Freitag‹

Berlin übersteht Revolten und Putsche, übersteht Kapp und die Brigade Erhard, den Generalstreik und die Inflation. An ihrem Ende, November 1923, ändern sich auf den Scheinen der neuen Rentenmark zwar die Ziffern, nicht aber die Lebensbedingungen der Bevölkerung. Die Arbeitslosigkeit wächst weiter. Deutschland braucht den Börsenkrach in den USA 1929 gar nicht erst abzuwarten.

Die Wirtschaftskrise prägt durchgehend die Zwanziger Jahre, die man dennoch gern die ›Goldenen‹ nennen wird. Denn anfangs zeigen sie sich – etwas verklärt jedoch – als fast nahtlose Fortsetzung der ›goldenen‹ Vorkriegs-Jahre.

Alles kommt einmal wieder,
Wie es vor Jahren war.
Singt man erst Friedenslieder,
Herrlich und wunderbar,

Dann wird sich alles zeigen
In einem duft'gen Kleid.
Anstatt der Trommeln verkünden die Geigen
Das Nahen der neuen Zeit.

Tangoclub verschwand mit dem ersten Schub,
Aus war es mit dem Fangoclub,
Aus war es mit dem Lafulana,
Polkaschritt und Krinolinenschnitt,

Alles kommt einmal wieder,
Wie es vor Jahren war,
Wieder die alten Lieder
Tanzt man bis sechs an der Bar.

Wieder Palais Mascottchen,
Wieder der alte Step,
Wieder der Nachwuchs der alten Kokottchen,
Wieder der alte Nepp.

Musik: Rudolf Nelson; Text Willy Prager

Tanz- und Vergnügungssucht finden zwar ihren Anschluß, doch das Parkett beherrschen jetzt neue, wildere Tänze, das in den Vorkriegsjahren grassierende Tangofieber hat sich gelegt und taucht in diesen Zeiten des Elends allenfalls als zynische Parodie auf: »So ein Tanz, der hat Feuer / und ist in diesen schweren Zeiten doch nicht teuer. / Darum reizt so ein Tango die meisten. / Einen Tango kann sich schließlich jeder leisten.«

Oder er klingt in seiner Sentimentalität wie Hohn und billiger Trost. Als 1931 schwülstig dahingleitend »Ein spanischer Tango und ein Mädel wie du« in den Cafés gegeigt wird, kommt es zu ungezählten Frauenselbstmorden. Allein im Dezember dieses Jahres werden mehr als eine Million Frauen arbeitslos sein.

Dieser grassierenden Mode, Not und Elend mit dem sentimentalen Tango zu verbinden, bedient sich der Komponist Hanns Eisler und vertont 1929 das ›Stempellied‹ von David Weber. Es singt Ernst Busch:

Keen Sechser in der Tasche,
Bloß 'n Stempelschein.
Durch die Löcher der Kledaasche
Kiekt die Sonne rein.
Mensch, so stehste vor der Umwelt
Jänzlich ohne was;
Wenn dein Leichnam plötzlich umfällt,
Wird keen Ooge naß.
Stellste dir zum Stempeln an,
Wird det Elend nich behoben ...

Und weiter nach der Melodie eines populären Wanderlieds, auch im Text angeglichen:

Wer hat dich, du armer Mann,
Abjebaut so hoch da droben?

Einen ›Busch-Abend‹ in der Neuen Welt, einem Saal in der Hasenheide, Berlin-Neukölln, besucht 1931 der sowjetische Schriftsteller Sergej Tretjakow und schreibt: »Quälende, erregende Einleitungsakkorde in Moll, Musik wie aus Knochen und Nägeln. Und nun die Stimme von Ernst Busch. Der Sänger in Hemdsärmeln. Hände in den Hosentaschen. Ein zerquälter, ausgesogener Mann, der den Rest jeden Glaubens verloren hat: Er heult wie ein Hund vor dem letzten wütenden Ausbruch, wenn er mit den Nägeln Steine aus dem Pflaster kratzt.«

Ohne Arbeit, ohne Bleibe
Biste null und nischt.
Wie 'ne Fliege von der Scheibe
Wirste wegjewischt.
Ohne Pinke an der Pranke
Stehste machtlos da,
Und der Burschoa sagt: Danke!
Rückste ihm zu nah.

Und so kieken dir die Knochen
Sachte aus der Haut,
Und du bist in wen'jen Wochen
Völlig abjebaut.
Und du koofst dir een paar Latten
Für 'ne letzte Mark,
Denn für eenen dünnen Schatten
Reicht 'n dünner Sarg.

Musik: Hanns Eisler; Text: David Weber

... aber so geht es auch

Ihren Anschluß an die neuen ›Goldenen Zwanziger‹ finden auch die Revuen der Berliner Bühnen – wenn auch während der Kriegsjahre mit patriotischem Programm unterbrochen. Was zur Jahrhundertwende im Metropol mit den Jahresrevuen begann, vervielfacht sich nun auf den Brettern von Metropol und Admirals-Palast, Komischer Oper und Schauspielhaus. Zudem werden die Aufführungen frecher. Schlager ersetzen die einstigen Arien von Tenor und Sopran, der Komiker avanciert von der Neben- zur Hauptrolle. Herman Haller erobert sich im Admirals-Palast den begüterten Berliner Westen: »Die haute volée will keine Lebensart, sie will Lebenslust ...«

Und so wird vordringlich das Ballett die eigentliche Sensation. Gesang? »Er kommt ohnehin aus nackten Kniekehlen«. Und Handlung? »Multipliziert man eine nackte Frau mit der Zahl Fünfzig, ist das bereits die Handlung«. Das Visuelle überschreit Musik, Tenöre und Soubretten. Alfred Polgar nennt es: »Das fleischfarbene Band aller Revuen«, dieses Ballett: »Ein besoffener nutzloser Gottesdienst der Sinne.«

Ins Apollo-Theater lockt James Klein mit anzüglichen Titeln: ›Von Bettchen zu Bettchen‹ ... ›Berlin ohne Hemd‹ ... »Zieh dich aus!« Auf den Plakaten: »Ein Abend ohne Moral in 30 Bildern«, und im Programmheft dann die Bilder: »Ein Nacktzauber« ... »Mit einer Jagd auf schöne Frauen« ... »Badeleben und Riesenhimmelbett« ... »Eine Fünfzehnjährige« ... »Die Frau mit der Peitsche« ... »60 preisgekrönte Aktmodelle« ...

Das bringt den verwundeten Oberleutnant a. D. Seveloh auf den Gedanken, statt zu betteln oder sich an Freikorps oder Reichswehr

zu verdingen, in der neuen »Runter-mit-den-Klamotten-Welle«
mitzumischen. Er holt sich aus Rheydt bei Mönchengladbach seine
Braut Cäcilie Schmidt, fährt mit ihr nach Berlin, heiratet sie und
mietet in der Motzstraße eine Wohnung im zweiten Stock. Das
Hinterzimmer wird zur Bühne seiner Revue. Auf eine Girlparade
kann er verzichten, er hat ja seine Frau Cäcilie, die jetzt »Celly de
Rheydt« heißt und sich Abend für Abend im ausverkauften Hinterzimmer nackt hinter einem Gazeschleier produziert. Für den
Tanz, einem Bacchanal der Schönheit, wählen die Sevelohs, sich
der drogensüchtigen Zeit im drogenbesoffenen Berlin anbiedernd,
den Namen »Morphium«.

Die Eheleute Seveloh sind die ersten Kleinunternehmer auf
dem Amateursektor des lasterhaften Vergnügens, (Maurus Pacher,
›Sehn Sie, das war Berlin‹), andere werden folgen, zuweilen mit
expressiv-expressionistischen Tänzerinnen, etwa Valeska Gert mit
›Die Canaille‹ in einem leerstehenden Autosalon in der Budapester
Straße.

Zur zwielichtigen Berühmtheit werden Anita Berber (1899–
1927) und ihr Ehemann Sebastian Droste. Nun nicht mehr im Hinterzimmer, sondern in einem richtigen Etablissement, der Weißen
Maus. Die Tänze nennen sich: ›Selbstmord‹, ›Haus der Irren‹, ›Leiche auf dem Seziertisch‹ und ›Kokain‹ mit der Musik von Saint-Saëns. Beim Feuilletonchef des Berliner Tageblatts beklagt sich die
Berber: »Da tanze ich nun den Tod, die Krankheit, das Siechtum
und das Sterben ... aber niemand nimmt mich ernst. Alle glotzen
nur auf meinen Schleier, ob sie nicht darunter etwas sehen können –
diese Schweine!«

Hermann Vallentin, der Bruder von Rosa Valetti, hat für sie
gleich ein Lied: »Was interessiert das Publikum? / Hunger, Elend
und Not von Millionen? / Daß Tausende im Zuchthaus verre-

cken? / Interessiert dies das Publikum? / I wo, der nackte Arsch der Anita Berber, der / Interessiert das Publikum.«

Auch Claire Waldoff kommt im Frauenclub Pyramide an einem Song für Anita Berber nicht vorbei, für sie heißt sie ›Hannelore‹, und die Waldoff singt:

Süßes, reizendes Geschöpfchen
Mit dem schönsten Bubiköpfchen,
Keiner unterscheiden kann,
Ob du Weib bist oder Mann.

Sie tropft in die Augen Atropin
Und schnupft 'ne Handvoll Kokain,
Besonders so im Mai.
Sie macht in Weltverjessenheit,
Und ab und zu in Sinnlichkeit –
Auch das geht schnell vorbei …

Nun hat nicht jeder der aus dem Krieg heimkehrenden und aus der Armee entlassenen Offiziere, denen diese aggressiv feindlichen Zwanziger weder Arbeit noch Zukunft bieten, eine Celly, eine Anita oder »Hannelore«. Da müssen sie sich allein dem Existenzkampf stellen. Neben dem Kriegshandwerk hatten diese Herren ja nichts gelernt, und doch zwangsläufig eine Kollateral-Ausbildung in gesellschaftlich korrekt angepaßtem Benehmen genossen. Für diese standesgemäße Kaste sollte ein neuer Beruf im Amüsierbetrieb der Großstädte geradezu geschaffen sein: »der Eintänzer«, distinguierter bezeichnet als »Gigolo«.

Begonnen haben soll es auf der Dachterrasse des Hotel Eden in Berlin. Billy Wilder, erst später Filmregisseur in den USA, kommt als Journalist von Wien nach Berlin und verpflichtet sich hier für 14 Tage als Gigolo. Dann erscheinen seine Erlebnisse unter dem Titel ›Eintänzer im Eden-Hotel‹ als Fortsetzungsbericht in der B.Z. am Mittag.

Bald schon liegen auch woanders in Hotel-Foyers, Tanzdielen und Ballsälen auf den Tischen goldgeränderte Visitenkarten: »Damen, die zu tanzen wünschen, wenden sich bitte über den Oberkellner an Herrn von soundso« – alles sehr diskret, auch die Bezahlung.

Oft ergreift der Gigolo auch ohne Aufforderung die Initiative. Unter den Damen, die allein das Lokal betreten, erkennt er sofort die Kriegerwitwe, die sich nach dem Tod ihres Mannes nun betrogen fühlt, die Freuden des neuen Friedens zu genießen. Oder er bemerkt ein Ehepaar, die erwartungsvoll umherblickende Dame am Arm eines geh- und tanzbehinderten Krüppels. Da packt den gottlob noch gesunden Gigolo die Pflicht dem ehemaligen Kameraden gegenüber. Dieser wird ihm die kameradschaftliche Hilfe mit einem Geldschein danken.

Es erstaunt, daß es auf die Zeiterscheinung des Eintänzers noch keinen Schlager gibt. In diesen Zwanziger Jahren findet doch jede Mode, jede Erfindung sofort seinen Schlagertext: die Mode des kurzen Rocks, die Mode des langen Rocks, die Bademode, der Bubikopf, das Grammophon (»es macht so schön trara, trara«), das Radio (»tschingtarata-ta-ta-ta-ta-Radio«), der Tonfilm (»Mein Bruder macht im Tonfilm die Geräusche«), die Straßenverkehrsordnung (»Die Polizei, die regelt den Verkehr«) …

Der Kálmán- und Strauß-Librettist Julius Brammer hat eine Schlager-Idee, eine ›soziale Tragödie‹ in einem bittersüß-ironischen Ton – wenn auch erst jetzt, verspätet am Ende der Zwanziger Jahre. Doch noch fehlt ihm die Musik. Über die Suche nach einem Komponisten berichtet Maurus Pacher: »Julius Brammer hört in einer Bar in Abbazia eine Tango-Melodie. Der Pianist spielt sie von einer Bleistiftskizze und weiß nur, daß sie von einem Mailänder Musiker stammt. Brammer macht sich in Mailand auf die Suche nach dem Unbekannten, kämmt alle Lokale durch, und erkennt irgendwann diese Melodie, diesmal vom Komponisten persönlich gespielt, es ist Leonello Casucci. Dieser überläßt ungläubig dem verrückten Österreicher und dessen Wiener Bohème-Verlag die Rechte und kann sich später aus den Tantiemen drei Miethäuser in Mailand kaufen.«

Nun gelingt beiden, sowohl in Text wie auch Musik, im ›bittersüß-ironischen Ton‹ der Tango ›Schöner Gigolo, armer Gigolo‹, der ein Welthit wird. Ein Hit weit über die Zwanziger hinaus bis in eine Zeit, in der die Eintänzer nur noch Geschichte sein werden:

Der kleine Leutnant, er war der beste Reiter,
Und alle Herzen, sie flogen ihm gleich zu.
Er konnte küssen und tanzen, wie kein zweiter,
Er kam und sah und siegte auch im Nu.

Viel Monde hat er gekämpft in Frankreich drüben,
Bald an der Weichsel, Piave, irgendwo.
Jetzt ist ihm nichts mehr geblieben,
Er wurde Gigolo.

Schöner Gigolo, armer Gigolo,
Denke nicht mehr an die Zeiten,
Wo du als Husar, goldverschnürt sogar,
Konntest durch die Straßen reiten.

Musik: Leonello Casucci; Text: Julius Brammer

VERBRECHER VERLAG

Rudolf Lorenzen

ALLES ANDERE ALS EIN HELD

Roman

688 Seiten
Hardcover
28 € / 54 SFr

ISBN: 978-3-935843-92-8

Robert Mohwinkel ist kein Held. Im Gegenteil, er versucht, wo immer es geht, sich ganz und gar anzupassen. In der Familie, in der Schule, in seiner Ausbildung zum Schiffsmakler, in der Wehrmacht, stets möchte der junge Träumer, nicht auffallen. Nur im Tanzclub blüht er ein wenig auf. Erst nach dem Krieg, als sich die Zeiten geändert haben, und die Duckmäuser alter Schule nicht mehr gefragt sind, wacht er auf. Doch selbst diesmal macht er es nicht wirklich richtig.

Der Roman »Alles Andere als ein Held« erschien erstmals 1959, ging allerdings trotz guter Kritiken neben Grass' »Blechtrommel« und Bölls »Billard um halb zehn« unter. Das lag nicht zuletzt daran, dass man in Deutschland so kurz nach dem Krieg von der allseitigen Anpasserei, den Verbrechen der Wehrmacht und den Betrügereien, auf denen sich das »Wirtschaftswunder« begründete, nichts hören wollte.

»Ich bin gar nicht sicher, ob ›Alles andere als ein Held‹ nicht der beste Roman irgendeines heute lebenden deutsch schreibenden Autors ist.«
Sebastian Haffner

»Ja, da gab es ein Buch, es hieß ›Alles andere als ein Held‹. Von Rudolf Lorenzen. Darin wird das erste Kriegsjahr beschrieben, und die Sprache, die war so authentisch, so anders, dass ich dachte: So müsste man schreiben.«
Walter Kempowski in Cicero (April 2007) auf die Frage nach Vorbildern für seinen Stil.

Verbrecher Verlag | Gneisenaustraße 2a | 10961 Berlin | info@verbrecherei.de
www.verbrecherei.de

VERBRECHER VERLAG

Rudolf Lorenzen
BAD WALDEN
Oder El sueño de la razon produce monstruos

Roman

240 Seiten
Hardcover
22,90 €

ISBN: 978-3-940426-13-0

Der Kunsthistoriker Claus Jordan führt gemeinsam mit Margret Lambertsen ein renommiertes Antiquitätengeschäft in Frankfurt/M. Jordan, labil, manisch-depressiv, ständig auf der Flucht in die Vergangenheit, kann sich der realen Welt nur zwischen zwei resoluten Frauen stellen, seiner Teilhaberin Margret und seiner jüngeren Ehefrau Susanne, einst Lehrling im Laden »Lambertsen & Jordan«. Auf der Rückfahrt von einer Einkaufsreise in die Provence gerät das Ehepaar Jordan in die obskure Gesellschaft von Grundstücksspekulanten im Kurort Bad Walden. Unter ihnen der Redakteur Uwe Hinz, der den weltfremden Jordan erpressen will. Also täuscht er zusammen mit seiner Verlobten Christa einen Mord vor. Jordan, ohnehin in der Angst vor ständiger Verfolgung, fühlt sich schuldig ...

Für diese Neuveröffentlichung im Rahmen der Rudolf-Lorenzen-Werkausgabe hat der Autor seinen Roman radikal umgearbeitet. Die Bedrohung ist nun allgegenwärtig.

Rudolf Lorenzen wurde 1922 in Lübeck geboren und wuchs in Bremen auf. Seit 1955 lebt er als freier Schriftsteller in Berlin.

Verbrecher Verlag | Gneisenaustraße 2a | 10961 Berlin | info@verbrecherei.de
www.verbrecherei.de